Inzicht in de ondernemingsraad

Dr. R.H. van het Kaar

Inzicht in de ondernemingsraad

Een toelichting bij de Wet op de ondernemingsraden

Sdu B.V.
Den Haag 2022

Inspraak zonder inzicht
geeft uitspraak zonder uitzicht

Meer informatie over deze en andere uitgaven kunt u verkrijgen bij:

Sdu klantenservice
tel.: 070 - 378 98 80
web: https://www.sdu.nl/service

Omslagontwerp: de Handlangers
Ontwerp binnenwerk: Duel Graphic Design
Zetwerk: Imago Mediabuilders, Amersfoort

ISBN: 978 90 1240 8400
NUR: 820

Inhoudsopgave

Toelichting bij editie 2023 21

1 ALGEMENE BEPALINGEN

Artikel 1 Wetsbegrippen 26
Onderneming 27
Ondernemer 28
Bestuurder 29
Bedrijfscommissie 30
In een groep verbonden ondernemers 31
Joint venture 31
In de onderneming werkzame personen (basisregel) 31
Uitgeleende en ingeleende werknemers 32
Uitgeleende werknemers 33
Ingeleende werknemers 33
Bestuurder is geen 'in de onderneming werkzame persoon' 34

2 DE INSTELLING VAN DE ONDERNEMINGSRAAD

Artikel 2 Instelling ondernemingsraad 38
Verplichting tot instelling OR 38
Daling aantal werknemers beneden getalsgrens 40

Artikel 3 Gemeenschappelijke ondernemingsraad 43
Instelling gemeenschappelijke OR 43
Gemeenschappelijke OR bij in een groep verbonden ondernemers 44
Afzonderlijke ondernemingen gezamenlijk beschouwd als één onderneming 45

Artikel 4 Afzonderlijke ondernemingsraad 47
Instelling OR voor onderdeel 47
Onderdeel beschouwd als onderneming 48

Artikel 5 **Ontheffing van plicht tot instelling** 49
Ontheffing van de verplichting tot instelling OR 50
Horen van vakorganisaties bij ontheffing 51
Voorschriften bij ontheffing 51
Mogelijkheid van beroep 51
Informatie en raadpleging van werknemers 51
Passende voorzieningen 51
Artikel 5a **Instelling bij cao of vrijwillig** 53
Instelling OR op grond van cao of publiekrechtelijke regeling 53
Vrijwillige instelling OR door ondernemer 54

3 SAMENSTELLING EN WERKWIJZE VAN DE ONDERNEMINGSRAAD

Artikel 6 **Samenstelling ondernemingsraad** 58
Aantal OR-leden 59
Afwijkend aantal OR-leden 59
Plaatsvervangende OR-leden 59
Actief en passief kiesrecht 60
Uitbreiding aantal in de onderneming werkzame personen 61
Afwijkende eisen actief en passief kiesrecht 62
Wijziging aantal in de onderneming werkzame personen 62
Artikel 7 **Voorzitter ondernemingsraad** 64
OR-voorzitter 64
Artikel 8 **Reglement van de ondernemingsraad** 66
OR-reglement 66
Inhoud reglement 67
Vaststelling reglement 67
Algemeen verbindend reglement 68
Overgangstermijn bij verbindend reglement 68
Artikel 9 **Verkiezing van de ondernemingsraad** 70
Kandidaatstelling 71
Kandidatenlijst vakorganisaties 71
'Vrije lijst' 71
Kandidaatstellingsprocedure 71
Kandidaten 72
Kiesgroepenstelsel 72

	Reglementsbepalingen voor kiesgroepen	73
	Kandidatenlijsten voor kiesgroepen	73
	Representativiteit OR	73
Artikel 10	**Verkiezing van de ondernemingsraad**	75
	Organisatie verkiezingen	75
	Kiesstelsels	76
	Personenstelsel	76
	Lijstenstelsel	76
	Vacatures	77
Artikel 11	**Verkiezing van de ondernemingsraad**	79
	Bekendmaking verkiezingsuitslag en samenstelling OR	79
Artikel 12	**Zittingsduur van de ondernemingsraad**	80
	Zittingsduur OR	80
	Rooster van aftreden	80
	Wijziging zittingsduur	81
	Einde zittingsduur	81
	Herkiesbaarheid OR-leden	82
	Beëindiging OR-lidmaatschap	82
	Medezeggenschap na overgang van onderneming	83
Artikel 13	**Uitsluiting lid van de ondernemingsraad**	85
	Uitsluiting en schorsing OR-lid	85
	Beslissing kantonrechter	86
Artikel 14	**Werkwijze van de ondernemingsraad**	88
	Werkwijze OR	88
	Bijeenkomen in OR-vergadering	89
	Bijeenroepen OR	89
	Quorum	89
	Stemrecht in OR-vergadering	90
	OR-secretariaat	90
	Agenda OR-vergadering	91
	Tijdstip bekendmaking agenda	91
	OR-verslagen	91
	OR-jaarverslag	92

Artikel 15	**Instelling van commissies**	94
	Instelling van commissies	95
	Vaste commissie	95
	Onderdeelcommissie	96
	Voorbereidingscommissie	97
	Uitsluiting van commissieleden	98
Artikel 16	**Raadplegen van deskundigen**	99
	Raadplegen van deskundigen	99
	Uitnodigen van deskundigen voor OR-vergadering	99
	Uitnodigen van andere personen voor OR-vergadering	100
Artikel 17	**Faciliteiten en doorbetaling loon**	102
	Faciliteiten en doorbetaling loon	102
	Faciliteiten	102
	Achterbanberaad	103
	Tijdstip vergaderingen	103
	Doorbetaling van salaris	104
Artikel 18	**Vrije tijd voor onderling beraad en scholing**	105
	Vrije uren voor beraad en overleg	106
	Vrije dagen voor scholing	107
	Vaststelling aantal uren en dagen	108
	Naleving	108
Artikel 19	**Geheimhoudingsplicht**	110
Artikel 20	**Geheimhoudingsplicht**	111
	Geheimhouding	112
Artikel 21	**Bescherming tegen benadeling**	116
	Bescherming tegen benadeling	116
	Algemene norm	117
	Sociaal statuut	118
	Ontslagbescherming op grond van Boek 7 Burgerlijk Wetboek	118
	Inleiding	118
	Uitgangspunt: opzegverbod voor medezeggenschappers	119
	Uitzonderingen op het opzegverbod	120
	Mogelijkheid van ontbinding door de kantonrechter	120

Artikel 22 Kosten van de ondernemingsraad 123
Kosten van de ondernemingsraad 123
OR-kosten 123
Naleving 124
Kosten raadplegen deskundige 124
Kosten voeren rechtsgeding 125
Kosten van scholing en vorming 126
OR-budget 126
Artikel 22a Proceskosten 129
Geen veroordeling OR in proceskosten 129

4 HET OVERLEG MET DE ONDERNEMINGSRAAD

Artikel 23 Overleg met de ondernemer 132
Bijeenkomen in overlegvergadering 133
Onderwerpen overlegvergadering 134
Uitzondering voor publiekrechtelijke taken 134
Primaat van de politiek 135
Rechterlijk primaat 135
Informatierecht 136
Initiatiefrecht 136
Bestuurder 137
Vervanging bestuurder 137
Ondersteuning bestuurder 137
Verschijnplicht toezichthouders of bestuurders moedermaatschappij 138
Artikel 23a Regels voor de overlegvergadering 139
Procedure overlegvergadering 139
Voorzitter overlegvergadering 140
Secretaris overlegvergadering 140
Agenda overlegvergadering 140
Afspraken over overlegvergadering 141
Faciliteiten voor overlegvergadering 141
Uitnodigen deskundigen voor overlegvergadering 141
Artikel 23b Regels voor de overlegvergadering 143
Besluitvorming in de overlegvergadering 143
Schorsing overlegvergadering 143
Artikel 23c Overleg met onderdeelcommissie 145
Faciliteiten en bevoegdheden onderdeelcommissie 145

Artikel 24 Bespreking algemene gang van zaken 147
Bespreking algemene gang van zaken 147
Informatie over financieel-economisch en sociaal beleid 148
Verschijnplicht commissarissen en bestuursleden 149
Verschijnplicht bestuursleden moedervennootschap 151
Uitzondering 151

4A BIJZONDERE BEVOEGDHEDEN VAN DE ONDERNEMINGSRAAD

Artikel 25 Adviesrecht van de ondernemingsraad 154
Adviesrecht 155
Politiek primaat 157
Rechterlijk primaat 157
'Belangrijk' besluit 157
Overdracht zeggenschap (fusie) 158
Een besluit tot overdracht van de zeggenschap over de onderneming of een onderdeel daarvan 158
Besluit met betrekking tot andere onderneming 160
Buitenlandclausule 161
Sluiting, faillissement en doorstart 162
Een besluit tot beëindiging van de werkzaamheden van de onderneming of van een belangrijk onderdeel daarvan 162
Wijziging werkzaamheden 162
Een besluit tot belangrijke inkrimping, uitbreiding of andere wijziging van de werkzaamheden van de onderneming 162
Automatisering 163
Wijziging organisatie 163
Een besluit tot belangrijke wijziging in de organisatie van de onderneming, dan wel in de verdeling van bevoegdheden binnen de onderneming 163
Verplaatsing onderneming 164
Een besluit tot wijziging van de plaats waar de onderneming haar werkzaamheden uitoefent 164
Inlenen personeel 164
Een besluit tot het groepsgewijze werven of inlenen van arbeidskrachten 164
Investering 165
Een besluit tot het doen van een belangrijke investering ten behoeve van de onderneming 165

Aantrekken van krediet 165
Een besluit tot het aantrekken van een belangrijk krediet ten behoeve van de onderneming 165
Verstrekken van krediet 166
Een besluit tot het verstrekken van een belangrijk krediet en het stellen van zekerheid voor belangrijke schulden van een andere ondernemer, tenzij dit geschiedt in de normale uitoefening van werkzaamheden in de onderneming 166
Technologische voorziening 167
Een besluit tot invoering of wijziging van een belangrijke technologische voorziening 167
Milieuzorg 167
Een besluit tot het treffen van een belangrijke maatregel in verband met de zorg van de onderneming voor het milieu, waaronder begrepen het treffen of wijzigen van een beleidsmatige, organisatorische en administratieve voorziening in verband met het milieu 167
Eigen risico bij arbeidsongeschiktheid of ziekte 168
Een besluit tot vaststelling van een regeling met betrekking tot het zelf dragen van het risico, bedoeld in artikel 40, eerste lid, van de Wet financiering sociale verzekeringen 168
Adviesopdracht 168
Een besluit tot het verstrekken en het formuleren van een adviesopdracht aan een deskundige buiten de onderneming betreffende één der hiervoor bedoelde aangelegenheden 168
Moment adviesaanvraag 169
Overleg met vakorganisaties 170
Inhoud adviesaanvraag 170
Sociaal plan 170
Adviesprocedure 171
Termijn voor advisering 172
Achterban 172
Verschijnplicht commissarissen en bestuursleden 172
Motivering genomen besluit 173
Uitvoeringsadvies 174
Opschortingstermijn 174
Spreekrecht ondernemingsraden NV's in de algemene vergadering 175

Artikel 26	**Beroepsrecht van de ondernemingsraad**	183
	Beroepsrecht	184
	Opschortings- en beroepstermijn	185
	Indienen verzoek	185
	Beroepsgrond	185
	Verzoek tot treffen van voorzieningen	186
	Verweerschrift ondernemer	186
	Behandeling door Ondernemingskamer	187
	Rechten door derden verworven	188
	Uitstel behandeling	188
	Overtreding uitspraak Ondernemingskamer	188
	Cassatie	188
Artikel 27	**Instemmingsrecht van de ondernemingsraad**	191
	Instemmingsrecht	194
	Primaire arbeidsvoorwaarden	194
	Regeling	195
	Pensioenovereenkomst, winstdelingsregeling, spaarregeling	196
	Een besluit tot vaststelling, wijziging of intrekking van regelingen op grond van een pensioenovereenkomst, van een winstdelings-regeling-, of van een spaarregeling	196
	Arbeids- en rusttijdenregeling, vakantieregeling	197
	Een besluit tot vaststelling, wijziging of intrekking van een arbeids- en rusttijdenregeling of een vakantieregeling	197
	Beloningssysteem, functiewaarderingssysteem	198
	Een besluit tot vaststelling, wijziging of intrekking van een belonings- of een functiewaarderingssysteem	198
	Arbeidsomstandigheden, ziekteverzuim, re-integratiebeleid	199
	Een besluit tot vaststelling, wijziging of intrekking van een regeling op het gebied van de arbeidsomstandigheden, het ziekteverzuim of het re-integratiebeleid	199
	Aanstellingsbeleid, ontslagbeleid, bevorderingsbeleid	201
	Een besluit tot vaststelling, wijziging of intrekking van een regeling op het gebied van het aanstellings-, ontslag- of bevorderingsbeleid	201
	Personeelsopleiding	201
	Een besluit tot vaststelling, wijziging of intrekking van een regeling op het gebied van de personeelsopleiding	201
	Personeelsbeoordeling	202

	Een besluit tot vaststelling, wijziging of intrekking van een regeling op het gebied van de personeelsbeoordeling	202
	Bedrijfsmaatschappelijk werk	202
	Een besluit tot vaststelling, wijziging of intrekking van een regeling op het gebied van het bedrijfsmaatschappelijk werk	202
	Werkoverleg	203
	Een besluit tot vaststelling, wijziging of intrekking van een regeling op het gebied van het werkoverleg	203
	Klachtenregeling	203
	Een besluit tot vaststelling, wijziging of intrekking van een regeling op het gebied van de behandeling van klachten	203
	Privacybescherming	204
	Een besluit tot vaststelling, wijziging of intrekking van een regeling omtrent het verwerken van alsmede de bescherming van de persoonsgegevens van de in de onderneming werkzame personen	204
	Personeelscontrolesystemen	205
	Een besluit tot vaststelling, wijziging of intrekking van een regeling inzake voorzieningen die gericht zijn op of geschikt zijn voor waarneming van of controle op aanwezigheid, gedrag of prestaties van de in de onderneming werkzame personen	205
	Klokkenluidersregeling	205
	Een besluit tot vaststelling, wijziging of intrekking van een procedure voor het omgaan met het melden van een vermoeden van een misstand, als bedoeld in artikel 2, eerste lid, van de Wet Huis voor klokkenluiders	205
	Instemmingsprocedure	206
	Uitzondering bij cao	207
	Uitzondering bij publiekrechtelijke regeling	207
	Uitzondering voor bedrijfstakpensioenfondsen met betrekking tot artikel 27 lid 1 onder a	208
	Toestemming van de kantonrechter	208
	Beroep op nietigheid	209
	Naleving	209
	Instemmingsrecht uitvoering pensioenovereenkomst	210
Artikel 28	**Stimulerende taken van de ondernemingsraad**	216
	Stimulerende OR-taken	216
	Arbeidsvoorwaarden	217
	Arbeidsomstandigheden-, en arbeidstijden	217

	Werkoverleg en interne delegatie	217
	Gelijke behandeling mannen/vrouwen	218
	Non-discriminatie	218
	Inschakeling gehandicapten	218
	Inschakeling minderheden	219
	Bedrijfsmilieuzorg	219
Artikel 29	**Benoemingsrecht bestuursleden**	220
	Benoemingsrecht bestuur instellingen	210
Artikel 30	**Adviesrecht benoeming/ontslag bestuurder**	221
	Adviesrecht benoeming of ontslag bestuurder	221
	Moment adviesaanvraag	223
	Inhoud adviesaanvraag	223
	Adviesprocedure	223
	Spreekrecht ondernemingsraad NV's in algemene vergadering	224
	Evenwichtige verdeling zetels over mannen en vrouwen	224

4B HET VERSTREKKEN VAN GEGEVENS AAN DE ONDERNEMINGSRAAD

Artikel 31	**Algemeen informatierecht van de ondernemingsraad**	228
	Actief informatierecht	229
	Passief informatierecht	230
	Basisinformatie	230
	Rechtsvorm en statuten	230
	Naam en woonplaats	231
	Zeggenschapsverhoudingen binnen groep	231
	Duurzame betrekkingen	231
	Organisatiestructuur	231
	Informatie in internationale (groeps)verhoudingen	232
Artikel 31a	**Financiële informatie**	233
	Financieel-economische informatie	234
	Algemene gegevens over werkzaamheden en resultaten	234
	Jaarrekening volgens titel 9, Boek 2 BW	235
	Inhoud jaarrekening	235
	Inrichtings- en publicatievoorschriften	236
	Vrijstellingsregeling groepsmaatschappijen	237
	Voorwaarden voor vrijstelling	238

	Jaarverslag en 'overige gegevens'	238
	Jaarverslag	238
	Overige gegevens	239
	Accountantsverklaring	239
	Winstbestemming	239
	Inzicht jaarrekening	239
	Inzicht in groepsresultaat	240
	Eigen bijdrage aan groepsresultaat	240
	Jaarstukken volgens AMvB van 7 maart 1985	241
	Inzicht in groepsresultaat	242
	Eigen bijdrage aan groepsresultaat	242
	Inhoud jaarstukken	242
	Bijzondere voorschriften	242
	Gerechtelijke procedure	243
	Verwachtingen over werkzaamheden en resultaten	243
	Investeringsplannen	244
	Meerjarenplan en begroting	244
Artikel 31b	**Sociale informatie**	246
	Informatie over sociaal beleid	246
	Verwachtingen en plannen	247
	Informatie over uitzendkrachten	247
Artikel 31c	**Sociale informatie**	249
	Adviesopdracht over sociaal beleid	249
Artikel 31d	**Informatie over beloningsverhoudingen**	250
Artikel 31e	**Uitzondering**	251
	Informatie over beloningsverhoudingen	251
	Spreekrecht ondernemingsraad NV's in algemene vergadering	252
Artikel 31f	**Informatie over uitvoeringsovereenkomst pensioenen**	254
	Informatie over de uitvoeringsovereenkomst	254

4C VERDERE BEVOEGDHEDEN VAN DE ONDERNEMINGSRAAD

Artikel 32	**Ondernemingsovereenkomst**	258
	Uitbreiding OR-bevoegdheden bij cao of publiekrechtelijke regeling	258
	Ondernemingsovereenkomst	259
	Uitzondering bij cao of publiekrechtelijke regeling	260
	Naleving	260

5 DE CENTRALE ONDERNEMINGSRADEN EN DE GROEPSONDERNEMINGSRADEN

Artikel 33	**Instelling centrale/groepsondernemingsraad**	264
	Instelling COR door ondernemer	264
	COR op verzoek van OR's	265
	Instelling GOR door ondernemer	265
	GOR op verzoek van OR's	265
	COR en GOR bij in een groep verbonden ondernemers	266
Artikel 34	**Samenstelling centrale/groepsondernemingsraad**	268
	Verkiezing COR- en GOR-leden	269
	Plaatsvervangende COR- en GOR-leden	269
	COR- en GOR-reglement	270
	Vertegenwoordiging uit ondernemingen zonder OR	271
	Einde lidmaatschap COR en GOR	271
	Samenstelling en werkwijze COR en GOR	272
Artikel 35	**Bevoegdheden centrale/groepsondernemingsraad**	274
	Bevoegdheden COR en GOR	274
	Gemeenschappelijk belang	275
	Eigen bevoegdheden	275
	COR en GOR bij in een groep verbonden ondernemers	276
	Europese ondernemingsraad	276

5A DE MEDEZEGGENSCHAP IN KLEINE ONDERNEMINGEN

Artikel 35a	**Vervallen**	280
Artikel 35b	**Regels voor de personeelsvergadering**	281
	Personeelsvergadering	282
	Verplichting	283
	Overleg in personeelsvergadering	283
	Bestuurder	283
	Informatierecht	284
	Adviesrecht	284
	Pensioenovereenkomst	285
	Uitvoeringsovereenkomst	285
	Uitzonderingsbepalingen	286
Artikel 35c	**Regels voor de personeelsvertegenwoordiging**	287
	Personeelsvertegenwoordiging	288

	Verplichte instelling	289
	Faciliteiten	289
	Bevoegdheden	290
	Procedure instemmingsrecht	292
	vijfde en zesde lid	292
	zevende lid	292
Artikel 35d	**Regels voor de personeelsvertegenwoordiging**	294
	Onderneming met minder dan 10 werknemers	294

6 DE ALGEMENE GESCHILLENREGELING

Artikel 36	**Algemene geschillenregeling**	296
	Actie belanghebbende tegen OR of ondernemer	297
	Actie OR tegen ondernemer en andersom	297
	Procedure bij de kantonrechter	298
	Samenloop met artikel 26	299
	Samenloop met procedures Arbeidsomstandighedenwet	299
	Uitspraak en sancties kantonrechter	299
	COR en GOR	300
Artikel 36a	**Geschillenregeling voor de personeelsvergadering**	302
	Naleving van artikel 35b	302
	Kosten gerechtelijke procedure	303

7 DE BEDRIJFSCOMMISSIES

Artikel 37	**Instelling en taak bedrijfscommissie**	306
	Taak en samenstelling bedrijfscommissie	306
Artikel 38	**Benoeming leden bedrijfscommissie**	308
	Benoeming leden bedrijfscommissie	308
Artikel 39	**Werkwijze bedrijfscommissie**	309
	Werkwijze bedrijfscommissie	309
Artikel 40	**Jaarverslag bedrijfscommissie**	311
	Jaarverslag bedrijfscommissie	311
Artikel 41	**Kosten van de bedrijfscommissie**	312
	Kosten bedrijfscommissie	312
Artikel 42	**Geheimhouding**	313
	Geheimhouding	313

Artikel 43-45 Vervallen 314

Artikel 46 Aanwijzing bevoegde bedrijfscommissie 315

Aanwijzing bevoegde bedrijfscommissie 315

Specifieke bedrijfscommissie voor concern 316

7A BIJZONDERE TAAK SOCIAALECONOMISCHE RAAD

Artikel 46a Bevordering medezeggenschap 318

Bevordering medezeggenschap 318

De Stichting SCOOR-RMZO: certificering van scholingsinstituten en medezeggenschapsopleiders 321

Artikel 46b-46c Vervallen 322

7B BIJZONDERE BEPALINGEN VOOR ONDERNEMINGSRADEN BIJ DE OVERHEID

Artikel 46d Bijzondere bepalingen voor ondernemingsraden bij de overheid 324

Bestuurder 326

Politiek primaat 326

Rechterlijk primaat 327

Minister BiZa bevoegd i.p.v. SER 327

Samenstelling bedrijfscommissie overheid 328

SER-verordening geldt niet voor overheid 328

Jaarverslag bedrijfscommissie overheid 328

Competentie rechter m.b.t. de gerechten 328

Artikel 46e Overleg met de ROP 331

Overleg met werkgeversorganisaties en centrales van overheidspersoneel 331

8 OVERGANGS- EN SLOTBEPALINGEN

Artikel 47 Regels ter uitvoering van de wet 334

AMvB ter uitvoering van de wet 334

Artikel 48 Voorlopig OR-reglement 335

Voorlopig OR-reglement 335

Artikel 49 Informatie aan Nederlandse Arbeidsinspectie 337

Informatierecht Nederlandse Arbeidsinspectie 337

Artikel 50 Overgangsregeling 338

Overgangsregeling 338

Artikel 51 Bedrijfscommissies 339
Bedrijfscommissies 339
Artikel 52 Vervallen 340
Artikel 53 Bijzondere regels voor hoger onderwijs 341
Uitzondering voor onderwijssector 341
Artikel 53a Wet niet van toepassing op defensiesector 343
Uitzondering voor defensiesector 343
Artikel 53b Wet niet van toepassing op Hoge Raad 344
Uitzondering voor rechterlijke ambtenaren Hoge Raad 344
Artikel 53c Wet niet van toepassing op bepaalde functies 345
Uitzondering voor leden Raad van State, Algemene Rekenkamer en Nationale ombudsman 345
Artikel 54 Wijzigingen van de wet 346
Wijzigingen van de wet 346

BIJLAGEN

Bijlage 0 De ondernemingsraad en strategische onderwerpen 353

Bijlage 1 Vernieuwing van medezeggenschap 358

Bijlage 2 De ondernemingsraad in andere wetten en regelingen 363

Bijlage 3 Wetgeving in ontwikkeling 387

Bijlage 4 De inrichtingsvoorschriften voor de balans volgens titel 9, Boek 2 van het Burgerlijk Wetboek 390

Bijlage 5 De inrichtingsvoorschriften voor de winst-en-verliesrekening volgens titel 9, Boek 2 van het Burgerlijk Wetboek 391

Bijlage 6 De toelichting bij de balans en de winst-en-verliesrekening volgens titel 9, Boek 2 van het Burgerlijk Wetboek 392

Bijlage 7 Besluit verstrekking financiële informatie aan ondernemingsraden 1985 393

Bijlage 8 De voorschriften voor de balans, de staat van baten en lasten en de toelichting volgens het Besluit verstrekking financiële informatie aan ondernemingsraden 1985 (artikelen 9 t/m 12) 394

Bijlage 9 Corporate Governance Codes en andere codes goed bestuur 395

Bijlage 10 Essentials of the Dutch Works Council Act 398

Nuttige adressen voor meer informatie 403

Lijst van gebruikte afkortingen 407

Trefwoordenregister 409

Toelichting bij editie 2023

Sinds najaar 1979, toen 'Inzicht' op de markt verscheen, hebben meer dan 550.000 exemplaren van deze toelichting op de Wet op de ondernemingsraden hun weg gevonden naar degenen die bij de medezeggenschap van werknemers betrokken zijn.

De tweede druk van 'Inzicht' (1980) voegde de tekst en toelichting toe van de algemene maatregel van bestuur waarin de verstrekking was geregeld van financiële informatie aan ondernemingsraden door ondernemers die niet wettelijk verplicht waren een volledige jaarrekening op te maken.

In de derde druk werd als gevolg van de wijzigingswet van 22 mei 1981 een nieuw hoofdstuk (5a) aan de wet toegevoegd waarin regels zijn gegeven voor de medezeggenschap van werknemers in ondernemingen met minder dan (destijds) 100 werknemers.

In de vijfde druk (1987) is de toelichting op artikel 31a grotendeels herschreven, teneinde de toch wel vrij ingewikkelde materie van de financiële informatieverschaffing beter toegankelijk te maken. Daartoe zijn tevens een aantal bijlagen opgenomen, die inzicht geven in de eisen die het Burgerlijk Wetboek stelt aan de financiële jaarverslaggeving.

Aanleiding voor de zesde druk (1990) was de per 1 april 1990 ingrijpend veranderde wet. Van de 54 artikelen werden er niet minder dan 29 geheel of ten dele gewijzigd. Daarmee is bereikt dat het wettelijk systeem van geschillenregelingen sterk is vereenvoudigd en dat de samenloop met bepalingen in de Arbeidsomstandighedenwet is opgeheven.
Belangrijkste gevolg van deze wijzigingen was de veranderde rol van de bedrijfscommissies. Hun toezichthoudende en geschillenbeslechtende bevoegdheden werden vervangen door een bemiddelende en adviserende taak. De beslissing was voortaan aan de kantonrechter. Dit betekende ook dat er een eind kwam aan 19 jaar ministeriële jurisprudentie over de Wet op de ondernemingsraden.

In de negende druk (1995) zijn de wetswijzigingen opgenomen die de toepassing regelen van deze wet op het overheidspersoneel.

De tiende druk (1998) werd noodzakelijk door de invoering per 4 maart 1998 van een aantal wijzigingen in de wet die beogen het effectief functioneren van de ondernemingsraad en het overleg met de ondernemer te bevorderen. Daarbij kan gewezen worden op de thans gelijke regels voor ondernemingsraden in ondernemingen met vijftig of meer werknemers en de invoering van personeelsvertegenwoordigingen in ondernemingen met minder dan vijftig werknemers.

In de elfde druk (1999) zijn de aanpassingen van de wetgeving opgenomen die in de loop van 1998 en per 1 januari 1999 van kracht werden (o.a. door invoering van de Wet flexibiliteit en zekerheid).

De vijftiende druk (2003) is in overleg met dr. R.H. van het Kaar aangevuld met verwijzingen naar de relevante rechterlijke uitspraken. Voorts is er aandacht besteed aan overige regelgeving waarin een rol is neergelegd voor de ondernemingsraad. Daarbij is een kort overzicht gegeven van (plannen met betrekking tot) regelgeving die nog in ontwikkeling is.

In de zeventiende druk (2006) zijn de nieuwe regels voor het verlenen van ontheffing (artikel 5), geheimhouding (artikel 20) en het verstrekken van informatie over de beloningsverhoudingen (artikel 31d en e) opgenomen.

De tweeëntwintigste druk (2011) werd aangevuld met het spreekrecht van ondernemingsraden in de algemene vergadering van aandeelhouders in NV's (ingevoerd per 1 juli 2010). Bij artikel 2 is aandacht besteed aan de mogelijke consequenties die het niet instellen van een ondernemingsraad kan hebben voor werkgevers.

De vijfentwintigste druk (2014) bevat de wijzigingen die voortvloeien uit de wetswijziging van 19 juli 2013. De scholingsregeling (artikel 18 en 22, alsmede hoofdstuk 7A) is ingrijpend gewijzigd. De verplichte bemiddeling door de bedrijfscommissie is afgeschaft (artikel 36). Het informatierecht van ondernemingsraden in internationale concerns is uitgebreid (artikel 31) en het handtekeningenvereiste voor het indienen van zogenoemde vrije lijsten voor OR-verkiezingen (artikel 9) is geschrapt. De nieuwe wet leidde ook tot aanpassingen in de artikelen 5, 8, 35c, 48 en 49. Voorts is met ingang van 7 augustus 2013 het instemmingsrecht van de ondernemingsraad met betrekking tot pensioenovereenkomsten uitgebreid (het nieuwe artikel 27 lid 7).

In het voorjaar van 2015 overleed tot ons leedwezen onverwacht Frans Vink, de grondlegger van Inzicht in de Ondernemingsraad. Hoewel hij al enkele jaren niet meer direct verbonden was aan de uitgave, bleef hij actief en nauw betrokken bij alles wat met medezeggenschap te maken had. Het boek zal in zijn geest worden voortgezet.

In de zevenentwintigste druk (2016) is een nieuwe bijlage over moderne vormen van medezeggenschap toegevoegd, met als insteek de vraag welke mogelijkheden de WOR op dat terrein biedt en wat de belangrijkste aandachtspunten zijn. Voorts is als gevolg van de invoering van de WWZ de ontslagbescherming van ondernemingsraadsleden gewijzigd; dat heeft geleid tot een fundamentele herziening van het commentaar bij artikel 21. Ook andere gevolgen van de WWZ voor de medezeggenschap (zoals voor het instemmingrecht van artikel 27) zijn verwerkt.

In de achtentwintigste druk zijn de vooral voor ondernemingen met een ondernemingspensioenfonds nogal ingrijpende wetswijzigingen rond het instemmingsrecht over pensioenen verwerkt (artikel 27 lid 1 onder a en lid 3 en het nieuwe artikel 31f), evenals de invoering van de nieuwe klokkenluidersregeling (het nieuwe artikel 27 lid 1 onder m). De bijlagen 2 (OR in andere wetten) en vooral 3 (komende wetgeving) zijn geactualiseerd. Het commentaar op de arbo-regelgeving is aangepast in overleg met Jan Popma.
Wijzigingen in andere wetten resulteerden in enkele technische aanpassingen van de WOR (onder meer in artikel 5 lid 4, artikel 31a en artikel 35b).

In de negenentwintigste druk zijn allereerst de ontwikkelingen in aanpalende wetgeving verwerkt. De tekst over sociale plannen is aangepast met het oog op de WWZ en de transitievergoeding. In het rechtspraakoverzicht en in het commentaar op art. 25 zijn belangwekkende arresten verwerkt over de rechten van de OR in geval van insolventie. Voorts is aandacht besteed aan de rechtspraak over (vermeende) schending van de geheimhoudingsplicht van OR-leden.

In de eenendertigste druk is de nieuwe wetgeving over de rechten van de medezeggenschap in kleine ondernemingen omtrent pensioenen en het overlegrecht over beloningen (met ook gevolgen voor de verschijnplicht van commissarissen/toezichthouders) verwerkt. Een aanzienlijke hoeveelheid nieuwe rechtspraak is verwerkt tot en met 30 augustus 2019. Bijlage 1 over vernieuwing van medezeggenschap is uitgebreid: welke mogelijkheden biedt de WOR en waar liggen de grenzen om te experimenteren met nieuwe modellen van medezeggenschap?

In de tweeëndertigste druk was er uiteraard veel aandacht voor de gevolgen van Covid-19, waaronder de nieuwe Bijlage 0. Wat kan de OR? Wat mag de OR? En waar liggen de grenzen?
In de Wet op de ondernemingsraden zelf is er niets wezenlijks veranderd. In een deel van de aanpalende wetgeving wel, maar ook niets schokkends. Dat geldt ook voor de rechtspraak. Alles is uiteraard bijgewerkt, tot 25 augustus 2020.
Gezien de toegenomen internationalisering is een bijlage toegevoegd over de kernpunten van de WOR in de Engelse taal (*bijlage 10*).
Er is wat gesneden in de papieren pagina's over de verstrekking van financiële informatie aan ondernemingsraden, door deze waar mogelijk te vervangen door digitale verwijzingen.

In de drieëndertigste druk is er opnieuw veel aandacht voor de gevolgen van Covid-19. Daarnaast hebben ook klimaatverandering, energietransitie en maatschappelijk verantwoord ondernemen/ESG meer aandacht gekregen.

In deze nieuwe vierendertigste druk zijn de wetswijzigingen in de artikelen 1, 6 en 15 verwerkt. Deze hadden vooral tot doel de medezeggenschap toegankelijker te maken voor flexwerkers (waaronder verkorting van de kiestermijnen) en om vaste commissies van de OR toegankelijker te maken. De jurisprudentie is bijgewerkt tot en met 15 juli 2022. Bijlage 0 (covid) is geheel herschreven. Het onderwerp wordt uiteraard wel behandeld, maar de insteek is breder: OR en strategische medezeggenschap, en OR en crises. Verder zijn bijlagen 2 (OR in andere wetten) en 3 (komende wetgeving ingrijpend aangepast.
Het boek verschijnt eens per jaar, met een afsluitingsdatum rond het midden van het jaar. Dat brengt met zich mee dat niet alle actuele ontwikkelingen (waaronder ook tussentijdse veranderingen in wetgeving en recente jurisprudentie) altijd volledig up-to-date (kunnen) zijn. Voor de meest recente veranderingen verwijzen wij daarom naar de website van de Sdu.

De auteur hecht aan een genderneutrale tekst. De WOR spreekt echter met enige regelmaat over 'hij' (bijvoorbeeld in artikel 1, lid 1 onder e). In deze gevallen is de wettekst gevolgd. Verder hanteert de auteur de taalkundige basisregels voor verwijzingen naar mannelijke en vrouwelijke woorden.

Waar relevant wordt verwezen naar de samenhangende hoofdstukken in het Inzicht in de OR Praktijkboek. In het Inzicht in de OR Praktijkboek vindt u een concrete uitwerking van situaties die OR-leden en bestuurders in de dagelijkse praktijk tegenkomen. Hier vindt u ook verwijzingen naar de Inzicht in de OR tools medezeggenschap.
Met een handzame, zakelijke uitleg van de wetsbepalingen – op basis van wetsgeschiedenis en rechtspraak – beoogt dit boek een betrouwbare gids te zijn voor degenen die bij de dagelijkse praktijk van het medezeggenschapsgebeuren zijn betrokken.
De maandelijks verschijnende nieuws- en adviesbrief Inzicht in medezeggenschap voorziet in aanvullende actuele informatie.
Feedback is meer dan ooit welkom.

Dr. R.H. van het Kaar

Bij de verwijzingen naar rechterlijke uitspraken in dit boek wordt verwezen naar de volgende vindplaatsen:

ARO Actuele Rechtspraak Ondernemingspraktijk (Kluwer)
JAR Jurisprudentie Arbeidsrecht (Sdu Uitgevers)
NJ Nederlandse Jurisprudentie (Kluwer)
ROR Rechtspraak Ondernemingsraad, katernen behorend bij Ondernemingsraad (Kluwer)
Stb. Staatsblad (Sdu Uitgevers)

1 Algemene bepalingen

De Wet op de ondernemingsraden is ontwikkeld uit initiatieven die in de praktijk van het bedrijfsleven tot stand zijn gekomen. Dit is duidelijk te zien aan de begrippen als ondernemer en onderneming, waarvoor in de non-profitsector veelal de termen bestuur en instelling worden gebruikt. Juist omdat zowel in het spraakgebruik alsook in andere regelgeving deze begrippen een verschillende betekenis kunnen hebben, is het van belang dat in dit hoofdstuk duidelijk is omschreven wat in het kader van de Wet op de ondernemingsraden wordt bedoeld.

Centraal staat het begrip *onderneming*, niet in een financieel-economische, maar in een sociaal-organisatorische betekenis. Medezeggenschap is immers een zaak die ménsen aangaat. De onderneming is dus de arbeidsorganisatie en de *ondernemer* is degene die (meestal als rechtspersoon) het doel bepaalt en de financiële middelen verschaft. De *in de onderneming werkzame personen* brengen hun arbeid in tegen beloning, maar zijn daarbij onderworpen aan de leiding van de *bestuurder*. Deze ondergeschiktheid behoeft echter niet verder te gaan dan met het oog op het doelmatig werken van de arbeidsorganisatie nodig is. Op dit uitgangspunt is het functioneren van de *ondernemingsraad* gebaseerd.
Er is steeds meer aandacht voor de behoefte aan betrokkenheid van de grote groep flexwerkers bij de medezeggenschap. Dat heeft mede geresulteerd in een wijziging per 1 januari 2022 van het derde lid van artikel 1. Zie aldaar. Zie verder voorts *Hoofdstuk 3* (in het bijzonder artikel 6) en *Bijlage 1*.

Artikel 1 Wetsbegrippen

WETTEKST

1. Voor de toepassing van het bij of krachtens deze wet bepaalde wordt verstaan onder:
   a) Onze Minister: Onze Minister van Sociale Zaken en Werkgelegenheid;
   b) Raad: De Sociaal-Economische Raad, bedoeld in de Wet op de Sociaal-Economische Raad;
   c) onderneming: elk in de maatschappij als zelfstandige eenheid optredend organisatorisch verband waarin krachtens arbeidsovereenkomst of krachtens publiekrechtelijke aanstelling arbeid wordt verricht;
   d) ondernemer: de natuurlijke persoon of de rechtspersoon die een onderneming in stand houdt;
   e) bestuurder: hij die alleen dan wel tezamen met anderen in een onderneming rechtstreeks de hoogste zeggenschap uitoefent bij de leiding van de arbeid;
   f) bedrijfscommissie: de bevoegde bedrijfscommissie, bedoeld in de artikelen 37 en 46.
2. Voor de toepassing van het bij of krachtens deze wet bepaalde wordt onder in de onderneming werkzame personen verstaan: degenen die in de onderneming werkzaam zijn krachtens een publiekrechtelijke aanstelling bij dan wel krachtens een arbeidsovereenkomst met de ondernemer die de onderneming in stand houdt. Personen die in meer dan één onderneming van dezelfde ondernemer werkzaam zijn, worden geacht uitsluitend werkzaam te zijn in die onderneming van waaruit hun werkzaamheden worden geleid.
3. Voor de toepassing van het bij of krachtens deze wet bepaalde wordt onder in de onderneming werkzame personen mede verstaan:
   a) degenen die in het kader van werkzaamheden van de onderneming daarin ten minste 15 maanden werkzaam zijn krachtens een uitzendovereenkomst als bedoeld in artikel 690 van Titel 7.10 van het Burgerlijk Wetboek, en
   b) degenen die krachtens een publiekrechtelijke aanstelling bij dan wel krachtens arbeidsovereenkomst met de ondernemer werkzaam zijn in een door een andere ondernemer in stand gehouden onderneming.
4. Voor de toepassing van het bij of krachtens deze wet bepaalde worden de bestuurder of de bestuurders van een onderneming geacht niet te behoren tot de in de onderneming werkzame personen.

TOELICHTING

Artikel 1 : eerste lid : Wetsbegrippen

In artikel 1 worden enkele begrippen omschreven die op veel plaatsen in de wet terugkomen. Sommige begrippen zullen bij lezing meteen duidelijk zijn, maar andere vereisen een nadere toelichting.

Onderneming
Voor de kernvragen waar ondernemingsraden moeten worden ingesteld en wat hun werkterrein is, staat het begrip 'onderneming' centraal. In beginsel moet namelijk aan elke 'onderneming' met een bepaald aantal werknemers een eigen ondernemingsraad verbonden zijn. Alle zaken die deze 'onderneming' betreffen behoren tot het werkterrein van de ondernemingsraad. Daarom is het begrip 'onderneming' de spil waar de Wet op de ondernemingsraden om draait.

De wet omschrijft het begrip 'onderneming' als *elk in de maatschappij als zelfstandige eenheid optredend organisatorisch verband waarin krachtens arbeidsovereenkomst of krachtens publiekrechtelijke aanstelling arbeid wordt verricht.* Drie elementen zijn hierbij van belang.

- Er moet sprake zijn van een organisatorisch verband, dat wil zeggen een groep van mensen die op enigerlei wijze samenwerken.
- Er moeten in het samenwerkingsverband mensen werkzaam zijn die hun werkzaamheden verrichten op grond van een arbeidsovereenkomst of een publiekrechtelijke aanstelling. Met de inwerkingtreding van de Wet normalisatie rechtspositie ambtenaren (Wnra) in 2020 is de publiekrechtelijke aanstelling overigens voor grote groepen omgezet in een arbeidsovereenkomst. Wat is blijven gelden: werken tegen betaling, in dienst van en onder leiding van een ander.
- Het samenwerkingsverband moet in de maatschappij als een zelfstandige eenheid optreden, dat wil zeggen zich naar buiten tegenover het publiek als een zelfstandige eenheid presenteren. Daarvan is met name sprake wanneer de onderneming haar goederen of diensten rechtstreeks aan het publiek aanbiedt en als zodanig zelfstandig overeenkomsten met derden afsluit en in het algemeen wanneer de onderneming zich onder een eigen naam aan het publiek presenteert. Juridische zelfstandigheid in een afzonderlijke rechtsvorm is echter niet vereist. Ondernemingsraden van ondernemingen die fuseren blijven dan ook bestaan tot het einde van hun lopende zittingsperiode, tenzij er eerder een nieuwe medezeggenschapsstructuur voor de gefuseerde ondernemingen wordt ingevoerd.

Alleen de drie genoemde elementen bepalen of er sprake is van een 'onderneming' in de zin van deze wet. Zo is in beginsel ieder filiaal van een grootwinkelbedrijf en ieder bijkantoor van een bankinstelling een aparte onderneming in de zin van de wet. Overigens kan voor een aantal ondernemingen één gemeenschappelijke ondernemingsraad worden ingesteld, wanneer dit bevorderlijk is voor een goede toepassing van de wet *(zie artikel 3).*

Het begrip 'onderneming' in de Wet op de ondernemingsraden is dus een arbeidsorganisatorisch begrip: er moet sprake zijn van een zelfstandige arbeidsorganisatie. De rechtsvorm van de onderneming, de aard van de werkzaamheden die in de onderneming worden verricht of het feit dat de onderneming geen winstoogmerk heeft, zijn daarbij niet van belang. Voorbeelden van ondernemingen in de zin van de wet zijn een fabriek, een handelskantoor, een winkel, een accountantskantoor en een hotel, maar ook een overheidsdienst, een ziekenhuis, een bejaardenoord, een orkest, een internaat en een welzijnsinstelling. Het begrip 'onderneming' in de Wet op de ondernemingsraden is dus ruimer dan in het spraakgebruik. Dit begrip kan in andere wetten of voorschriften overigens een andere betekenis hebben. Zo wordt het nog al eens gebruikt in de betekenis van een rechtspersoon die een of meer arbeidsorganisaties in stand houdt. De Wet op de ondernemingsraden gebruikt daarvoor echter het begrip 'ondernemer'.

Ondernemer

De ondernemer is degene die een onderneming in stand houdt, dat wil zeggen de materiële middelen verschaft om de onderneming te laten functioneren. Hij moet ervoor zorgen dat er een ondernemingsraad komt, wanneer de onderneming een bepaald aantal werknemers heeft *(zie artikel 2, eerste lid).*

De wet omschrijft het begrip 'ondernemer' als de natuurlijke persoon of de rechtspersoon die een onderneming in stand houdt. Een natuurlijke persoon is een individueel persoon, bijvoorbeeld de heer Jansen of mevrouw de Vries. Rechtspersonen zijn te onderscheiden in privaatrechtelijke rechtspersonen en publiekrechtelijke rechtspersonen. Een privaatrechtelijke rechtspersoon is een naamloze of een besloten vennootschap, een vereniging of een stichting, een coöperatie of een onderlinge waarborgmaatschappij, een kerkgenootschap, of een privaatrechtelijke rechtspersoon naar Europees of buitenlands recht.

Een publiekrechtelijke rechtspersoon is een rechtspersoon die zijn rechtspersoonlijkheid ontleent aan een wet of een ander publiekrechtelijk voorschrift van een overheidsorgaan. Voorbeelden zijn de Staat der Nederlanden (rijksoverheid), de gemeenten, provincies, waterschappen, maar ook de Sociaal-Economische Raad, de verschillende TNO-organisaties (Toegepast Natuurwetenschappelijk Onderzoek) en de Kamers van Koophandel. Aangenomen wordt dat ook vennoten van personenvennootschappen moeten worden beschouwd als ondernemer in de zin van de WOR. Vergelijk artikel 4 van het Besluit verstrekking financiële informatie aan ondernemingsraden 1985, opgenomen in *Bijlage 7.*

Niet onder de Wet op de ondernemingsraden vallen scholen *(zie echter artikel 53),* het ministerie van Defensie en de krijgsmacht *(zie artikel 53a),* de rechterlijke ambtenaren van de Hoge Raad *(zie artikel 53b),* de leden van de Raad van State en de leden van de Algemene Rekenkamer en de Nationale ombudsman *(zie artikel 53c).* Sinds 1 januari 2002 is de Wet op de ondernemingsraden ook van toepassing op de rechterlijke ambtenaren, uitgezonderd degenen die werkzaam zijn bij de Hoge Raad *(zie ook de toelichting bij artikel 53b en 46d).*

De begrippen 'onderneming' en 'ondernemer' moeten goed uit elkaar worden gehouden. De onderneming is de arbeidsorganisatie, de ondernemer is de natuurlijke persoon of de rechtspersoon die de arbeidsorganisatie in stand houdt. Een ondernemer kan heel goed méér dan een onderneming in stand houden. Dit komt ook veel voor, bijvoorbeeld bij grote concerns, banken, grootwinkelbedrijven en de overheid. Bij de rijksoverheid is de ondernemer de Staat der Nederlanden. Deze ondernemer houdt alle ministeries en diensten van de rijksoverheid in stand, zoals bijvoorbeeld het ministerie van Sociale Zaken en Werkgelegenheid, het ministerie van Veiligheid en Justitie enz., maar ook het Centraal Planbureau en het Centraal Bureau voor de Statistiek. Natuurlijke personen die een onderneming in stand houden boven de getalsgrens van artikel 2, eerste lid, komen niet zoveel meer voor. In verreweg de meeste gevallen is de ondernemer dus een rechtspersoon.
De Wet op de ondernemingsraden geldt voor alle ondernemingen in Nederland boven de getalsgrens van artikel 2, eerste lid, (instelling ondernemingsraad), of binnen de getalsgrenzen van de artikelen 35b (personeelsvergadering), 35c en 35d (personeelsvertegenwoordiging). Daarbij is niet van belang waar de ondernemer is gevestigd. De wet is dus van toepassing zowel op ondernemingen in Nederland die in stand worden gehouden door een Nederlandse ondernemer, als op ondernemingen in Nederland die in stand worden gehouden door een buitenlandse ondernemer. De wet is echter niet van toepassing op ondernemingen in het buitenland, ook niet wanneer deze door een in Nederland gevestigde ondernemer in stand worden gehouden.

Bestuurder

De bestuurder is degene die de ondernemer vertegenwoordigt in het overleg met de ondernemingsraad. De wet verstaat onder de 'bestuurder': hij die alleen dan wel tezamen met anderen in een onderneming rechtstreeks de hoogste zeggenschap uitoefent bij de leiding van de arbeid. De bestuurder is dus degene die bij de dagelijkse leiding van de arbeid in de onderneming niemand meer boven zich heeft. Het doet daarbij niet ter zake of de bestuurder op zijn beurt zelf ook weer aan aanwijzingen van derden onderworpen is, bijvoorbeeld van de eigenaar van de onderneming, de raad van commissarissen van een vennootschap of van het bestuur van een vereniging of een stichting. Zolang deze derden zich daarbij tot de bestuurder richten en zelf geen aanwijzingen of opdrachten aan de werknemers geven, zijn zij geen bestuurder in de zin van de wet.
Wanneer de ondernemer een natuurlijke persoon is, zal hij ook dikwijls zelf in zijn onderneming meewerken door leiding te geven aan de arbeid. Dan is hij dus tevens bestuurder. Maar de ondernemer behoeft niet altijd zelf in de onderneming mee te werken. Hij kan ook een bedrijfsleider hebben aangesteld, die dan de bestuurder is.
Is de ondernemer een naamloze of een besloten vennootschap, dan berust de leiding over de arbeid in het algemeen bij het bestuur van die vennootschap. Wanneer een vennootschap méér dan één onderneming in stand houdt, dan zal de leiding over de

arbeid in deze ondernemingen veelal berusten bij personen die geen lid van het bestuur van de vennootschap zijn, zoals bijvoorbeeld de filiaalchef van een grootwinkelbedrijf of de beheerder van een bijkantoor van een bank. Deze personen zijn dus wel bestuurder van de onderneming, maar geen lid van het bestuur van de vennootschap. Ook is het denkbaar dat een lid van het bestuur van een vennootschap geen leiding geeft aan de arbeid in een Nederlandse onderneming, maar bijvoorbeeld belast is met het bestuur van een of meer buitenlandse vestigingen van de vennootschap. Zo iemand is dan geen bestuurder in de zin van de Wet op de ondernemingsraden. Zie over het begrip bestuurder verder het commentaar bij *artikel 30.*

Wanneer de ondernemer een vereniging of stichting is, berust de leiding over de arbeid in het algemeen niet bij het bestuur van de vereniging of stichting, maar bij een door het bestuur benoemde directeur of meerhoofdige directie. Meestal bestaat het bestuur van een vereniging of stichting namelijk uit personen die zich niet met de dagelijkse gang van zaken van de onderneming bezighouden, maar die zich in hoofdzaak beperken tot het bijeenkomen voor bestuursvergaderingen (en ledenvergaderingen). Het komt echter ook wel voor, dat het bestuur van een vereniging of stichting wél zelf leiding geeft aan de arbeid of die taak laat uitoefenen door één of meer van zijn eigen leden. In zo'n geval kan een bestuurslid van de vereniging of de stichting dus tevens bestuurder van de onderneming zijn. Bij de meeste verenigingen en stichtingen is dat echter niet het geval.

Ten aanzien van ondernemingen van de overheid is bepaald dat een minister, een staatssecretaris, een burgemeester, een lid van het college van burgemeester en wethouders, een lid van de gemeenteraad, een commissaris van de koningin, een lid van gedeputeerde staten, een lid van provinciale staten, de voorzitter en de leden van het dagelijks bestuur en van het algemeen bestuur van een waterschap, de voorzitters en leden van de Eerste en Tweede Kamer, de vicepresident en de leden van de Raad van State, de president en de leden van de Algemene Rekenkamer, de Nationale ombudsman en de substituut-ombudsmannen, niet beschouwd worden als bestuurder in de zin van de Wet op de ondernemingsraden. Dit betekent dat bij een overheidsdienst waarvoor één ondernemingsraad is ingesteld, de hoogste, bevoegde, ambtenaar die leiding geeft, de bestuurder is. Bij een ministerie bijvoorbeeld, waarvoor één ondernemingsraad is ingesteld, zal de secretaris-generaal de bestuurder zijn. Als er meerdere ondernemingsraden zijn ingesteld, zullen ook de betrokken directeuren bestuurder zijn. Evenzo bij provincies, gemeenten enz., waar dus respectievelijk de griffier en de gemeentesecretaris bestuurder zijn c.q. tevens de betrokken directeuren. Zie voorts *artikel 46d.*

Bedrijfscommissie

Een bedrijfscommissie is een commissie die is ingesteld of aangewezen door de Sociaal-Economische Raad. Er is één bedrijfscommissie voor commerciële organisaties (Markt I) en één voor de non-profitsector (Markt II). Voor de overheid (dus zowel de rijksoverheid als de provincies, gemeenten en waterschappen) heeft de minister van Binnenlandse Zaken één bedrijfscommissie ingesteld *(zie artikel 46d)*. Er is dus voor iedere onderneming een bevoegde bedrijfscommissie. De bedrijfscommissies zijn belast met de behandeling van aangelegenheden van de ondernemingsraden, de groepsondernemingsraden en de centrale ondernemingsraden van de betrokken ondernemingen. Een belangrijke taak van de bedrijfscommissie is te bemiddelen en te adviseren bij geschillen tussen ondernemer en ondernemingsraad. Overigens is deze bemiddeling sinds de wetswijziging van 19 juli 2013 niet meer verplicht. Zie over de bedrijfscommissies verder hoofdstuk 7.

In een groep verbonden ondernemers

Het begrip 'in een groep verbonden ondernemers' wordt in de wet niet nader omschreven. Dit begrip is van belang voor de bepalingen over de instelling van een gemeenschappelijke ondernemingsraad *(artikel 3, derde lid)*, en voor de bepalingen over de instelling van groepsondernemingsraden en centrale ondernemingsraden *(artikelen 33, 34 en 35)*. Een algemeen geldende omschrijving van dit begrip is moeilijk te geven. In de praktijk wordt gesproken van 'in een groep verbonden ondernemers' indien naar de rechtsvorm zelfstandige ondernemers zijn onderworpen aan een gemeenschappelijke leiding, dan wel één van hen stelselmatig invloed kan uitoefenen op de besluitvorming van de andere ondernemers. In dit verband kan er sprake zijn van medeondernemerschap. Zie daarover de toelichting op artikel 25, algemeen.
Bij verenigingen en stichtingen kan groepsverbondenheid bij de wet, statutair of bij overeenkomst tot stand komen, bijvoorbeeld door gelijke samenstelling van de besturen of een gemeenschappelijke besluitvorming. Bij BV's en NV's komt groepsverbondenheid in het algemeen tot stand door kapitaaldeelneming. Een deelneming voor meer dan 50% in het geplaatst kapitaal van een vennootschap zal vrijwel steeds tot groepsverbondenheid leiden. Bij een deelneming voor 50% kan, maar behoeft geen sprake te zijn van groepsverbondenheid. Bepalend is de zeggenschap die door de kapitaaldeelneming of anderszins over de vennootschap kan worden uitgeoefend.

Joint venture

Worden de aandelen in een vennootschap volgens een onderlinge regeling tot samenwerking gehouden door twee andere rechtspersonen, dan is de vennootschap – de joint venture – in een groep verbonden met die rechtspersoon die de overwegende zeggenschap heeft. Heeft geen van de deelnemende rechtspersonen overwegende zeggenschap, hetgeen het geval kan zijn wanneer twee rechtspersonen ieder voor 50% deelnemen in de joint venture, dan behoort die joint venture noch tot de groep van de ene, noch tot die van de andere rechtspersoon.

Artikel 1 : tweede lid : In de onderneming werkzame personen (basisregel)

Als in de onderneming werkzame personen, aan wie de wet medezeggenschapsrechten geeft, tellen in de eerste plaats degenen die in de onderneming feitelijk werkzaam zijn op grond van een met de ondernemer gesloten arbeidsovereenkomst in de zin van het Burgerlijk Wetboek of krachtens publiekrechtelijke aanstelling. Of er sprake is van een arbeidsovereenkomst is niet altijd eenvoudig vast te stellen: soms is er twijfel mogelijk of het om een arbeidsovereenkomst gaat, dan wel om een overeenkomst van opdracht, bijvoorbeeld bij thuiswerk en zzp'ers.

Het is echter niet van belang of de arbeidsovereenkomst of aanstelling voor bepaalde tijd of voor onbepaalde tijd geldt. Ook maakt de wet geen onderscheid tussen personen die een volledige dagtaak in de onderneming vervullen, en personen die slechts een gedeeltelijke dagtaak vervullen. Werknemers in deeltijd hebben dus volledige medezeggenschapsrechten.

De arbeidsovereenkomst of de aanstelling moet tot stand gekomen zijn met de ondernemer die de onderneming in stand houdt. Personen die in de onderneming feitelijk werkzaam zijn, maar die in dienst zijn van een andere ondernemer (ingeleende werknemers), hebben op grond van deze bepaling geen medezeggenschapsrechten in de onderneming. Zie echter hieronder het derde lid. Het personeel van een onderhouds- of cateringbedrijf of van een onderaannemer dat werkzaamheden verricht in de onderneming van de hoofdaannemer, behoort daar dus niet tot de in de onderneming werkzame personen, evenmin als uitzendkrachten en personeel van een banenpool. Maar de ondernemer en de ondernemingsraad kunnen gezamenlijk op grond van artikel 6, vierde lid, bepalen, dat deze werknemers wél tot de in de onderneming werkzame personen gerekend moeten worden. Als zich echter in concernverband de situatie voordoet dat een werknemer een arbeidsovereenkomst heeft met een andere ondernemer van de groep dan die welke de onderneming in stand houdt waar de werknemer werkt, dan wordt hij in de praktijk beschouwd als een in die onderneming werkzame persoon. Zie opnieuw de toelichting op artikel 1, derde lid.

Het komt ook voor dat iemand op arbeidsovereenkomst of krachtens aanstelling werkzaam is in meer dan één onderneming van dezelfde ondernemer of van hetzelfde concern. Daarbij kan men denken aan tijdelijk overgeplaatst personeel of aan interne onderhoudsploegen. De wet bepaalt dat zij dan geacht worden slechts in die onderneming werkzaam te zijn van waaruit hun werkzaamheden worden geleid.

Artikel 1 : derde lid : Uitgeleende en ingeleende werknemers

Het percentage flexibele werknemers in de Nederlandse beroepsbevolking is de afgelopen jaren snel gestegen. Die ontwikkeling stelt de medezeggenschap voor nieuwe vragen. De WOR biedt verschillende aanknopingspunten om zowel rekening te houden met de belangen van deze groep, alsook om flexibele werknemers daadwerkelijk bij de medezeggenschap te betrekken. Voorbeelden zijn artikel 6 (aanpassing termijnen voor actief en passief kiesrecht en nadere invulling van de omschrijving van het begrip 'werkzaam') en artikel 15 (commissies). Zie ook *Bijlage 1*.

Artikel 1, derde lid, bevat uitsluitend een definitie van de begrippen uitgeleende en ingeleende werknemers. Deze begrippen worden hierna nader toegelicht.

Uitgeleende werknemers
De wet rekent tot de in de onderneming werkzame personen ook de werknemers die *niet feitelijk* in de onderneming werkzaam zijn, maar wel een arbeidsovereenkomst of aanstelling hebben bij de ondernemer die de onderneming in stand houdt. Deze *uitgeleende werknemers* (gedetacheerden, uitzendkrachten, banenpoolers enz.) werken dus in een andere onderneming die in stand wordt gehouden door een andere ondernemer, maar zij hebben medezeggenschapsrechten (zoals actief en passief kiesrecht voor de ondernemingsraad) in de onderneming van waaruit zij zijn uitgeleend (uitzendbureau, payrollbedrijf e.d.). In die onderneming tellen zij dan ook mee bij de bepaling van het aantal werknemers voor de verplichte instelling van een ondernemingsraad of personeelsvertegenwoordiging.

Ingeleende werknemers
Door een wijziging van artikel 1, derde lid, die per 1 januari 1999 in werking is getreden, krijgen uitgeleende werknemers tevens medezeggenschapsrechten in de onderneming waar ze *feitelijk* werkzaam zijn (*ingeleend* dus). In 1999 was de eis dat zij langer dan 24 maanden in die onderneming gewerkt hebben op basis van een uitzendovereenkomst als bedoeld in artikel 690, titel 7.10 van het Burgerlijk Wetboek. Deze termijn is per 1 januari 2022 verkort naar 15 maanden. Voorts moeten deze *ingeleende werknemers* gewerkt hebben 'in het kader van de werkzaamheden van de onderneming' dat wil zeggen dat hun werk moet hebben bijgedragen aan de ondernemingsactiviteiten. Zo werkt een door een ziekenhuis ingeleende onderhoudsschilder *niet* in het kader van de werkzaamheden van het ziekenhuis, maar als hij is ingeleend door een onderhoudsbedrijf werkt hij duidelijk *wel* in het kader van de werkzaamheden van het onderhoudsbedrijf.

Ingeleende werknemers die aan de gestelde eisen voldoen, tellen in de betrokken onderneming mee voor de bepaling van het aantal werknemers voor de verplichte instelling van een ondernemingsraad of personeelsvertegenwoordiging. Het ligt in de rede dat deze ingeleende werknemers die immers reeds langer dan 15 maanden in de betrokken onderneming feitelijk gewerkt hebben, geacht kunnen worden te hebben voldaan aan de diensttijdeisen voor het actief en passief kiesrecht voor de ondernemingsraad *(artikel 6, tweede en derde lid).* Gezien de rechtspraak is het echter verstandig dat met behulp van artikel 6, vierde lid, ook formeel vast te leggen. Formeel moeten de termijnen bij elkaar worden opgeteld: 15 (artikel 1) + 3 (artikel 6) = 18 maanden.
Overigens is de regeling van de uitzendovereenkomst beperkt tot het ter beschikking stellen van werknemers in het kader van een zodanig beroep of bedrijf, dus uitzendbureaus, detacheerbedrijven, banenpools e.d. Incidentele uitleen van personeel door werkgevers met andere bedrijfsactiviteiten, en detachering binnen concernverband, vallen niet onder de regeling van de uitzendovereenkomst. In die gevallen dient dus alsnog artikel 6, vierde lid, te worden toegepast.
Payroll-werknemers vormen een bijzondere categorie van ingeleende werknemers. Bij payrolling zijn of worden werknemers geworven door de onderneming waarin zij fei-

telijk werkzaam zijn, maar berust het formele werkgeverschap bij de payroll-onderneming. Er is dan veel voor te zeggen om de 24-maanden eis niet voor deze groep te laten gelden. De WOR bevat hiervoor echter geen aparte voorziening. Het is daarom raadzaam een regeling te treffen met behulp van artikel 6, vierde lid, (zie aldaar). Zie verder *Bijlage 3* over voorstellen om de 24-maandentermijn te verkorten en *Bijlage 1* over verschillende (andere) mogelijkheden om flexwerkers bij de medezeggenschap te betrekken.

Ook de SER heeft een aanbeveling opgesteld over de OR en flexwerkers, met als doel flexwerkers meer dan nu te betrekken bij de medezeggenschap. In de aanbeveling wordt eveneens aandacht besteed aan de mogelijkheden die de WOR hiertoe biedt. Zie ook de themapagina van de SER *(https://www.ser.nl/nl/thema/medezeggenschap/belangrijke-themas/flexwerkers).*

Artikel 1 : vierde lid : Bestuurder is geen 'in de onderneming werkzame persoon'

De wet sluit de bestuurder of de bestuurders van de onderneming uitdrukkelijk uit van de in de onderneming werkzame personen. Dat betekent onder meer dat zij niet meetellen voor de berekening bij de beantwoording van de vraag of er een ondernemingsraad moet zijn *(artikel 2, eerste lid),* en dat zij niet kiesgerechtigd of verkiesbaar voor de ondernemingsraad zijn. Deze uitsluiting geldt niet alleen voor de bestuurder die zelf ondernemer is, maar ook voor de bestuurders die op arbeidsovereenkomst (bijvoorbeeld als directeur) of krachtens aanstelling in dienst zijn van een ondernemer-rechtspersoon. De uitsluiting berust op de omstandigheid dat de bestuurder de ondernemer vertegenwoordigt in het overleg met de ondernemingsraad. Andere leidinggevende functionarissen (zoals bijvoorbeeld adjunct-directeuren), hoewel deze in bepaalde gevallen de bestuurder van de onderneming kunnen vervangen in het overleg met de ondernemingsraad *(artikel 23, vijfde lid),* zijn echter niet uitgesloten.
Uit het tweede, derde en vierde lid volgt dat het aantal in de onderneming werkzame personen volgens de wettelijke begripsomschrijving kleiner kan zijn dan het aantal personen dat in feite de onderneming vormt. Dat komt dus omdat de wet niet aan alle personen die tezamen de onderneming vormen medezeggenschapsrechten toekent.

RECHTSPRAAK

Hoge Raad 26 januari 2000, «JAR» 2000/30
Voor de toepassing van de WOR kan een andere ondernemer beschouwd worden als medeondernemer als die ander een positie inneemt die hem stelselmatig een zodanige invloed op de besluitvorming binnen de onderneming verschaft, dat die ander de betreffende onderneming mede in stand houdt.

Hoge Raad 14 maart 2008, «JAR» 2008/112
Een meerderheidsdeelneming leidt in beginsel tot groepsverbondenheid. Bijzondere omstandigheden, zoals het ontbreken van beslissende zeggenschap, kunnen tot de conclusie leiden dat er geen sprake is van groepsverbondenheid.

Ondernemingskamer 28 april 2004, «JAR» 2004/147
Voor medeondernemerschap is niet alleen de relatie tussen de ondernemers van belang, maar ook de aard en inhoud van het te nemen of genomen besluit.

Ondernemingskamer 19 juli 2010, ECLI:NL:GHAMS:2010:BN1709
Ten aanzien van het voorliggende besluit moet de hoofdredacteur worden aangemerkt als bestuurder in de zin van de WOR, aangezien het adviesrecht anders op onaanvaardbare wijze wordt uitgehold.

Gerechtshof Den Haag 1 juni 2021, ECLI:NL:GHDHA:2021:1021
Geen onderneming in de zin van de WOR. Niet (voldoende) zelfstandig naar buiten optredende afdelingen van de Belastingdienst.

Kantonrechter Utrecht 10 oktober 1984, NJ 1985, 558
Een station is geen onderneming in de zin van de WOR, omdat het geen organisatorische eenheid vormt en niet als zelfstandige eenheid naar buiten optreedt.

Kantonrechter Groningen 28 mei 2004, ROR 2004, nr. 37
Weliswaar zijn de werknemers in dienst van de ondernemer, maar de onderneming kan niet worden beschouwd als een zelfstandige organisatorische eenheid de en treedt ook niet als zelfstandige eenheid naar buiten toe op. De OR heeft daarom geen bestaansrecht.

Rechtbank Leeuwarden (voorzieningenrechter) 14 oktober 2009, ECLI:NL:RBLEE:2009:BK0226, ROR 2009, nr. 45
De onderneming is na overgang als zelfstandige eenheid blijven bestaan. Daarom is de OR niet opgehouden te bestaan en dient in de gelegenheid te worden gesteld zijn wettelijke en overeengekomen rechten en verplichtingen uit te oefenen totdat er een nieuwe medezeggenschapsstructuur voor de gefuseerde onderneming is ingevoerd.

MEER INFORMATIE

Inzicht in de OR Praktijkboek
Hoofdstuk 1 Organiseren van medezeggenschap, een toelichting
Hoofdstuk 1.2 Bepalen van de medezeggenschapsstructuur
Hoofdstuk 4.2 Overleg: samen verantwoordelijk. Vraag: Wie is de bestuurder?

2 De instelling van de ondernemingsraad

Dit hoofdstuk bevat bepalingen voor het instellen van een ondernemingsraad. De verplichting tot instelling van een ondernemingsraad geldt voor iedere ondernemer die een onderneming in stand houdt waarin in de regel ten minste 50 personen werkzaam zijn *(artikel 2, eerste lid).*
De wet biedt de mogelijkheid een gemeenschappelijke ondernemingsraad in te stellen voor meerdere ondernemingen die door een ondernemer in stand worden gehouden *(artikel 3, eerste lid)* of voor de ondernemingen van in een groep verbonden ondernemers *(artikel 3, tweede lid).* Daarnaast kunnen afzonderlijke ondernemingsraden worden ingesteld voor de verschillende onderdelen van een onderneming *(artikel 4, eerste lid).*
Ontheffing van de instellingsverplichting kan van de Sociaal-Economische Raad worden verkregen, wanneer bijzondere omstandigheden een goede toepassing van de wet in de betrokken onderneming in de weg staan *(artikel 5, eerste lid).* Voor ondernemingen waarin uitsluitend of nagenoeg uitsluitend krachtens publiekrechtelijke aanstelling arbeid wordt verricht (zoals bij de overheid), wordt de bevoegdheid om ontheffing te verlenen uitgeoefend door de minister van Binnenlandse Zaken.
Ondernemers kunnen bij cao of publiekrechtelijke regeling worden verplicht een ondernemingsraad in te stellen *(artikel 5a, eerste lid)*; ook kunnen zij vrijwillig tot instelling overgaan *(artikel 5a, tweede lid).*

Artikel 2 Instelling ondernemingsraad

WETTEKST

1. **De ondernemer die een onderneming in stand houdt waarin in de regel ten minste 50 personen werkzaam zijn, is in het belang van het goed functioneren van die onderneming in al haar doelstellingen verplicht om ten behoeve van het overleg met en de vertegenwoordiging van de in de onderneming werkzame personen een ondernemingsraad in te stellen en jegens deze raad de voorschriften, gesteld bij of krachtens deze wet, na te leven.**
2. **Indien in een onderneming na de instelling van een ondernemingsraad niet langer in de regel ten minste 50 personen werkzaam zijn, houdt de ondernemingsraad van rechtswege op te bestaan bij het eindigen van de lopende zittingsperiode van die raad, tenzij de ondernemer toepassing geeft aan artikel 5a, tweede lid.**

TOELICHTING

Artikel 2 : eerste lid : Verplichting tot instelling OR

Het uitgangspunt van de wet is dat iedere onderneming waarin ten minste 50 personen werkzaam zijn *(zie tevens de toelichting op artikel 1, tweede, derde en vierde lid, artikel 3 en artikel 4)* een eigen ondernemingsraad moet hebben. De wet spreekt over 'in de regel'. Deze woorden duiden op een zekere continuïteit, zodat niet iedere wijziging van het aantal in de onderneming werkzame personen waardoor de hiervoor genoemde getalsgrens wordt overschreden direct leidt tot het ontstaan, respectievelijk tot de beeindiging van de verplichting om een ondernemingsraad in te stellen.

De verplichting tot het instellen van een ondernemingsraad rust op de ondernemer die de betrokken onderneming in stand houdt. In veel andere landen dient het initiatief uit te gaan van werknemers en/of vakbonden. Blijft de ondernemer in Nederland in gebreke, dan heeft iedere belanghebbende, waaronder iedere vakorganisatie die het recht van kandidaatstelling in de betrokken onderneming heeft de mogelijkheid om, eventueel na bemiddeling en advies van de bedrijfscommissie, de kantonrechter te verzoeken te bepalen dat de ondernemer zijn verplichting tot het instellen van een ondernemingsraad nakomt *(artikel 36, eerste lid)*. Daarbij kan de kantonrechter verzocht worden de ondernemer een termijn te stellen. Over het algemeen is een termijn van drie tot zes maanden redelijk te achten. De ondernemer die weigert mee te werken aan de instelling, kan door de kantonrechter veroordeeld worden tot een maximale geldboete van € 22.500 of een celstraf van maximaal zes maanden. Zie verder het commentaar op *artikel 36, vijfde lid.*

Er is geen aparte toezichthouder die controleert of organisaties voldoen aan hun instellingsplicht, al speelt de Nederlandse Arbeidsinspectie hierbij onder omstandigheden wel een rol in het kader van de handhaving van andere wetten, in het bijzonder de Arbeidsomstandighedenwet. Het initiatief tot handhaving is in Nederland neergelegd bij werknemers, vakbonden en eventuele andere belanghebbenden. De naleving van de instellingsplicht in Nederland is ongeveer 67%. Anders gezegd: een derde van de ondernemingen die een ondernemingsraad zouden moeten instellen, hebben dit niet gedaan.

Werknemers die het initiatief nemen tot de instelling van een ondernemingsraad hebben wettelijke bescherming tegen benadeling in hun positie in de onderneming *(zie artikel 21).* Voorts zal het Uitvoeringsinstituut Werknemersverzekeringen (UWV) in beginsel geen ontslagvergunning verlenen voor deze werknemers als hem blijkt dat de ontslaggrond verband houdt met hun activiteiten voor het instellen van een ondernemingsraad *(artikel 7:671a lid 11 BW; zie voorts het commentaar bij artikel 21).*

De ondernemer heeft niet alleen de plicht om de ondernemingsraad in te stellen, maar na die instelling heeft hij ook verder nog verplichtingen jegens de ondernemingsraad, zoals onder andere het plegen van overleg, het vragen van advies en instemming, het verstrekken van informatie, het verlenen van faciliteiten en rechtsbescherming, enzovoorts. Het instellen van een ondernemingsraad is volgens de wet in het belang van 'het goed functioneren van de onderneming in al haar doelstellingen'. Dat laatste wil zeggen dat de aanwezigheid van een ondernemingsraad van belang is, zowel voor de sociale doelstellingen van de onderneming (zoals het verschaffen van werkgelegenheid en de aanwezigheid van goede arbeidsomstandigheden), als voor de economische doelstellingen van de onderneming (met name het voortbrengen van goederen of diensten). Het goed functioneren van de onderneming is niet uitsluitend een zaak van de ondernemingsleiding, maar ook een zaak van de werknemers en dus van de ondernemingsraad. Daartoe heeft de ondernemingsraad volgens de wet een tweeledige taak: het plegen van overleg met de ondernemingsleiding en het vertegenwoordigen van de werknemers. Vertegenwoordiging betekent niet alleen het naar voren brengen van de wensen en inzichten van het personeel ten aanzien van de verschillende onderdelen van het ondernemingsbeleid, maar vertegenwoordiging kan – zo nodig – ook belangenbehartiging inhouden. De wet houdt zich overigens niet bezig met de wijze, waarop de ondernemingsraad zijn taak uitoefent. Dat moet iedere ondernemingsraad zelf bepalen.

De ondernemer die ondanks de wettelijke verplichting geen ondernemingsraad heeft ingesteld, kan worden geconfronteerd met uiteenlopende gevolgen. In de eerste plaats kan het zo zijn dat hij onder omstandigheden niet de mogelijkheid bezit in voor hem gunstige zin af te wijken van bepaalde wettelijke voorschriften in de Arbeidsomstandighedenwet *(Bijlage 2A)*, de Arbeidstijdenwet *(Bijlage 2B)*, de Wet arbeid en zorg *(Bij-*

lage 2K) en de Wet flexibel werken *(Bijlage 2L)*. In de tweede plaats kan het ten onrechte ontbreken van een ondernemingsraad leiden tot vertraging bij de behandeling van een aanvraag voor collectief ontslag bij het UWV *(zie Bijlage 2F)*. In de derde plaats kan het ten onrechte niet hebben ingesteld van een ondernemingsraad worden meegewogen in rechterlijke beslissingen over onder meer de aanvaardbaarheid van de ontbinding van arbeidsovereenkomsten van individuele werknemers en de toekenning van een vergoeding aan die werknemers. Voorts kan de instemming van een OR met de eenzijdige wijziging van de arbeidsvoorwaarden van individuele werknemers door de ondernemer mogelijk een rol spelen bij de beoordeling door de rechter of die wijziging door de werknemers moet worden aanvaard. Bij de toepassing van het structuurregime is de aanwezigheid van een ondernemingsraad één van de drie noodzakelijke voorwaarden *(zie Bijlage 2I)*. Ten slotte kan het ontbreken van wettelijk voorgeschreven medezeggenschap onder omstandigheden grond zijn voor het instellen van een enquêteprocedure *(zie Bijlage 2H)*.

Artikel 2 : tweede lid : Daling aantal werknemers beneden getalsgrens

Is een ondernemingsraad eenmaal gekozen, dan behoudt hij gedurende zijn zittingsperiode zijn wettelijke bevoegdheden, ook al blijkt tijdens deze zittingsperiode dat het aantal in de onderneming werkzame personen beneden de hiervoor genoemde getalsgrens is gedaald. Soms ontstaat een geschil over wat de peildatum is om het aantal werkzame personen te bepalen. Daarbij kan gedacht worden aan het moment dat de lijst met verkiesbare personen wordt opgesteld of het (latere) moment dat de zittingstermijn afloopt. Nu de wet spreekt over ‘in de regel’ is de keus voor één peilmoment al snel arbitrair. Meer in de rede ligt een peilperiode van bijvoorbeeld één jaar. De vraag kan verder rijzen wat het einde van de zittingstermijn is in geval van een alternerend rooster (om de twee jaar treedt de helft van de OR-leden af). Is dat op het moment van de eerstvolgende verkiezingen (waarbij de ‘oude helft’ aftreedt) of bij het einde van de termijn van de (mogelijk nog vrij recent gekozen) ‘nieuwe helft’? Het ligt gezien de bedoeling van de wetgever in de rede om te kiezen voor de eerstvolgende verkiezingsdatum.

Als in de laatste fase van de zittingsperiode geconstateerd wordt dat er in de onderneming niet langer in de regel ten minste vijftig personen werkzaam zijn, dan kan de ondernemer besluiten vrijwillig de ondernemingsraad te handhaven door dit schriftelijk mee te delen aan de bedrijfscommissie *(artikel 5a)*. Doet de ondernemer dit niet, dan houdt de ondernemingsraad van rechtswege op te bestaan. De ondernemer kan in dat geval nog wel verplicht zijn tot het instellen van een personeelsvertegenwoordiging *(zie artikel 35c)* of het houden van personeelsvergaderingen *(zie artikel 35b)*.

RECHTSPRAAK

Gerechtshof Arnhem 27 maart 2012, ECLI:NL:GHARN:2012:BW0569
Vordering tot instellen van een eigen ondernemingsraad ook in hoger beroep afgewezen. Werknemers zijn via een onderdeelcommissie vertegenwoordigd in de OR. Centrale ondernemingsraad is bevoegd ten aanzien van de reorganisatie. Bovendien is het aantal werknemers inmiddels gedaald tot minder dan 50.

Gerechtshof Amsterdam, Ondernemingskamer 10 februari 2017, n.g.
Weliswaar is het aantal werknemers beneden de vijftig gedaald en is de zittingstermijn geëindigd, maar de ondernemer heeft het overleg met de OR voortgezet en heeft om advies gevraagd. Het gaat daarom niet aan om een beroep te doen op het feit dat er geen sprake meer zou zijn van een rechtsgeldige ondernemingsraad.

Kantonrechter Utrecht 9 maart 1994, ROR 1994, nr. 14
De ondernemer is verplicht een ondernemingsraad in te stellen. Daaronder is (onder meer) ook begrepen het opstellen van een voorlopig reglement, het horen van de vakbonden over dat reglement, het verzenden van een personeelslijst aan de vakbonden, het bekend maken van alle gestelde kandidaten en het vaststellen van een verkiezingsdatum.

Kantonrechter Lelystad 24 augustus 1994, ROR 1995, nr. 1
De kosten verbonden aan de instelling van een ondernemingsraad (waaronder de zaalhuur voor een voorbereidingsbijeenkomst) zijn voor rekening van de ondernemer.

Kantonrechter Alkmaar 29 oktober 2009, ECLI:NL:RBALK:2009:BK7945 en ECLI:NL:RBALK:2009:BK7946
Verzoek tot ontbinding arbeidsovereenkomst afgewezen en schorsing en degradatie andere werknemers ongedaan gemaakt nadat betrokkenen hadden geweigerd in te stemmen met een nieuw alcohol- en drugsbeleid. Ondanks 600 werknemers geen OR ingesteld, aan wie dit beleid had moeten worden voorgelegd.

Kantonrechter Leeuwarden 30 november 2009, ECLI:NL:RBLEE:2009:BK4843
Verzoek tot ontbinding van tien arbeidsovereenkomsten geweigerd. Financiële noodsituatie niet aannemelijk gemaakt. Geen (overleg met een) ondernemingsraad of personeelsvertegenwoordiging.

Kantonrechter Alkmaar 22 februari 2012, ECLI:NL:RBALK:2012:BV7026
De ondernemer is verplicht uiterlijk op 1 juli 2012 een ondernemingsraad in te stellen, op straffe van een dwangsom van € 500 per dag (met een maximum van € 10.000) voor zover het niet tijdig instellen aan hem te wijten is.

Kantonrechter Utrecht 20 november 2012, ECLI:NL:RBUTR:2012:BY3947
Het ten onrechte ontbreken van een ondernemingsraad speelt in dit geval geen rol bij de beoordeling van het ontbindingsverzoek. Werknemer en andere belanghebbenden (waaronder vakbonden) hebben jarenlang geen pogingen gedaan de instelling van een OR af te dwingen.

Rechtbank Limburg 24 oktober 2018, ECLI:NL:RBLIM:2018:10160
Voor de bepaling van het aantal werkzame personen kiezen partijen uiteindelijk voor de datum dat de lijst met verkiesbare personen voor de eerstkomende verkiezingen wordt vastgesteld.

MEER INFORMATIE

Inzicht in de OR Praktijkboek
Hoofdstuk 1.2 Bepalen van de medezeggenschapsstructuur
Hoofdstuk 1.3 Instellen van de OR
Hoofdstuk 1.5 Vrijwillig voortzetten van de OR, omzetten in een PVT of opheffen

Artikel 3 Gemeenschappelijke ondernemingsraad

WETTEKST

1. **De ondernemer die twee of meer ondernemingen in stand houdt, waarin tezamen in de regel ten minste 50 personen werkzaam zijn, stelt voor alle of een aantal van die ondernemingen tezamen een gemeenschappelijke ondernemingsraad in, indien dit bevorderlijk is voor een goede toepassing van deze wet in de betrokken ondernemingen.**
2. **Het eerste lid is van overeenkomstige toepassing ten aanzien van in een groep verbonden ondernemers, die twee of meer ondernemingen in stand houden, waarin tezamen in de regel ten minste 50 personen werkzaam zijn. De betrokken ondernemers wijzen een tot hun groep behorende ondernemer aan, die voor de toepassing van deze wet namens hen als ondernemer optreedt ten opzichte van de gemeenschappelijke ondernemingsraad.**
3. **De ondernemingen waarvoor een gemeenschappelijke ondernemingsraad is ingesteld, worden beschouwd als één onderneming in de zin van deze wet.**

TOELICHTING

Artikel 3 : eerste lid : Instelling gemeenschappelijke OR

Er kunnen zich omstandigheden voordoen waarin de instelling van één gemeenschappelijke ondernemingsraad voor meer dan één onderneming bevorderlijk is voor een goede toepassing van de wet. Dit kan het geval zijn wanneer een ondernemer meerdere ondernemingen in stand houdt die zo sterk met elkaar samenhangen naar aard, structuur en management dat de instelling van afzonderlijke ondernemingsraden minder effectief is. Ook is het mogelijk een gemeenschappelijke ondernemingsraad in te stellen voor twee of meer ondernemingen die ieder op zich niet aan de getalsgrens van artikel 2, eerste lid, voldoen, maar die tezamen wel de genoemde getalsgrens halen. Zo kan bereikt worden dat binnen een samenhangend verband van ondernemingen ook de werknemers die werkzaam zijn in ondernemingen die te klein zijn voor de instelling van een eigen ondernemingsraad toch in een ondernemingsraad vertegenwoordigd zijn.
De voorwaarde die de wet aan de instelling van een gemeenschappelijke ondernemingsraad stelt is dat dit bevorderlijk is voor een goede toepassing van de wet in de betrokken ondernemingen. Dit houdt onder meer in dat met betrekking tot de onder-

nemingen waarvoor een gemeenschappelijke ondernemingsraad wordt ingesteld, een overwegend gemeenschappelijk bedrijfsbeleid dient te worden gevoerd, zowel bedrijfseconomisch als arbeidsorganisatorisch. Indien er geen overwegend gemeenschappelijk bedrijfsbeleid wordt gevoerd, maar er wel bepaalde gemeenschappelijke belangen zijn, is niet de instelling van een gemeenschappelijke ondernemingsraad, maar de instelling van een groepsondernemingsraad of een centrale ondernemingsraad de aangewezen weg *(zie artikel 33, 34 en 35)*. In de praktijk rijzen nog wel eens geschillen over de vorming van één gemeenschappelijke ondernemingsraad vanuit een situatie met een COR en afzonderlijke ondernemingsraden. Beslissend zijn de hiervoor genoemde criteria. Zie over dit onderwerp ook *Bijlage 1*.

Belanghebbenden (ondernemingsraden, vakorganisaties, werknemers) die bezwaar hebben tegen de instelling van een gemeenschappelijke ondernemingsraad door de ondernemer kunnen, eventueel na bemiddeling en advies van de bedrijfscommissie, een beslissing van de kantonrechter vragen *(artikel 36, eerste lid)*. Als de ondernemer weigert een gemeenschappelijke ondernemingsraad in te stellen, kunnen belanghebbenden in dezelfde procedure de instelling proberen af te dwingen.

Artikel 3 : tweede lid : Gemeenschappelijke OR bij in een groep verbonden ondernemers

De instelling van een gemeenschappelijke ondernemingsraad is ook mogelijk voor ondernemingen van 'in een groep verbonden ondernemers' *(zie artikel 1, eerste lid)*. Daarbij geldt de voorwaarde dat deze ondernemingen tezamen voldoen aan de getalsgrens van artikel 2, eerste lid. Eén van de ondernemers die in de groep is verbonden wordt door de betrokken ondernemers aangewezen als degene die namens hen de wettelijke voorschriften ten opzichte van de gemeenschappelijke ondernemingsraad moet naleven, zoals de verplichting tot het instellen van de gemeenschappelijke ondernemingsraad, het verlenen van faciliteiten aan de ondernemingsraad en het plegen van overleg met de ondernemingsraad. Het ligt voor de hand dat daartoe de ondernemer wordt aangewezen die in de groep de overwegende zeggenschap heeft. Hij moet dus ook in voorkomende gevallen namens de andere ondernemers het advies of de instemming van de gemeenschappelijke ondernemingsraad vragen op voorgenomen besluiten van die andere ondernemers, waarvoor deze als zij voor hun onderneming een eigen ondernemingsraad zouden hebben gehad, het advies of de instemming van die ondernemingsraad zouden hebben moeten vragen. Als belanghebbenden bezwaar hebben tegen de instelling van een gemeenschappelijke ondernemingsraad of als de betrokken ondernemers instelling weigeren, kan de in de toelichting op artikel 3, eerste lid, genoemde procedure gevolgd worden.
In artikel 34, vierde lid, WOR is geregeld dat ook ondernemingen zonder ondernemingsraad vertegenwoordigd kunnen zijn in een centrale of groepsondernemingsraad. Dit wordt – meer impliciet – geregeld in het tweede lid van artikel 3.

Artikel 3 : derde lid : Afzonderlijke ondernemingen gezamenlijk beschouwd als één onderneming

Wanneer voor twee of meer ondernemingen een gemeenschappelijke ondernemingsraad is ingesteld, worden deze ondernemingen voor de toepassing van de Wet op de ondernemingsraden beschouwd als één onderneming zoals omschreven in artikel 1, eerste lid, onder c.

RECHTSPRAAK

Kantonrechter Zutphen 2 januari 1992, ROR 1992, nr. 1
Verzoek om instelling gemeenschappelijke ondernemingsraad voor een keten van fotozaken toegewezen. Vakorganisatie is belanghebbende, nu zij een lijst met namen van 15 werknemers die lid zijn heeft getoond.

Kantonrechter Amersfoort 1 december 1999, niet gepubliceerd
Het is bevorderlijk voor een goede toepassing van de wet dat ook de twee ondernemingen die nu nog buiten de medezeggenschap vallen, worden bestreken door de in te stellen gemeenschappelijke ondernemingsraad.

Kantonrechter Rotterdam 30 maart 2011, ECLI:NL:RBROT:2011:BT1562, «JAR» 2011/233
Onder de huidige omstandigheden is de vervanging van de structuur met een COR met ondernemingsraden door een gemeenschappelijke ondernemingsraad met onderdeelcommissies niet bevorderlijk voor een goede toepassing van de wet.

Kantonrechter Rotterdam 24 september 2014, ECLI:NL:RBROT:2014:8642, «JAR» 2014/272
Geen verplichting tot instelling gemeenschappelijke OR. Onvoldoende samenhang tussen ondernemingen.

Kantonrechter Amsterdam 10 oktober 2014, ECLI:NL:RBAMS:2014:6775
Er is sprake van in een groep verbonden ondernemers in de zin van artikel 3 lid 2 WOR. De personeelsvertegenwoordiging heeft voldoende aannemelijk gemaakt dat er sprake is van een gemeenschappelijk beleid bij de verschillende onderdelen. Verzoek tot instelling van een gemeenschappelijke ondernemingsraad wordt toegewezen.

Rechtbank Amsterdam (kort geding) 29 januari 2019, ECLI:NL:RBAMS:2019:983
De verschuiving van een COR-OR structuur naar een gemeenschappelijke OR met voor drie jaar in ieder geval één onderdeelcommissie is niet in strijd met een goede toepassing van de wet.

Rechtbank Limburg 28 mei 2021, ECLI:NL:RBLIM:2021:4468
Twee werknemers verzoeken diverse rechtspersonen te veroordelen tot het oprichten van een gezamenlijke ondernemingsraad. Werknemers niet-ontvankelijk in hun verzoek. Niet alle relevante rechtspersonen in rechte betrokken. Niet toegelicht wie als ondernemer in de zin van de WOR aangemerkt dient te worden. Niet gesteld dat instelling van een gemeenschappelijke ondernemingsraad bevorderlijk is voor een goede toepassing van de WOR in de betrokken ondernemingen.

Kantonrechter Rechtbank Amsterdam 24 november 2021, ECLI:NL:RBAMS:2021:6762
Toetreding van een onderdeel met twaalf werknemers tot de gemeenschappelijke ondernemingsraad is bevorderlijk voor een goede toepassing van de wet.

MEER INFORMATIE

Inzicht in de OR Praktijkboek
Hoofdstuk 1.3 Instellen van de OR

Artikel 4 Afzonderlijke ondernemingsraad

WETTEKST

1. **De ondernemer die een onderneming in stand houdt, waarin in de regel ten minste 50 personen werkzaam zijn, stelt voor een onderdeel van die onderneming een afzonderlijke ondernemingsraad in, indien dit bevorderlijk is voor een goede toepassing van deze wet in de onderneming.**
2. **Het onderdeel waarvoor een afzonderlijke ondernemingsraad is ingesteld, wordt beschouwd als een onderneming in de zin van deze wet.**

TOELICHTING

Artikel 4 : eerste lid : Instelling OR voor onderdeel

De instelling van een afzonderlijke ondernemingsraad voor een onderdeel van de onderneming is het spiegelbeeld van de instelling van een gemeenschappelijke ondernemingsraad voor meer dan één onderneming *(artikel 3).*
Een 'onderdeel' van een onderneming is een functionele groep van in de onderneming werkzame personen, die binnen die onderneming op zichzelf een afzonderlijk organisatorisch verband vormt, zonder echter zelfstandig naar buiten op te treden. Daarbij kan worden gedacht aan fabricageafdelingen, verkoopafdelingen, personeelsafdelingen. Het verschil tussen een onderneming en een onderdeel van een onderneming is dus dat een onderneming als een zelfstandige eenheid naar buiten optreedt en een onderdeel niet. Het begrip 'onderdeel' komt ook voor in artikel 9, derde lid, betreffende de indeling van de onderneming in kiesgroepen, in artikel 15, derde lid, betreffende de instelling van onderdeelcommissies, en in artikel 7:670, vierde en tiende lid van het Burgerlijk Wetboek *(zie de toelichting bij artikel 21).*
Voor een goede toepassing van de wet kan het bevorderlijk zijn dat een of meer onderdelen van een onderneming een eigen ondernemingsraad hebben. Dit kan het geval zijn wanneer een onderdeel naar aard en structuur weinig samenhang vertoont met de rest van de onderneming, organisatorisch een duidelijke zelfstandigheid bezit en het management door gedecentraliseerde besluitvorming duidelijke eigen bevoegdheden heeft. Ook de mate van zelfstandig naar buiten optreden is een relevante factor. De enkele wens om voor een bepaald onderdeel van een onderneming een eigen vorm van belangenbehartiging in het leven te roepen, kan in het algemeen geen reden zijn voor de instelling van een afzonderlijke ondernemingsraad. Aan die wens kan immers worden voldaan door de instelling van een onderdeelcommissie *(artikel 15, derde lid).*

De instelling van een afzonderlijke ondernemingsraad voor een onderdeel van de onderneming is alleen toegestaan wanneer de onderneming als geheel in de regel 50 of meer werknemers heeft.

Belanghebbenden (ondernemingsraad, vakorganisaties, werknemers) die bezwaar hebben tegen de instelling van een afzonderlijke ondernemingsraad door de ondernemer kunnen, eventueel na bemiddeling en advies van de bedrijfscommissie, een beslissing van de kantonrechter vragen *(artikel 36, eerste lid)*. Als de ondernemer weigert een afzonderlijke ondernemingsraad in te stellen, kunnen belanghebbenden via deze procedure de instelling afdwingen. Men heeft daarin meer kans van slagen als aangetoond kan worden dat de bestaande medezeggenschapstructuur niet goed functioneert en dat een afzonderlijke ondernemingsraad de instemming heeft van de meerderheid van de betrokken werknemers.

Artikel 4 : tweede lid : Onderdeel beschouwd als onderneming

Wanneer voor een onderdeel van de onderneming een afzonderlijke ondernemingsraad is ingesteld, wordt dat onderdeel voor de toepassing van de Wet op de ondernemingsraden beschouwd als een onderneming zoals omschreven in artikel 1, eerste lid, onder c. Ondernemingen waarvoor in het verleden een gemeenschappelijke ondernemingsraad is ingesteld, kunnen door toepassing van artikel 4 afzonderlijke ondernemingsraden krijgen. Evenzo kan voor onderdelen van een onderneming waarvoor in het verleden afzonderlijke ondernemingsraden zijn ingesteld, door toepassing van artikel 3 een gemeenschappelijke ondernemingsraad tot stand komen.

RECHTSPRAAK

Gerechtshof Den Haag 1 juni 2021, ECLI:NL:GHDHA:2021:1021
Geen onderneming in de zin van de WOR. Niet (voldoende) zelfstandig naar buiten optredende afdelingen van de Belastingdienst. Handhaving afzonderlijke ondernemingsraden niet bevorderlijk voor een goede toepassing van de wet.

Rechtbank Utrecht 30 september 1998, ROR 1998, nr. 10
Instelling van afzonderlijke ondernemingsraden voor onderdelen van de onderneming in dit geval niet bevorderlijk voor een goede toepassing van de wet. Weinig draagvlak onder het personeel.

MEER INFORMATIE

Inzicht in de OR Praktijkboek
Hoofdstuk 1.2 Bepalen van de medezeggenschapsstructuur
Hoofdstuk 1.3 Instellen van de OR

Artikel 5 Ontheffing van plicht tot instelling

WETTEKST

1. De Raad kan, indien bijzondere omstandigheden een goede toepassing van deze wet in de betrokken onderneming in de weg staan, aan een ondernemer op diens verzoek ten aanzien van een door hem in stand gehouden onderneming schriftelijk voor ten hoogste vijf jaren ontheffing verlenen van de verplichting tot het instellen van een ondernemingsraad. De Raad kan een dergelijke ontheffing uitsluitend verlenen indien voor wat betreft de informatie aan en de raadpleging van werknemers over de in het zesde lid genoemde onderwerpen door de ondernemer voorzieningen zijn getroffen om te waarborgen dat wordt voldaan aan het zevende en achtste lid.
2. De Raad stelt de verenigingen van werknemers, bedoeld in artikel 9, tweede lid, onder a, in de gelegenheid over het verzoek om ontheffing te worden gehoord.
3. Aan een ontheffing kunnen voorschriften worden verbonden.
4. Zolang op een verzoek om ontheffing niet onherroepelijk is beslist, geldt de in artikel 2, eerste lid, bedoelde verplichting niet.
5. In dit artikel wordt verstaan onder:
   a) informatie: het verstrekken van gegevens door de ondernemer aan de werknemers opdat zij kennis kunnen nemen van het onderwerp en het kunnen bestuderen;
   b) raadpleging: de gedachtewisseling en de totstandbrenging van een dialoog tussen de werknemers en de ondernemer.
6. Informatie en raadpleging behelzen:
   a) informatie over de recente en de waarschijnlijke ontwikkeling van de activiteiten en de economische situatie van de onderneming;
   b) informatie en raadpleging over de situatie, de structuur en de waarschijnlijke ontwikkeling van de werkgelegenheid binnen de onderneming, alsmede over eventuele geplande anticiperende maatregelen met name in geval van bedreiging van de werkgelegenheid;
   c) informatie en raadpleging over beslissingen die ingrijpende veranderingen voor de arbeidsorganisatie of de arbeidsovereenkomsten kunnen meebrengen.

7. **Het tijdstip en de wijze van informatieverstrekking alsmede de inhoud van de informatie moeten zodanig zijn dat de werknemers de informatie adequaat kunnen bestuderen en zo nodig de raadpleging kunnen voorbereiden.**
8. **Raadpleging geschiedt:**
   a) **op een tijdstip, met middelen en met een inhoud die passend zijn;**
   b) **op het relevante niveau van directie en vertegenwoordiging, afhankelijk van het te bespreken onderwerp;**
   c) **op basis van de door de ondernemer te verstrekken informatie en van het advies dat de werknemers kunnen uitbrengen;**
   d) **op zodanige wijze dat de werknemers met de ondernemer kunnen samenkomen en een met redenen omkleed antwoord op hun advies kunnen krijgen;**
   e) **met het doel een akkoord te bereiken over de in het zesde lid, onder c, bedoelde beslissingen, die onder de bevoegdheden van de ondernemer vallen.**

TOELICHTING

Artikel 5 : eerste lid : Ontheffing van de verplichting tot instelling OR

Er kunnen zich in de onderneming bijzondere omstandigheden voordoen in de aard van de werkzaamheden of in de omstandigheden waaronder de arbeid moet worden verricht, die een goede toepassing van de wet belemmeren of onmogelijk maken. In dat geval kan de betrokken ondernemer aan de Sociaal-Economische Raad ontheffing vragen van zijn verplichting een ondernemingsraad in te stellen. Voor ondernemingen waarin uitsluitend of nagenoeg uitsluitend krachtens publiekrechtelijke aanstelling arbeid wordt verricht (zoals bij de overheid) wordt de bevoegdheid om ontheffing te verlenen uitgeoefend door de minister van Binnenlandse Zaken (zie artikel 46d). Het aantal ontheffingen dat wordt verleend is uiterst beperkt. Zie voor een nadere toelichting op de procedure bij de SER *https://www.ser.nl/nl/thema/medezeggenschap/medezeggenschapstructuren/ontheffing*. In vrijwel alle gevallen ging het daarbij om organisaties die het sociocratisch model toepassen.
In het algemeen komen andere vormen van overleg niet in aanmerking voor ontheffing. Zo is geen of onvoldoende belangstelling bij het personeel voor een ondernemingsraad geen voldoende grond voor ontheffing. Een reden voor ontheffing kan wel gelegen zijn in de omstandigheid dat alle werknemers reeds betrokken zijn bij het bestuur van de rechtspersoon, zodat de hoogste zeggenschap in de onderneming bij de werknemers zelf berust. Een ontheffing moet schriftelijk worden verleend. Zij kan voor maximaal vijf jaar worden gegeven. Daarna kan opnieuw ontheffing worden gevraagd. De situatie moet dan opnieuw worden beoordeeld op grond van de dan aanwezige omstandigheden.
Naast de eis van een bijzondere omstandigheid wordt ter verkrijging van ontheffing de voorwaarde gesteld dat de ondernemer zodanige voorzieningen heeft getroffen dat de werknemers op passende wijze worden geïnformeerd en geraadpleegd over de gang van zaken in de onderneming. Zie verder onder de artikelleden 5 tot en met 8.

Artikel 5 : tweede lid : Horen van vakorganisaties bij ontheffing

De Sociaal-Economische Raad stelt de vakorganisaties die het recht van kandidaatstelling in de onderneming hebben, in de gelegenheid te worden gehoord, zodat hun oordeel in de besluitvorming over het verzoek om ontheffing kan worden betrokken.

Artikel 5 : derde lid : Voorschriften bij ontheffing

De Sociaal-Economische Raad kan aan de ontheffing voorschriften verbinden. De ondernemer zou bijvoorbeeld kunnen worden verplicht tot het jaarlijks verslag uitbrengen aan de SER over de wijze waarop de informatie en raadpleging van de werknemers heeft plaatsgevonden.

Artikel 5 : vierde lid : Mogelijkheid van beroep

Tegen een besluit van de Sociaal-Economische Raad (SER) kan op grond van de Algemene wet bestuursrecht binnen zes weken een gemotiveerd bezwaarschrift worden ingediend. Dit bezwaarschrift moet worden gericht aan het Dagelijks Bestuur van de SER, ter attentie van de Commissie Bezwaarschriften.
Zolang op een ontheffingsverzoek nog niet onherroepelijk is beslist, behoeft de verplichting om een ondernemingsraad in te stellen niet te worden nagekomen.

Artikel 5 : vijfde en zesde lid : Informatie en raadpleging van werknemers

De in het eerste lid van dit artikel gestelde aanvullende voorwaarde voor het verkrijgen van ontheffing, te weten het voorzien in een bepaald niveau van informatie en raadpleging van de werknemers, wordt in deze leden nader toegelicht. De informatie- en raadplegingsplicht heeft betrekking op de ontwikkeling van de activiteiten en de economische situatie van de onderneming, de werkgelegenheidssituatie en daarmee verband houdende maatregelen, en beslissingen die ingrijpende veranderingen van de arbeidsorganisatie of de arbeidsovereenkomsten kunnen meebrengen.

Artikel 5 : zevende en achtste lid : Passende voorzieningen

De ondernemer moet de informatie tijdig verstrekken en in een zodanige vorm dat de werknemers een duidelijk inzicht krijgen in de problematiek en de te nemen beslissingen. Voorts moet de ondernemer de werknemers tijd en gelegenheid geven om daarover met hem overleg te plegen. Van de kant van de ondernemer dient deze raadpleging van de werknemers te geschieden met degene die verantwoordelijk is voor het besluit. In het algemeen zal dit de directie van de onderneming zijn. Tijdens deze raadpleging kunnen de werknemers een advies uitbrengen waarop de ondernemer met argumenten dient te reageren. De raadpleging dient gericht te zijn op het bereiken van een akkoord tussen de werknemers en de ondernemer over de in het zesde lid genoemde beslissingen. Het is ter beoordeling van de SER of de door de ondernemer getroffen voorzieningen een ontheffing van de verplichting om een ondernemingsraad in te stellen rechtvaardigen.

RECHTSPRAAK

Afdeling bestuursrechtspraak van de Raad van State 25 juli 1989, ROR 1989, nr. 21
Bestaan van niet wettelijk voorgeschreven vorm van overleg geen grond voor ontheffing van de plicht om een OR in te stellen.

Beschikking Minister van SZW 22 en 29 augustus 1985, ROR 1985, nrs. 7 en 8
Onvoldoende belangstelling van het personeel is geen grond voor ontheffing van de plicht om een OR in te stellen.

Kantonrechter Utrecht 31 augustus 2012, ECLI:NL:RBUTR:2012:BX6615
Alternatieve medezeggenschapsstructuur geen voldoende vervanging voor de WOR. Ondernemer dient een OR in te stellen.

MEER INFORMATIE

Inzicht in de OR Praktijkboek
Hoofdstuk 1.3 Instellen van de OR
Hoofdstuk 1.5 Vrijwillig voortzetten van de OR, omzetten in een PVT of opheffen

Artikel 5a Instelling bij cao of vrijwillig

WETTEKST

1. **Het bij of krachtens deze wet bepaalde is mede van toepassing wanneer een ondernemer op grond van een collectieve arbeidsovereenkomst of een regeling van arbeidsvoorwaarden vastgesteld door een publiekrechtelijk orgaan, verplicht is voor een door hem in stand gehouden onderneming een ondernemingsraad in te stellen. Wanneer de collectieve arbeidsovereenkomst of een regeling van arbeidsvoorwaarden vastgesteld door een publiekrechtelijk orgaan, de ondernemer niet langer verplicht tot het instellen van de ondernemingsraad, houdt deze van rechtswege op te bestaan bij het eindigen van de lopende zittingsperiode van die raad, tenzij de ondernemer toepassing geeft aan het tweede lid.**
2. **De ondernemer kan voor een door hem in stand gehouden onderneming, ten aanzien waarvan niet of niet langer een verplichting bestaat tot het instellen van een ondernemingsraad, besluiten vrijwillig een ondernemingsraad in te stellen of in stand te houden. Het bij of krachtens deze wet bepaalde is van toepassing, zodra de ondernemer dat besluit schriftelijk heeft meegedeeld aan de bedrijfscommissie. De ondernemer kan deze ondernemingsraad op grond van een belangrijke wijziging van de omstandigheden opheffen bij het eindigen van de lopende zittingsperiode van die raad. De ondernemer deelt zijn besluit tot opheffing van de ondernemingsraad schriftelijk mee aan de bedrijfscommissie.**

TOELICHTING

Artikel 5a : eerste lid : Instelling OR op grond van cao of publiekrechtelijke regeling

Bij collectieve arbeidsovereenkomst of bij een regeling van arbeidsvoorwaarden door een publiekrechtelijk orgaan kan worden bepaald dat ondernemers die onder die overeenkomst of regeling vallen en die ondernemingen in stand houden waarvoor de wettelijke verplichting tot het instellen van een ondernemingsraad op grond van artikel 2, eerste lid, niet geldt, toch verplicht zijn om een ondernemingsraad in te stellen. Een dergelijke verplichting komt bijvoorbeeld voor in een aantal cao's in de welzijnssector. Op grond van deze cao's is de ondernemer verplicht een ondernemingsraad in te stellen bij 35 (in plaats van 50) werknemers.

Wanneer het aantal werknemers in de betrokken onderneming is gedaald onder de in de cao of de publiekrechtelijke regeling genoemde instellingsgrens of wanneer de cao of de publiekrechtelijke regeling is beëindigd, houdt de ondernemingsraad bij het einde van de lopende zittingsperiode van rechtswege op te bestaan. Artikel 5a, tweede lid, biedt de ondernemer in dat geval echter de mogelijkheid om vrijwillig een ondernemingsraad in stand te houden, zodat er in de onderneming toch een ondernemingsraad blijft functioneren.

Artikel 5a : tweede lid : Vrijwillige instelling OR door ondernemer

Een ondernemer die niet op grond van de wet, een cao, of een publiekrechtelijke regeling verplicht is een ondernemingsraad in te stellen, kan besluiten om vrijwillig een ondernemingsraad op te richten. Zijn besluit tot vrijwillige instelling of instandhouding van een ondernemingsraad moet hij schriftelijk aan de bedrijfscommissie meedelen. De Wet op de ondernemingsraden is van toepassing zodra de ondernemer deze mededeling aan de bedrijfscommissie heeft gedaan. Uit de rechtspraak blijkt dat deze eis geen dode letter is.

Wanneer er na de instelling van een vrijwillig opgerichte ondernemingsraad een belangrijke wijziging van de omstandigheden is opgetreden, kan de ondernemer deze ondernemingsraad aan het einde van de zittingsperiode opheffen. Een belangrijke vermindering van het aantal werknemers zou een voorbeeld kunnen zijn van een belangrijke wijziging van de omstandigheden. De instemming van de zittende ondernemingsraad met zijn eigen opheffing is op zichzelf geen belangrijke wijziging in de omstandigheden, omdat de mogelijkheid bestaat dat de achterban van de ondernemingsraad deze medezeggenschapsvorm zal willen behouden.
De ondernemer stelt de bedrijfscommissie schriftelijk op de hoogte van zijn besluit tot opheffing van de ondernemingsraad, waarmee zijn verplichtingen op grond van de Wet op de ondernemingsraden eindigen.
Meent een belanghebbende, waartoe in ieder geval behoren de zittende ondernemingsraad, de werknemers of de vakorganisaties die het recht tot kandidaatstelling in de onderneming hebben, dat zich geen belangrijke wijziging van de omstandigheden heeft voorgedaan, dan kan ieder van hen, eventueel na bemiddeling en advies van de bedrijfscommissie, de kantonrechter vragen te beslissen dat de ondernemingsraad in stand wordt gehouden.

RECHTSPRAAK

Kantonrechter 's-Hertogenbosch 15 juli 2008, «JAR» 2008/197
Nu de door de ondernemer aangevoerde wijzigingen in de omstandigheden al jaren bestaan, is er geen sprake van een belangrijke verandering in de omstandigheden en moet de opheffing van de vrijwillig ingestelde OR worden opgeschort.

Rechtbank Limburg 24 oktober 2018, ECLI:NL:RBLIM:2018:10160
De ondernemer is niet verplicht de ondernemingsraad op vrijwillige basis te laten voortbestaan indien na afloop van de zittingstermijn niet meer is voldaan aan de eisen van artikel 2 WOR. Bij vrijwillige instelling is mededeling aan de bedrijfscommissie een constitutief vereiste.

MEER INFORMATIE

Inzicht in de OR Praktijkboek
Hoofdstuk 1.3 Instellen van de OR
Hoofdstuk 1.5 Vrijwillig voortzetten van de OR, omzetten in een PVT of opheffen

3 Samenstelling en werkwijze van de ondernemingsraad

Dit hoofdstuk geeft voorschriften voor de samenstelling van de ondernemingsraad *(artikel 6)* en zijn werkwijze. De werkwijze van de ondernemingsraad *(artikel 14)* en de regels voor de inrichting van de verkiezingen worden vastgelegd in het reglement van de ondernemingsraad *(artikel 8)*. De voorschriften voor de inrichting van de verkiezingen hebben betrekking op de kandidaatstelling *(artikel 9)*, de organisatie van de verkiezingen *(artikel 10)*, de bekendmaking van de verkiezingsuitslag *(artikel 11)* en de zittingsperiode *(artikel 12)*. Voorts bevat dit hoofdstuk artikelen waarin de faciliteiten van de ondernemingsraad zijn geregeld, zoals de instelling van commissies *(artikel 15)*, het uitnodigen van deskundigen *(artikel 16)*, voorzieningen en vergadertijd *(artikel 17)*, tijd voor beraad, overleg en scholing *(artikel 18)* en de kosten van de ondernemingsraad *(artikel 22)*. In bepaalde gevallen kunnen de leden van de ondernemingsraad en andere betrokkenen bij de medezeggenschap worden gebonden aan geheimhouding van informatie *(artikel 20)*. De bijzondere rechtsbescherming van de leden van de ondernemingsraad en van de commissies is geregeld in artikel 21 en, voor wat de ontslagbescherming betreft, in Boek 7 van het Burgerlijk Wetboek.
In 2013 is de scholingsregeling aanzienlijk gewijzigd. Zie daarover het commentaar bij artikel 18 en 22, alsook hoofdstuk 7A.
Per 1 januari 2022 zijn de artikelen 6 en 15 gewijzigd. Doel van de verandering is de lat voor flexwerkers om deel te nemen aan de medezeggenschap lager te leggen (verandering kiestermijnen) en de deelname van niet-OR-leden aan vaste commissies te bevorderen. Zie verder het commentaar bij de artikelen 6 en 15.
Sinds het uitbreken van de coronacrisis is er ook voor de OR veel veranderd. Denk aan fysiek elkaar ontmoeten, verkiezingen, contact met de achterban et cetera. We hebben geprobeerd dit samen te vatten in bijlage 0.

Artikel 6 Samenstelling ondernemingsraad

WETTEKST

1. Een ondernemingsraad bestaat uit leden die door de in de onderneming werkzame personen rechtstreeks uit hun midden worden gekozen. Hun aantal bedraagt in een onderneming
   met minder dan 50 personen 3 leden;
   met 50 tot 100 personen 5 leden;
   met 100 tot 200 personen 7 leden;
   met 200 tot 400 personen 9 leden;
   met 400 tot 600 personen 11 leden;
   met 600 tot 1000 personen 13 leden;
   met 1000 tot 2000 personen 15 leden;
   en zo vervolgens bij elk volgend duizendtal personen 2 leden meer, tot ten hoogste 25 leden.
   De ondernemingsraad kan met toestemming van de ondernemer in zijn reglement zowel een afwijkend aantal leden vaststellen, als bepalen dat voor een of meer leden van de ondernemingsraad een plaatsvervanger wordt gekozen. Een plaatsvervangend ondernemingsraadlid heeft dezelfde rechten en verplichtingen als het lid dat hij vervangt.
2. Kiesgerechtigd zijn de personen die gedurende ten minste 3 maanden in de onderneming werkzaam zijn geweest.
3. Verkiesbaar tot lid van de ondernemingsraad zijn de personen die gedurende ten minste 3 maanden in de onderneming werkzaam zijn geweest.
4. De ondernemer en de ondernemingsraad kunnen, indien dit bevorderlijk is voor een goede toepassing van deze wet in de onderneming, gezamenlijk een of meer groepen van personen die anders dan op grond van een arbeidsovereenkomst met de ondernemer, dan wel krachtens publiekrechtelijke aanstelling, regelmatig in de onderneming arbeid verrichten, aanmerken als in de onderneming werkzame personen, dan wel een of meer groepen van die personen niet langer aanmerken als in de onderneming werkzame personen. Komen de ondernemer en de ondernemingsraad niet tot overeenstemming, dan kan ieder van hen een beslissing van de kantonrechter vragen.
5. De ondernemingsraad kan in zijn reglement afwijken van hetgeen in het tweede en derde lid van dit artikel ten aanzien van de diensttijd is bepaald, indien dit bevorderlijk is voor een goede toepassing van deze wet in de onderneming.

6. **Tijdens een zittingsperiode van de ondernemingsraad kan geen wijziging worden gebracht in het aantal leden van de raad op grond van vermeerdering of vermindering van het aantal in de onderneming werkzame personen.**

TOELICHTING

Artikel 6 : eerste lid : Aantal OR-leden

De leden van de ondernemingsraad worden door de in de onderneming werkzame personen rechtstreeks uit hun midden gekozen. Getrapte verkiezingen zijn dus niet toegestaan.
Het aantal leden van de ondernemingsraad wordt bepaald door het aantal in de onderneming werkzame personen *(artikel 1, tweede lid, en soms ook derde lid)*. De tabel in de wet geeft aan hoeveel leden de ondernemingsraad telt, namelijk minimaal drie en maximaal vijfentwintig leden. De WOR gaat uit van een oneven aantal leden.

Afwijkend aantal OR-leden
De ondernemingsraad kan met toestemming van de ondernemer een hoger of lager aantal ondernemingsraadsleden vaststellen dan de wettelijke aantallen. De ondernemer heeft hier dus een vetorecht, zodat de ondernemingsraad de kantonrechter niet om een beslissing kan vragen als de ondernemer zijn toestemming weigert.
Het aantal leden dat in de ondernemingsraad kan worden gekozen moet in het reglement van de ondernemingsraad worden vermeld.
Recent wordt wel geëxperimenteerd met een kleinere kern-OR, aangevuld met permanente of tijdelijke commissies. Zie verder *Bijlage 1*.

Plaatsvervangende OR-leden
De ondernemingsraad heeft de mogelijkheid om voor alle of een deel van de ondernemingsraadsleden plaatsvervangers te laten kiezen. Dit kan bijvoorbeeld nodig zijn bij een regelmatige en langdurige afwezigheid van ondernemingsraadsleden in ondernemingen met op het buitenland vliegend, varend of rijdend personeel. Het kan ook een effectieve manier zijn om vacatures in de OR te vervullen, specifieke deskundigheden van (plaatsvervangende) OR-leden effectief in te zetten en de diversiteit in de ondernemingsraad te bevorderen en te stimuleren.
Ook hier geldt dat de ondernemer toestemming moet geven om plaatsvervangende ondernemingsraadsleden te laten kiezen en dat de ondernemingsraad geen beslissing van de kantonrechter kan vragen wanneer deze toestemming niet wordt verkregen.
Geeft de ondernemer toestemming voor plaatsvervanging, dan moet de verkiezing van de plaatsvervangende ondernemingsraadsleden, alsmede hun positie in het geval van tussentijdse vacatures in het reglement van de ondernemingsraad worden geregeld. Een goede toepassing van de wet brengt mee, dat een systeem van vaste plaatsvervangers wordt gehanteerd. Daartoe kan het beste een verkiezingsstelsel met dubbeltallen worden gebruikt, dat wil zeggen bij de kandidaatstelling wordt naast de ondernemings-

raadkandidaat een tweede werknemer als diens persoonlijke plaatsvervanger kandidaat gesteld. Verkiezing van de kandidaat betekent dan tevens verkiezing van zijn plaatsvervanger. Dit systeem houdt dus in dat het lid van de ondernemingsraad bij afwezigheid alleen door zijn eigen plaatsvervanger kan worden vervangen.
Plaatsvervangende ondernemingsraadsleden hebben dezelfde rechten en verplichtingen als vaste ondernemingsraadsleden. Zij kunnen dus van alle faciliteiten voor ondernemingsraadsleden gebruik maken en zij hebben dezelfde rechtsbescherming.

Artikel 6 : tweede en derde lid : Actief en passief kiesrecht

Aan de verkiezingen voor de ondernemingsraad kunnen deelnemen alle in de onderneming werkzame personen die ten minste drie maanden in de onderneming werkzaam zijn. Tot 1 januari 2022 was deze termijn zes maanden. In de ondernemingsraad kunnen worden gekozen alle in de onderneming werkzame personen die ten minste drie maanden in de onderneming werkzaam zijn. Tot 1 januari 2022 was deze termijn een jaar. Belangrijk doel van de wetswijziging was om de drempel voor flexwerkers en werknemers met tijdelijke contracten om deel te nemen aan medezeggenschapsactiviteiten te verlagen.
De wet bepaalt *(artikel 1, tweede en derde lid)*, dat personen geacht worden in de onderneming werkzaam te zijn, wanneer er met de ondernemer een arbeidsovereenkomst is gesloten of een publiekrechtelijke aanstelling heeft plaatsgevonden, ongeacht of deze personen ook daadwerkelijk in de onderneming werkzaam zijn. Zo hebben uitgeleende werknemers (gedetacheerden, uitzendkrachten, banenpoolers) die in een onderneming van een andere ondernemer werken, medezeggenschapsrechten in de onderneming van waaruit zij zijn uitgeleend (uitzendbureau, banenpool e.d.). Zie ook de toelichting bij artikel 1, tweede en derde lid. Zolang de arbeidsovereenkomst niet is beëindigd op één van de in het Burgerlijk Wetboek aangegeven wijzen, dienen ook arbeidsongeschikte werknemers volgens de wet aangemerkt te worden als werkzaam te zijn in de onderneming. Deze werknemers behouden derhalve hun actief en passief kiesrecht. Een gelijke redenering – de specifieke rechtspositieregels van de overheid in aanmerking genomen – geldt voor de personen die krachtens publiekrechtelijke aanstelling werkzaam zijn.
Voor de personen die niet op arbeidsovereenkomst of aanstelling in de onderneming werkzaam zijn, maar die wegens een uitzendovereenkomst als bedoeld in het Burgerlijk Wetboek of op grond van artikel 6, vierde lid, gelijkgesteld zijn met de in de onderneming werkzame personen, ligt het voor de hand om de tijd gedurende welke zij feitelijk in de onderneming arbeid hebben verricht mee te tellen bij de bepaling of zij voldaan hebben aan de wettelijke eisen voor het actief en passief kiesrecht. Dat geldt ook voor andere flexkrachten. Het is raadzaam hierover met de ondernemer heldere afspraken te maken.
Artikel 6, vijfde lid, geeft de ondernemingsraad de mogelijkheid om in zijn reglement van de wettelijke eisen voor het actief en passief kiesrecht af te wijken. Zie over dit

onderwerp ook de *Bijlagen 1 en 3*. Zie over een mogelijke toekomstige wijziging van de termijnen *Bijlage 3*.

Artikel 6 : vierde lid : Uitbreiding aantal in de onderneming werkzame personen

De kring van 'in de onderneming werkzame personen' is in artikel 1, tweede en derde lid, beperkt tot degenen die werkzaam zijn op grond van een met de ondernemer gesloten arbeidsovereenkomst, krachtens publiekrechtelijke aanstelling (ambtenaren) of krachtens een uitzendovereenkomst. Zie echter de toelichting op artikel 1, tweede en derde lid.
Artikel 6, vierde lid, biedt de mogelijkheid om deze beperking geheel of ten dele ongedaan te maken en ook personen die regelmatig in de onderneming arbeid verrichten zonder arbeidsovereenkomst of aanstelling door de betrokken ondernemer bij het werk van de ondernemingsraad te betrekken. Bijvoorbeeld valt te denken aan ingeleende werknemers en uitzendkrachten die nog geen 24 maanden in de onderneming werkzaam zijn, gedetacheerde werknemers, freelancemedewerkers, onbetaalde vrijwilligers en medische specialisten in ziekenhuizen.
Wanneer de ondernemer en de ondernemingsraad beiden van mening zijn dat het toekennen van medezeggenschapsrechten aan deze groep personen - al dan niet op hun eigen verzoek – bevorderlijk is voor een goede toepassing van de wet, kan aan deze personen het actief en passief kiesrecht worden toegekend. Ook kunnen beiden gezamenlijk beslissen dat bedoelde groepen personen niet langer worden beschouwd als in de onderneming werkzame personen, waardoor zij hun actief en passief kiesrecht verliezen. Daarbij moet worden gewaakt voor niet toegestane ongelijke behandeling, bijvoorbeeld op grond van het al dan niet hebben van een tijdelijke arbeidsovereenkomst of de wekelijkse arbeidsduur.
Verschillen de ondernemer en de ondernemingsraad van mening over de vraag of bepaalde groepen personen al dan niet moeten worden aangemerkt als in de onderneming werkzame personen, dan kan, eventueel na bemiddeling en advies van de bedrijfscommissie, van de kantonrechter een beslissing worden gevraagd.
Het ligt voor de hand dat de kantonrechter op grond van artikel 279 van het Wetboek van Burgerlijke Rechtsvordering op de rechtszitting ook een vertegenwoordiging van de betrokken groep personen zal oproepen. Dit is te meer van belang daar de betrokken groep personen geen eigen recht heeft om zich tot de kantonrechter te wenden.
Wanneer bepaalde groepen van personen worden beschouwd als in de onderneming werkzame personen, dan krijgen zij niet alleen actief en passief kiesrecht, maar tellen zij ook mee voor de berekening van het aantal personen dat vereist is voor de instelling van een ondernemingsraad. Deze uitbreiding van het aantal in de onderneming werkzame personen kan derhalve tot gevolg hebben dat de instellingsgrens van artikel 2, eerste lid, wordt overschreden of dat het aantal ondernemingsraadsleden op grond van artikel 6, eerste lid, groter dient te worden.

De bestuurder van de onderneming kan geen deel uitmaken van bedoelde groep personen, omdat hij op grond van artikel 1, vierde lid, nooit kan behoren tot de in de onderneming werkzame personen.
Zie voor toepassing van deze bepaling op flexwerkers verder ook de website van de SER (https://www.ser.nl/nl/thema/medezeggenschap/belangrijke-themas/flexwerkers).

Artikel 6 : vijfde lid : Afwijkende eisen actief en passief kiesrecht

De wettelijke eisen voor het actief en passief kiesrecht zijn vastgelegd in artikel 6, tweede en derde lid. Indien dit bevorderlijk is voor een goede toepassing van de wet kan de ondernemingsraad van deze eisen afwijken. Daarvoor is geen toestemming van de ondernemer nodig. De afwijkende bepalingen voor het actief en passief kiesrecht worden in het reglement vastgelegd. Hierbij kan opnieuw worden gedacht aan verschillende categorieën flexwerkers (mits zij kwalificeren als werknemer (zie de vorige aantekening)).
Met de diensttijdeisen voor het kiesrecht wordt beoogd dat de kiesgerechtigde werknemers voldoende op de hoogte kunnen zijn van het functioneren van de onderneming en de belangen van het personeel. Alleen als er omstandigheden zijn waardoor deze doelstelling in een kortere tijd (of pas na een langere tijd) bereikt kan worden, kan afwijking van de wettelijke termijnen bevorderlijk geacht worden voor een goede toepassing van de wet. Afwijking waarbij deeltijdwerkers worden uitgesloten is in strijd met de wet.
Wanneer de ondernemer of een belanghebbende menen dat de vereisten voor het actief en passief kiesrecht die afwijken van de wettelijke criteria, niet bevorderlijk zijn voor een goede toepassing van de wet, kunnen zij, eventueel na bemiddeling en advies van de bedrijfscommissie, de kantonrechter vragen te bepalen dat de betreffende bepalingen in het reglement van de ondernemingsraad worden gewijzigd.

Zie voor toepassing van deze bepaling op flexwerkers verder opnieuw de website *https://www.ser.nl/nl/thema/medezeggenschap/belangrijke-themas/flexwerkers*. Zie ook de *Bijlagen 1 en 3*.

Artikel 6 : zesde lid : Wijziging aantal in de onderneming werkzame personen

Het is mogelijk dat tijdens een zittingsperiode van de ondernemingsraad het aantal in de onderneming werkzame personen toe- of afneemt. Dit heeft geen gevolgen voor het aantal leden van de ondernemingsraad tijdens die zittingsperiode. De gevolgen van een daling van het aantal in de onderneming werkzame personen beneden de instellingsgrens zijn geregeld in artikel 2, tweede lid.
Wanneer de vermeerdering of vermindering van het aantal werknemers op grond van de tabel in artikel 6, eerste lid, tot een wijziging van het aantal ondernemingsraadsleden leidt, moet daarmee wel rekening worden gehouden bij de volgende verkiezingen.

Dit betekent dat het reglement van de ondernemingsraad tijdig moet worden aangepast.

RECHTSPRAAK

Gerechtshof Den Haag 24 juli 2018, ECLI:NL:GHDHA:2018:1777
De ondernemer is niet akkoord gegaan met de wijziging van het OR-reglement om alle ingeleende krachten na 24 maanden in de onderneming werkzaam te zijn geweest, actief en passief kiesrecht toe te kennen. Aan de eis van artikel 6 lid 4 dat OR en ondernemer hierover overeenstemming moeten bereiken, is niet voldaan. [Let op: de termijn van 24 maanden is gewijzigd. Zie het commentaar op artikel 1 lid 3].

Rechtbank Amsterdam 24 december 2004, ROR 2005, nr. 6
Behalve de diensttijdeis van artikel 6 lid 3 mogen geen andere eisen (zoals de eis dat ze de zittingstermijn zullen volmaken) worden gesteld aan kandidaten voor de OR.

Rechtbank Utrecht (voorzieningenrechter) 18 november 2005, ROR 2006, nr. 8
Het reglement van de ondernemingsraad schrijft voor dat werknemers alleen verkiesbaar zijn als ze daadwerkelijk in de onderneming werkzaam zijn. Betrokkene was bij de vaststelling van de kandidatenlijst ziek. Het reglement is op dit onderdeel in strijd met de WOR.

MEER INFORMATIE

Inzicht in de OR Praktijkboek
Hoofdstuk 1.4 Vaststellen of wijzigen van het OR-reglement
Hoofdstuk 2.2 Algehele OR-verkiezing

Artikel 7 Voorzitter ondernemingsraad

WETTEKST

De ondernemingsraad kiest uit zijn midden een voorzitter en een of meer plaatsvervangende voorzitters. De voorzitter, of bij diens verhindering een plaatsvervangende voorzitter, vertegenwoordigt de ondernemingsraad in rechte.

TOELICHTING

Artikel 7 : OR-voorzitter

Zodra een ondernemingsraad in functie treedt, kiest hij uit zijn midden een voorzitter en een of meer plaatsvervangende voorzitters. Het reglement van de ondernemingsraad kan bepalingen bevatten over de verkiezing en de ambtstermijn van de voorzitter en de plaatsvervangende voorzitter(s). De voorzitter of de plaatsvervangende voorzitter leidt de vergaderingen van de ondernemingsraad. De plaatsvervangende voorzitter van de ondernemingsraad moet altijd een gekozen ondernemingsraadslid zijn. Wanneer de voorzitter op grond van artikel 6, eerste lid, als ondernemingsraadslid een eigen plaatsvervanger heeft, kan dit plaatsvervangend ondernemingsraadslid dus niet ook als plaatsvervangende voorzitter optreden.
De voorzitter of de plaatsvervangende voorzitter vertegenwoordigt de ondernemingsraad in rechtsgedingen, waarbij onder meer kan worden gedacht aan procedures bij de kantonrechter of bij de Ondernemingskamer van het Gerechtshof te Amsterdam. Niet per se vereist is dat de voorzitter daarbij ook met naam en toenaam wordt genoemd.

RECHTSPRAAK

Rechtbank Noord-Holland (voorzieningenrechter) 22 september 2020, ECLI:NL:RBNHO:2020:10651
In artikel 7 WOR is weliswaar bepaald dat de OR in rechte wordt vertegenwoordigd door zijn voorzitter, maar hieruit volgt niet dat, als de procedure niet door de voorzitter als vertegenwoordiger van de OR wordt ingeleid, sprake zou zijn van niet-ontvankelijkheid.

MEER INFORMATIE

Inzicht in de OR Praktijkboek
Hoofdstuk 3.2 De OR als een bestuur

Artikel 8 Reglement van de ondernemingsraad

WETTEKST

1. **De ondernemingsraad maakt een reglement waarin de onderwerpen worden geregeld die bij of krachtens deze wet ter regeling aan de ondernemingsraad zijn opgedragen of overgelaten. Het reglement bevat geen bepalingen die in strijd zijn met de wet of die een goede toepassing van deze wet in de weg staan. Alvorens het reglement vast te stellen, stelt de ondernemingsraad de ondernemer in de gelegenheid zijn standpunt kenbaar te maken. De ondernemingsraad verstrekt onverwijld een exemplaar van het vastgestelde reglement aan de ondernemer.**
2. **De Raad kan ten aanzien van de inhoud van het reglement bij verordening nadere regelen stellen voor alle of een groep van ondernemingen. In het laatste geval wordt de betrokken bedrijfscommissie gehoord. Een verordening van de Raad behoeft de goedkeuring van Onze Minister. Een goedgekeurde verordening wordt in de Staatscourant bekend gemaakt.**
3. **Indien de Raad een verordening als bedoeld in het tweede lid vaststelt, brengen de betrokken ondernemingsraden binnen een jaar na de bekendmaking van de goedgekeurde verordening in de Staatscourant, de bepalingen in hun reglement die in strijd zijn met deze verordening daarmee in overeenstemming.**

TOELICHTING

Artikel 8 : eerste lid : OR-reglement

In het voorgaande is het reglement van de ondernemingsraad al even ter sprake gekomen. Dit reglement wordt opgesteld door de ondernemingsraad zelf. De ondernemingsraad kan zijn zelfstandige bevoegdheid tot vaststelling, aanvulling of wijziging van het reglement niet overdragen aan of delen met anderen. Zo is het niet mogelijk om de vaststelling, aanvulling of wijziging van het reglement te binden aan de instemming of goedkeuring van de ondernemer, van een van de organen van een ondernemer-rechtspersoon, of van een andere ondernemingsraad (bijvoorbeeld een groepsondernemingsraad of centrale ondernemingsraad in een concern). Het is uitsluitend de ondernemingsraad zelf, die het reglement vaststelt, aanvult of wijzigt wanneer hij dat wenst. Het is wel mogelijk, dat de ondernemingsraad in zijn reglement bepaalt dat een besluit tot aanvulling of wijziging van het reglement door de ondernemingsraad genomen moet worden met een gekwalificeerde meerderheid van stemmen, bijvoorbeeld twee derde of driekwart van de uitgebrachte stemmen.

Inhoud reglement
De inhoud van het reglement is beperkt tot de onderwerpen die bij of krachtens de wet ter regeling aan de ondernemingsraad zijn opgedragen of overgelaten. De onderwerpen die de wet ter regeling aan de ondernemingsraad opdraagt zijn: de kandidaatstelling, de verkiezingen en de voorziening in tussentijdse vacatures *(artikel 10)* en de werkwijze van de ondernemingsraad *(artikel 14)*. Verder noemt de wet een aantal niet verplichte onderwerpen die de ondernemingsraad in zijn reglement kan regelen, zoals het instellen van kiesgroepen *(artikel 9, derde lid)* en een afwijkende zittingstermijn *(artikel 12, tweede lid)*. Het reglement mag geen bepalingen bevatten die in strijd zijn met de wet of met een goede toepassing van de wet. Het verdient daarom sterke aanbeveling dat een ondernemingsraad in de marktsector bij het opstellen van zijn reglement het (in 2022 vernieuwde) voorbeeldreglement van de Sociaal-Economische Raad volgt *(https://www.ser.nl/nl/Publicaties/voorbeeldreglement-ondernemingsraden)*. Ondernemingsraden bij de overheid doen er goed aan het voorbeeldreglement van de Raad voor het Overheidspersoneelsbeleid (ROP) te volgen, waarin aandacht wordt besteed aan specifieke situaties bij de overheid. Zie voor de meest recente versie *https://www.bedrijfscommissieoverheid.nl/voorbeeldreglement/*.

De SER heeft een online tool ontwikkeld waarmee ondernemingsraden een reglement op maat kunnen maken. Zie https://or-reglement.nl/.

Het reglement is geen overeenkomst met de ondernemer. Het bindt in beginsel alleen de ondernemingsraad en niet de ondernemer. In het reglement horen daarom niet thuis afspraken tussen de ondernemingsraad en de ondernemer, bijvoorbeeld over het aantal uren voor beraad en het aantal dagen voor scholing en vorming *(artikel 18)*, over een eventueel budget van de ondernemingsraad *(artikel 22)*, en over de gang van zaken bij de overlegvergadering *(artikel 23a, vijfde lid)*. Evenmin horen de bevoegdheden van de ondernemingsraad in het reglement thuis, want in het reglement kunnen geen (extra) bevoegdheden aan de ondernemingsraad worden toegekend. Ook een eventuele uitbreiding van de wettelijke faciliteiten van de ondernemingsraad kan niet bij reglement worden toegekend en hoort daarom niet in het reglement thuis. De toekenning van extra bevoegdheden aan de ondernemingsraad kan geschieden bij collectieve arbeidsovereenkomst of regeling door een publiekrechtelijk orgaan *(artikel 32, eerste lid)* of bij ondernemingsovereenkomst *(artikel 32, tweede lid)*. Afspraken met de ondernemer over faciliteiten en bevoegdheden kunnen worden vastgelegd in een apart statuut.

Vaststelling reglement
Voordat de ondernemingsraad zijn reglement vaststelt, biedt hij de ondernemer de gelegenheid zijn standpunt over het conceptreglement kenbaar te maken. Zodra de ondernemingsraad zijn reglement heeft vastgesteld, zendt hij de ondernemer een

exemplaar. Deze werkwijze dient ook te worden gevolgd bij aanvullingen of wijzigingen van het reglement. De ondernemer of een belanghebbende kan, eventueel na bemiddeling en advies van de bedrijfscommissie, bij de kantonrechter bezwaar maken tegen reglementsbepalingen die naar zijn mening in strijd zijn met de wet of met een goede toepassing van de wet. In dat geval kan de kantonrechter de ondernemingsraad verplichten een of meer reglementsbepalingen te schrappen of te wijzigen. Het reglement van de ondernemingsraad heeft externe werking d.w.z. dat het de ondernemingsraad niet vrij staat om naar eigen goeddunken van zijn reglement af te wijken. Belanghebbenden (ondernemer, werknemers, vakorganisaties) kunnen de ondernemingsraad daarop aanspreken en zo nodig de kantonrechter om een beslissing vragen *(artikel 36)*. In de praktijk ontstaan er nog wel eens geschillen rond verkiezingen, waaronder ook de zittingstermijn. Zie daarover verder het commentaar bij de *artikelen 9 en 10*.

Artikel 8 : tweede lid : Algemeen verbindend reglement

De Sociaal-Economische Raad heeft de bevoegdheid om voor alle ondernemingsraden in de marktsector een algemeen verbindend reglement vast te stellen. Ook kan de Sociaal-Economische Raad bij verordening nadere regels stellen voor de inhoud van het ondernemingsraadreglement voor alle of een groep van ondernemingen. In dat laatste geval wordt de betrokken bedrijfscommissie daarover gehoord. Uiteraard is de Sociaal-Economische Raad bij het opstellen van een verordening voor de inhoud van het ondernemingsraadreglement gebonden aan de in artikel 8, eerste lid, genoemde normen. Deze bevoegdheid van de Sociaal-Economische Raad wordt voor ondernemingsraden in de overheidssector uitgeoefend door de minister van Binnenlandse Zaken. Zie *artikel 46d*.

Een door de minister van Sociale Zaken en Werkgelegenheid goedgekeurde verordening van de Sociaal-Economische Raad wordt in de Staatscourant gepubliceerd. Tot nu toe heeft de Sociaal-Economische Raad van zijn bevoegdheid geen gebruikgemaakt.

Artikel 8 : derde lid : Overgangstermijn bij verbindend reglement

Mocht de Sociaal-Economische Raad een verordening hebben uitgevaardigd (zie hiervoor), dan kunnen er ondernemingsraadreglementen bestaan waarin bepalingen voorkomen die in strijd zijn met de nadere regels die de Sociaal-Economische Raad in zijn verordening heeft vastgesteld. In dat geval wordt de betrokken ondernemingsraden een overgangstermijn van een jaar geboden om hun reglementen met de verordening van de Sociaal-Economische Raad in overeenstemming te brengen.

RECHTSPRAAK

Kantonrechter Amsterdam 30 januari 1996, ROR 1996, nr. 1
De ondernemingsraad is voor de kandidaatstelling afgeweken van zijn eigen reglement en moet daarom nieuwe verkiezingen uitschrijven. De regels inzake verkiezingen treffen iedereen die daaraan (actief of passief) deelneemt en hebben als zodanig externe werking.

Kantonrechter Amsterdam 17 juli 2009, ECLI:NL:RBAMS:2009:BJ4175, ROR 2009, nr. 41
Het staat de OR niet vrij naar eigen goeddunken van zijn reglement af te wijken. De eisen van een goede en transparante medezeggenschap verzetten zich daartegen.

MEER INFORMATIE

Inzicht in de OR Praktijkboek
Hoofdstuk 1.4 Vaststellen of wijzigen van het OR-reglement

Artikel 9 Verkiezing van de ondernemingsraad

WETTEKST

1. De verkiezing van leden van de ondernemingsraad geschiedt bij geheime schriftelijke stemming en aan de hand van een of meer kandidatenlijsten.
2. Een kandidatenlijst kan worden ingediend door:
   a) een vereniging van werknemers, die in de onderneming werkzame kiesgerechtigde personen onder haar leden telt, krachtens haar statuten ten doel heeft de belangen van haar leden als werknemers te behartigen en als zodanig in de betrokken onderneming of bedrijfstak werkzaam is en voorts ten minste twee jaar in het bezit is van volledige rechtsbevoegdheid, mits zij met haar leden in de onderneming over de samenstelling van de kandidatenlijst overleg heeft gepleegd. Ten aanzien van een vereniging die krachtens haar statuten geacht kan worden een voortzetting te zijn van een of meer andere verenigingen met volledige rechtsbevoegdheid van werknemers, wordt de duur van de volledige rechtsbevoegdheid van die vereniging of verenigingen voor de vaststelling van de tijdsduur van twee jaar mede in aanmerking genomen;
   b) iedere in de onderneming werkzame kiesgerechtigde persoon of groep van personen, niet zijnde lid van een vereniging als bedoeld onder a welke een kandidatenlijst heeft ingediend.
3. De ondernemingsraad kan in zijn reglement bepalen, dat voor bepaalde groepen van in de onderneming werkzame personen, dan wel voor bepaalde onderdelen van de onderneming afzonderlijke kandidatenlijsten worden ingediend, teneinde als grondslag te dienen voor de verkiezing door de betrokken personen of onderdelen van een tevens in het reglement te bepalen aantal leden van de ondernemingsraad. Indien de ondernemingsraad van deze bevoegdheid gebruik heeft gemaakt, gelden de in het tweede lid ten aanzien van het indienen van kandidatenlijsten gestelde eisen voor iedere aangewezen groep of ieder aangewezen onderdeel afzonderlijk.
4. De ondernemingsraad treft, indien dit bevorderlijk is voor een goede toepassing van deze wet in de onderneming, voorzieningen in zijn reglement opdat de verschillende groepen van de in de onderneming werkzame personen zoveel mogelijk in de ondernemingsraad vertegenwoordigd kunnen zijn.

TOELICHTING

Artikel 9 : eerste en tweede lid : Kandidaatstelling

De ondernemingsraad dient te worden gekozen door middel van geheime schriftelijke stemming. De wijze waarop dit gebeurt, wordt geregeld in het reglement van de ondernemingsraad (zie *artikel 10*). De verkiezingen vinden plaats aan de hand van kandidatenlijsten. Voor het indienen van kandidatenlijsten bestaan twee mogelijkheden.

Kandidatenlijst vakorganisaties
In de eerste plaats kan een kandidatenlijst worden ingediend door een vakorganisatie die aan de volgende vereisten voldoet:

- de vakorganisatie heeft in de onderneming kiesgerechtigde leden;
- de vakorganisatie behartigt de belangen van haar leden in de betrokken onderneming of bedrijfstak;
- de vakorganisatie heeft ten minste twee jaar volledige rechtsbevoegdheid (of is een voortzetting van een of meer andere vakorganisaties waarmee zij tezamen aan deze eis voldoet);
- de vakorganisatie pleegt met haar leden in de onderneming overleg over de samenstelling van de kandidatenlijst.

'Vrije lijst'
In de tweede plaats kan een kandidatenlijst worden ingediend door iedere kiesgerechtigde (of groep van kiesgerechtigden), die hetzij geen lid zijn van een vakorganisatie, hetzij lid zijn van een vakorganisatie die geen kandidatenlijst heeft ingediend. Tot medio 2013 moest zo'n 'vrije lijst' worden ondersteund door ten minste een derde gedeelte van de kiesgerechtigde werknemers, die geen lid zijn van een vakorganisatie die een kandidatenlijst heeft ingediend (met een maximum van dertig kiesgerechtigde werknemers). Deze eis is geschrapt. Het verdient echter wel aanbeveling om ervoor te zorgen dat een kandidaat voldoende draagvlak heeft.
Kiesgerechtigde werknemers die lid zijn van een vakorganisatie die wél een kandidatenlijst heeft ingediend, hebben niet het recht om zelf een 'vrije lijst' (mede) in te dienen, ook niet wanneer zij het niet eens zouden zijn met de samenstelling van de door hun vakorganisatie ingediende kandidatenlijst. Het recht van hun vakorganisatie om een kandidatenlijst in te dienen komt namelijk in de plaats van hun eigen recht om een kandidatenlijst (mede) in te dienen.

Kandidaatstellingsprocedure
In het reglement van de ondernemingsraad moet de kandidaatstellingsprocedure nader worden geregeld. Daarbij kan echter niet worden afgeweken van de genoemde wettelijke vereisten voor het indienen van een kandidatenlijst. Door middel van het reglement kan dus geen beperking of uitbreiding worden aangebracht van het aantal

vakorganisaties of het aantal indieners van een 'vrije lijst', die volgens de wet bevoegd zijn tot het indienen van een kandidatenlijst.
Om kandidatenlijsten te kunnen indienen, moeten vakbonden kunnen beschikken over persoonsgegevens van in de onderneming werkzame personen. Met de inwerkingtreding van de Algemene Verordening Persoonsgegevens (AVG) op 25 mei 2018 zijn de regels omtrent deze verstrekking aangescherpt. Betrokkenen zullen uitdrukkelijk toestemming moeten verlenen tot verstrekking van de relevante gegevens aan de vakbonden. De oude regeling uit het vrijstellingsbesluit van de Wet bescherming persoonsgegevens is daarmee vervallen.

Kandidaten
De genoemde bepalingen hebben betrekking op de kandidaatstellers, niet op de kandidaten. Behalve de in artikel 6, derde lid, vermelde eis voor verkiesbaarheid, bevat de wet geen vereisten voor kandidaten. Het is dus niet in strijd met de wet wanneer op een 'vrije lijst' een of meer kandidaten voorkomen, die lid zijn van een vakorganisatie die ook een kandidatenlijst heeft ingediend. Evenmin verbiedt de wet, dat vakorganisaties ook andere verkiesbare werknemers dan hun eigen leden kandidaat stellen. Het spreekt daarbij vanzelf, dat een verkiesbare werknemer slechts op één kandidatenlijst kandidaat kan worden gesteld. Kiesgerechtigde werknemers, die geen lid zijn van een vakorganisatie die al een kandidatenlijst heeft ingediend, mogen meerdere 'vrije lijsten' ondertekenen.
Indien er evenveel of minder kandidaten zijn gesteld dan er zetels zijn in de ondernemingsraad, behoeven er geen verkiezingen te worden gehouden en kunnen de gestelde kandidaten geacht worden te zijn gekozen. Een bepaling van deze strekking kan eventueel in het reglement van de ondernemingsraad worden opgenomen.

Artikel 9 : derde lid : Kiesgroepenstelsel

De ondernemingsraad heeft de mogelijkheid om voor de verkiezing van de leden van de ondernemingsraad een kiesgroepenstelsel toe te passen. De ondernemingsraad moet dus beslissen of hij in zijn geheel gekozen wordt door alle in de onderneming werkzame personen of dat de in de onderneming werkzame personen verdeeld worden in kiesgroepen, dat zijn groepen (categorieën) van in de onderneming werkzame personen, of onderdelen (afdelingen) van de onderneming, die ieder uit hun midden een bepaald aantal leden van de ondernemingsraad kiezen, zodat de ondernemingsraad uit vertegenwoordigers van verschillende groepen (categorieën) van werknemers of van verschillende onderdelen (afdelingen) van de onderneming zal bestaan. In dat geval vinden zowel de kandidaatstelling als de verkiezing per kiesgroep plaats. Ook is het mogelijk te bepalen dat de leden van de ondernemingsraad voor een deel door en uit kiesgroepen worden gekozen en daarnaast voor een deel door en uit het hele personeel.

Reglementsbepalingen voor kiesgroepen
Wil men de ondernemingsraad geheel of ten dele per kiesgroep laten kiezen, dan moet daarvoor in het reglement een regeling worden opgenomen. Het reglement moet dan zowel de verschillende kiesgroepen met name noemen, als het aantal door en uit deze kiesgroepen te kiezen ondernemingsraadsleden aangeven. Bij de verdeling van het aantal ondernemingsraadszetels over de verschillende kiesgroepen moet rekening worden gehouden met de omvang van de afzonderlijke kiesgroepen. Ook moet in het algemeen worden gestreefd naar een zo evenredig mogelijke vertegenwoordiging van de verschillende kiesgroepen in de ondernemingsraad.
Men kan dus kiesgroepen instellen voor verschillende afdelingen van een onderneming, maar ook voor verschillende functiegroepen in een onderneming, voor het lager, middelbaar en het hoger personeel, voor fulltime en parttime werknemers, voor (bepaalde categorieën) flexkrachten, enzovoort. In het algemeen kan gezegd worden, dat het bij een kiesgroep moet gaan om een groep werknemers die bepaalde gemeenschappelijke belangen hebben, waarin deze groep zich van de overige werknemers onderscheidt. Zie voorts de voorbeeldreglementen van de SER (*www.ser.nl*) en de ROP *(zie Bijlage 10).*

Kandidatenlijsten voor kiesgroepen
Is de onderneming voor de verkiezingen verdeeld in kiesgroepen, dan moeten voor elke kiesgroep afzonderlijke kandidatenlijsten worden ingediend en dan gelden de vereisten voor het indienen van kandidatenlijsten voor elke kiesgroep afzonderlijk. Vakorganisaties kunnen dan alleen kandidatenlijsten indienen voor die kiesgroepen waarin zij kiesgerechtigde werknemers als leden hebben. 'Vrije lijsten' kunnen alleen worden ingediend door kiesgerechtigde werknemers die tot de betrokken kiesgroep behoren.

Artikel 9 : vierde lid : Representativiteit OR

De ondernemingsraad dient in zijn reglement voorzieningen te treffen waardoor de verschillende groepen van de in de onderneming werkzame personen in de ondernemingsraad vertegenwoordigd kunnen zijn. In zijn algemeenheid is niet aan te geven voor welke groepen werknemers in het ondernemingsraadreglement voorzieningen dienen te worden getroffen. Daarvoor dient onder meer te worden gelet op het gewicht van de gemeenschappelijke belangen of functionele kenmerken waardoor een groep zich van overige werknemers onderscheidt, en ook op de omvang van de groep. Het is denkbaar dat de samenstelling van het personeelsbestand van de onderneming zodanig is, dat in het ondernemingsraadreglement geen bijzondere voorzieningen behoeven te worden getroffen. Maar ook is een zodanig heterogene samenstelling van het personeelsbestand denkbaar, dat een goede toepassing van de wet in de betrokken onderneming gediend wordt door het instellen van één of meer kiesgroepen of door de bepaling dat op de kandidatenlijsten de verschillende groepen personeel vertegenwoordigd moeten zijn.

Iedere belanghebbende kan, eventueel na bemiddeling en advies van de bedrijfscommissie, de kantonrechter vragen de in het reglement getroffen voorzieningen aan de norm van artikel 9, vierde lid, te toetsen. De kantonrechter zal dan beslissen of hij voor een of meer groepen werknemers voorzieningen in het reglement noodzakelijk acht en eventueel bepalen dat voorzieningen in het reglement worden opgenomen of geschrapt.

RECHTSPRAAK

Gerechtshof Den Haag 24 juli 2018, ECLI:NL:GHDHA:2018:1777
Anders dan opgenomen in het voorbeeldreglement van de SER dienen de vakbondslijsten en de vrije lijsten op het zelfde moment te worden ingediend. De raadplegingsprocedure bij de vakbonden kan ook daaraan voorafgaand plaatsvinden. Alle kandidaten moeten evenveel tijd krijgen om zich te profileren.

Gerechtshof Arnhem-Leeuwarden 16 december 2019, ECLI:NL:GHARL:2019:10921
Betrokkene eist tevergeefs een vacante zetel in de OR op. De OR hanteert een kiesgroepenstelsel. Uitgangspunt is dat bij toewijzing van het aantal kiesgroepenzetels wordt gestreefd naar een zoveel mogelijk evenredige verdeling. Onder omstandigheden kan echter ook aan deze eis worden voldaan als de vertegenwoordiging getalsmatig niet evenredig is, zolang het reglement niet in strijd is met de wet of in de weg staat aan een goede toepassing van de wet.

MEER INFORMATIE

Inzicht in de OR Praktijkboek
Hoofdstuk 1.4 Vaststellen of wijzigen van het OR-reglement
Hoofdstuk 2.2 Algehele OR-verkiezing

Artikel 10 Verkiezing van de ondernemingsraad

WETTEKST

De ondernemingsraad stelt in zijn reglement nadere regelen betreffende de kandidaatstelling, de inrichting van de verkiezingen en de vaststelling van de uitslag daarvan, alsmede betreffende de vervulling van tussentijdse vacatures in de ondernemingsraad.

TOELICHTING

Artikel 10 : Organisatie verkiezingen

Het reglement van de ondernemingsraad moet de kandidaatstelling, de verkiezingen en de wijze waarop tussentijdse vacatures in de ondernemingsraad zullen worden vervuld, nader regelen. De wijze waarop kandidatenlijsten kunnen worden ingediend, wordt in het reglement geregeld door voorschriften op te nemen voor:

- de vaststelling van de lijst met kiesgerechtigde en verkiesbare werknemers;
- de termijnen waarbinnen de verschillende kandidatenlijsten moeten worden ingediend;
- het onderzoek naar de geldigheid van de ingediende kandidatenlijsten;
- de vaststelling en de bekendmaking van de definitieve kandidatenlijsten.

In het reglement moet de inrichting van de verkiezingen worden geregeld, waarvoor veelal een verkiezingscommissie wordt aangewezen, die zich bij de verkiezingen kan laten bijstaan door een of meer stembureaus.
Voorts moet in het reglement worden geregeld volgens welk kiesstelsel de verkiezingen plaatsvinden, hoeveel stemmen iedere kiezer uitbrengt, welke stemmen geldig of ongeldig zijn en hoe de uitslag van de verkiezingen wordt vastgesteld. Tevens kan bepaald worden dat het geoorloofd is te stemmen bij volmacht en dat de stem kan worden uitgebracht per post of per e-mail (mits de geheimhouding wordt gegarandeerd).
Ten slotte verdient het aanbeveling om in het reglement een bezwarenregeling op te nemen, zodat het mogelijk is om bij de ondernemingsraad bezwaar te maken, indien men ten onrechte niet vermeld staat op een lijst van kiesgerechtigde of verkiesbare werknemers, als men meent dat een kandidatenlijst ten onrechte geldig of ongeldig is verklaard, of wanneer men bezwaar heeft tegen de verkiezingsuitslag. De ondernemingsraad, of een door hem ingestelde verkiezingscommissie, beslist dus zelf over de

geldigheid van de kandidatenlijsten en van de verkiezingen. Iedere belanghebbende kan bij een geschil over de geldigheid van een kandidatenlijst of van de verkiezingen, eventueel na bemiddeling en advies van de bedrijfscommissie, bij de kantonrechter een procedure tegen de ondernemingsraad instellen.

Kiesstelsels
In de toelichting bij artikel 9 is aangegeven dat de ondernemingsraad moet uitmaken, of hij in zijn reglement een kiesgroepenstelsel opneemt, waardoor de leden van de ondernemingsraad per kiesgroep worden gekozen, of dat hij daaromtrent geen bepaling in zijn reglement opneemt, zodat de ondernemingsraad in zijn geheel wordt gekozen door alle werknemers. Daarnaast moet de ondernemingsraad in zijn reglement bepalen volgens welk kiesstelsel de verkiezingen plaatsvinden. Twee kiesstelsels komen hiervoor het meest in aanmerking, namelijk het personenstelsel en het lijstenstelsel.

Personenstelsel
Het personenstelsel komt vooral in aanmerking voor verkiezingen waarbij de kiezers en de kandidaten elkaar persoonlijk kennen. Dat zal over het algemeen het geval zijn in kleinere ondernemingen, of wanneer de verkiezingen per kiesgroep plaatsvinden. Bij het personenstelsel is het gebruikelijk dat iedere kiezer evenveel stemmen uitbrengt als er zetels te bezetten zijn in de ondernemingsraad, of – bij toepassing van een kiesgroepenstelsel – evenveel stemmen als er in de ondernemingsraad zetels te bezetten zijn door de kiesgroep. De kiezer stemt hierbij op personen en kan zijn stemmen over verschillende kandidaten verdelen. Is het aantal te bezetten zetels en dus het aantal per kiezer uit te brengen stemmen groot, dan kan dat wel eens problemen opleveren, vooral wanneer men de verschillende kandidaten onvoldoende kent. In zo'n geval is het ook mogelijk in het reglement te bepalen dat iedere kiezer een kleiner aantal stemmen uitbrengt dan er zetels te bezetten zijn. Het is dan echter wel vereist dat alle kiezers (per kiesgroep) een gelijk aantal stemmen uitbrengen. Bij dit stelsel zijn diegenen gekozen die achtereenvolgens de meeste stemmen hebben gekregen. Voordeel van het personenstelsel is de eenvoudige procedure en de gemakkelijke wijze waarop in (tussentijdse) vacatures kan worden voorzien.

Lijstenstelsel
Het lijstenstelsel komt vooral in aanmerking voor grotere ondernemingen, waarbij de kiezers en de kandidaten elkaar in het algemeen niet of onvoldoende persoonlijk kennen. In dit stelsel brengt iedere kiezer één stem uit. Hij kan dus slechts op één lijst stemmen, al kan hij op die lijst wel een bepaalde persoon aanwijzen. Voor de vaststelling van de uitslag wordt eerst de kiesdeler berekend door het aantal geldig uitgebrachte stemmen te delen door het aantal te bezetten zetels in de ondernemingsraad of – bij toepassing van een kiesgroepenstelsel – door het aantal door de kiesgroep te bezetten zetels in de ondernemingsraad. Vervolgens worden aan iedere kandidatenlijst zo veel zetels toegewezen als het aantal malen dat de kiesdeler begrepen is in het aantal op die lijst uitgebrachte stemmen. In de meeste gevallen zullen op deze wijze niet alle zetels

kunnen worden toegewezen. De overblijvende zetels (restzetels) kunnen in het algemeen het beste worden verdeeld volgens het zogenaamde systeem van de grootste overschotten. De restzetels worden dan achtereenvolgens toegewezen aan de lijsten die na deling door de kiesdeler en de eerste zeteltoewijzing het grootste aantal overschotstemmen hebben. In het reglement kan eventueel een kiesdrempel worden opgenomen van bijvoorbeeld de helft of driekwart van de kiesdeler, zodat lijsten met een gering aantal stemmen niet meetellen bij de verdeling van de restzetels. Ten slotte worden de aan een lijst toegewezen zetels toegekend aan de daarop staande kandidaten in de volgorde waarop zij op die lijst voorkomen, waarbij een kandidaat die persoonlijk de kiesdeler heeft gehaald, in ieder geval gekozen wordt verklaard.

Vacatures

Ook moet de ondernemingsraad in zijn reglement bepalen hoe (tussentijdse) vacatures in de ondernemingsraad zullen worden vervuld. Bij toepassing van het personenstelsel zal in een vacature worden voorzien door de kandidaat die bij de ondernemingsraadsverkiezingen na de laatstgekozen kandidaat de meeste stemmen heeft gekregen. Het kan dan gebeuren dat de vacature vervuld wordt door een kandidaat van een andere vakbond of van een (andere) vrije lijst. Bij toepassing van het lijstenstelsel zal worden bepaald dat de vacature bezet wordt door de eerste niet gekozen kandidaat op de lijst van het ondernemingsraadslid. Wanneer het (uitgetreden) ondernemingsraadslid op grond van artikel 6, eerste lid, een persoonlijke plaatsvervanger heeft, kan worden bepaald dat een vacature door die plaatsvervanger wordt vervuld. Het is dus vaak niet nodig om tussentijdse verkiezingen te houden. Er kan zich echter de mogelijkheid voordoen, dat alle kandidaten die stemmen op zich hebben verenigd, of – bij toepassing van het lijstenstelsel – alle kandidaten van de betrokken lijst, reeds in de ondernemingsraad zitting hebben of daarvoor niet meer in aanmerking komen. Is de lijst uitgeput, dan gaat de zetel naar een van de andere lijsten. Zie voor een nadere toelichting artikel 15 van het SER-voorbeeldreglement ondernemingsraden *(https://www.ser.nl/nl/thema/medezeggenschap/voorbeeldreglementen).* Als alle lijsten zijn uitgeput, is een tussentijds verkiezing noodzakelijk. Ook bij verstoorde verhoudingen binnen de OR lijken tussentijdse verkiezingen aangewezen. Om praktische redenen kan men echter in het reglement bepalen dat die tussentijdse verkiezingen niet zullen worden gehouden, wanneer er binnen een afzienbare termijn algemene ondernemingsraadverkiezingen plaatsvinden. Immers, het houden van verkiezingen voor iemand die korter dan bijvoorbeeld een halfjaar in de ondernemingsraad kan zitten, heeft weinig zin.

RECHTSPRAAK

Gerechtshof Den Haag 24 juli 2018, ECLI:NL:GHDHA:2018:1777

Anders dan opgenomen in het voorbeeldreglement van de SER dienen de vakbondslijsten en de vrije lijsten op het zelfde moment te worden ingediend. De raadplegingsprocedure bij de vakbonden kan ook daaraan voorafgaand plaatsvinden. Alle kandidaten moeten evenveel tijd krijgen om zich te profileren.

Kantonrechter Amsterdam 30 januari 1996, ROR 1996, nr. 1
OR mag niet naar eigen goeddunken van zijn (verkiezings)reglement afwijken.

Rechtbank Rotterdam 3 juli 2014, ECLI:NL:RBROT:2014:5411
De ondernemingsraad heeft op meerdere punten zijn (verkiezings)reglement geschonden. De OR wordt verplicht tot het organiseren van nieuwe verkiezingen.

Rechtbank Gelderland 20 januari 2019, ECLI:NL:RBGEL:2019:365
De OR mocht de door de werkgever gesteunde tussentijdse kandidaat weigeren, nu er nog twee niet gekozen reservekandidaten op de lijst stonden.

MEER INFORMATIE

Inzicht in de OR Praktijkboek
Hoofdstuk 1.4 Vaststellen of wijzigen van het OR-reglement
Hoofdstuk 2.2 Algehele OR-verkiezing
Hoofdstuk 2.5 Tussentijdse vacatures

Artikel 11 Verkiezing van de ondernemingsraad

WETTEKST

1. **De ondernemingsraad draagt er zorg voor, dat de uitslag van de verkiezingen bekend wordt gemaakt aan de ondernemer, aan de in de onderneming werkzame personen, alsmede aan degenen die kandidatenlijsten hebben ingediend.**
2. **Hij draagt er zorg voor, dat de namen en de functies in de onderneming van de leden van de ondernemingsraad blijvend worden vermeld op een plaats die vrij toegankelijk is voor alle in de onderneming werkzame personen, op zodanige wijze dat daarvan gemakkelijk kennis kan worden genomen.**

TOELICHTING

Artikel 11 : Bekendmaking verkiezingsuitslag en samenstelling OR

De wet legt aan de ondernemingsraad de verplichting op ervoor te zorgen dat de uitslag van de verkiezingen bekend wordt gemaakt aan de ondernemer, aan alle werknemers en aan de vakorganisaties die een kandidatenlijst hebben ingediend. Ook is het van belang dat iedereen weet, wie er in de ondernemingsraad zitten en welke functies zij in de onderneming uitoefenen. De wet bepaalt daarom dat de ondernemingsraad de namen en de functies van de leden van de ondernemingsraad blijvend moet vermelden op een voor alle werknemers vrij toegankelijke plaats, zodat iedereen daarvan gemakkelijk kennis kan nemen. Men kan daarbij bijvoorbeeld denken aan publicatieborden bij de ingang of in de kantine en publicatie op het intern computernetwerk. Er kan dus niet worden volstaan met de namen eenmalig in het bedrijfsblad te publiceren.
Zo nodig kan de ondernemer of een belanghebbende bezwaar maken tegen de uitslag van de verkiezingen *(artikel 36, eerste lid)*. Zie ook het commentaar bij *artikel 10.*

MEER INFORMATIE

Inzicht in de OR Praktijkboek
Hoofdstuk 2.2 Algehele OR-verkiezing

Artikel 12 Zittingsduur van de ondernemingsraad

WETTEKST

1. **De leden van de ondernemingsraad treden om de drie jaren tegelijk af. Zij zijn terstond herkiesbaar.**
2. **De ondernemingsraad kan, in afwijking van het eerste lid, in zijn reglement bepalen, dat de leden om de twee jaren of om de vier jaren tegelijk aftreden, dan wel om de twee jaren voor de helft aftreden. De ondernemingsraad kan voorts beperkingen vaststellen ten aanzien van de herkiesbaarheid.**
3. **Wanneer een lid van de ondernemingsraad ophoudt in de onderneming werkzaam te zijn, eindigt van rechtswege zijn lidmaatschap van de ondernemingsraad.**
4. **De leden van de ondernemingsraad kunnen te allen tijde als zodanig ontslag nemen. Zij geven daarvan schriftelijk kennis aan de voorzitter en aan de ondernemer.**
5. **Hij die optreedt ter vervulling van een tussentijds opengevallen plaats, treedt af op het tijdstip waarop degene in wiens plaats hij komt had moeten aftreden.**

TOELICHTING

Artikel 12 : Zittingsduur OR

In beginsel treedt de ondernemingsraad om de drie jaar af, maar de ondernemingsraad kan in het reglement de zittingsduur van de leden ook op twee of vier jaar stellen. Meestal zal de ondernemingsraad bepalen dat alle leden van de ondernemingsraad tegelijk aftreden. De ondernemingsraad kan echter bepalen, dat de leden van de ondernemingsraad om de twee jaar in groepen volgens een rooster aftreden.

Rooster van aftreden
Wanneer de ondernemingsraad een rooster van aftreden wenst, moet dat in het reglement van de ondernemingsraad worden geregeld. De ondernemingsraad moet dan tevens een rooster bijhouden waarop staat vermeld, welke ondernemingsraadsleden aan de beurt zijn om af te treden en op welk tijdstip. Bij de invoering van een rooster van aftreden zal eenmaal een gedeelte van de ondernemingsraadsleden reeds na een halve zittingsperiode moeten aftreden.

Het invoeren van een rooster van aftreden kan de continuïteit van het ondernemingsraadswerk bevorderen. Een nadeel van een rooster van aftreden is echter in de eerste plaats dat de kiezers zich bij elke verkiezing slechts over een gedeelte van de te bezetten zetels in de ondernemingsraad kunnen uitspreken, waardoor het vertegenwoordigend karakter van de ondernemingsraad minder goed tot zijn recht komt en waardoor er bij het personeel wellicht minder belangstelling voor de ondernemingsraadsverkiezingen zal bestaan. Verder moeten er bij een rooster van aftreden vaker verkiezingen worden gehouden, wat een extra last legt op de ondernemingsraad en de ondernemer. Bij toepassing van het lijstenstelsel heeft verkiezing van de ondernemingsraad in gedeelten een vergroting van de kiesdeler ten gevolge, waardoor de kans van kleinere groeperingen op een ondernemingsraadszetel wordt verkleind. De ondernemingsraad zal de voor- en nadelen van een rooster van aftreden, gelet op de aard en de omstandigheden van zijn eigen onderneming, goed tegen elkaar moeten afwegen. De zittingsduur van de leden van de ondernemingsraad bedraagt dus twee, drie of vier jaar, dan wel vier jaar met een rooster van aftreden waarbij de helft van de ondernemingsraadsleden om de twee jaar wordt gekozen. Uit het reglement blijkt welke zittingsduur de ondernemingsraad heeft gekozen.
Voor kandidaten die termijnen van twee, laat staan drie of vier jaar te lang vinden, zijn andere oplossingen denkbaar. Denk bijvoorbeeld aan een commissielidmaatschap (zie *artikel 15*). Zie over dit onderwerp verder *Bijlage 1*.

Wijziging zittingsduur
De ondernemingsraad kan zijn reglement te allen tijde wijzigen en daarbij ook de zittingsduur van zijn leden aanpassen. Een wijziging van de zittingsduur heeft echter geen invloed op de zittingsperiode van de leden van de ondernemingsraad, die op het tijdstip van de reglementswijziging reeds in de ondernemingsraad zitting hebben. Zo'n reglementswijziging heeft dus pas gevolgen voor de zittingsperiode van de leden van de ondernemingsraad, die na de reglementswijziging worden gekozen.

Einde zittingsduur
Wanneer er niet tijdig vóór het einde van de zittingsperiode van aftredende ondernemingsraadsleden verkiezingen voor nieuwe leden van de ondernemingsraad worden gehouden, heeft de ondernemingsraad na het verstrijken van de zittingsperiode van de aftredende leden geen of niet voldoende wettige leden meer en kan hij geen rechtsgeldige besluiten meer nemen. Het enige dat een dergelijke 'ondernemingsraad' kan doen, is zo spoedig mogelijk verkiezingen organiseren om in de opengevallen plaatsen te voorzien. Blijft de 'ondernemingsraad' hiermee in gebreke, dan moet de ondernemer deze verkiezingen organiseren; deze is immers verplicht om voor zijn onderneming een ondernemingsraad in te stellen *(artikel 2, eerste lid)*. Deze verplichting is niet vervallen wanneer de ondernemer eenmaal een ondernemingsraad heeft ingesteld. Zij herleeft wanneer – om welke reden dan ook – geen ondernemingsraad meer aanwezig is. Dat kan bijvoorbeeld zijn als alle leden van de ondernemingsraad zijn afgetreden of wanneer de ondernemingsraad besloten heeft zichzelf op te heffen. Er kunnen soms

goede redenen zijn voor de ondernemingsraad om de reguliere verkiezingen enige tijd uit te stellen, bijvoorbeeld wegens een lopende reorganisatie of fusie. De ondernemingsraad dient dan overleg te plegen met de bestuurder en de betrokken vakorganisaties en voorts de werknemers om een verlengd mandaat te vragen voor de betreffende periode. Doet de ondernemingsraad dit niet, dan kan de verlenging in strijd met de wet geacht worden en kan de ondernemingsraad gedurende deze periode geen rechtsgeldige besluiten nemen. Uitstel van verkiezingen is wettelijk niet gebonden aan een maximum, maar zes maanden is toch wel de uiterste grens (en kan eventueel door de rechter op verzoek van één of meer belanghebbenden worden bekort).

Herkiesbaarheid OR-leden

Behalve een rooster van aftreden kan de ondernemingsraad in zijn reglement ook beperkingen opnemen ten aanzien van de herkiesbaarheid van ondernemingsraadsleden, bijvoorbeeld door te bepalen dat men slechts twee of drie aaneengesloten zittingsperioden deel mag uitmaken van de ondernemingsraad. Zo'n bepaling bevordert de doorstroming in de ondernemingsraad, maar kan voor de continuïteit van het ondernemingsraadswerk wel eens minder wenselijk zijn. Ook hier moet de ondernemingsraad derhalve de voor- en nadelen van een dergelijke bepaling goed tegen elkaar afwegen. De wet zelf stelt geen beperkingen aan de herverkiezing van zittende ondernemingsraadsleden. Bevat het reglement geen beperkende bepalingen over de herkiesbaarheid, dan zijn alle aftredende ondernemingsraadsleden dus direct weer herkiesbaar.

Beëindiging OR-lidmaatschap

Een lid van de ondernemingsraad kan te allen tijde vrijwillig ontslag nemen als ondernemingsraadslid door een eenvoudige schriftelijke kennisgeving zowel aan de voorzitter van de ondernemingsraad, als aan de ondernemer. De kennisgeving aan de ondernemer kan gericht worden aan de bestuurder van de onderneming, die immers de ondernemer vertegenwoordigt in het overleg met de ondernemingsraad. Uiteraard is iemand geen lid van de ondernemingsraad meer, zodra hij ophoudt in de onderneming werkzaam te zijn (bijvoorbeeld ten gevolge van ontslag of pensionering). Door verandering van functie, overplaatsing naar een andere afdeling of detachering in een andere onderneming, komt er geen einde aan het lidmaatschap van de ondernemingsraad. Ook niet, indien men daardoor niet langer deel zou uitmaken van de kiesgroep waardoor men in de ondernemingsraad is gekozen. Evenmin eindigt het lidmaatschap van de ondernemingsraad ten gevolge van langdurige of veelvuldige afwezigheid (bijvoorbeeld door ziekte of verlof), tenzij het betrokken ondernemingsraadslid zelf vrijwillig ontslag neemt. Als een lid van de ondernemingsraad door de werkgever wordt geschorst als werknemer, houdt dit niet tevens in dat hij/zij geschorst is als lid van de ondernemingsraad. Hij/zij kan dus de werkzaamheden voor de ondernemingsraad blijven verrichten, tenzij de werkgever aan de kantonrechter toepassing heeft gevraagd van artikel 13.

De wet geeft in artikel 12 een uitputtende opsomming van de gevallen waarin het lidmaatschap van de ondernemingsraad eindigt, namelijk wanneer:

- de zittingsperiode eindigt *(eerste en tweede lid)*;
- het betrokken ondernemingsraadslid ophoudt in de onderneming werkzaam te zijn *(derde lid; zie echter de toelichting bij artikel 1, derde lid)*;
- het betrokken ondernemingsraadslid vrijwillig aftreedt *(vierde lid)*.

Ten slotte bepaalt de wet dat degene die een tussentijdse vacature vervult moet aftreden op het tijdstip waarop zijn voorganger had moeten aftreden.

Medezeggenschap na overgang van onderneming
In de praktijk doen zich met enige regelmaat problemen voor met betrekking tot de inrichting van de medezeggenschap na overgang van een (deel van een) onderneming. Op grond van Europese regelgeving geldt als uitgangspunt dat de werknemersvertegenwoordigers van de werknemers die overgaan, hun rechten moeten kunnen uitoefenen in de nieuwe onderneming, op voorwaarde dat er na de overgang sprake is van een zelfstandige eenheid. Is dat laatste niet het geval, dan moet worden geregeld dat die werknemers op andere wijze vertegenwoordigd worden in de overnemende onderneming. Dat kan door middel van nieuwe verkiezingen, of mogelijk (tijdelijk) door aanvulling van de OR met nieuwe leden. De WOR bevat hier echter ten onrechte geen regeling voor.

RECHTSPRAAK

Hof van Justitie EG 29 juli 2010, C-151/09
De vertegenwoordiging van werknemers mag in beginsel door de overgang van een (deel van een) onderneming niet ongunstig worden beïnvloed.

Gerechtshof Den Haag 24 juli 2018, ECLI:NL:GHDHA:2018:1777
Het is aan de OR zelf om te bepalen of hij kiest voor een bepaalde zittingsduur (in dit geval niet drie, maar vier jaar).

Kantonrechter Arnhem 11 oktober 1990, ROR 1991, nr. 11
Ondernemingsraad mag niet de zittingsduur van zittende leden verlengen.

Rechtbank Amsterdam 24 december 2004, ROR 2005, nr. 6
Aan kandidaten voor de OR mag niet de eis worden gesteld dat zij de volledige zittingstermijn zullen vervullen. OR leden hebben het recht te allen tijde ontslag te nemen.

Kantonrechter Utrecht 29 augustus 2012, ECLI:NL:RBUTR:2012:BX6091
Geen organisatorische eenheid na overgang onderneming. Ondernemingsraad gaat niet mee over.

Kantonrechter Amsterdam (kort geding), 1 maart 2010, ECLI:NL:RBAMS:2010: BM0953
Werknemer die voorafgaand aan zijn vervroegde uittreding ruim een jaar met verlof is, is wel degelijk werkzaam in de onderneming in de zin van artikel 12 lid 3 en mag daarom zijn werkzaamheden als OR-lid verrichten.

Rechtbank Noord-Holland (voorzieningenrechter) 2 december 2020, ECLI:NL: RBNHO:2020:10136
Overgang van onderneming en arbeidsvoorwaarden. Geen overgang van medezeggenschapsrechten.

MEER INFORMATIE

Inzicht in de OR Praktijkboek
Hoofdstuk 1.4 Vaststellen of wijzigen van het OR-reglement
Hoofdstuk 3.2 OR als een bestuur

Artikel 13 Uitsluiting lid van de ondernemingsraad

WETTEKST

1. **Op verzoek van de ondernemer of van de ondernemingsraad kan de kantonrechter voor een door hem te bepalen termijn een lid van de ondernemingsraad uitsluiten van alle of bepaalde werkzaamheden van de ondernemingsraad. Het verzoek kan uitsluitend worden gedaan, door de ondernemer op grond van het feit dat het betrokken ondernemingsraadslid het overleg van de ondernemingsraad met de ondernemer ernstig belemmert, en door de ondernemingsraad op grond van het feit dat de betrokkene de werkzaamheden van de ondernemingsraad ernstig belemmert.**
2. **Alvorens een verzoek in te dienen stelt de verzoeker de betrokkene in de gelegenheid over het verzoek te worden gehoord. De ondernemer en de ondernemingsraad stellen elkaar in kennis van een overeenkomstig het eerste lid ingediend verzoek.**

TOELICHTING

Artikel 13 : Uitsluiting en schorsing OR-lid

Het kan gebeuren dat een ondernemingsraadslid zich zodanig gedraagt, dat daardoor de werkzaamheden van de ondernemingsraad of het overleg van de ondernemingsraad met de ondernemer ernstig worden belemmerd. Daarbij kan worden gedacht aan inbreuken op de democratische spelregels, zoals ordeverstoringen en ander nadelig optreden in vergaderingen of het op andere wijze opzettelijk en bij herhaling ernstig belemmeren van het werk van de ondernemingsraad of van het overleg met de ondernemer.
Ook is er in de afgelopen jaren een aantal integriteitskwesties geweest, waaronder ook declaratiegedrag van OR-leden. Dat zijn uitzonderingen, maar die trekken wel veel aandacht. Nu integriteit in meer algemene zin als onderwerp hoger op diverse agenda's is komen te staan, is het nuttig om dit ook een keer op de OR-agenda te zetten.
In zulke gevallen kan de kantonrechter, eventueel na bemiddeling en advies van de bedrijfscommissie, tegen het betrokken ondernemingsraadslid een ordemaatregel treffen door hem voor een bepaalde tijd uit te sluiten van alle of bepaalde werkzaamheden van de ondernemingsraad. Het verzoek hiertoe kan door de ondernemingsraad worden gedaan op grond van het feit dat het betrokken ondernemingsraadslid de werk-

zaamheden van de ondernemingsraad ernstig belemmert. De ondernemingsraad kan in zijn reglement bepalingen opnemen, hoe zo'n uitsluitingsverzoek tot stand moet komen, maar is daartoe niet verplicht.
Men kan bijvoorbeeld voor een besluit van de ondernemingsraad tot het indienen van een uitsluitingsverzoek een gekwalificeerde meerderheid van stemmen eisen.
Het verzoek tot uitsluiting kan ook worden gedaan door de ondernemer, maar dan uitsluitend op grond van het feit dat het betrokken ondernemingsraadslid het overleg van de ondernemingsraad met de ondernemer ernstig belemmert. In beide gevallen moet de verzoeker alvorens de kantonrechter te vragen een ondernemingsraadslid uit te sluiten, eerst de betrokkene in de gelegenheid stellen daarop te reageren.

Beslissing kantonrechter
De kantonrechter kan de betrokkene uitsluiten van alle werkzaamheden of van bepaalde werkzaamheden van de ondernemingsraad, bijvoorbeeld alleen van deelname aan het overleg met de ondernemer. Wanneer het verzoek uitgaat van de ondernemer kan de uitsluiting alleen betrekking hebben op de deelname van de betrokkene aan de overlegvergaderingen.
De kantonrechter bepaalt tevens de duur van de uitsluiting, die niet langer kan zijn dan tot het einde van de lopende zittingsperiode van het betrokken ondernemingsraadslid. De kantonrechter kan een maatregel van uitsluiting dus zowel naar inhoud als naar tijdsduur aanpassen aan de aard en de ernst van het omstreden gedrag. Tijdens de uitsluiting blijft de betrokkene lid van de ondernemingsraad, met behoud van alle rechten, behalve die rechten die samenhangen met de werkzaamheden waarvan hij door de kantonrechter is uitgesloten.
Tevens kan de kantonrechter op grond van de artikelen 261 e.v. van het Wetboek van Burgerlijke Rechtsvordering bij wijze van voorlopige voorziening worden gevraagd om, zolang hij nog niet definitief heeft beslist, de betrokkene te schorsen van deelname aan alle of bepaalde werkzaamheden van de ondernemingsraad. Is dit verzoek afkomstig van de ondernemer, dan kan de schorsing alleen betrekking hebben op de deelname van de betrokkene aan het overleg met de ondernemer. Indien het verzoek door de ondernemer is gedaan, ligt het voor de hand dat de kantonrechter op grond van artikel 279 van genoemd wetboek voor de behandeling van het verzoek op de rechtszitting ook een vertegenwoordiging van de ondernemingsraad zal oproepen.

RECHTSPRAAK

Hoge Raad 27 maart 2020, ECLI:NL:HR:2020:532
Voor toewijzing van het verzoek tot uitsluiting van een lid van de ondernemingsraad is niet, ook niet in beginsel, vereist dat het lid van de ondernemingsraad door de ondernemer of de ondernemingsraad één of meermalen is gewaarschuwd dat hij het hem verweten gedrag dient na te laten. Of en, zo ja, op welke wijze en hoe vaak het lid van de ondernemingsraad is gewaarschuwd, is slechts een van de gezichtspunten die een rol kunnen spelen bij beantwoording van de vraag of de verzochte uitsluiting is aange-

wezen. Daarnaast zijn met name ook de aard en de ernst van de verweten gedragingen van belang; die kunnen meebrengen dat voor toewijzing van het verzoek een (al dan niet ondubbelzinnige laatste) waarschuwing niet vereist is. Verzet lid OR tegen uitsluiting blijft overeind.

Gerechtshof 's-Hertogenbosch 18 februari 2016, ECLI:NL:GHSHE:2016:577, «JAR» 2016/93
Overtreding geheimhoudingsplicht door OR-lid. Tijdelijke uitsluiting van de werkzaamheden van de OR. Geen uitsluiting voor de gehele resterende zittingstermijn.

Gerechtshof Arnhem-Leeuwarden 23 oktober 2018, ECLI:NL:GHARL:2018:9257
Het Hof vernietigt de eerdere beslissing van de kantonrechter om een OR-lid voor de resterende duur van de zittingstermijn uit te sluiten. Uitsluiting is bedoeld als uiterste middel.

Kantonrechter Rotterdam 10 augustus 1992, ROR 1993, nr. 12
Bij de uitsluiting van een OR-lid dient grote terughoudendheid te worden betracht. Het moet gaan om een ernstige belemmering van de werkzaamheden.

Kantonrechter 's-Gravenhage 19 april 1999, ROR 1999, nr. 16
Uitsluiting van OR-lid dat de vertrouwelijkheid van het overleg met de ondernemer had geschonden en de integriteit van de overige OR-leden in twijfel had getrokken.

Kantonrechter Amersfoort 31 juli 2006, «JAR» 2006/212
Vordering ondernemingsraad tot uitsluiting OR-lid wordt toegewezen, omdat betreffend lid herhaaldelijk zijn geheimhoudingsplicht heeft geschonden en ook anderszins de werkzaamheden van de OR belemmert.

Rechtbank Utrecht 2 november 2012, ECLI:NL:RBUTR:2012:BY4350
Alleen de kantonrechter (en niet de werkgever) kan een OR-lid schorsen voor medezeggenschapsactiviteiten. Werknemer overigens ook voor reguliere werkzaamheden ten onrechte op non-actief gesteld.

MEER INFORMATIE

Inzicht in de OR Praktijkboek
Hoofdstuk 3.2 De OR als een bestuur

Artikel 14 Werkwijze van de ondernemingsraad

WETTEKST

1. **De ondernemingsraad regelt in zijn reglement zijn werkwijze.**
2. **Het reglement bevat in ieder geval voorschriften omtrent:**
   a) **de gevallen waarin de ondernemingsraad ten behoeve van de uitoefening van zijn taak bijeenkomt;**
   b) **de wijze van bijeenroeping van de ondernemingsraad;**
   c) **het aantal leden dat aanwezig moet zijn om een vergadering te kunnen houden;**
   d) **de uitoefening van het stemrecht in de vergaderingen;**
   e) **de voorziening in het secretariaat;**
   f) **het opmaken en het bekend maken aan de ondernemer, de leden van de ondernemingsraad en aan de andere in de onderneming werkzame personen van de agenda van de vergaderingen van de ondernemingsraad;**
   g) **het tijdstip waarop de ondernemer, de leden van de ondernemingsraad en de andere in de onderneming werkzame personen uiterlijk in kennis dienen te worden gesteld van de agenda, welk tijdstip niet later kan worden gesteld dan 7 dagen vóór de vergadering, behoudens in spoedeisende gevallen;**
   h) **het opmaken en het bekend maken aan de ondernemer, de leden van de ondernemingsraad en aan de andere in de onderneming werkzame personen van de verslagen van de vergaderingen van de ondernemingsraad en van het jaarverslag van de ondernemingsraad.**

TOELICHTING

Artikel 14 : Werkwijze OR

De wet draagt de ondernemingsraad op om in zijn reglement zijn werkwijze te regelen. Daarbij gaat het om regels over het interne functioneren van de ondernemingsraad. De wet somt een aantal onderwerpen op die in ieder geval in het reglement moeten worden geregeld. Daarnaast kunnen ook andere onderwerpen met betrekking tot de werkwijze van de ondernemingsraad in het reglement worden opgenomen.
In de toelichting bij artikel 13 is reeds aangegeven dat de ondernemingsraad in zijn reglement bepalingen kan opnemen hoe een door de ondernemingsraad in te dienen verzoek tot uitsluiting tot stand moet komen. De ondernemingsraad kan verder in zijn

reglement een bepaling opnemen omtrent de openbaarheid van (een deel van) zijn vergaderingen voor alle in de onderneming werkzame personen. Ook kan de ondernemingsraad in zijn reglement regels opnemen over de wijze waarop het overleg met en het afleggen van verantwoording aan de in de onderneming werkzame personen zal plaatsvinden. Maar zulke bepalingen betreffen en binden alleen de ondernemingsraad en niet de ondernemer. De ondernemer is – zonder nadere afspraken daarover met de ondernemingsraad – dus niet verplicht om zijn werknemers vrijaf te geven om een openbare ondernemingsraadsvergadering of het achterbanoverleg te kunnen bijwonen.
De volgende onderwerpen moeten in elk geval in het reglement van de ondernemingsraad worden geregeld.

Bijeenkomen in OR-vergadering
Het reglement moet voorschriften bevatten omtrent de gevallen waarin de ondernemingsraad voor de uitoefening van zijn taak bijeenkomt. Onder de uitoefening van de taak van de ondernemingsraad valt ook het bijeenkomen voor een overlegvergadering met de ondernemer.
Het reglement zal meestal bepalen dat de ondernemingsraad bijeenkomt op verzoek van de voorzitter of van een bepaald aantal leden, waarna de voorzitter binnen bijvoorbeeld veertien dagen een vergadering moet beleggen. In het reglement kan ook een bepaald minimum aantal ondernemingsraadsvergaderingen worden vastgesteld, bijvoorbeeld minstens zes maal per jaar. Het reglement kan eveneens bepalen dat de ondernemingsraad steeds bijeenkomt binnen een bepaalde termijn voorafgaande aan een overlegvergadering. Het bijeenkomen van de ondernemingsraad met de ondernemer mag niet in het reglement van de ondernemingsraad worden geregeld, omdat de wet hieromtrent in artikel 23, eerste lid, al een regeling kent. Het reglement van de ondernemingsraad kan hierover wel aanvullende regels bevatten, die echter alleen de ondernemingsraad kunnen betreffen en binden.

Bijeenroepen OR
Het reglement moet regelen hoe de ondernemingsraad bijeen wordt geroepen. Dit zal meestal gebeuren door middel van een (al dan niet schriftelijke) kennisgeving van de secretaris van de ondernemingsraad, ten minste zeven dagen vóór de te houden vergadering. Daarbij kan worden bepaald, dat bij de oproeping voor de vergadering zoveel mogelijk tevens de agenda van de vergadering wordt gevoegd.

Quorum
Het reglement moet vermelden hoeveel leden van de ondernemingsraad aanwezig moeten zijn om een rechtsgeldige vergadering te kunnen houden (men noemt dit aantal: quorum). Meestal zal in het reglement staan dat meer dan de helft van het formele aantal leden (zetels, dus ook vacante zetels worden hierbij meegeteld) aanwezig moet zijn, waarbij als aanvullende bepaling kan worden opgenomen dat wanneer bijvoorbeeld tweemaal tot een vergadering is opgeroepen zonder dat het quorum is opgeko-

men, de daarna uitgeschreven vergadering doorgang zal vinden, ongeacht het aantal opgekomen leden. Als het quorum niet gehaald kan worden omdat er een te groot aantal vacatures is, kunnen de overgebleven leden van de ondernemingsraad geen rechtsgeldige besluiten meer nemen en dienen zij zo spoedig mogelijk verkiezingen te organiseren om in de vacatures te voorzien.
In het reglement kan nader worden omschreven wat onder 'aanwezigheid' mede kan worden verstaan. Zo is het denkbaar hier een ruimere invulling aan te geven, onder andere door de huidige mogelijkheden van werken op afstand, conference call, videoverbinding, elektronisch discussieplatform, en dergelijke.

Stemrecht in OR-vergadering
Het reglement moet verder de uitoefening van het stemrecht door de leden van de ondernemingsraad regelen. Gewoonlijk zal het reglement bepalen dat besluiten met gewone meerderheid van stemmen worden genomen. Verder kan het reglement bepalen dat over zaken mondeling en over personen schriftelijk wordt gestemd. Het reglement mag de leden van de ondernemingsraad niet verplichten tot stemmen. Zij hebben de vrijheid om zich bij een bepaald onderwerp van stemming te onthouden, wanneer zij zich daarover niet willen of kunnen uitspreken. Blanco stemmen tellen voor de berekening van de uitslag niet mee. Geregeld moet worden wat er gebeurt wanneer de stemmen staken. Men kan bijvoorbeeld herstemming voorschrijven of bepalen dat het voorstel wordt aangehouden tot de volgende vergadering. Staken de stemmen opnieuw, dan kan men bij stemming over personen het lot laten beslissen en bij stemming over zaken bepalen, dat het voorstel geacht wordt te zijn verworpen. Voor belangrijke besluiten, zoals wijziging van het reglement of een voorstel tot uitsluiting van een lid van de ondernemingsraad, kan een gekwalificeerde meerderheid van bijvoorbeeld twee derden van het aantal uitgebrachte stemmen worden voorgeschreven.

OR-secretariaat
Het reglement moet bepalen hoe in het secretariaat van de ondernemingsraad wordt voorzien. In veel gevallen zal de ondernemingsraad uit zijn midden een secretaris kiezen. Onder omstandigheden kan het echter aanbeveling verdienen om het benoemen van een secretaris van buiten de ondernemingsraad mogelijk te maken. Bij kleinere ondernemingsraden kan het bijvoorbeeld wel eens moeilijk zijn om onder de leden van de ondernemingsraad een geschikte secretaris te vinden, terwijl bij grote ondernemingen het secretariaat niet zelden een fulltime taak is. Benoeming van een zgn. *ambtelijk secretaris* kan dan effectief zijn. Uiteraard valt de ambtelijk secretaris onder de geheimhoudingsplicht *(artikel 20)* en heeft hij/zij geen stemrecht in de vergadering van de ondernemingsraad. In verband met het kostenaspect moet over de aanstelling van een ambtelijk secretaris overleg worden gevoerd met de ondernemer. De ondernemingsraad kan daarbij een beroep doen op artikel 17 of artikel 22. Een ambtelijk secretaris heeft faciliteiten op grond van artikel 17, bescherming tegen benadeling op grond van artikel 21 en bescherming tegen ontslag op grond van artikel 7:670, vierde lid van het Burgerlijk Wetboek *(zie de toelichting bij artikel 21)*.

Het reglement moet ook de taken van de secretaris regelen. Als taken van de secretaris kunnen bijvoorbeeld genoemd worden het bijeenroepen van de vergaderingen, het opstellen en bekend maken van de agenda, het opstellen en bekend maken van de verslagen van de ondernemingsraadsvergaderingen, het opstellen en bekendmaken van het jaarverslag van de ondernemingsraad, het schrijven van brieven voor de ondernemingsraad, het beheren van de stukken van de ondernemingsraad en het opstellen van een akte van overdracht (met name over de lopende zaken) aan het eind van de zittingsperiode ten behoeve van de nieuw gekozen ondernemingsraad(sleden). Het is duidelijk dat de aanstelling van een ambtelijk secretaris de werkdruk van de leden van de ondernemingsraad aanzienlijk kan verlichten en voorts kan zorgen voor grotere continuïteit in het ondernemingsraadswerk.

Agenda OR-vergadering
Het reglement moet regelen hoe de agenda van de ondernemingsraad wordt opgesteld en hoe deze bekend wordt gemaakt aan de leden van de ondernemingsraad, aan de ondernemer en aan alle in de onderneming werkzame personen. Het eenvoudigste is om de secretaris te belasten met het opstellen van de agenda. De ondernemingsraad kan echter ook een agendacommissie instellen, die dan wordt belast met het opstellen van de agenda. Tevens kan men in het reglement opnemen, dat de voorzitter en een of meer leden een bepaald onderwerp op de agenda kunnen laten plaatsen.
Ook moet het reglement bepalen hoe de agenda bekend wordt gemaakt. Dit kan door de secretaris of door de agendacommissie gedaan worden. Het ligt voor de hand om de agenda aan de leden van de ondernemingsraad en aan de ondernemer (via de bestuurder van de onderneming) toe te zenden. Bekendmaking van de agenda aan de in de onderneming werkzame personen kan geschieden door middel van publicatieborden, plaatsing in een bedrijfsblad, of publicatie op het intern computernetwerk.

Tijdstip bekendmaking agenda
Het reglement moet het tijdstip bepalen, waarop de agenda bekend wordt gemaakt aan de leden van de ondernemingsraad, aan de ondernemer (via de bestuurder van de onderneming) en aan alle in de onderneming werkzame personen. De wet bepaalt dat deze bekendmaking, behoudens in spoedeisende gevallen, niet later dan zeven dagen vóór de vergadering moet worden gedaan. Het reglement kan deze termijn van zeven dagen dus alleen langer maken. Het belang van deze bepaling is dat de leden van de ondernemingsraad niet worden overvallen met bepaalde onderwerpen en dat de werknemers de gelegenheid hebben die onderwerpen desgewenst met een of meer leden van de ondernemingsraad te bespreken.

OR-verslagen
Het reglement moet ten slotte voorschriften bevatten over het opstellen van de verslagen van de vergaderingen van de ondernemingsraad en van het jaarverslag van de ondernemingsraad en over het bekend maken hiervan aan de leden van de onderne-

mingsraad, aan de ondernemer (via de bestuurder van de onderneming) en aan alle in de onderneming werkzame personen.
Uiteraard is het wenselijk om voor de leden van de ondernemingsraad een uitgebreid verslag te maken van hetgeen in de vergadering is besproken. Dit uitgebreide verslag kan dan in een volgende vergadering van de ondernemingsraad worden vastgesteld en hierop kan later eventueel worden teruggegrepen. Hier ligt een duidelijke taak voor de secretaris.
Het is echter niet altijd mogelijk of wenselijk om een uitgebreid verslag te maken of om dat verslag aan alle in de onderneming werkzame personen of (via de bestuurder van de onderneming) aan de ondernemer bekend te maken. In een uitgebreid verslag kunnen immers zaken staan waarover nog in een overlegvergadering met de ondernemer moet worden gesproken en waarover de leden van de ondernemingsraad dus nog geen afgerond oordeel hebben. Ook kunnen in een uitgebreid verslag zaken vermeld staan, waarvoor nog geheimhouding geldt. Daarom is het mogelijk te bepalen, dat de secretaris naast of in de plaats van een uitgebreid verslag een kort samenvattend verslag maakt van de gehouden vergadering, waarin geen punten worden opgenomen waarover nog overleg met de ondernemer moet plaatsvinden of die nog geheim moeten blijven. Dat korte verslag wordt dan zo spoedig mogelijk ter goedkeuring toegezonden aan de leden van de ondernemingsraad. Het reglement kan een eenvoudige procedure voor de goedkeuring van zo'n kort verslag bevatten, waarna het verslag door de secretaris van de ondernemingsraad bekend kan worden gemaakt, zodat daarmee niet behoeft te worden gewacht tot de volgende vergadering van de ondernemingsraad.
Het verdient uiteraard aanbeveling om elk verslag zo spoedig mogelijk bekend te maken. Dit kan op verschillende manieren gebeuren, bijvoorbeeld door middel van publicatieborden, door plaatsing in een bedrijfsblad, publicatie op het intern computernetwerk of door aan iedere werknemer een exemplaar van het verslag uit te reiken. Ook aan de leden van de ondernemingsraad en aan de ondernemer (via de bestuurder van de onderneming) wordt een exemplaar van het verslag toegezonden.

OR-jaarverslag

Eenmaal per jaar wordt een jaarverslag door de ondernemingsraad opgesteld. Dit is een verslag van de werkzaamheden van de ondernemingsraad en de commissies van de raad in het afgelopen jaar, waarin onder andere worden vermeld de onderwerpen die in de vergaderingen van de ondernemingsraad zijn behandeld en de onderwerpen die in de overlegvergaderingen met de ondernemer zijn besproken. Meestal wordt de secretaris van de ondernemingsraad belast met het opstellen van het jaarverslag, dat vervolgens door de ondernemingsraad moet worden goedgekeurd.
In het reglement worden vermeld de verslagperiode en de uiterste datum waarop het jaarverslag gereed moet zijn. De verslagperiode behoeft niet samen te vallen met een kalenderjaar, maar kan bijvoorbeeld ook een zittingsjaar van de ondernemingsraad betreffen.
Het jaarverslag wordt na goedkeuring door de ondernemingsraad openbaar gemaakt. Meestal wordt de secretaris hiermee belast. Uiteraard wordt het jaarverslag niet alleen

toegezonden aan de leden van de ondernemingsraad en aan de ondernemer (via de bestuurder van de onderneming), maar ook aan alle werknemers in de onderneming (bijvoorbeeld als extra exemplaar of bijlage van het personeelsblad), of althans voor de werknemers gemakkelijk beschikbaar gesteld. Sinds medio 2013 is de verplichting om het verslag toe te zenden aan de betrokken bedrijfscommissie vervallen.
Het belang van een goede verslaggeving, ook door middel van het jaarverslag, kan niet voldoende worden benadrukt. Naast het recht van de ondernemingsraadsleden om de in de onderneming werkzame personen te raadplegen, kan een goede verslaggeving voorkomen dat de ondernemingsraadsleden van hun kiezers vervreemden, en omgekeerd. Het jaarverslag geeft de ondernemingsraad in het bijzonder de gelegenheid over zijn activiteiten verantwoording af te leggen en plannen kenbaar te maken.

RECHTSPRAAK

Kantonrechter Haarlem 11 oktober 1992, «JAR» 1993/240
Verstrekken van een kort verslag, met de mogelijkheid om de volledige notulen in te zien, is niet in strijd met de wet.

Kantonrechter Amsterdam 17 juli 2009, ECLI:NL:RBAMS:2009:BJ4175, ROR 2009, nr. 41
Op grond van artikel 14 lid 2 onder h WOR en het OR-reglement is de ondernemingsraad verplicht de notulen, of in ieder geval de verslagen, van interne OR- en van overlegvergaderingen op te maken en aan de in de onderneming werkzame personen kenbaar te maken.

MEER INFORMATIE

Inzicht in de OR Praktijkboek
Hoofdstuk 1.4 Vaststellen of wijzigen van het OR-reglement
Hoofdstuk 3.2 De OR als een bestuur
Hoofdstuk 3.4 De OR en zijn achterban

Artikel 15 Instelling van commissies

WETTEKST

1. De ondernemingsraad kan de commissies instellen die hij voor de vervulling van zijn taak redelijkerwijze nodig heeft. De ondernemingsraad legt zijn voornemen om een commissie in te stellen schriftelijk voor aan de ondernemer, met vermelding van de taak, samenstelling, bevoegdheden en werkwijze van de door hem in te stellen commissie. Bij bezwaar van de ondernemer kan de ondernemingsraad een beslissing van de kantonrechter vragen.
2. De ondernemingsraad kan met inachtneming van het eerste lid vaste commissies instellen voor de behandeling van door hem aangewezen onderwerpen. In een vaste commissie kunnen naast een of meer leden van de ondernemingsraad ook andere in de onderneming werkzame personen zitting hebben. De ondernemingsraad kan in het instellingsbesluit van een vaste commissie zijn rechten en bevoegdheden ten aanzien van deze onderwerpen, met uitzondering van de bevoegdheid tot het voeren van rechtsgedingen, geheel of gedeeltelijk aan de betrokken commissie overdragen, indien de meerderheid van het aantal leden van de commissie uit leden van de ondernemingsraad bestaat.
3. De ondernemingsraad kan met inachtneming van het eerste lid voor onderdelen van de onderneming onderdeelcommissies instellen voor de behandeling van de aangelegenheden van die onderdelen. De ondernemingsraad kan in het instellingsbesluit van een onderdeelcommissie aan deze commissie de bevoegdheid toekennen tot het plegen van overleg met degene die de leiding heeft van het betrokken onderdeel. In dat geval gaan de rechten en bevoegdheden van de ondernemingsraad ten aanzien van de aangelegenheden van het onderdeel, met uitzondering van de bevoegdheid tot het voeren van rechtsgedingen, over naar de onderdeelcommissie, tenzij de ondernemingsraad besluit een bepaalde aangelegenheid zelf te behandelen. In een onderdeelcommissie kunnen naast een of meer leden van de ondernemingsraad uitsluitend in het betrokken onderdeel werkzame personen zitting hebben.
4. De ondernemingsraad kan met inachtneming van het eerste lid voorbereidingscommissies instellen ter voorbereiding van door de ondernemingsraad te behandelen onderwerpen. Een voorbereidingscommissie kan geen rechten of bevoegdheden van de ondernemingsraad uitoefenen. Een voorbereidingscommissie kan slechts voor een bepaalde, door de ondernemingsraad in het instellingsbesluit te vermelden, tijd worden ingesteld. In een voorbereidingscommissie kunnen

naast een of meer leden van de ondernemingsraad ook andere in de onderneming werkzame personen zitting hebben.

5. **Ten aanzien van de leden van door de ondernemingsraad ingestelde commissies, die geen lid zijn van de ondernemingsraad, is artikel 13 van overeenkomstige toepassing.**

TOELICHTING

Artikel 15 : eerste lid : Instelling van commissies

De ondernemingsraad kan, als hij dit nodig vindt voor de vervulling van zijn taak, een of meer commissies instellen. Zeker bij overbelasting van OR-leden, of de wens om meer medewerkers bij de medezeggenschap te betrekken (zie uitgebreider *Bijlage 1*), kan de instelling van een commissie bijdragen aan de medezeggenschap in de onderneming.
De instelling van een commissie is echter geen zaak die de ondernemingsraad geheel zelfstandig kan realiseren. Er is overleg nodig met de ondernemer. Daartoe legt de ondernemingsraad aan de ondernemer een concept-instellingsbesluit voor, waarin taak, samenstelling, bevoegdheden en werkwijze van de commissie zijn vermeld. De ondernemer dient uiteraard een redelijke termijn te krijgen om zich een oordeel te kunnen vormen over de door de ondernemingsraad aangevoerde argumenten voor het instellen van de voorgestelde commissie, en over de mogelijke extra belasting die dit voor de onderneming kan betekenen. Desgewenst moet de ondernemer de gelegenheid hebben om hierover in een overlegvergadering met de ondernemingsraad te spreken.
Heeft de ondernemer bezwaar tegen het instellen van de commissie, bijvoorbeeld omdat hij van oordeel is dat de door de ondernemingsraad aangevoerde voordelen niet opwegen tegen de extra lasten, dan kan, eventueel na bemiddeling en advies door de bedrijfscommissie, een beslissing van de kantonrechter worden gevraagd. Deze oordeelt of de ondernemingsraad de voorgestelde commissie voor de vervulling van zijn taak redelijkerwijs nodig heeft. In de norm 'redelijkerwijze' ligt besloten een afweging van de belangen van de ondernemingsraad (deskundige ondersteuning, taakverlichting, spreiding van medezeggenschapsactiviteiten) en van de belangen van de ondernemer (extra kosten, uitbreiding ontslagbescherming).
De wet onderscheidt drie verschillende soorten commissies: vaste commissies *(artikel 15, tweede lid)*, onderdeelcommissies *(artikel 15, derde lid)* en voorbereidingscommissies *(artikel 15, vierde lid)*.

Artikel 15 : tweede lid : Vaste commissie

Vaste commissies kunnen door de ondernemingsraad worden ingesteld voor de behandeling van bepaalde onderwerpen, bijvoorbeeld verkiezingscommissie, VGW-commissie (arbeidsomstandigheden), commissie voor gelijke behandeling van vrouwen en mannen, pensioencommissie, agendacommissie. Tot 1 januari 2022 moesten deze

commissies in meerderheid uit leden van de ondernemingsraad bestaan. Die eis is geschrapt. Een belangrijk doel van de wetswijziging was om de deelname van zo veel mogelijk werknemers aan medezeggenschapsactiviteiten te stimuleren. Een vaste commissie kan echter nog steeds ook uitsluitend uit ondernemingsraadsleden bestaan (bijvoorbeeld de agendacommissie).
Vaste commissies worden in de regel voor onbepaalde tijd ingesteld; de benoeming van de leden dient echter slechts te gelden voor de duur van de zittingstermijn van de ondernemingsraad, zodat een nieuw gekozen ondernemingsraad opnieuw in de bemensing van deze commissies kan voorzien.
De ondernemingsraad kan zijn rechten en bevoegdheden binnen het taakgebied van een vaste commissie geheel of gedeeltelijk aan de betreffende vaste commissie overdragen. Voorwaarde voor de overdracht is wel dat de commissie in meerderheid uit leden van de ondernemingsraad bestaat. De overdracht van bevoegdheden moet in het instellingsbesluit bepaald worden. Het kan daarbij niet alleen gaan om de rechten en bevoegdheden op grond van de Wet op de ondernemingsraden, maar ook op grond van andere regelgeving, zoals de Arbeidsomstandighedenwet. Belangrijk is een duidelijke afbakening van het taakgebied van de vaste commissie en een duidelijke omschrijving van haar rechten en bevoegdheden. Dit kan bevoegdheidsgeschillen tussen de ondernemingsraad en de vaste commissie voorkomen. Onder de bevoegdheden die een vaste commissie kan uitoefenen is niet begrepen de bevoegdheid tot het voeren van rechtsgedingen voor de burgerlijke of de administratieve rechter. Alleen de ondernemingsraad kan dus op grond van artikel 26 een verzoek bij de Ondernemingskamer van het Gerechtshof te Amsterdam indienen of zich op grond van artikel 36 voor een beslissing tot de kantonrechter wenden. Als een commissie meent dat het voeren van een rechtsgeding noodzakelijk is, dient zij de ondernemingsraad daarvan te overtuigen.
Wat de werkwijze van de vaste commissie betreft, zal in het instellingsbesluit vaak verwezen kunnen worden naar de regeling van de werkwijze van de ondernemingsraad in zijn reglement.

Artikel 15 : derde lid : Onderdeelcommissie

Voor onderdelen van de onderneming kunnen onderdeelcommissies worden ingesteld. In een onderdeelcommissie kunnen naast een of meer leden van de ondernemingsraad uitsluitend werknemers werkzaam in het betrokken onderdeel zitting hebben. Uit de wetsgeschiedenis blijkt dat de wet niet verplicht tot het lidmaatschap van ten minste één OR-lid, maar in het belang van een goede samenwerking tussen de ondernemingsraad en een onderdeelcommissie verdient het wel aanbeveling dat een of meer ondernemingsraadsleden die werkzaam zijn in het onderdeel waarvoor een onderdeelcommissie is ingesteld, lid zijn van de betrokken onderdeelcommissie. Wanneer dat echter niet mogelijk is, kunnen ook ondernemingsraadsleden die niet in het betrokken onderdeel werkzaam zijn, in de onderdeelcommissie zitting hebben. Als het de bedoeling is dat de onderdeelcommissie in feite zal fungeren als ondernemingsraad,

is het redelijk dat de samenstelling wordt gerelateerd aan de norm van artikel 6, eerste lid. Onderdeelcommissies worden in de regel voor onbepaalde tijd ingesteld. Het instellingsbesluit moet het onderdeel noemen waarvoor de commissie is ingesteld en de samenstelling en werkwijze regelen. Gebruikelijk is dat de leden van een onderdeelcommissie die geen ondernemingsraadslid zijn door de in het onderdeel werkzame personen rechtstreeks worden gekozen. Het verdient aanbeveling de verkiezingen voor de onderdeelcommissie zoveel mogelijk tegelijkertijd met de ondernemingsraadsverkiezingen te houden.
De ondernemingsraad kan in het instellingsbesluit aan de onderdeelcommissie de bevoegdheid geven om overleg te plegen met degene die de leiding heeft van het onderdeel. In dat geval zijn ten aanzien van dat overleg de artikelen 17, 22, 23, 23a, tweede, vierde en zesde lid, 23b, 24, eerste lid, 25, 27, 28, 31a, eerste, zesde en zevende lid, 31b en 31c van overeenkomstige toepassing *(zie artikel 23c)*. Dit betekent dat degene die de leiding heeft van het onderdeel verplicht is om met de onderdeelcommissie bijeen te komen en overleg te plegen. De onderdeelcommissie kan dan met betrekking tot de aangelegenheden van het onderdeel alle bevoegdheden van de ondernemingsraad uitoefenen, tenzij de ondernemingsraad in een bepaald geval besluit om een aangelegenheid zelf te behandelen. Besluit de ondernemingsraad om een bepaalde aangelegenheid zelf te behandelen, dan kan de onderdeelcommissie daarover geen overleg meer voeren met de leiding van het onderdeel *(artikel 23c)*. Evenmin als een vaste commissie kan een onderdeelcommissie de bevoegdheden van de ondernemingsraad op grond van de artikelen 26 (beroepsprocedure bij de Ondernemingskamer van het Gerechtshof te Amsterdam) en 36 (verzoek tot naleving van de wet bij de kantonrechter) uitoefenen. Ook artikel 30 (adviesrecht over benoeming en ontslag van de bestuurder van het desbetreffende onderdeel) is niet van toepassing. Bij ondernemingsovereenkomst *(artikel 32, tweede lid)* kan eventueel worden afgesproken dat in geval de onderdeelcommissie geen overeenstemming bereikt met de directeur van het onderdeel over aangelegenheden als bedoeld in de artikelen 25 en 27 van de wet, daarover overleg, bemiddeling en/of besluitvorming zal plaatsvinden tussen de ondernemingsraad en de bestuurder van de onderneming. Zie ook de toelichting onder artikel 23c. Een reeds ingestelde onderdeelcommissie kan niet zonder meer eenzijdig door de ondernemingsraad worden opgeheven. Er dient vooraf overleg te worden gevoerd met de leden van de onderdeelcommissie en de ondernemer, over de vraag of het voortbestaan van de onderdeelcommissie voor de uitoefening van de taak van de ondernemingsraad redelijkerwijs nodig is.

Artikel 15 : vierde lid : Voorbereidingscommissie

Een derde soort commissies die de ondernemingsraad kan instellen zijn commissies voor de voorbereiding van bepaalde door de ondernemingsraad te behandelen onderwerpen (bijvoorbeeld ter voorbereiding van een advies over de benoeming van een bestuurder of ter voorbereiding van een aanbeveling voor de benoeming van een commissaris). Dit zijn dus, in tegenstelling tot de beide voorgaande, commissies van tijdelijke aard. Een voorbereidingscommissie kan dan ook slechts voor een bepaalde, in het instellingsbesluit te vermelden, tijdsduur worden ingesteld. Deze tijdsduur hoeft niet altijd in tijdseenheden (weken, maanden, jaren) te worden aangegeven, maar kan ook worden gekoppeld aan een bepaald project (voorbereiding van een ondernemingsraadadvies over bijvoorbeeld een fusie of een reorganisatie, voorbereiding van een reglementswijziging, enzovoorts). Taak, samenstelling en werkwijze van een voorbereidingscommissie dienen in het instellingsbesluit te worden geregeld. In een voorbereidingscommissie moet ten minste één lid van de ondernemingsraad zitting hebben. Daarnaast kunnen er andere werknemers deelnemen. Aan een voorbereidingscommissie kunnen geen rechten en bevoegdheden van de ondernemingsraad worden overgedragen.

Artikel 15 : vijfde lid : Uitsluiting van commissieleden

Het vijfde lid van dit artikel houdt in dat ook commissieleden die geen lid zijn van de ondernemingsraad, op verzoek van de ondernemer of de ondernemingsraad door de kantonrechter kunnen worden uitgesloten van de werkzaamheden van de commissie. Deze bepaling heeft voor wat betreft een actie van de kant van de ondernemingsraad vooral betekenis met betrekking tot gekozen commissieleden. Benoemde commissieleden kunnen immers altijd door de ondernemingsraad van hun functie worden ontheven. De gronden waarop uitsluiting kan worden verzocht en de daarbij te volgen procedure staan in artikel 13.

RECHTSPRAAK

Hoge Raad 25 maart 1994, ROR 1994, nr. 15
Beslissend is of de OR de commissie(s) voor de uitoefening van zijn taak redelijkerwijs nodig heeft, niet of de ondernemingsraad in redelijkheid tot het besluit tot instelling van de commissie(s) heeft kunnen komen.

Kantonrechter Rotterdam 30 maart 2011, ECLI:NL:RBROT:2011:BT1562, «JAR» 2011/233
Onder de huidige omstandigheden is de vervanging van de structuur met een COR met ondernemingsraden door een gemeenschappelijke ondernemingsraad met onderdeelcommissies niet bevorderlijk voor een goede toepassing van de wet.

MEER INFORMATIE

Inzicht in de OR Praktijkboek
Hoofdstuk 1.6 Instellen van een Onderdeelcommissie
Hoofdstuk 3.3 De OR aan het werk, Quickscan: instellen van een vaste of voorbereidingscommissie

Artikel 16 Raadplegen van deskundigen

WETTEKST

1. **De ondernemingsraad kan een of meer deskundigen uitnodigen tot het bijwonen van een vergadering van die raad, met het oog op de behandeling van een bepaald onderwerp. Hij kan een zodanige uitnodiging ook doen aan een of meer bestuurders van de onderneming, dan wel aan een of meer personen als bedoeld in artikel 24, tweede lid.**
2. **De leden van de ondernemingsraad kunnen in de vergadering aan de in het eerste lid bedoelde personen inlichtingen en adviezen vragen.**
3. **Een deskundige kan eveneens worden uitgenodigd een schriftelijk advies uit te brengen.**
4. **De voorgaande leden zijn van overeenkomstige toepassing ten aanzien van de commissies van de ondernemingsraad.**

TOELICHTING

Artikel 16 : Raadplegen van deskundigen

Uitnodigen van deskundigen voor OR-vergadering
De ondernemingsraad heeft het recht om een of meer deskundigen uit te nodigen een vergadering van de ondernemingsraad bij te wonen, wanneer hij dat voor de behandeling van een bepaald onderwerp wenselijk acht. Wanneer de deskundige kosten in rekening brengt die de ondernemingsraad niet uit zijn budget kan of wil betalen *(zie artikel 22, vierde lid)*, dan komen de kosten van het raadplegen van een deskundige alleen dan voor rekening van de ondernemer, als hij vooraf van de te maken kosten in kennis is gesteld *(zie artikel 22, tweede lid)*.
De uitnodiging kan gedaan worden zowel aan een deskundige die werkzaam is in de onderneming of in het concern waarvan de onderneming deel uitmaakt, als aan een deskundige van buiten de onderneming of het concern. In beide gevallen gaat het om voorlichting over een bepaald door de ondernemingsraad te behandelen onderwerp door iemand die op dat gebied deskundig is. Men kan daarbij bijvoorbeeld denken aan een organisatiedeskundige, een jurist, een bedrijfseconoom, een pensioendeskundige, een accountant of een personeelschef. De voorlichting moet betrekking hebben op een bepaald onderwerp en het is dus niet mogelijk om een of meer vaste adviseurs aan de ondernemingsraad te verbinden. Opmerking verdient dat in de praktijk de ambtelijk

secretaris niet zelden een belangrijke rol in dezen vervult. Ook werken veel ondernemingsraden met een min of meer vaste trainer/adviseur.
Het besluit tot het uitnodigen van een deskundige moet door de ondernemingsraad genomen worden. In het algemeen zal de deskundige dan pas voor de volgende ondernemingsraadsvergadering kunnen worden uitgenodigd. De ondernemingsraad verstrekt uiteraard aan de deskundige de agenda van de vergadering waarvoor hij wordt uitgenodigd, en de stukken die betrekking hebben op het onderwerp waarover zijn deskundig advies wordt gevraagd. Wanneer de deskundige nog nadere informatie meent nodig te hebben, moet hij deze aan de ondernemingsraad vragen. Beschikt de ondernemingsraad niet zelf over die nadere informatie, dan kan de ondernemingsraad deze informatie op grond van artikel 31, eerste lid, van de ondernemer vragen. Uiteraard is een deskundige niet verplicht om op een uitnodiging van de ondernemingsraad in te gaan. Een interne deskundige zal hierover, zeker wanneer de raadpleging in werktijd plaatsvindt, wellicht overleg willen plegen met de ondernemingsleiding. Een externe deskundige zal, alvorens op de uitnodiging in te gaan, waarschijnlijk eerst zekerheid willen hebben over de betaling van de door hem of haar te maken kosten. Voor de regeling met betrekking tot de betaling van de kosten van deskundigen wordt verwezen naar artikel 22, tweede lid.
Tijdens de vergadering hebben de leden van de ondernemingsraad het recht om aan de deskundige inlichtingen en adviezen te vragen. Omdat het niet altijd nodig is dat een deskundige persoonlijk in de vergadering van de ondernemingsraad verschijnt, kan de ondernemingsraad aan een deskundige ook een schriftelijk advies vragen.

Uitnodigen van andere personen voor OR-vergadering
Behalve deskundigen kan de ondernemingsraad ook andere personen uitnodigen om een ondernemingsraadsvergadering bij te wonen voor de behandeling van een bepaald onderwerp. Zo kan hij de bestuurder(s) van de onderneming voor een ondernemingsraadsvergadering uitnodigen. Wanneer de onderneming in stand wordt gehouden door een naamloze of een besloten vennootschap, een coöperatie of een onderlinge waarborgmaatschappij, kan hij een of meer commissarissen uitnodigen. Wordt de onderneming in stand gehouden door een vereniging of stichting, dan kunnen een of meer bestuursleden of leden van de raad van toezicht worden uitgenodigd. Hoewel de wet die mogelijkheid niet expliciet noemt, kunnen bij de overheid uiteraard ook de betrokken politieke gezagsdragers worden uitgenodigd om een ondernemingsraadsvergadering bij te wonen.
Deze uitnodigingen hebben betrekking op het bijwonen van een vergadering van de ondernemingsraad en dus niet op het bijwonen van een overlegvergadering met de ondernemer, waarover in het volgende hoofdstuk wordt gesproken. Nodigt de ondernemingsraad een commissaris of een bestuurslid uit voor een ondernemingsraadsvergadering, dan kan hij met die commissaris of dat bestuurslid over een bepaald onderwerp van gedachten wisselen buiten de aanwezigheid van de bestuurder van de onderneming. Zij zijn echter niet verplicht om aan een uitnodiging van de onderne-

mingsraad voor het bijwonen van een bepaalde ondernemingsraadsvergadering gevolg te geven.
Het uitnodigen van een of meer deskundigen, bestuurders van de onderneming, commissarissen van een vennootschap of bestuursleden van een vereniging of stichting kan ook worden gedaan door de commissies van de ondernemingsraad, voor het bijwonen van een commissievergadering met het oog op de behandeling van een bepaald onderwerp.

RECHTSPRAAK

Gerechtshof 's-Hertogenbosch 30 juni 2006, «JAR» 2006/189
Een lokale ondernemingsraad heeft een zelfstandige bevoegdheid om een deskundige in te schakelen, ook als de onderzoeksopdracht betrekking heeft op de vraag of het een aangelegenheid voor de OR of voor de overkoepelende ondernemingsraad betreft.

MEER INFORMATIE

Inzicht in de OR Praktijkboek
Hoofdstuk 3.5 De OR: tijd, geld en voorzieningen

Artikel 17 Faciliteiten en doorbetaling loon

WETTEKST

1. **De ondernemer is verplicht de ondernemingsraad, de commissies van die raad, en, indien de ondernemer aan de ondernemingsraad een secretaris heeft toegevoegd, de secretaris van die raad het gebruik toe te staan van de voorzieningen waarover hij als zodanig kan beschikken en die de ondernemingsraad, de commissies en de secretaris van die raad voor de vervulling van hun taak redelijkerwijze nodig hebben. De ondernemer stelt de ondernemingsraad en de commissies van die raad in staat de in de onderneming werkzame personen te raadplegen en stelt deze personen in de gelegenheid hieraan hun medewerking te verlenen, een en ander voor zover dat redelijkerwijs noodzakelijk is voor de vervulling van de taak van de raad en de commissies.**
2. **De ondernemingsraad en de commissies van die raad vergaderen zoveel mogelijk tijdens de normale arbeidstijd.**
3. **De leden van de ondernemingsraad en de leden van de commissies van die raad behouden voor de tijd gedurende welke zij ten gevolge van het bijwonen van een vergadering van de ondernemingsraad of van een commissie van die raad niet de bedongen arbeid hebben verricht, hun aanspraak op loon dan wel bezoldiging.**

TOELICHTING

Artikel 17 : Faciliteiten en doorbetaling loon

Faciliteiten

De ondernemingsraad, zijn commissies en een eventueel toegevoegd ambtelijk secretaris mogen gebruik maken van de in de onderneming aanwezige voorzieningen, die zij voor de uitoefening van hun taak in redelijkheid nodig hebben. Deze voorzieningen moeten hen door de ondernemer ter beschikking worden gesteld. Hieronder valt in de eerste plaats het gebruik van vergaderruimte, en verder het gebruik van telefoon en briefpapier van de onderneming, van computer (tekstverwerking, e-mail en internet), kopieerapparatuur, frankeermachine, enzovoorts, een en ander met inbegrip van de hulp van het bedienende personeel. Het gaat hierbij uitsluitend om het gebruik van die voorzieningen die in de onderneming aanwezig zijn. Dit kan dus per onderneming en in de tijd verschillend zijn. Indien bepaalde voorzieningen niet in de onderneming aanwezig zijn, kan de ondernemingsraad een beroep doen op artikel 22, eerste lid. Het moet dan gaan om redelijkerwijs noodzakelijke kosten van de ondernemingsraad. De ondernemer is dus niet verplicht om zonder meer een ambtelijk secretaris voor de ondernemingsraad aan te stellen.

Als de ondernemer tegen het gebruik van een bepaalde voorziening bezwaar maakt kan de ondernemingsraad, eventueel na bemiddeling en advies van de bedrijfscommissie, de kantonrechter om een beslissing vragen. Deze beslist dan zowel over de vraag of de ondernemer over de gevraagde voorziening kan beschikken, als over de vraag of de ondernemingsraad (dan wel de betrokken commissie) de gevraagde voorziening voor de vervulling van zijn taak redelijkerwijze nodig heeft. Bij gewijzigde omstandigheden kan de ondernemer eerder toegestane faciliteiten weer beperken. Het verdient aanbeveling om met de ondernemer afspraken te maken (schriftelijk) over het gebruik van de faciliteiten.

Uiteraard betekent het ter beschikking stellen van deze voorzieningen door de ondernemer aan de ondernemingsraad niet dat de ondernemer inhoudelijke controle mag uitoefenen op het gebruik ervan door de ondernemingsraad. De ondernemer is immers niet de werkgever van de ondernemingsraad en hij mag dus zonder toestemming geen kennis nemen van diens post, e-mail, online-activiteiten en computerbestanden.

Achterbanberaad

De ondernemer moet de werknemers in de gelegenheid stellen (door het verlenen van faciliteiten) om – zo nodig in werktijd – geraadpleegd te kunnen worden door de ondernemingsraad en zijn commissies, voor zover dat redelijkerwijs noodzakelijk is.

Deze bepaling dwingt noch de ondernemingsraad, noch de werknemers tot achterbanberaad, maar schept hiertoe wel gunstige voorwaarden. Uiteraard zal er over de praktische toepassing van deze bepaling eerst overleg tussen ondernemingsraad en ondernemer gevoerd moeten worden, waarbij concrete afspraken worden gemaakt. Als de ondernemer niet wil meewerken kan, eventueel na bemiddeling en advies van de bedrijfscommissie, een beslissing worden gevraagd aan de kantonrechter *(artikel 36)*. Zie voorts de toelichting bij artikel 18, eerste lid, en de overwegingen van de Sociaal-Economische Raad over het achterbanberaad: *https://www.ser.nl/-/media/ser/downloads/overige-publicaties/2014/or-en-achterbancontact.pdf.*

Tijdstip vergaderingen

De vergaderingen van de ondernemingsraad en van zijn commissies worden zoveel mogelijk in werktijd gehouden. De wet geeft geen begrenzing aan het aantal en de tijdsduur van de vergaderingen. Dit kan dus per onderneming en per situatie sterk verschillen. Maar het spreekt vanzelf dat de ondernemingsraad en zijn commissies hiervan een verantwoord gebruik moeten maken.

Het kan gebeuren dat de ondernemingsraad of een commissie door omstandigheden buiten de werktijd vergadert van leden die in deeltijd of in ploegendienst werken. Ook komt het voor dat het bijwonen van vergaderingen onevenredig veel reistijd vergt. Als dat regelmatig voorkomt is het redelijk dat de ondernemer deze leden compensatie

geeft in vrije tijd dan wel een financiële vergoeding geeft. Daarbij mag geen onderscheid worden gemaakt tussen werknemers die in voltijd of in deeltijd werken.
De hiervoor genoemde rechten komen toe aan de ondernemingsraad en zijn commissies in hun geheel. Het zijn dus geen rechten van de afzonderlijke leden van de ondernemingsraad of een commissie van die raad. Rechten van afzonderlijke leden zijn te vinden in artikel 18.

Doorbetaling van salaris
De leden van de ondernemingsraad en van de commissies van die raad krijgen hun salaris doorbetaald als zij in verband met een ondernemingsraadsvergadering, een overlegvergadering of een commissievergadering hun normale werk moeten onderbreken. Deze regeling is geschreven voor hen die op arbeidsovereenkomst of publiekrechtelijke aanstelling in de onderneming werkzaam zijn. Op grond van artikel 6, vierde lid, is het echter mogelijk dat ook anderen die regelmatig in de onderneming arbeid verrichten, in de ondernemingsraad of in een commissie van die raad zitting hebben. Het ligt voor de hand dat de ondernemer voor hen zo nodig per geval een vergoedingsregeling voor het bijwonen van vergaderingen treft.

RECHTSPRAAK

Hoge Raad 27 juni 1986, ROR 1986, nr. 7
Wil de ondernemingsraad met succes een beroep kunnen doen op een bepaalde voorziening, dan moet aan twee voorwaarden zijn voldaan: de ondernemer moet over de betreffende voorziening kunnen beschikken én de ondernemingsraad moet die voorziening voor de uitoefening van zijn taak redelijkerwijs nodig hebben.

Rechtbank 's-Gravenhage 27 september 1993, ROR 1994, nr. 16
De COR heeft onvoldoende duidelijk gemaakt waarom hij de voorzieningen voor het houden van een enquête onder het personeel redelijkerwijs nodig heeft.

MEER INFORMATIE

Inzicht in de OR Praktijkboek
Hoofdstuk 3.5 De OR: tijd, geld en voorzieningen

Artikel 18 Vrije tijd voor onderling beraad en scholing

WETTEKST

1. **De ondernemer is verplicht de leden van de ondernemingsraad en de leden van de commissies van die raad, gedurende een door de ondernemer en de ondernemingsraad gezamenlijk vast te stellen aantal uren per jaar, in werktijd en met behoud van loon dan wel bezoldiging, de gelegenheid te bieden voor onderling beraad en overleg met andere personen over aangelegenheden waarbij zij in de uitoefening van hun taak zijn betrokken, alsmede voor kennisneming van de arbeidsomstandigheden in de onderneming.**
2. **De ondernemer is verplicht de leden van de ondernemingsraad en de leden van een vaste commissie of onderdeelcommissie, bedoeld in artikel 15, tweede lid, onderscheidenlijk derde lid, gedurende een door de ondernemer en de ondernemingsraad gezamenlijk vast te stellen aantal dagen per jaar, in werktijd en met behoud van loon dan wel bezoldiging de gelegenheid te bieden de scholing en vorming van voldoende kwaliteit te ontvangen welke zij in verband met de vervulling van hun taak nodig oordelen.**
3. **De ondernemer en de ondernemingsraad stellen het aantal uren, bedoeld in het eerste lid, en het aantal dagen, bedoeld in het tweede lid, vast op een zodanig aantal als de betrokken leden van de ondernemingsraad en van de commissies van die raad voor de vervulling van hun taak redelijkerwijze nodig hebben. Daarbij wordt in acht genomen dat het aantal uren niet lager vastgesteld kan worden dan zestig per jaar en het aantal dagen:**
   a) **voor leden van een in het tweede lid bedoelde commissie die niet tevens lid zijn van de ondernemingsraad, niet lager vastgesteld kan worden dan drie per jaar;**
   b) **voor leden van de ondernemingsraad die niet tevens lid zijn van een in het tweede lid bedoelde commissie, niet lager vastgesteld kan worden dan vijf per jaar; en**
   c) **voor leden van de ondernemingsraad die tevens lid zijn van een commissie, niet lager vastgesteld kan worden dan acht per jaar.**
4. **De ondernemingsraad, alsmede ieder lid van de ondernemingsraad of van een commissie van die raad kan de kantonrechter verzoeken te bepalen dat de ondernemer gevolg dient te geven aan hetgeen is bepaald in het eerste, het tweede en het derde lid.**

TOELICHTING

Artikel 18 : eerste lid : Vrije uren voor beraad en overleg

De leden van de ondernemingsraad en de leden van de commissies van die raad hebben het recht om hun werk gedurende een bepaald aantal uren per jaar te onderbreken voor onderling beraad (dat wil zeggen overleg met andere ondernemingsraadsleden of commissieleden buiten de vergaderingen) en voor overleg met andere - al dan niet in de onderneming werkzame - personen over zaken waarbij zij als ondernemingsraadslid of als commissielid zijn betrokken. Dit recht houdt mede in een vrije toegang in de werkruimten van de onderneming teneinde kennis te kunnen nemen van de arbeidsomstandigheden. De ondernemer moet daartoe de gelegenheid bieden, dat wil zeggen dat hij zo nodig ook voorzieningen ter beschikking moet stellen (vergaderruimte, telefoongebruik enz.) en dat hij in redelijkheid de werknemers met wie het overleg plaatsvindt eveneens in de gelegenheid stelt daarvoor hun werk te onderbreken als dit noodzakelijk is.
Het gaat hier om extra vrije uren voor leden van ondernemingsraden en commissies naast de werktijd die de ondernemer reeds ter beschikking moet stellen op grond van artikel 17 of voortvloeiende uit de bepalingen van de wet die taken en bevoegdheden van de ondernemingsraad omschrijven. Waar, bijvoorbeeld in artikel 23 de wet voorschrijft dat ondernemingsraad en ondernemer overlegvergaderingen houden, impliceert dit voorschrift tevens dat de leden van de ondernemingsraad in de gelegenheid dienen te worden gesteld die vergaderingen zoveel mogelijk in werktijd voor te bereiden en ook de besluiten zoveel mogelijk in werktijd uit te voeren.
De vrije uren voor onderling beraad kunnen worden gebruikt voor fractie- of kiesgroepoverleg, maar ook voor meer individueel beraad tussen leden van ondernemingsraad en commissies. De mogelijkheid om het werk te onderbreken voor overleg met andere personen is van belang om de leden van de ondernemingsraad of van een commissie in de gelegenheid te stellen de persoonlijke bevindingen en opvattingen over een bepaalde zaak te vernemen van werknemers die geen lid zijn van de ondernemingsraad (de achterban) of van personen van buiten de onderneming, zoals bijvoorbeeld vakbondsbestuurders of leden van andere ondernemingsraden. De ondernemingsraad kan in zijn reglement nadere regels stellen met betrekking tot de vorm waarin een meer regelmatig contact tussen de leden van de ondernemingsraad en de werknemers in de onderneming zal plaatsvinden (bijvoorbeeld het periodiek houden van een bijeenkomst met het personeel of een vast spreekuur voor ondernemingsraadsleden). Een dergelijke regeling bindt echter alleen de ondernemingsraad en niet de ondernemer. De ondernemer is dus - zonder nadere afspraak - niet verplicht om de werknemers hiervoor vrijaf te geven. Zie voorts *artikel 17, eerste lid.* Zie over de contacten tussen ondernemingsraad en achterban ook de website van de SER: *https://www.ser.nl/nl/thema/medezeggenschap/aan-de-slag-met-de-or/communicatie-achterban.*
Het aantal vrije uren voor beraad en overleg wordt per jaar door ondernemer en ondernemingsraad gezamenlijk vastgesteld *(zie artikel 18, derde lid).* Daarbij behoeven

niet alle leden van de ondernemingsraad eenzelfde aantal uren ter beschikking te krijgen. Het ligt immers in de rede dat de voorzitter en/of de secretaris meer uren nodig hebben dan de andere leden van de ondernemingsraad. Niet gebruikte uren kunnen niet worden opgespaard tot een volgend jaar. Met betrekking tot de tijdstippen waarop de uren worden opgenomen is het verstandig hierover overleg te plegen met chef en collega's. Tijdens de uren dat de ondernemingsraadsleden en de commissieleden hun normale werk onderbreken voor onderling beraad en overleg wordt het salaris doorbetaald.

Vooral in grote organisaties zijn niet zelden sommige OR-leden voor een aanzienlijk aantal uren vrijgesteld van hun reguliere werkzaamheden. Dat geldt in het bijzonder voor de voorzitter en de secretaris van de OR en personen die lid zijn van meer dan één medezeggenschapsorgaan (zoals OR en COR). Vrijstelling (gedeeltelijk of zelf geheel) is vaak nodig omdat anders te veel OR-taken blijven liggen. Tegelijk moet hier zorgvuldig mee worden omgesprongen, aangezien vrijwel volledige en langdurige vrijstelling haar weerslag kan hebben op de loopbaan en op het contact met de werkvloer.

Artikel 18 : tweede lid : Vrije dagen voor scholing

De leden van de ondernemingsraad en de leden van een vaste commissie of onderdeelcommissie van de raad, hebben voorts het recht om hun werk gedurende een bepaald aantal werkdagen per jaar met behoud van salaris te onderbreken voor het ontvangen van scholing en vorming, die zij in het verband met de vervulling van hun taak nodig achten. Het aantal vrije dagen voor scholing wordt per jaar door ondernemer en ondernemingsraad gezamenlijk vastgesteld *(zie artikel 18, derde lid)*. Afhankelijk van de ervaring, de deskundigheid en de functie in het ondernemingsraadswerk kan het aantal scholingsdagen per ondernemingsraadslid of commissielid verschillen. Het aantal dagen kan echter niet lager worden vastgesteld dan de wettelijke minima. Als deeltijdwerkers de scholing deels in eigen tijd moeten ontvangen is compensatie in tijd of geld door de ondernemer redelijk te achten.

De leden van de ondernemingsraad en de commissies zijn in beginsel vrij in de keuze van de cursus en van het instituut en of de perso(o)n(en) waar zij de scholing willen ontvangen. Het verdient aanbeveling om aan het begin van een zittingsperiode met alle leden van de ondernemingsraad een meerdaagse interne cursus te volgen. Met instemming van de ondernemer kunnen soms ook enkele andere werknemers van de onderneming, zoals kaderleden van vakorganisaties of van bedrijfsledengroepen, aan de cursus voor de ondernemingsraad deelnemen.

Medio 2013 is aan het tweede lid toegevoegd de eis dat de scholing 'van voldoende kwaliteit' moet zijn. Deze toevoeging hangt samen met de ingrijpende wijziging van het scholingssysteem (schrappen scholingsheffing voor ondernemers, opheffing GBIO, oprichting SCOOR (nu: SCOOR-RMZO) ter kwaliteitsbewaking van scholingsinstituten, wettelijk vastleggen in de WOR dat de kosten voor scholing en vorming ten laste van de ondernemer komen). Zie over deze wijzigingen verder artikel 22 en hoofdstuk 7A.

Artikel 18 : derde lid : Vaststelling aantal uren en dagen

Het aantal uren voor onderling beraad en overleg en het aantal dagen voor scholing worden door ondernemer en ondernemingsraad in onderling overleg vastgesteld op een zodanig aantal als de leden van de ondernemingsraad en de leden van de commissies voor de vervulling van hun taak redelijkerwijs nodig hebben. Daarbij dient rekening gehouden te worden met de taken die in de Arbeidsomstandighedenwet aan de ondernemingsraad zijn toebedeeld. Het aantal uren kan niet lager vastgesteld worden dan 60 per jaar en het aantal dagen niet lager dan 8 per jaar voor ondernemingsraadsleden die tevens commissielid zijn. Het wettelijk minimum voor ondernemingsraadsleden die geen commissielid zijn is 5 per jaar en voor commissieleden die geen ondernemingsraadslid zijn 3 per jaar. Deze wettelijke minima worden nodig geacht voor het functioneren van een enigszins ervaren ondernemingsraad in een normale bedrijfssituatie.
Slagen ondernemer en ondernemingsraad er niet in om het met elkaar eens te worden over de vaststelling van het aantal uren en/of aantal dagen, dan kan ieder van hen zich op grond van artikel 36, tweede lid, tot de kantonrechter wenden. De verzoeker kan hierbij aan de kantonrechter vragen te bepalen dat de andere partij meewerkt aan de vaststelling van het aantal uren en/of dagen op een zodanig aantal als naar het oordeel van de verzoeker redelijkerwijze nodig is voor de vervulling van de taak van de betrokken leden van de ondernemingsraad en de commissies van die raad. Voorafgaand aan de indiening van het verzoek bij de kantonrechter kan de verzoeker eerst de bemiddeling en het advies van de bedrijfscommissie vragen *(artikel 36, derde lid)*. De bedrijfscommissie zal, indien zij geen minnelijke schikking weet te bereiken, in haar advies kunnen aangeven hoeveel uren en/of dagen de leden van de ondernemingsraad en de commissies van die raad – naar het oordeel van de bedrijfscommissie – redelijkerwijze nodig hebben voor de vervulling van hun taak. Zie ook de SER-website: *https://www.ser.nl/nl/thema/or-medezeggenschap/scholing* en de in 2012 door de CBM opgestelde aanbeveling: https://www.ser.nl/-/media/ser/downloads/overige-publicaties/2012/brochure-ser-aanbeveling-scholing-vorming-or-leden-2012.pdf. In geval van geschillen over scholing is bij de bedrijfscommissies een aparte scholingskamer ingesteld. Zie voor de procedure bij de scholingskamer *https://www.ser.nl/nl/thema/Bedrijfscommissie/vragenservice/Scholingskamer*. Zie ook het commentaar bij artikel 39.

Artikel 18 : vierde lid : Naleving

Bij de toepassing van artikel 18 zijn twee verschillende kantongerechtsprocedures mogelijk. In de eerste plaats de in de toelichting op het vorige lid beschreven procedure op grond van artikel 36, tweede lid, wanneer de ondernemer en de ondernemingsraad het niet eens kunnen worden over de vaststelling van het aantal uren en/of dagen dat de leden van de ondernemingsraad en de leden van de commissies voor de vervulling van hun taak redelijkerwijze nodig hebben. In de tweede plaats kan het voorkomen dat de ondernemer de leden van de ondernemingsraad en/of de leden van de commissies van

die raad niet of onvoldoende de gelegenheid biedt om – in werktijd en met behoud van salaris – gedurende het vastgestelde aantal uren onderling beraad of overleg te plegen met andere al dan niet in de onderneming werkzame personen en kennis te nemen van de arbeidsomstandigheden in de onderneming, of gedurende het vastgestelde aantal dagen de door hen nodig geachte scholing en vorming te ontvangen.
De ondernemingsraad alsmede de betrokken leden van de ondernemingsraad of van een commissie kunnen, eventueel weer na bemiddeling en advies van de bedrijfscommissie (zie de aantekening bij het derde lid), in dat geval op grond van artikel 18, vierde lid, de kantonrechter vragen te bepalen dat de ondernemer zijn verplichtingen nakomt.

RECHTSPRAAK

Hof van Justitie EG 4 juni 1992, «JAR» 1992/43
Niet compenseren van scholing die deeltijdwerkers (deels) in eigen tijd hebben genoten is in strijd met het recht op gelijke behandeling, nu in de bedrijfstak veel meer vrouwen dan mannen in deeltijd werken.

Rechtbank Den Haag 14 januari 2016, ECLI:NL:RBDHA:2016:524
Kantonrechter hakt knoop door in geschil over faciliteiten.

Rechtbank Midden-Nederland 28 februari 2018, ECLI:NL:RBMNE:2018:755
Werknemer wil minder werken. Dat heeft tot gevolg dat zij vrijwel haar gehele werktijd zal besteden aan medezeggenschapsactiviteiten. De kantonrechter vindt het verminderde klantcontact in dit geval geen overwegend bezwaar.

Scholingskamer Bedrijfscommissie Markt 17 november 2014, RAR 2015/36
De Scholingskamer oordeelt dat de OR – binnen het gestelde wettelijke minimumaantal scholingsdagen – zelf het aantal benodigde dagen voor scholing en vorming kan vaststellen. De kosten kunnen als redelijkerwijs noodzakelijke kosten worden aangemerkt als deze in lijn liggen met het door de SER vastgestelde zogenoemde richtbedrag. Is dat het geval, dan moet de werkgever deze kosten betalen.

MEER INFORMATIE

Inzicht in de OR Praktijkboek
Hoofdstuk 3.5 De OR: tijd, geld en voorzieningen

Artikel 19 Geheimhoudingsplicht

Dit artikel is per 1 april 1990 vervallen.

Artikel 20 Geheimhoudingsplicht

WETTEKST

1. De leden van de ondernemingsraad en de leden van de commissies van die raad, alsmede de overeenkomstig artikel 16 geraadpleegde deskundigen zijn verplicht tot geheimhouding van alle zaken- en bedrijfsgeheimen die zij in hun hoedanigheid vernemen, alsmede van alle aangelegenheden ten aanzien waarvan de ondernemer dan wel de ondernemingsraad of de betrokken commissie hun geheimhouding heeft opgelegd of waarvan zij, in verband met opgelegde geheimhouding, het vertrouwelijk karakter moeten begrijpen. Het voornemen om geheimhouding op te leggen wordt zoveel mogelijk vóór de behandeling van de betrokken aangelegenheid meegedeeld. Degene die de geheimhouding oplegt, deelt daarbij tevens mee, welke schriftelijk of mondeling verstrekte gegevens onder de geheimhouding vallen en hoe lang deze dient te duren, alsmede of er personen zijn ten aanzien van wie de geheimhouding niet in acht behoeft te worden genomen.
2. Het eerste lid is van overeenkomstige toepassing ten aanzien van degenen die met het secretariaat van de ondernemingsraad of van een commissie van die raad zijn belast.
3. De in het eerste lid bedoelde verplichting geldt niet tegenover hen die ingevolge een rechterlijke opdracht zijn belast met een onderzoek naar de gang van zaken in de onderneming.
4. De in het eerste lid bedoelde verplichting geldt voorts niet tegenover hem die door een lid van de ondernemingsraad of door een lid van een commissie van die raad wordt benaderd voor overleg, mits de ondernemer, onderscheidenlijk degene die geheimhouding heeft opgelegd, vooraf toestemming heeft gegeven voor het overleg met de betrokken persoon en deze laatste schriftelijk heeft verklaard, dat hij zich ten aanzien van de betrokken aangelegenheid tot geheimhouding verplicht. In dat geval is ten aanzien van de bedoelde persoon het eerste lid van overeenkomstige toepassing.
5. Een weigering de in het vorige lid bedoelde toestemming te verlenen, wordt door de ondernemer, onderscheidenlijk door degene die geheimhouding heeft opgelegd, met redenen omkleed.
6. De plicht tot geheimhouding vervalt niet door beëindiging van het lidmaatschap van de ondernemingsraad of van de betrokken commissie, noch door beeindiging van de werkzaamheden van de betrokkene in de onderneming.

7. **De ondernemingsraad, alsmede ieder lid van de ondernemingsraad of van een commissie van die raad, alsmede een overeenkomstig artikel 16 geraadpleegde deskundige en ieder die met het secretariaat van de ondernemingsraad of van een commissie van die raad is belast kan de kantonrechter verzoeken de opgelegde geheimhouding op te heffen op de grond dat de ondernemer bij afweging van de betrokken belangen niet in redelijkheid tot het opleggen van geheimhouding had kunnen besluiten.**

TOELICHTING

Artikel 20 : Geheimhouding

Ondernemingsraadsleden, commissieleden en door de ondernemingsraad of door een commissie van de ondernemingsraad geraadpleegde deskundigen zijn in ieder geval verplicht tot geheimhouding van alle zaken- en bedrijfsgeheimen die zij in hun hoedanigheid van ondernemingsraadslid, commissielid of deskundige vernemen. Daarnaast bestaat de mogelijkheid dat de ondernemer, de ondernemingsraad of de betrokken commissie hen geheimhouding oplegt ten aanzien van een bepaalde aangelegenheid die in een overlegvergadering, een ondernemingsraadsvergadering of een commissievergadering wordt behandeld. Deze geheimhoudingsplicht wordt zoveel mogelijk vóór de behandeling van een bepaalde aangelegenheid opgelegd, maar kan eventueel ook nog later tijdens de vergadering worden opgelegd.
Bij het opleggen van de geheimhouding wordt aangegeven welke gegevens onder de geheimhouding vallen, voor hoelang de geheimhoudingsplicht geldt, en of er ook anderen zijn, ten aanzien van wie geen geheimhouding in acht behoeft te worden genomen (bijvoorbeeld vakbondsfunctionarissen, die al eerder door de ondernemer van bepaalde fusiebesprekingen in kennis zijn gesteld). Onder de geheimhouding vallen niet alleen de gegevens ten aanzien waarvan dit uitdrukkelijk is meegedeeld, maar ook de gegevens waarvan men in verband met de al opgelegde geheimhouding redelijkerwijs moet kunnen begrijpen dat ze ook als geheim bedoeld zijn. Dit laatste kan met name van belang zijn voor aanvullende informatie die mondeling tijdens de vergadering wordt gegeven.
De geheimhoudingsplicht geldt ook voor degenen die met het secretariaat van de ondernemingsraad of van een commissie van de ondernemingsraad zijn belast. Ten aanzien van personen die op grond van artikel 18 door een ondernemingsraadslid of door een commissielid worden benaderd voor overleg over bepaalde zaken van de ondernemingsraad of van de betrokken commissie geldt een afzonderlijke regeling. Een ondernemingsraadslid of een commissielid, dat op grond van artikel 18 met een niet-ondernemingsraadslid of een niet-commissielid overleg wil plegen over een aangelegenheid waarvoor geheimhouding geldt, moet daarvoor vooraf toestemming vragen aan degene die de geheimhouding heeft opgelegd (dat wil zeggen de ondernemer, de ondernemingsraad of de betrokken commissie). Verder moet degene met wie wordt overlegd van tevoren schriftelijk verklaren, dat hij zich ten aanzien van die aangelegenheid tot

geheimhouding verplicht. In dat geval gelden voor die persoon dezelfde geheimhoudingsverplichtingen als voor het ondernemingsraadslid of het commissielid dat hem of haar raadpleegt. Pas dan mag er overleg met de betrokken persoon plaatsvinden en mag hij of zij ook kennisnemen van de geheime stukken. Een weigering om toestemming voor dit overleg te geven moet worden gemotiveerd.

De plicht tot geheimhouding blijft bestaan, ook al is men geen lid meer van de ondernemingsraad of van een commissie van de ondernemingsraad, en ook wanneer men niet meer in de onderneming werkzaam is. Voor de opgelegde geheimhoudingsplicht geldt dit vanzelfsprekend slechts voor de duur hiervan.
De geheimhoudingsplicht geldt niet tegenover de personen die belast zijn met een onderzoek naar het beleid van de ondernemer of de gang van zaken in de onderneming. Dit laatste doet zich voor, wanneer tegen de ondernemer een enquêteprocedure op grond van titel 8 van Boek 2 BW is aangespannen bij de Ondernemingskamer van het Gerechtshof te Amsterdam, en de Ondernemingskamer vindt dat er gegronde redenen zijn om te twijfelen aan een juist beleid van de ondernemer. De Ondernemingskamer benoemt dan een of meer deskundigen om een onderzoek in te stellen *(zie Bijlage 2H).*

De geheimhouding beschermt de onderneming tegen de verspreiding of openbaarmaking van bepaalde gegevens, waardoor mogelijk schadelijke gevolgen voor de onderneming zouden kunnen ontstaan. Aan de andere kant vormt een geheimhoudingsplicht voor ondernemingsraadsleden of commissieleden een aanzienlijke belemmering in het contact met hun achterban. Het is dus zaak dat met het opleggen van geheimhouding terughoudendheid wordt betracht en dat alleen in noodzakelijke gevallen geheimhouding wordt opgelegd. De wet kent geen mogelijkheid voor ondernemingsraadsleden of commissieleden om geheimhouding af te wijzen. Ook deskundigen kunnen dit niet, zodra zij hun uitnodiging hebben aanvaard. Wel kan door de betrokkenen aan de kantonrechter gevraagd worden de opgelegde geheimhouding op te heffen als de ondernemer bij afweging van de betrokken belangen niet in redelijkheid tot het opleggen van geheimhouding had kunnen besluiten. Er zal dan sprake moeten zijn van een zwaarwegend belang dat opweegt tegen het belang dat de werkgever heeft bij de geheimhouding.
In 2014 heeft de Commissie Bevordering Medezeggenschap van de SER een aanbeveling uitgebracht over de vraag hoe om te gaan met geheimhouding. Onder erkenning van het belang van de onderneming tegen de openbaarmaking of verspreiding van vertrouwelijke gegevens wordt het belang van een terughoudend gebruik van de geheimhoudingsplicht benadrukt, zeker bij besluiten met grote gevolgen voor de achterban. Zie *https://www.ser.nl/-/media/ser/downloads/overige-publicaties/2014/or-geheimhouding.pdf.*

Het moge duidelijk zijn dat de geheimhoudingsplicht niet bedoeld is om ernstige misstanden in de onderneming verborgen te houden. Kritische uitspraken van werknemers (waaronder dus ook leden van de ondernemingsraad) over het reilen en zeilen

van de onderneming zijn dan ook niet altijd als ongeoorloofd te beschouwen. Zeker niet als zij zich daarbij als een 'goed *werknemer' (artikel 611 Boek 7 BW)* gedragen, dat wil zeggen bij hun uitspraken de goede trouw en de redelijkheid en billijkheid in acht nemen.
Per 1 juli 2016 is de Wet Huis voor klokkenluiders in werking getreden. De OR heeft instemmingsrecht over de vaststelling, wijziging of intrekking van een klokkenluidersregeling. Daarbij zal het onderwerp vertrouwelijkheid en geheimhouding zonder twijfel een belangrijk aandachtspunt zijn. Zie verder het commentaar bij *artikel 27, eerste lid onder m*. Zie ook *Bijlage 3*.

De geheimhoudingsplicht wordt geheel in de wet geregeld en behoeft dus niet nader geregeld te worden in het reglement van de ondernemingsraad. Ten aanzien van de door de ondernemingsraad zelf of door een commissie van die raad op te leggen geheimhoudingsplicht is een nadere regeling in het reglement echter wel mogelijk. De ondernemingsraad kan zichzelf in zijn reglement bijvoorbeeld beperkingen opleggen – met name in tijdsduur – ten aanzien van de geheimhoudingsplicht. Ten aanzien van de door de ondernemer op te leggen geheimhoudingsplicht is dit niet mogelijk. Wel kunnen de ondernemingsraad en de ondernemer hierover in onderling overleg nadere afspraken maken. Zij zijn daartoe echter niet verplicht.
De geheimhoudingsplicht is een persoonlijke verplichting van de leden van de ondernemingsraad en zijn commissies, van deskundigen en eventueel van andere geraadpleegde personen. De Wet op de ondernemingsraden bevat zelf geen regeling voor het toezicht op de naleving van de geheimhoudingsplicht. Opzettelijke schending van de geheimhoudingsplicht is echter een misdrijf, dat gestraft kan worden met een gevangenisstraf van maximaal een jaar of een geldboete van ten hoogste € 22.500 *(artikel 272 en 23 lid 4 Wetboek van Strafrecht)*.

RECHTSPRAAK

Hoge Raad 20 april 1990, ROR 1990, nr. 24
Openbaar maken van conclusie op basis van geheime gegevens is schending van geheimhoudingsplicht.

Ondernemingskamer 12 maart 2007, ROR 2007, nr. 20
Opleggen van geheimhouding over de inhoud van een sociaal plan aan de OR is onaanvaardbaar, omdat dat verhindert dat de OR de werknemers consulteert over de gevolgen van het besluit voor de werknemers en de naar aanleiding daarvan te nemen maatregelen.

Gerechtshof Amsterdam 8 oktober 2013, ECLI:NL:GHAMS:2013:3274
Schending geheimhoudingsplicht door voormalig OR-lid. Ontslag blijft in stand.

Gerechtshof 's-Hertogenbosch 18 februari 2016, ECLI:NL:GHSHE:2016:577, «JAR» 2016/93
Overtreding geheimhoudingsplicht door OR-lid. Tijdelijke uitsluiting van de werkzaamheden van de OR. Geen uitsluiting voor de geheel resterende zittingstermijn.

Rechtbank Midden-Nederland 20 juli 2016, ECLI:NL:RBMNE:2016:4080
Schending geheimhoudingsplicht onvoldoende grond voor ontslag. Geen sprake van verspreiden bedrijfsgeheimen.

Rechtbank Amsterdam 2 augustus 2016, ECLI:NL:RBAMS:2016:5655
Overtreding geheimhoudingsplicht geen voldoende grond voor ontslag van OR-lid.

Gerechtshof Amsterdam, Ondernemingskamer 8 oktober 2020, ECLI:NL:GHAMS:2020:2643
De ondernemingsraad heeft recht op achterbanraadpleging. Omdat consultatie van de achterban een wezenlijk deel is van de taak van de ondernemingsraad, zal de ondernemer voor overleg door de ondernemingsraad met de achterban voorafgaand aan het uitbrengen van advies zoveel mogelijk ruimte moeten bieden. Dit recht op achterbanraadpleging is echter niet absoluut.

Gerechtshof Amsterdam 14 december 2021, ECLI:NL:GHAMS:2021:4012
De ondernemer heeft geen belang bij de gevraagde verklaring voor recht dat de geheimhouding terecht is opgelegd. Inmiddels is de desbetreffende informatie inmiddels overigens openbaar. Eerder had de kantonrechter geoordeeld dat de geheimhouding ten onrechte was opgelegd, Volgens de kantonrechter was niet duidelijk welk belang de ondernemer had bij het opleggen van geheimhouding.

MEER INFORMATIE

Inzicht in de OR Praktijkboek
Hoofdstuk 4.5 Vertrouwelijkheid en geheimhouding opleggen

Artikel 21 Bescherming tegen benadeling

WETTEKST

De ondernemer draagt er zorg voor, dat de in de onderneming werkzame personen die staan of gestaan hebben op een kandidatenlijst als bedoeld in artikel 9, alsmede de leden en de gewezen leden van de ondernemingsraad en van de commissies van die raad niet uit hoofde van hun kandidaatstelling of van hun lidmaatschap van de ondernemingsraad of van een commissie van die raad worden benadeeld in hun positie in de onderneming. Indien de ondernemer aan de ondernemingsraad een secretaris heeft toegevoegd is de eerste volzin op die secretaris van overeenkomstige toepassing. Op degene die het initiatief neemt of heeft genomen tot het instellen van een ondernemingsraad is de eerste volzin van overeenkomstige toepassing. De ondernemingsraad, alsmede iedere in de onderneming werkzame persoon als in de eerste tot en met derde volzin bedoeld, kan de kantonrechter verzoeken te bepalen dat de ondernemer gevolg dient te geven aan hetgeen in de eerste tot en met derde volzin is bepaald. Ten aanzien van personen die krachtens publiekrechtelijke aanstelling in de onderneming werkzaam zijn, treedt een andere kamer van de rechtbank in de plaats van de kantonrechter.

Werknemers die betrokken zijn bij het werk van de ondernemingsraad zijn beschermd tegen benadeling in hun positie in de onderneming en tegen onrechtvaardig ontslag. De ontslagbescherming van deze werknemers is opgenomen in het Burgerlijk Wetboek, artikelen 669 en verder van Boek 7. Deze artikelen zijn per 1 juli 2015 gewijzigd door de WWZ en worden behandeld na de toelichting op artikel 21.

TOELICHTING

Artikel 21 : Bescherming tegen benadeling

Voor een goede uitoefening van de taken van de ondernemingsraad is het van groot belang dat de leden van de ondernemingsraad en andere bij het functioneren van de ondernemingsraad betrokken werknemers onafhankelijk van de ondernemingsleiding kunnen optreden. Zij moeten niet bang behoeven te zijn voor vergeldingsmaatregelen door de ondernemingsleiding, wanneer zij zich tegenover deze leiding opstellen. Door de uitoefening van hun taak zijn zij als werknemer kwetsbaarder dan andere werknemers. Daarom is voor hen een extra rechtsbescherming nodig, als aanvulling op de gewone arbeidsrechtelijke bescherming van elke werknemer. Artikel 21 bevat hiertoe een bescherming tegen benadeling in het algemeen van allen die bij het instellen en functioneren van de ondernemingsraad of de personeelsvertegenwoordiging zijn betrokken.

De algemene norm luidt, dat niemand uit hoofde van zijn werkzaamheden voor de ondernemingsraad mag worden benadeeld in zijn positie in de onderneming. Onder deze bepaling vallen:

- degenen die het initiatief nemen of hebben genomen tot het instellen van een ondernemingsraad;
- degenen die kandidaat staan of kandidaat gestaan hebben voor de ondernemingsraad;
- leden en gewezen leden van de ondernemingsraad en hun plaatsvervangers;
- commissieleden en gewezen commissieleden;
- de toegevoegd ambtelijk secretaris van de ondernemingsraad.

Tevens is deze bepaling van overeenkomstige toepassing op de centrale ondernemingsraad en de groepsondernemingsraad *(artikel 34)*, de personeelsvertegenwoordiging *(artikel 35c en 35d)*, de Europese ondernemingsraad en de werknemersvertegenwoordigers bij de Europese Vennootschap (SE) en de Europese Coöperatieve Vennootschap (SCE).

Algemene norm

Aan deze algemene bescherming is geen tijdsbeperking verbonden, zodat ieder die onder deze bescherming valt, daaronder blijft vallen zolang hij/zij in de onderneming werkzaam is. De ondernemer moet ervoor zorgen dat deze norm wordt nageleefd.
Deze zorgplicht geldt niet alleen voor degenen met een arbeidsovereenkomst of publiekrechtelijke aanstelling, maar ook voor degenen die op grond van artikel 1, derde lid of artikel 6, vierde lid, gelijkgesteld zijn met de eerst bedoelden. Weliswaar is de positie in de onderneming van de laatste groep veelal een andere dan de positie van de op arbeidsovereenkomst of aanstelling werkzame personen, maar de algemene norm geldt voor beide groepen: welke positie iemand ook in een onderneming bezit, hij of zij mag in die positie niet worden benadeeld uit hoofde van zijn of haar werkzaamheden voor de ondernemingsraad.
Noch de kandidaatstelling of het lidmaatschap van de ondernemingsraad of van een commissie van die raad op zich zelf, noch de wijze waarop iemand zijn of haar kandidaatstelling presenteert of lidmaatschap uitoefent, mogen redenen zijn om hem of haar in zijn of haar positie in de onderneming te benadelen. Dit geldt ook voor de initiatiefnemers bij de instelling van een ondernemingsraad en voor het optreden van de ambtelijk secretaris. De woorden 'uit hoofde van' moeten dus ruim worden uitgelegd. Onder 'benadeling in hun positie in de onderneming' kan onder andere worden verstaan: benadeling in promotiekansen, verslechtering van werkomstandigheden, gedwongen overplaatsing naar een ander bedrijfsonderdeel, schorsing, het niet verlengen van een

tijdelijk dienstverband wanneer die verlenging overigens in de rede zou hebben gelegen. Ook een onredelijke beperking van faciliteiten voor het ondernemingsraadwerk (zoals m.b.t. een reiskostenvergoeding of compensatie voor reistijd) kan als benadeling beschouwd worden. Geen benadeling wordt aanwezig geacht bij afwijzing van het verzoek van een deeltijdwerker om meer uren te gaan werken in verband met medezeggenschapsactiviteiten.

Sociaal statuut
Om benadeling te voorkomen is het van belang dat er over de positie van de werknemers die bij het ondernemingsraadswerk zijn betrokken, concrete afspraken worden gemaakt tussen ondernemingsraad en ondernemer. Deze bij voorkeur schriftelijke afspraken (ook wel 'sociaal statuut' genoemd) kunnen onder meer betreffen het tijdsbeslag voor ondernemingsraadswerk, loonontwikkeling, promotiekansen en vakscholing. De werknemer die betrokken is bij het ondernemingsraadswerk loopt daardoor minder kans op benadeling en kan zich voorts bij eventuele schending van zijn positie op de afspraken beroepen.
Bij overtreding van deze algemene beschermingsbepaling is relevant of de benadeelde in de onderneming werkzaam is krachtens publiekrechtelijke aanstelling (ambtenaar). In dat geval kan het geschil zowel door de benadeelde zelf als door de ondernemingsraad worden voorgelegd aan de administratieve kamer van de arrondissementsrechtbank, met de mogelijkheid van hoger beroep bij de Centrale Raad van Beroep. Daarbij dienen de regels van de Algemene wet bestuursrecht (bezwaarschriftprocedure) in acht te worden genomen. In alle andere gevallen kan zowel de ondernemingsraad als de benadeelde zelf zich, eventueel na bemiddeling en advies van de bedrijfscommissie, tot de kantonrechter wenden met het verzoek te bepalen dat de ondernemer zijn verplichtingen nakomt. De werknemer moet in deze procedure met concrete feiten de benadeling aantonen en de werkgever moet aannemelijk maken dat de benadeling niet voortvloeit uit de werkzaamheden van de werknemer voor de ondernemingsraad. De in het ongelijk gestelde partij kan van de uitspraak van de kantonrechter binnen drie maanden hoger beroep instellen bij het gerechtshof. Als de benadeelde niet meer in de onderneming werkzaam is, kan hij of zij geen vordering instellen op grond van artikel 21. Betrokkene kan echter wel schadevergoeding vragen op grond van artikel 611 Boek 7 van het Burgerlijk Wetboek (de werkgever behoort zich als 'goed werkgever' te gedragen).

Ontslagbescherming op grond van Boek 7 Burgerlijk Wetboek

Inleiding
De regeling van de ontslagbescherming van medezeggenschappers is per 1 juli 2015 met de inwerkingtreding van de WWZ op een aantal onderdelen gewijzigd. Benadrukt moet worden dat de wetgever niet heeft beoogd de ontslagbescherming in materiële zin te wijzigen. Anders geformuleerd: het was niet de bedoeling dat de mate van ontslagbescherming door de wetswijziging toe- of af zou nemen. In wetstechnische zin is

er echter wel het nodige veranderd. De nu volgende paragrafen behandelen de hoofdlijnen en beperken zich tot de regels die specifiek zijn voor OR-leden en anderen die bij de medezeggenschap zijn betrokken. Voor andere onderwerpen (zoals de transitievergoeding) en een gedetailleerde behandeling van uitzonderingen en procesrechtelijke aspecten zij verwezen naar de meer gespecialiseerde arbeidsrechtelijke literatuur. Aan het eind van het overzicht wordt de belangrijkste rechtspraak onder de oude regelgeving weergegeven; deze blijft voor een groot deel relevant, in het bijzonder voor artikel 21 (bescherming tegen benadeling; daarin is door de WWZ niets gewijzigd), maar ook voor de ontslagbescherming.

De onderlinge verwijzingen tussen de wetsbepalingen maken dit onderdeel van het recht lastig leesbaar. Daarom zijn de belangrijkste wetsbepalingen hierna wel vermeld, maar niet volledig aangehaald. Zie voor die bepalingen www.overheid.nl.

Uitgangspunt: opzegverbod voor medezeggenschappers
De leden 4 en 10, 12 en 13 van artikel 7:670 BW bepalen vanaf 1 juli 2015 dat de werkgever de arbeidsovereenkomst niet mag opzeggen met de werknemer die:

- lid is van de OR;
- lid is van de COR;
- lid is van de GOR;
- lid is van een vaste commissie of onderdeelcommissie van de OR;
- lid is van de PVT;
- lid is van een Arbocommissie binnen de onderneming;
- lid is van de EOR;
- ambtelijk secretaris is van de OR of PVT;
- geplaatst is op een kandidatenlijst voor de OR of PVT;
- korter dan twee jaar geleden lid was van de OR, COR of GOR of van een commissie daarvan of van de PVT;
- korter dan twee jaar geleden personeelsvertegenwoordiger lid was van de bijzondere onderhandelingsgroep of EOR als bedoeld in de WEOR;
- korter dan twee jaar geleden als vertegenwoordiger van informatieverstrekking en raadpleging van werknemers bij een EOR als bedoeld in de WEOR heeft opgetreden;
- lid is van een voorbereidingscommissie van de OR, COR of GOR;
- vergelijkbaar met het bovenstaande betrokken is bij de Europese (coöperatieve) vennootschap (SE en SCE).

Het onderscheid dat tot 1 juli 2015 nog werd gemaakt tussen een opzegverbod (onder meer voor OR-leden) en een toestemmingsvereiste (bijvoorbeeld voor personen die op een kandidatenlijst hebben gestaan) is hiermee vervallen.

Een opzegging in strijd met de opzegverboden van artikel 7:670 BW is vernietigbaar. De werknemer kan de kantonrechter verzoeken de opzegging te vernietigen of verzoeken een billijke vergoeding toe te kennen (zie artikel 7:681 lid 1 BW).

Uitzonderingen op het opzegverbod

De ontslagbescherming voor de hiervoor genoemde personen is niet absoluut. Net als in de periode voor 1 juli 2015 zijn er verschillende uitzonderingen op het opzegverbod. Deze worden voor het grootste deel opgesomd in artikel 7:670a lid 2 BW:

a) de werknemer heeft schriftelijk ingestemd met de opzegging (artikel 7:670a lid 2 onder a BW);
b) opzegging tijdens de proeftijd (idem, onder b);
c) opzegging wegens een dringende reden (idem, onder c);
d) opzegging wegens beëindiging van de werkzaamheden van de onderneming (idem, onder d);
e) opzegging wegens het bereiken van de pensioengerechtigde leeftijd, mits het ontslag niet gerelateerd is aan medezeggenschapsactiviteiten (idem, onder e);
f) vervallen van arbeidsplaatsen gedurende de komende 26 weken om bedrijfseconomische redenen (maar de onderneming blijft wel voortbestaan) en de werknemer is 26 weken of meer werkzaam in de onderneming (artikel 7:670 lid 3, aanhef en onder c BW);
g) wanprestatie (artikel 7:686 BW);
h) opzegging tijdens faillissement.

Vergeleken met de situatie voor 1 juli 2015 kent het opzegverbod twee nieuwe uitzonderingen: ontslag bij het bereiken van de pensioengerechtigde leeftijd en ontslag bij bedrijfseconomische redenen die niet het gevolg zijn van de sluiting van de onderneming. Met name de laatstgenoemde uitzondering is voor de praktijk relevant. De hiervoor onder f als tweede genoemde termijn van 26 weken is opgenomen om te verhinderen dat door met werknemers te schuiven het opzegverbod ontdoken zou kunnen worden.

Indien de werkgever wil opzeggen vanwege bedrijfseconomische redenen (sluiting van de onderneming of reorganisatie in de komende 26 weken) of vanwege langdurige arbeidsongeschiktheid (in beginsel meer dan twee jaar), dan heeft hij voorts toestemming van het UWV nodig (artikel 7:671a lid 1 BW). Dit voorschrift geldt voor alle werknemers, niet alleen voor OR-leden en andere bij de medezeggenschap betrokken personen. De toestemming wordt niet verleend als een opzegverbod als bedoeld in artikel 670, leden 1 tot en met 4 en 10, of een met deze opzegverboden naar aard en strekking vergelijkbaar opzegverbod in een ander wettelijk voorschrift geldt, tenzij redelijkerwijs mag worden verwacht dat het opzegverbod niet meer geldt binnen vier weken na de dagtekening van de beslissing op het verzoek (art. 7:671a lid 11 BW). Zie over de details van deze regeling opnieuw de gespecialiseerde literatuur.

Mogelijkheid van ontbinding door de kantonrechter

Naast de mogelijkheid tot opzegging, kan de werkgever de kantonrechter verzoeken de arbeidsovereenkomst te *ontbinden* (artikel 7:671b BW). Voorwaarde is dat het verzoek tot ontbinding geen verband houdt met omstandigheden waarop een opzegverbod betrekking heeft (zie artikel 7:670b lid 2 BW). Voor OR-leden geldt dus dat het verzoek

tot ontbinding geen relatie mag hebben met het OR-werk of met het OR-lidmaatschap. Indien een verband tussen een OR-lidmaatschap en het beoogde einde van de arbeidsovereenkomst komt vast te staan, dient het verzoek om ontbinding in beginsel afgewezen te worden. Daarop bestaat echter weer één uitzondering. Artikel 7:671b lid 6 BW bepaalt dat de (kanton)rechter kan afwijken van de hoofdregel, indien er sprake is van omstandigheden '*die van dien aard zijn dat de arbeidsovereenkomst in het belang van de werknemer behoort te eindigen*'. Dat betekent dat de arbeidsovereenkomst met een OR-lid door de rechter ontbonden kan worden, indien de reden van beëindiging weliswaar met het OR-lidmaatschap samenhangt maar het belang van de werknemer – bijvoorbeeld bij een verstoorde arbeidsrelatie – toch een beëindiging rechtvaardigt. Dat zal vrijwel zeker van invloed zijn op de hoogte van de transitievergoeding.
De in de oudere rechtspraak uitgezette lijnen over het al dan niet bestaan van een verband tussen het ontbindingsverzoek en het OR-lidmaatschap zijn onder de WWZ-wetgeving gecontinueerd. Zie voor een aantal voorbeelden hierna het onderdeel rechtspraak.

Na de invoering van de WWZ is tegen de beslissing van de kantonrechter hoger beroep en cassatie mogelijk (artikel 7:683 BW).

RECHTSPRAAK

Zie over ontslagprocedures in verband met vermeende schending van de geheimhoudingsplicht het rechtspraakoverzicht bij artikel 20.

Hoge Raad 26 juni 1992, ROR 1993, nr. 2
Plicht tot bewijs van benadeling ligt in beginsel bij de eisende partij (vrijwel altijd de werknemer). De rechter kan echter onder omstandigheden de ondernemer verplichten te bewijzen dat er geen sprake is van benadeling.

Hoge Raad 8 april 2016, ECLI:NL:HR:2016:604
Ook in gevallen waarin de OR niet volledig voldoet aan de in de WOR gestelde eisen (waaronder verkiezingen), kunnen de beschermingsbepalingen van art. 21 WOR (benadelingsverbod) en Boek 7 BW (ontslagbescherming) van toepassing zijn.

Rechtbank Amsterdam 31 augustus 1994, ROR 1995, nr. 3
De ondernemer heeft besloten om de reiskosten van OR-leden van en naar OR-vergaderingen niet meer te vergoeden. Benadelingsverbod geschonden.

Kantonrechter Groningen 11 december 2009, ECLI:NL:RBGRO:2009:BK6462
Werkgever heeft niet aannemelijk gemaakt dat er geen verband bestaat tussen de gevraagde ontbinding en het OR-lidmaatschap. Verzoek tot ontbinding afgewezen.

Kantonrechter Utrecht 4 mei 2011, ECLI:NL:RBUTR:2011:BQ4021
Ontslagbescherming geldt niet voor werknemer die de OR heeft geadviseerd.

Kantonrechter Zwolle 7 juli 2011, ECLI:NL:RBZLY:2011:BR0756
Onterechte verwijten aangaande werkweigering en het onterecht boeken van omzet. Wel minder juist optreden als OR-lid, hoofdzakelijk voortkomend uit een te grote gedrevenheid, maar dat is van onvoldoende gewicht voor een ontbinding. Werkgever dient eerst gelegenheid tot verbetering te bieden.

Kantonrechter Leeuwarden 9 mei 2012, ECLI:NL:RBLEE:2012:BW7141
Verband tussen OR-activiteiten en ontbinding arbeidsovereenkomst voormalig OR-lid niet aannemelijk.

Centrale Raad van Beroep 6 maart 2008, ROR 2008, nr. 7
Een voor OR-werkzaamheden vrijgestelde werknemer heeft geen recht op bijzondere beloning, omdat hij geen noemenswaardige bijdrage heeft geleverd aan de prestatie waarvoor die beloning is toegekend. Geen benadeling in de zin van artikel 21 WOR.

Centrale Raad van Beroep 10 juni 2010, ECLI:NL:CRVB:2010:BM8420
Bij de negatieve beoordeling van betrokkenen vielen de taken voor de ondernemingsraad buiten beschouwing. De beoordeling berust niet op vooringenomenheid of animositeit. Het onvoldoende functioneren is voldoende concreet onderbouwd.

Rechtbank Noord-Holland 21 oktober 2021, ECLI:NL:RBNHO:2021:9291
Ontbinding arbeidsovereenkomst houdt geen verband met OR-lidmaatschap.

Rechtbank Gelderland 28 oktober 2021, ECLI:NL:RBGEL:2021:6001
Ontbindingsverzoek afgewezen. Voldoende aannemelijk dat het verzoek verband houdt met het-OR-lidmaatschap.

MEER INFORMATIE

Inzicht in de OR Praktijkboek
Hoofdstuk 11.2 Bescherming tegen benadeling
Hoofdstuk 11.3 Ontslagbescherming van personen met een arbeidsovereenkomst
Hoofdstuk 11.4 Ontslagbescherming van personen met een publieke aanstelling

Artikel 22 Kosten van de ondernemingsraad

WETTEKST

1. **De kosten die redelijkerwijze noodzakelijk zijn voor de vervulling van de taak van de ondernemingsraad en de commissies van die raad komen ten laste van de ondernemer.**
2. **Met inachtneming van het bepaalde in het eerste lid komen de kosten van het overeenkomstig artikel 16 en artikel 23a, zesde lid, raadplegen van een deskundige door de ondernemingsraad of een commissie van die raad, alsmede de kosten van het voeren van rechtsgedingen door de ondernemingsraad slechts ten laste van de ondernemer, indien hij van de te maken kosten vooraf in kennis is gesteld. De eerste volzin is niet van toepassing wanneer uitvoering is gegeven aan het vierde lid.**
3. **Met inachtneming van het eerste lid komen de kosten van scholing en vorming, bedoeld in artikel 18, tweede lid, ten laste van de ondernemer. De Raad kan voor verschillende kosten verbonden aan scholing en vorming richtbedragen vaststellen.**
4. **De ondernemer kan in overeenstemming met de ondernemingsraad de kosten die de ondernemingsraad en de commissies van die raad in enig jaar zullen maken, voor zover deze geen verband houden met het bepaalde in de artikelen 17 en artikel 18, eerste lid vaststellen op een bepaald bedrag, dat de ondernemingsraad naar eigen inzicht kan besteden. Kosten waardoor het hier bedoelde bedrag zou worden overschreden, komen slechts ten laste van de ondernemer voor zover hij in het dragen daarvan toestemt.**

TOELICHTING

Artikel 22 : eerste lid : Kosten van de ondernemingsraad

OR-kosten

Alle kosten die de ondernemingsraad en zijn commissies moeten maken om hun taak te kunnen vervullen, komen voor rekening van de ondernemer. Daarbij kan worden gedacht aan de kosten van de vergaderingen van de ondernemingsraad en zijn commissies, zoals vergaderruimte, telefoon, kopieervoorzieningen, postverzending, e-mail, administratiekosten, secretariële ondersteuning, reiskosten, consumpties en dergelijke. Voorts soortgelijke kosten van de leden van de ondernemingsraad en van zijn commissies voor onderling beraad en overleg met andere personen *(artikel 18, eerste lid)*, mits deze leden door de ondernemingsraad of commissie daartoe zijn gemachtigd. Ook de kosten voor scholing en vorming van de leden van de ondernemingsraad en – voor zover van toepassing – van de leden van commissies *(artikel 18, tweede lid)*, en de kosten van vakliteratuur vallen onder deze regeling. Zie over de kosten van scholing en vorming verder het derde en vierde lid. De kosten van het raadplegen van deskundigen en het voeren van rechtsgedingen zijn eveneens voor rekening van de ondernemer, maar voor deze kosten geldt nog een aanvullende regeling *(zie de toelichting onder artikel 22, tweede lid)*. Uiteraard komen ook de kosten van de overlegvergaderingen altijd ten laste van de ondernemer, evenals de kosten van de bemiddeling van de bedrijfscommissie bij geschillen tussen ondernemingsraad en ondernemer. De doorbetaling van salaris wanneer het werk onderbroken wordt voor vergaderingen, onderling beraad en overleg met andere personen en voor het ontvangen van scholing, valt niet onder dit artikel, maar wordt geregeld in de artikelen 17 en 18.

Naleving
De ondernemer behoeft alleen de kosten te betalen die redelijkerwijze noodzakelijk zijn voor de vervulling van de taak van de ondernemingsraad en zijn commissies. De ondernemingsraad doet er daarom verstandig aan om als er kosten gemaakt moeten worden die sterk afwijken van het normale patroon, daarover tevoren overleg te plegen met de ondernemer. Voor de kosten van het raadplegen van deskundigen en de kosten van het voeren van rechtsgedingen is dit zelfs verplicht *(artikel 22, tweede lid)*. Weigert de ondernemer bepaalde kosten te betalen of komt hij gedane toezeggingen niet na, dan kan de ondernemingsraad, eventueel na bemiddeling en advies door de bedrijfscommissie, een beslissing van de kantonrechter vragen *(artikel 36, tweede lid)*.

Artikel 22 : tweede lid : Kosten raadplegen deskundige

De kosten van het raadplegen van deskundigen door de ondernemingsraad of door een commissie van de ondernemingsraad op grond van artikel 16 en artikel 23a, zesde lid, komen alleen voor rekening van de ondernemer wanneer deze kosten vooraf aan hem zijn meegedeeld. Is dit niet gebeurd, dan behoeft de ondernemer deze kosten niet te betalen. Indien van deze kosten van tevoren geen nauwkeurige opgave kan worden verkregen, zal aan de ondernemer een voorlopige schatting van de kosten moeten worden gegeven.
De ondernemer kan uit kostenoogpunt bezwaar maken tegen het raadplegen van een deskundige. De ondernemingsraad kan dan afzien van het raadplegen van deze deskundige of – eventueel na bemiddeling en advies van de bedrijfscommissie – een beslissing aan de kantonrechter vragen *(artikel 36, tweede lid)*. De kantonrechter zal bij zijn beslissing afwegen of de door de ondernemingsraad opgegeven kosten voor het raadplegen van de deskundige redelijkerwijze noodzakelijk zijn voor de vervulling van de taak van de ondernemingsraad of van de betrokken commissie. Daarbij dienen in aanmerking genomen te worden: het belang en de aard van het onderwerp waarvoor

de deskundige wordt uitgenodigd, de hoogte van de kosten en de financiële draagkracht van de ondernemer.
Hangende de beslissing van de kantonrechter kan de deskundige eventueel wel worden uitgenodigd, mits hem duidelijk wordt gemaakt dat hij het risico loopt dat zijn diensten niet door de ondernemer zullen worden betaald. De leden van de ondernemingsraad kunnen niet persoonlijk aansprakelijk gesteld worden voor redelijkerwijs noodzakelijk gemaakte kosten van de ondernemingsraad.

Indien de ondernemer geen bezwaar heeft gemaakt tegen (de schatting van) de te maken kosten door de deskundige kan deze de gemaakte kosten rechtstreeks declareren bij de ondernemer.

Kosten voeren rechtsgeding

De kosten van het voeren van een gerechtelijke procedure door de ondernemingsraad komen eveneens alleen ten laste van de ondernemer, indien hij van deze kosten – of een redelijke schatting daarvan – tevoren op de hoogte is gesteld. Het gaat daarbij om de kosten van rechtsbijstand (advocaat of gerechtsdeurwaarder), griffierechten en eventuele kosten van het horen van getuigen en deskundigen.
De ondernemingsraad kan volgens de Wet op de ondernemingsraden een gerechtelijke procedure voeren bij de Ondernemingskamer van het Gerechtshof te Amsterdam *(beroepsrecht op grond van artikel 26)*, met eventueel cassatie bij de Hoge Raad, en op grond van artikel 36 bij de kantonrechter, met eventueel hoger beroep bij het gerechtshof en cassatie bij de Hoge Raad. In spoedeisende gevallen kan de ondernemingsraad, wanneer een onmiddellijke voorziening wordt vereist, ook een kort geding-procedure bij de rechtbank aanhangig maken. Voor de procedures bij het gerechtshof en de Hoge Raad is de bijstand van een advocaat wettelijk verplicht. Voor de procedure bij de kantonrechter is rechtsbijstand niet verplicht maar vaak wel wenselijk. Bij de genoemde procedures wordt de ondernemingsraad in rechte vertegenwoordigd door zijn voorzitter of zijn plaatsvervangende voorzitter *(zie artikel 7)*.
Als de ondernemer weigert om de kosten van het voeren van een rechtsgeding door de ondernemingsraad te betalen, dan kan de ondernemingsraad zich, eventueel na bemiddeling en advies van de bedrijfscommissie, op grond van artikel 36, tweede lid, voor een beslissing wenden tot de kantonrechter.
Het is echter van belang erop te wijzen dat de ondernemer in de praktijk weinig ruimte heeft om te weigeren de kosten van de gerechtelijke procedure voor zijn rekening te nemen, tenzij het buitensporig hoge kosten betreft en er een redelijker alternatief aanwezig is. De ondernemer kan er zich namelijk in het algemeen niet op beroepen dat het rechtsgeding niet redelijkerwijze noodzakelijk is voor de vervulling van de taak van de ondernemingsraad. De kantonrechter zal immers op dit punt steeds marginaal toetsen.

Artikel 22 : derde lid : Kosten van scholing en vorming

Het derde lid is ingevoegd bij de wijziging van het scholingssysteem van de WOR in 2013. Deze wijziging mocht volgens de wetgever niet leiden tot een vermindering van het gebruik van scholing door ondernemingsraden, Met het oog daarop is in het derde lid van artikel 22 nu expliciet vastgelegd dat voor de ondernemer een betalingsplicht bestaat voor de tussen hem en de OR afgesproken scholing. Deze verplichting geldt met inachtneming van het eerste lid: het gaat om kosten die redelijkerwijze voor scholing en vorming noodzakelijk zijn.
Eveneens op grond van het derde lid kan de SER richtbedragen vaststellen voor de verschillende kosten verbonden aan scholing en vorming. Voor een maatwerkcursus is het richtbedrag 2022 1100 euro netto per dagdeel (inclusief voorbereiding en nazorg) voor de gehele OR. Een maatwerkcursus is een algemeen vormende cursus van één of enkele dagen voor de gehele OR. Indien met twee trainers wordt gewerkt (doorgaans bij groepen die groter zijn dan dertien personen) is het richtbedrag het dubbele. De richtbedragen zijn all-in, wat betekent dat alle kosten worden meegenomen: het tarief van de trainers, docenten en medewerkers, de kosten van voorbereiding, uitvoering en nazorg van de cursus, eventuele reiskosten en de kosten voor de overhead en cursusmaterialen. De richtbedragen zijn exclusief btw. Voor een open-inschrijvingscursus is het richtbedrag in 2022 190 euro netto per dagdeel per OR-lid. Een open-inschrijving-cursus is een cursus met een vast programma, waaraan een OR-lid individueel kan deelnemen. Zie verder *https://www.ser.nl/nl/actueel/Nieuws/richtbedragen-or-2022.*
In december 2012 is door de SER-Commissie Bevordering Medezeggenschap een aanbeveling opgesteld inzake de scholing en vorming van OR-leden. Voor deze aanbeveling en andere SER-publicaties over scholing en OR zie *https://www.ser.nl/nl/thema/medezeggenschap/leren-bijblijven.* geval van geschillen over scholing is bij de bedrijfscommissies een aparte scholingskamer ingesteld. Zie voor de procedure bij de scholingskamer *https://www.ser.nl/nl/thema/medezeggenschap/~/link.aspx?_id=AD01A21F95154832BE66D8BA2C6B5AB0&_z=z.*

Artikel 22 : vierde lid : OR-budget

De ondernemer en de ondernemingsraad kunnen met elkaar een afspraak maken over een jaarlijks toe te kennen eigen budget van de ondernemingsraad, dat is een geldbedrag dat de ondernemingsraad naar eigen inzicht kan besteden. Zij zijn hiertoe echter niet verplicht. Wanneer zij het niet eens worden over (de hoogte van) het budget, komt er dus geen eigen budget van de ondernemingsraad tot stand. Hierover kan geen beslissing gevraagd worden van de kantonrechter.
Moet de ondernemingsraad kosten maken waardoor het budget wordt overschreden, dan kan hij een aanvullend budget vragen of de ondernemer vragen om deze extra kosten voor zijn rekening te nemen. De ondernemer kan dit echter weigeren en dan is er geen beslissing van de kantonrechter mogelijk. Het budget kan bijvoorbeeld bestemd worden voor de kosten van raadpleging van deskundigen (deze kosten behoe-

ven in dat geval – in afwijking van artikel 22, tweede lid – niet vooraf aan de ondernemer gemeld te worden), voor reiskosten, vakliteratuur en onvoorziene kleine uitgaven. De kosten die voortvloeien uit artikel 17 en 18, eerste lid (het ter beschikking stellen van voorzieningen door de ondernemer en het doorbetalen van het salaris bij onderbreking van het werk ten behoeve van ondernemingsraadsactiviteiten), mogen niet in het budget worden opgenomen. Na de wetswijziging van 2013 is het, anders dan voorheen, wel geoorloofd budgetafspraken te maken over scholing en vorming. Met betrekking tot bijstand in het kader van gerechtelijke procedures geldt hetgeen hiervoor is opgemerkt bij het tweede lid: indien de procedure en de bijstand redelijkerwijs nodig zijn voor de vervulling van de taken van de OR, zal het voor de ondernemer lastig zijn om – ook bij een afgesproken budget – vergoeding van deze kosten te weigeren.

RECHTSPRAAK

Gerechtshof 's-Hertogenbosch 25 september 2007, ROR 2007, nr. 35
De ondernemer moet de kosten die de juridisch deskundige heeft gemaakt vergoeden, ook nu de ondernemingsraad inmiddels geen leden meer heeft. De ondernemer was van tevoren in voldoende mate op de hoogte van de te maken kosten.

Gerechtshof Leeuwarden 25 augustus 2009, ECLI:NL:GHLEE:2009:BJ6301, ROR 2009, nr. 44
De OR is na overgang van onderneming opgehouden te bestaan. De verkrijgende ondernemer kan niet worden veroordeeld in de kosten van de door deze OR ingeschakelde advocaat.

Gerechtshof 's-Hertogenbosch 2 november 2017, ECLI:NL:GHSHE:2017:4714
Kosten van deskundige bij een concessieovergang is in dit geval voor rekening van de oude concessiehouder (de overdrager).

Gerechtshof Amsterdam 5 april 2022, ECLI:NL:GHAMS:2022:1037
De door de OR ingeschakelde advocaat spreekt de ondernemer rechtstreeks aan tot betaling van haar kosten. Omdat de ondernemer en de OR inmiddels zijn opgeheven, resteert als grondslag voor voldoening van de factuur van de advocaat een onrechtmatige daad van de ondernemer. Het hof oordeelt dat de ondernemer onrechtmatig heeft gehandeld jegens de advocaat door haar factuur niet te voldoen en veroordeelt de ondernemer tot betaling.

Kantonrechter Tilburg 2 oktober 1997, Praktijkgids 1998, 4886
De OR of de leden van de OR kunnen niet persoonlijk aansprakelijk worden gesteld voor de kosten van de extern deskundige, nu de onderneming failliet is verklaard.

Kantonrechter locatie Venlo, 15 juli 2002, «JAR» 2002/272, ROR 2003, nr. 8
Overleg over de kosten van een deskundige moet vooraf worden gevoerd. De adviseur is niet inhoudelijk ingegaan op de bezwaren van de ondernemer. Deze is niet gehouden de (meer) kosten van de deskundige te vergoeden.

Kantonrechter locatie Delft 23 april 2009, ECLI:NL:RBSGR:2009:BI9263, ROR 2009, nr. 33
Onder omstandigheden kan de ondernemer zich niet met succes beroepen op het feit dat de ondernemingsraad hem niet van te voren in kennis heeft gesteld van de (extra) te verwachten kosten van de externe deskundige.

Rechtbank 's-Gravenhage 27 januari 2010, ECLI:NL:RBSGR:2010:BL3893
Kosten deskundige onvoldoende inzichtelijk gemaakt. De ondernemer hoeft slechts een deel van de kosten te vergoeden.

Rechtbank Noord-Holland 9 september 2020, ECLI:NL:RBNHO:2020:7186
De OR beschikt over een budget, maar dat blijkt onvoldoende om de kosten van het inhuren van een extern deskundige te dekken. De ondernemer weigert om de kosten die boven het budget uitgaan volledig te vergoeden. De rechtbank oordeelt tot een gedeeltelijke vergoeding van die kosten.

MEER INFORMATIE

Inzicht in de OR Praktijkboek
Hoofdstuk 3.5 De OR: tijd, geld en voorzieningen

Artikel 22a Proceskosten

WETTEKST

In rechtsgedingen tussen de ondernemer en de ondernemingsraad kan de ondernemingsraad niet in de proceskosten worden veroordeeld.

TOELICHTING

Geen veroordeling OR in proceskosten

Dit artikel regelt voor alle rechtsgedingen tussen ondernemer en ondernemingsraad – dus ook de niet in de Wet op de ondernemingsraden genoemde procedures, zoals een kort geding – dat de ondernemingsraad niet in de proceskosten kan worden veroordeeld. Artikel 22a heeft betrekking op de proceskosten van de ondernemer, niet op de zogenoemde 'zuivere proceskosten' en de kosten van rechtsbijstand die door de ondernemingsraad zijn gemaakt. Die kosten kunnen onder omstandigheden wel voor rekening van de ondernemingsraad komen. Artikel 22a geldt niet voor gedingen tussen de ondernemingsraad en een derde partij en ook niet voor gedingen tussen één of meer OR-leden en de ondernemer. Zie voorts de toelichting onder artikel 22, tweede lid.
Werknemers kunnen onder omstandigheden wel worden veroordeeld in de proceskosten bij procedures die verband houden met medezeggenschap (zoals een vergeefse procedure gericht op de instelling van een ondernemingsraad).

RECHTSPRAAK

Hoge Raad 20 december 2002, «JAR» 2003/18, ROR 2003, nr. 15
Artikel 22a WOR heeft betrekking op alle procedures tussen de ondernemer en de OR; niet alleen die in de WOR worden genoemd.

Gerechtshof 's-Hertogenbosch 16 juli 2015, nog niet gepubliceerd
Op grond van artikel 22a kan de OR niet in de proceskosten worden veroordeeld, noch in deze zaak, noch in de eerdere procedure bij de kantonrechter.

Rechtbank Limburg 28 mei 2021, ECLI:NL:RBLIM:2021:4468
Twee werknemers verzoeken diverse rechtspersonen te veroordelen tot het oprichten van een gezamenlijke ondernemingsraad. Werknemers niet-ontvankelijk in hun verzoek. Werknemers veroordeeld tot betaling van de proceskosten.

MEER INFORMATIE

Inzicht in de OR Praktijkboek
Hoofdstuk 13.2 De algemene geschillenprocedure

4 Het overleg met de ondernemingsraad

Dit hoofdstuk bevat vijf artikelen, die de hoofdzaken van het overleg tussen de ondernemingsraad en de ondernemer regelen. In artikel 23 wordt bepaald in welke gevallen de ondernemingsraad en de ondernemer in een overlegvergadering bijeenkomen, wie daarbij aanwezig kunnen zijn en welke onderwerpen daarin kunnen en moeten worden besproken. De artikelen 23a en 23b geven regels voor de gang van zaken bij de overlegvergadering. Artikel 23c bevat bepalingen over een eventueel ingestelde onderdeelcommissie.
De *overlegvergadering* is de bijeenkomst van de ondernemingsraad en de ondernemer, vertegenwoordigd door de bestuurder van de onderneming, als twee zelfstandige overlegpartners, die in overleg treden om informatie uit te wisselen, elkaars meningen en argumenten te vernemen en op grond daarvan in of buiten de overlegvergadering tot besluiten te komen. De overlegvergadering neemt zelf geen besluiten, dat doen alleen de overlegpartners. De overlegvergadering is dan ook zelf geen orgaan van de onderneming, maar slechts het ontmoetingspunt van twee zelfstandige ondernemingsorganen, de ondernemingsraad en de bestuurder van de onderneming. In de overlegvergadering kunnen alle aangelegenheden die de onderneming betreffen aan de orde worden gesteld. De ondernemingsraad kan daarover voorstellen doen. Men noemt dit het *initiatiefrecht* van de ondernemingsraad *(artikel 23, tweede en derde lid)*. Voorts moet ten minste twee maal per jaar in een overlegvergadering – waarbij ook commissarissen of bestuursleden aanwezig zijn – de algemene gang van zaken van de onderneming worden besproken *(artikel 24)*. In de overlegvergadering vindt ten slotte ook het overleg tussen de ondernemingsraad en de ondernemer dat volgens een aantal andere bepalingen van de wet *(artikelen 25, vierde lid en 27, tweede lid)* over de in die artikelen bedoelde aangelegenheden verplicht moet plaatsvinden, plaats.
Per 1 januari 2019 is het in artikel 23, tweede lid, opgenomen overlegrecht over beloningen in werking getreden, in aanvulling op het al bestaande informatierecht van artikel 31d.

Artikel 23 Overleg met de ondernemer

WETTEKST

1. **De ondernemer en de ondernemingsraad komen met elkaar bijeen binnen twee weken nadat hetzij de ondernemingsraad hetzij de ondernemer daarom onder opgave van redenen heeft verzocht.**
2. **In de in het eerste lid bedoelde overlegvergaderingen worden de aangelegenheden, de onderneming betreffende, aan de orde gesteld, ten aanzien waarvan hetzij de ondernemer, hetzij de ondernemingsraad overleg wenselijk acht of waarover ingevolge het bij of krachtens deze wet bepaalde overleg tussen de ondernemer en de ondernemingsraad moet plaatsvinden. In ondernemingen waarin in de regel ten minste 100 personen werkzaam zijn, worden ten minste eenmaal per jaar in de overlegvergadering in ieder geval besproken de hoogte en de inhoud van de in artikel 31d, eerste en tweede lid, bedoelde arbeidsvoorwaardelijke regelingen en afspraken, en de ontwikkeling van de beloningsverhoudingen ten opzichte van het voorgaande jaar per verschillende groep van de in de onderneming werkzame personen. De ondernemingsraad is bevoegd omtrent de bedoelde aangelegenheden voorstellen te doen en standpunten kenbaar te maken. Onder de aangelegenheden, de onderneming betreffende, is niet begrepen het beleid ten aanzien van, alsmede de uitvoering van een bij of krachtens een wettelijk voorschrift aan de ondernemer opgedragen publiekrechtelijke taak, behoudens voor zover deze uitvoering de werkzaamheden van de in de onderneming werkzame personen betreft.**
3. **De ondernemingsraad is ook buiten de overlegvergadering bevoegd aan de ondernemer voorstellen te doen omtrent de in het tweede lid bedoelde aangelegenheden. Een dergelijk voorstel wordt schriftelijk en voorzien van een toelichting aan de ondernemer voorgelegd. De ondernemer beslist over het voorstel niet dan nadat daarover ten minste éénmaal overleg is gepleegd in een overlegvergadering. Na het overleg deelt de ondernemer zo spoedig mogelijk schriftelijk en met redenen omkleed aan de ondernemingsraad mee, of en in hoeverre hij overeenkomstig het voorstel zal besluiten.**
4. **Het overleg wordt voor de ondernemer gevoerd door de bestuurder van de onderneming. Wanneer een onderneming meer dan één bestuurder heeft, bepalen dezen tezamen wie van hen overleg pleegt met de ondernemingsraad.**
5. **De in het vorige lid bedoelde bestuurder kan zich in geval van verhindering of ten aanzien van een bepaald onderwerp laten vervangen door een medebe-**

stuurder. Heeft de onderneming geen meerhoofdig bestuur, dan kan de bestuurder zich bij verhindering doen vervangen door een persoon als bedoeld in artikel 24, tweede lid, of door een in de onderneming werkzame persoon die beschikt over bevoegdheden om namens de ondernemer overleg te voeren met de ondernemingsraad.

6. **De bestuurder of degene die hem vervangt kan zich bij het overleg laten bijstaan door een of meer medebestuurders, personen als bedoeld in artikel 24, tweede lid, of in de onderneming werkzame personen.**
7. **Ten aanzien van de overlegvergadering, bedoeld in het tweede lid, tweede zin, is artikel 24, tweede en derde lid, van overeenkomstige toepassing.**

TOELICHTING

Artikel 23 : eerste lid : Bijeenkomen in overlegvergadering

Deze bepaling regelt het bijeenkomen van de ondernemingsraad met de ondernemer in de overlegvergadering. De bepaling brengt tot uitdrukking de gelijkwaardigheid en de gemeenschappelijke verantwoordelijkheid van de overlegpartners. Als hoofdregel geldt, dat de ondernemer en de ondernemingsraad verplicht zijn om met elkaar in een overlegvergadering bijeen te komen binnen twee weken nadat één van hen beiden daarom onder opgave van redenen heeft verzocht. Er is dus sprake van een wederkerige overlegverplichting. Zo nodig kan, eventueel na bemiddeling en advies van de bedrijfscommissie, de kantonrechter worden verzocht te bepalen dat deze verplichting wordt nageleefd. In de praktijk zullen ondernemer en ondernemingsraad vaak een vergaderschema afspreken, waardoor de data van de overlegvergaderingen in een jaarplanning kunnen worden opgenomen (bijvoorbeeld zesmaal per jaar).
Denkbaar is dat een OR het overleg opschort, bijvoorbeeld tijdens een werkstaking, maar eventueel ook om andere redenen. Denkbaar is ook dat de ondernemingsraad trager opereert dan de ondernemer wil, en om uitstel van overleg vraagt. Voorop staat dat de ondernemer de ondernemingsraad in het kader van het advies- of instemmingsrecht een redelijke termijn moet gunnen. Als na het verstrijken van een redelijke termijn (het oordeel wat redelijk is ligt in laatste instantie bij de rechter) de ondernemingsraad blijft 'talmen', kan de ondernemer zijn besluit nemen, ook zonder advies of instemming. Zie over het onderwerp redelijke termijn verder het commentaar op artikel 25. De ondernemer die het overleg opschort, blokkeert in beginsel de mogelijkheid om advies- of instemmingsplichtige besluiten te nemen, nu de wet daarbij overleg dwingend voorschrijft. Onder omstandigheden kan systematische weigering van de ondernemer om met de ondernemingsraad te overleggen grond zijn voor een enquêteprocedure *(zie bijlage 2H).*
De wet kent geen regeling voor het bijeenkomen van de ondernemingsraad, maar bepaalt alleen dat het reglement van de ondernemingsraad daaromtrent voorschriften moet bevatten *(zie artikel 14, tweede lid, onder a).* De wet verplicht dus de ondernemingsraad niet om zelfstandig bijeen te komen, ook niet voor het nemen van besluiten,

want dat kan tijdens een overlegvergadering *(artikel 23b, eerste lid)*. Zelfstandig bijeenkomen is echter wel aan te raden.

Artikel 23 : tweede lid : Onderwerpen overlegvergadering

In de overlegvergadering kunnen, zowel door de ondernemer als door de ondernemingsraad, alle aangelegenheden die de onderneming betreffen aan de orde worden gesteld, waarover door (een van) beiden overleg wenselijk wordt geacht. Ook het overleg tussen de ondernemingsraad en de ondernemer, dat volgens een aantal andere bepalingen van de wet *(artikelen 23, derde lid, 25, vierde lid en 27, tweede lid)* over de in die artikelen bedoelde aangelegenheden verplicht moet plaatsvinden, wordt in de overlegvergadering gehouden. Aan genoemde aangelegenheden is per 1 januari 2019 uitdrukkelijk toegevoegd overleg over de beloningsverhoudingen in de onderneming zoals bedoeld in artikel 31d, eerste en tweede lid. Dat betreft zowel de beloning van de verschillende in de onderneming werkzame personen *(artikel 31d, eerste lid)* als de beloning aan de top (bestuur en toezichthouders, tweede lid). Zie verder bij artikel 31d. Het overleg over topbeloningen vindt plaats met de bestuurder, ook al beslist het bestuur in de regel niet over zijn eigen beloning. Wel moeten toezichthouders of vertegenwoordigers van de moedermaatschappij, die veelal wel beslissen over die beloning, bij deze vergadering aanwezig zijn. Zie verder de aantekening bij het zevende lid.

De woorden 'de aangelegenheden de onderneming betreffende' geven het ruime kader van het overleg aan: bespreekbaar zijn alle sociale, organisatorische, financiële en economische zaken die betrekking hebben op de onderneming. Het bespreekbaar zijn van alle aangelegenheden die de onderneming betreffen betekent voor de ondernemer, dat hij ten minste verplicht is tot gedachtewisseling met de ondernemingsraad, dat hij informatie moet geven, dat hij een eigen standpunt kenbaar moet maken, enzovoorts. Het betekent niet dat de ondernemer verplicht zou zijn om over elk door hem of door de ondernemingsraad aan de orde gesteld onderwerp formeel het advies of zelfs de instemming van de ondernemingsraad te vragen. Maar de gedachtewisseling met de ondernemingsraad kan natuurlijk toch wel leiden tot een advies van de zijde van de ondernemingsraad of zelfs tot een met instemming van de ondernemingsraad genomen besluit van de ondernemer.

Uitzondering voor publiekrechtelijke taken

De ondernemer is niet verplicht in de overlegvergadering ondernemingsaangelegenheden te bespreken die betrekking hebben op het beleid en de uitvoering van een aan de ondernemer opgedragen publiekrechtelijke taak, behalve voor zover de uitvoering van deze taak de werkzaamheden van het personeel betreft (bijvoorbeeld bij gevolgen voor de personeelsformatie, veranderingen in de arbeidsomstandigheden, reorganisatie van de werkzaamheden, wijzigingen in de verdeling van de interne bevoegdheden en dergelijke). Deze uitzondering geldt in hoofdzaak voor de publiekrechtelijke rechtspersonen die onder de werkingssfeer van de wet vallen en die publiekrechtelijke taken uitvoeren, maar bijvoorbeeld ook voor een instelling als De Nederlandsche Bank NV. Onder een publiekrechtelijke taak moet worden verstaan een bij of krachtens een wettelijk voorschrift opgedragen taak (bijvoorbeeld de uitvoering van sociale verzekeringswetten door het Uitvoeringsinstituut Werknemersverzekeringen).

Primaat van de politiek

Voor ondernemingen waarin uitsluitend of nagenoeg uitsluitend krachtens publiekrechtelijke aanstelling arbeid wordt verricht (zoals bij de overheid), geldt bovendien dat de ondernemer niet verplicht is met de ondernemingsraad overleg te voeren over door hem te nemen besluiten met betrekking tot de publiekrechtelijke vaststelling, het beleid en de uitvoering van taken van publiekrechtelijke lichamen. De gevolgen van deze besluiten voor de werkzaamheden van de in de onderneming werkzame personen moet hij echter wél met de ondernemingsraad bespreken en – met inachtneming van het bepaalde in de artikelen 25 en 27 – daarover advies of instemming vragen. Men noemt deze afbakening van bevoegdheden van de ondernemingsraad ten opzichte van de publieke taak van de overheid: *'het primaat van de politiek'*. In de wetsgeschiedenis kan gelezen worden dat de bevoegdheden van de ondernemingsraad in dit verband ruim moeten worden uitgelegd. De rechtspraak (Hoge Raad) heeft de rol van de ondernemingsraad echter beperkt tot medezeggenschap over de personele gevolgen van een politiek besluit. Het *politiek primaat* ziet toe op besluitvorming waarbij keuzes van politieke aard worden gemaakt. Wanneer dit niet het geval is, kan de betrokken ondernemingsraad zijn bevoegdheden onverkort uitoefenen. Daarnaast kan erop worden gewezen dat de bestuurder – hoewel de ondernemer daartoe niet verplicht is – wel degelijk de uitvoering van publiekrechtelijk vastgestelde taken met de ondernemingsraad kan bespreken. Dit neemt niet weg dat in de praktijk in concrete gevallen er verschil van mening kan zijn tussen ondernemingsraad en ondernemer over de grens tussen de politieke besluitvorming en de ambtelijke medezeggenschap. Het geschil kan dan worden voorgelegd aan de rechter die – blijkens uitspraken van de Ondernemingskamer – daarover genuanceerd kan oordelen. Zie voorts de toelichting bij *artikel 46d, onderdeel b.*

Rechterlijk primaat

Specifiek voor het functioneren van ondernemingsraden bij de gerechten en beroepscolleges is in aansluiting op de regeling met betrekking tot het *politiek primaat* een regeling getroffen om de onafhankelijkheid van de rechtspraak te waarborgen (het *rechterlijk primaat*). Bepaald is dat de ondernemer niet verplicht is met de ondernemingsraad overleg te voeren over het beleid en de uitvoering van de rechterlijk taken. De gevolgen van desbetreffende besluiten voor de werkzaamheden van de in de onderneming werkzame personen moet hij echter wél met de ondernemingsraad bespreken en daarover zo nodig advies of instemming vragen. Zie voorts de toelichting bij artikel 46d onderdeel c.

Informatierecht

Wanneer de ondernemingsraad een aangelegenheid die de onderneming betreft in een overlegvergadering wil bespreken, heeft hij het recht om van te voren alle informatie aan de ondernemer te vragen, die voor die bespreking nodig is.
Voorts is de ondernemingsraad bevoegd om in de overlegvergadering voorstellen aan de ondernemer te doen met betrekking tot alle zaken die de onderneming betreffen. Over zo'n voorstel kan tijdens die vergadering worden overlegd door de ondernemingsraad en de bestuurder van de onderneming. Zo nodig kan de ondernemingsraad nog nadere inlichtingen en gegevens vragen. De ondernemer is verplicht de gevraagde inlichtingen en gegevens te verstrekken als de ondernemingsraad deze redelijkerwijze nodig heeft *(artikel 31, eerste lid)*. In de regel zal de bestuurder zich daarna over het voorstel beraden en in eigen kring (met zijn medebestuurders) overleg plegen, alvorens zijn definitieve besluit aan de ondernemingsraad kenbaar te maken.

Artikel 23 : derde lid : Initiatiefrecht

De ondernemingsraad heeft ook buiten de overlegvergadering het recht om initiatiefvoorstellen te doen, bijvoorbeeld in het kader van zijn stimulerende taken op grond van artikel 28. De informatie die hij daarvoor nodig heeft, kan hij putten uit de periodiek door de ondernemer te verschaffen informatie op grond van de artikelen 31a, 31b, 31d en 31f, de halfjaarlijkse besprekingen over de algemene gang van zaken in de onderneming *(artikel 24)* en uit contacten met de achterban. Aanvullende informatie over een bepaalde aangelegenheid in verband waarmee hij een initiatiefvoorstel overweegt, kan de ondernemingsraad vragen op grond van artikel 31, eerste lid. Als de ondernemingsraad zijn voorstel concreet voor ogen heeft, kan hij het schriftelijk en voorzien van een toelichting aan de ondernemer voorleggen. Vervolgens moet het voorstel ten minste één maal in een overlegvergadering door de ondernemingsraad en de bestuurder van de onderneming worden besproken. Na de overlegvergadering moet de ondernemer zo spoedig mogelijk schriftelijk en gemotiveerd aan de ondernemingsraad meedelen, of en in hoeverre hij het voorstel van de ondernemingsraad overneemt. Wanneer de ondernemer weigert serieus in te gaan op een initiatiefvoorstel van de ondernemingsraad, kan de raad, eventueel na de bemiddeling en het advies van de bedrijfscommissie, de kantonrechter vragen de ondernemer daartoe te verplichten.
De ondernemingsraad heeft echter geen mogelijkheid van beroep tegen het uiteindelijke besluit van de ondernemer, wanneer dit niet (geheel) overeenstemt met het voorstel van de ondernemingsraad. De ondernemingsraad bij de overheid heeft formeel geen bevoegdheid om initiatiefvoorstellen te doen die onder de politieke besluitvorming vallen, maar hij kan uiteraard – evenals alle burgers – wel zijn mening aan het politieke orgaan kenbaar maken. De bestuurder hoeft formeel niet op zo'n initiatiefvoorstel te reageren, maar het lijkt verstandig als hij er wel aandacht aan schenkt.

Artikel 23 : vierde lid : Bestuurder

De bestuurder van de onderneming vertegenwoordigt de ondernemer in het overleg met de ondernemingsraad. Hij pleegt het overleg met de ondernemingsraad waartoe de ondernemer verplicht is. Hij vraagt het advies of de instemming van de ondernemingsraad en verstrekt de informatie, waartoe de wet de ondernemer verplicht. Kortom, hij treedt feitelijk op waar de wet rechten en verplichtingen aan de ondernemer toekent. Bij de overheid is de bestuurder de hoogste, bevoegde, ambtenaar die leiding geeft in de onderneming. De politieke ambtsdragers, zoals de minister, de burgemeester en wethouders, de leden van gedeputeerde staten enz. zijn geen bestuurders in de zin van de wet. Zie ook de toelichting onder *artikel 1* en *artikel 46d onder a.*
Heeft de onderneming meer dan één bestuurder, dan moeten zij tezamen bepalen wie van hen namens de ondernemer overleg pleegt met de ondernemingsraad. Is de ondernemer een natuurlijk persoon die zelf de onderneming bestuurt, dan pleegt hij ook zelf het overleg met de ondernemingsraad. De ondernemer en de bestuurder zijn dan immers een en dezelfde persoon.

Artikel 23 : vijfde lid : Vervanging bestuurder

Wanneer de bestuurder incidenteel verhinderd is om een overlegvergadering bij te wonen, kan hij zich laten vervangen door een medebestuurder. Heeft de onderneming maar één bestuurder, dan kan deze zich bij verhindering laten vervangen door een commissaris (als de onderneming in stand wordt gehouden door een naamloze of een besloten vennootschap, een coöperatie of een onderlinge waarborgmaatschappij die een raad van commissarissen heeft), door een bestuurslid (als de onderneming in stand wordt gehouden door een vereniging of een stichting), of door een in de onderneming werkzame persoon. In dit laatste geval kan worden gedacht aan een werknemer die wel tot de ondernemingsleiding gerekend kan worden, maar geen bestuurder in de zin van de wet is, zoals bijvoorbeeld een onderdirecteur of het hoofd personeelszaken. De werknemer die de bestuurder vervangt moet beschikken over zodanige bevoegdheden dat een zinvol overleg met de ondernemingsraad mogelijk is.
Buiten het geval van verhindering kan de bestuurder zich voor de bespreking van een bepaald onderwerp nog laten vervangen door een medebestuurder. Dat kan gewenst zijn, wanneer de betrokken bestuurder vanwege de aard van het onderwerp beter zelf geen gesprekspartner van de ondernemingsraad kan zijn (bijvoorbeeld als er overleg plaatsvindt over zijn eigen ontslag). In het algemeen is het voor de continuïteit van het overleg echter wenselijk, dat de bestuurder zich zo weinig mogelijk laat vervangen.

Artikel 23 : zesde lid : Ondersteuning bestuurder

De bestuurder of zijn vervanger kan zich bij het overleg met de ondernemingsraad ook laten bijstaan en wel door een of meer van de in het vorige lid bedoelde personen. Dit kan ertoe bijdragen dat het overleg namens de ondernemer mede gevoerd wordt door degene die in het bijzonder verantwoordelijk is voor het aan de orde zijnde onderwerp, hetgeen het overleg ten goede kan komen. De ondernemingsraad kan hiertegen geen bezwaar maken. Het is echter niet de bedoeling dat de bestuurder zich permanent doet vergezellen door een groot aantal staffunctionarissen.

Artikel 23 : zevende lid: Verschijnplicht toezichthouders of bestuurders moedermaatschappij

Zoals al opgemerkt bij het tweede lid, moeten op grond van dit nieuwe zevende lid een vertegenwoordiging van het toezichthoudend orgaan, dan wel (in concerns) een vertegenwoordiging van het moederconcern, aanwezig zijn bij de in het tweede lid genoemde vergadering over de beloningsverhoudingen. Aangesloten is bij de regeling in artikel 24, tweede en derde lid. In hoeverre het daadwerkelijk tot overleg zal komen tussen ondernemingsraad en het orgaan dat uiteindelijk beslist over de beloning van bestuurders moet worden afgewacht.

RECHTSPRAAK

Ondernemingskamer 23 december 1993, ROR 1994, nr. 4
Ter toetsing staat het besluit van de ondernemer over de overgang van personeel naar andere ondernemingen. Niet ter toetsing staat de onderliggende besluitvorming over de wijze waarop de ondernemers hun publiekrechtelijke taken wensen uit te voeren.

MEER INFORMATIE

Inzicht in de OR Praktijkboek
Hoofdstuk 4.2 Overleg: samen verantwoordelijk
Hoofdstuk 4.3 De OR als initiatiefnemer tot overleg

Artikel 23a Regels voor de overlegvergadering

WETTEKST

1. **Een overlegvergadering kan slechts worden gehouden, indien ten aanzien van de ondernemingsraad wordt voldaan aan de bepalingen die ingevolge het reglement van de ondernemingsraad gelden voor het houden van een vergadering van die raad. Alle leden van de ondernemingsraad kunnen in de vergadering het woord voeren.**
2. **De overlegvergadering wordt, tenzij de ondernemer en de ondernemingsraad tezamen een andere regeling treffen, beurtelings geleid door de bestuurder of degene die hem ingevolge artikel 23, vijfde lid, vervangt en de voorzitter of de plaatsvervangend voorzitter van de ondernemingsraad.**
3. **De secretaris van de ondernemingsraad treedt op als secretaris van de overlegvergadering, tenzij de ondernemer en de ondernemingsraad tezamen een andere persoon als secretaris aanwijzen.**
4. **De agenda van de overlegvergadering bevat de onderwerpen die door de ondernemer of door de ondernemingsraad bij de secretaris voor het overleg zijn aangemeld. Het verslag van de overlegvergadering behoeft de goedkeuring van de ondernemer en de ondernemingsraad.**
5. **De ondernemer en de ondernemingsraad maken gezamenlijk afspraken over de gang van zaken bij de overlegvergadering en over de wijze en het tijdstip waarop de agenda en het verslag van de overlegvergadering aan de in de onderneming werkzame personen bekend worden gemaakt.**
6. **Ten aanzien van de overlegvergadering zijn de artikelen 17 en 22 van overeenkomstige toepassing. Zowel de ondernemingsraad als de ondernemer kan een of meer deskundigen uitnodigen tot het bijwonen van een overlegvergadering, indien dit voor de behandeling van een bepaald onderwerp redelijkerwijze nodig is. Zij stellen elkaar hiervan tijdig vooraf in kennis.**

TOELICHTING

Artikel 23a : eerste lid : Procedure overlegvergadering

Een overlegvergadering kan slechts worden gehouden, indien ten aanzien van de ondernemingsraad wordt voldaan aan de bepalingen in het reglement van de ondernemingsraad voor het houden van een ondernemingsraadsvergadering. Dat wil zeggen dat een overlegvergadering alleen doorgang kan vinden als het voor een ondernemingsraadsvergadering vereiste aantal leden van die raad aanwezig is. Een bijeenkomst van de ondernemingsleiding met een vertegenwoordiging van de ondernemingsraad kan dus niet als een overlegvergadering gelden. Verder gelden de bepalingen in het reglement van de ondernemingsraad omtrent de uitoefening van het stemrecht ook indien de ondernemingsraad tijdens een overlegvergadering een besluit wil nemen.

Alle leden van de ondernemingsraad kunnen in een overlegvergadering het woord voeren. Deze bepaling vormt een bescherming van de rechten van de minderheid in een ondernemingsraad tegen een meerderheid die het overleg met de ondernemer zou willen monopoliseren, en beoogt te voorkomen dat het overleg tussen de ondernemingsraad en de bestuurder verschraalt tot een uitwisseling van standpunten: door de bestuurder namens de ondernemer en door een woordvoerder namens de gehele ondernemingsraad. Ieder lid van de ondernemingsraad kan dus zijn eigen standpunt of voorstel in de overlegvergadering naar voren brengen.

Artikel 23a : tweede lid : Voorzitter overlegvergadering

Uitgangspunt is dat ondernemer en ondernemingsraad tezamen een regeling maken voor het voorzitterschap van de overlegvergadering. Dit kan elke gewenste regeling zijn. Zowel een van de deelnemers aan de overlegvergadering als een derde kan met het voorzitterschap belast worden. Ook kan een regeling getroffen worden dat het voorzitterschap per vergadering of per periode (bijvoorbeeld per half jaar of per jaar) wisselt. Indien geen gezamenlijke regeling wordt getroffen, bijvoorbeeld omdat ondernemer en ondernemingsraad het niet eens worden, dan leidt beurtelings de bestuurder van de onderneming of zijn vervanger en de voorzitter of de plaatsvervangende voorzitter van de ondernemingsraad de overlegvergadering.

Artikel 23a : derde lid : Secretaris overlegvergadering

De secretaris van de ondernemingsraad is tevens de secretaris van de overlegvergadering, tenzij de ondernemer en de ondernemingsraad tezamen een andere secretaris kiezen. In de praktijk wordt hij/zij bijgestaan door een notulist(e), bijvoorbeeld de ambtelijk secretaris van de ondernemingsraad.

Artikel 23a : vierde lid : Agenda overlegvergadering

Zowel de ondernemer als de ondernemingsraad kunnen onderwerpen voor bespreking in de overlegvergadering bij de secretaris van de overlegvergadering aanmelden. Deze moeten door de secretaris op de agenda van de overlegvergadering worden geplaatst.

Artikel 23a : vijfde lid : Afspraken over overlegvergadering

De ondernemer en de ondernemingsraad moeten gezamenlijk afspraken maken voor de gang van zaken bij de overlegvergadering. Het verdient aanbeveling om deze afspraken schriftelijk vast te leggen en ze als bijlage aan het reglement van de ondernemingsraad toe te voegen. Ze horen namelijk niet thuis in het reglement van de ondernemingsraad.
Ook over andere onderwerpen kunnen echter afspraken worden gemaakt, zoals bijvoorbeeld over het voorzitterschap en het secretariaat van de overlegvergadering *(zie artikel 23a, tweede en derde lid)*.
De agenda en het verslag van de overlegvergadering moeten altijd aan de in de onderneming werkzame personen worden bekend gemaakt. Aan de ondernemer en de ondernemingsraad wordt het overgelaten om een afspraak te maken over de wijze en het tijdstip van bekendmaking. Wanneer de ondernemer en de ondernemingsraad deze verplichting niet nakomen, kan iedere belanghebbende, eventueel na bemiddeling en advies van de bedrijfscommissie, de kantonrechter verzoeken te bepalen dat deze verplichting wordt nageleefd.

Artikel 23a : zesde lid : Faciliteiten voor overlegvergadering

De voor de ondernemingsraad geldende regelingen voor het ter beschikking stellen van voorzieningen, het vergaderen in werktijd met behoud van salaris *(artikel 17)* en het betalen van de kosten *(artikel 22)* zijn van overeenkomstige toepassing op de overlegvergaderingen. Met betrekking tot het uitnodigen van deskundigen gelden echter enkele aanvullende regels.

Uitnodigen deskundigen voor overlegvergadering
Zowel de ondernemingsraad als de ondernemer kunnen een of meer deskundigen uitnodigen voor het bijwonen van een overlegvergadering. Zij delen elkaar dit voornemen tijdig vóór het houden van de overlegvergadering mede. De andere overlegpartner heeft dan gelegenheid eventueel tegen deze uitnodiging bezwaar te maken, bijvoorbeeld omdat hij het uitnodigen van een deskundige niet nodig of wenselijk vindt of omdat hij de uit te nodigen persoon niet deskundig acht, dan wel andere bezwaren heeft.
In dat geval kan de overlegpartner die de deskundige wilde uitnodigen daarvan afzien of, eventueel na bemiddeling en advies van de bedrijfscommissie, de kantonrechter om een beslissing vragen *(artikel 36)*. Een bezwaar tegen het uitnodigen van een deskundige wordt door de kantonrechter getoetst aan de vraag of de aanwezigheid van deze deskundige redelijkerwijze nodig is voor de behandeling van een bepaald onderwerp in de overlegvergadering. Daarnaast kan de ondernemer op grond van artikel 22, eerste lid, bezwaar maken tegen de kosten van de door de ondernemingsraad uit te nodigen deskundige. In dit verband is het van belang erop te wijzen dat de ondernemer de kosten van de door de ondernemingsraad uit te nodigen deskundige slechts voor zijn

rekening hoeft te nemen als hij daarvan vooraf in kennis is gesteld *(artikel 22, tweede lid).*

MEER INFORMATIE

Inzicht in de OR Praktijkboek
Hoofdstuk 4.2 Overleg: samen verantwoordelijk

Artikel 23b Regels voor de overlegvergadering

WETTEKST

1. **Tijdens een overlegvergadering kunnen zowel door de ondernemer als door de ondernemingsraad besluiten worden genomen.**
2. **Een overlegvergadering wordt door de voorzitter geschorst, wanneer de ondernemer of de ondernemingsraad ten aanzien van een bepaald onderwerp afzonderlijk beraad wenselijk acht.**

TOELICHTING

Artikel 23b : Besluitvorming in de overlegvergadering

Zowel de ondernemer als de ondernemingsraad kunnen tijdens een overlegvergadering besluiten nemen. Zij behoeven hun besluitvorming niet uit te stellen tot na de overlegvergadering. De ondernemingsraad kan dus bijvoorbeeld een advies of een instemmingsbeslissing al tijdens de overlegvergadering met de bestuurder vaststellen en behoeft daarvoor geen aparte ondernemingsraadsvergadering te houden. De bestuurder kan hierop direct reageren en zijn definitieve besluit aan de ondernemingsraad meedelen. Wanneer beide overlegpartners dat wensen, kan men een onderwerp dus in één overlegvergadering afhandelen.
Heeft het besluit betrekking op een verzoek om instemming van de ondernemer, dan verplicht artikel 27, tweede lid, de ondernemingsraad zijn beslissing over dit verzoek ook nog schriftelijk mee te delen. Ook de ondernemer doet alsnog schriftelijk mededeling van zijn definitieve besluit en van de datum waarop hij dat besluit zal uitvoeren. Bij de adviesprocedure is niet vereist dat de ondernemingsraad schriftelijk advies uitbrengt (al is dat uiteraard wel gebruikelijk). Het definitieve besluit van de ondernemer moet wel schriftelijk aan de ondernemingsraad worden medegedeeld *(zie artikel 25 vierde lid)*.

Schorsing overlegvergadering
De voorzitter van de overlegvergadering is verplicht om een overlegvergadering tussentijds te schorsen, wanneer de ondernemer of de ondernemingsraad over een bepaald onderwerp afzonderlijk beraad wenst.

MEER INFORMATIE

Inzicht in de OR Praktijkboek
Hoofdstuk 4.2 Overleg: samen verantwoordelijk

Artikel 23c Overleg met onderdeelcommissie

WETTEKST

Indien de ondernemingsraad aan een onderdeelcommissie de bevoegdheid heeft toegekend tot het plegen van overleg met degene die de leiding heeft van het betrokken onderdeel, zijn ten aanzien van dat overleg de artikelen 17, 22, 23, 23a, tweede, vierde en zesde lid, 23b, 24, eerste lid, 25, 27, 28, 31a, eerste, zesde en zevende lid, 31b en 31c van overeenkomstige toepassing. In dit overleg kunnen geen aangelegenheden worden behandeld die in het overleg met de ondernemingsraad worden behandeld.

TOELICHTING

Artikel 23c : Faciliteiten en bevoegdheden onderdeelcommissie

Op grond van artikel 15, derde lid, kan de ondernemingsraad in zijn reglement aan een onderdeelcommissie de bevoegdheid geven om overleg te plegen met degene die de leiding heeft van het betrokken onderdeel. In dat geval gelden voor dat overleg de bepalingen voor het ter beschikking stellen van voorzieningen en het vergaderen in werktijd met behoud van salaris *(artikel 17)*, het betalen van de kosten *(artikel 22)* en de overlegbepalingen van artikel 23, 23a, tweede, vierde en zesde lid, 23b en 24, eerste lid. Daarbij heeft de onderdeelcommissie ook de bevoegdheid tot het geven van advies *(artikel 25)* en het verlenen van instemming *(artikel 27)*, de stimulerende bevoegdheid ten aanzien van de onderwerpen genoemd in artikel 28 en het recht op informatie *(artikel 31a, eerste, zesde en zevende lid, artikel 31b en 31c)*. In het overleg tussen de onderdeelcommissie en degene die de leiding heeft van het onderdeel kunnen geen aangelegenheden aan de orde worden gesteld die in het overleg met de ondernemingsraad worden behandeld. Het verdient de aandacht dat artikel 30 niet van overeenkomstige toepassing is, zodat de onderdeelcommissie geen adviesrecht heeft met betrekking tot de benoeming of het ontslag van degene die de leiding heeft van het onderdeel. Voorts heeft de onderdeelcommissie geen bevoegdheid tot het voeren van rechtsgedingen *(artikel 15, derde lid)*. Wel kan bij ondernemingsovereenkomst tussen ondernemer en ondernemingsraad bepaald worden dat een dergelijk conflict zal worden voorgelegd aan en/of beslist in het overleg tussen ondernemingsraad en bestuurder. Ten slotte is ook artikel 32 niet van toepassing verklaard: aan de onderdeelcommissie kunnen geen bovenwettelijke bevoegdheden worden toegekend.

Artikel 23c is verder niet van toepassing voor de centrale ondernemingsraad en de groepsondernemingsraad omdat deze geen onderdeelcommissies kunnen instellen *(artikel 35, eerste lid).*

MEER INFORMATIE

Inzicht in de OR Praktijkboek
Hoofdstuk 1.6 Instellen van een Onderdeelcommissie
Hoofdstuk 4.2 Overleg samen verantwoordelijk

Artikel 24 Bespreking algemene gang van zaken

WETTEKST

1. **In de overlegvergadering wordt ten minste tweemaal per jaar de algemene gang van zaken van de onderneming besproken. De ondernemer doet in dit kader mededeling over besluiten die hij in voorbereiding heeft met betrekking tot de aangelegenheden als bedoeld in de artikelen 25 en 27. Daarbij worden afspraken gemaakt wanneer en op welke wijze de ondernemingsraad in de besluitvorming wordt betrokken.**
2. **Indien de onderneming in stand wordt gehouden door een naamloze vennootschap, een besloten vennootschap met beperkte aansprakelijkheid, een coöperatie of een onderlinge waarborgmaatschappij, zijn bij de in het eerste lid bedoelde besprekingen de commissarissen van de vennootschap, de coöperatie of de onderlinge waarborgmaatschappij, als die er zijn, dan wel een of meer vertegenwoordigers uit hun midden aanwezig. Wordt ten minste de helft van de aandelen van de vennootschap middellijk of onmiddellijk voor eigen rekening gehouden door een andere vennootschap, dan rust de hiervoor bedoelde verplichting op de bestuurders van de laatstbedoelde vennootschap, dan wel op een of meer door hen aangewezen vertegenwoordigers. Wordt de onderneming in stand gehouden door een vereniging of een stichting, dan zijn de bestuursleden van die vereniging of die stichting, dan wel een of meer vertegenwoordigers uit hun midden aanwezig. De ondernemingsraad kan in een bepaald geval besluiten, dat aan dit lid geen toepassing behoeft te worden gegeven.**
3. **Het in het vorige lid bepaalde geldt niet ten aanzien van een onderneming die in stand wordt gehouden door een ondernemer die ten minste vijf ondernemingen in stand houdt waarvoor een ondernemingsraad is ingesteld waarop de bepalingen van deze wet van toepassing zijn, dan wel door een ondernemer die deel uitmaakt van in een groep verbonden ondernemers die tezamen ten minste vijf ondernemingsraden hebben ingesteld waarop de bepalingen van deze wet van toepassing zijn.**

TOELICHTING

Artikel 24 : eerste lid : Bespreking algemene gang van zaken

Ten minste twee maal per jaar moet in een overlegvergadering de algemene gang van zaken van de onderneming worden besproken. Ten behoeve van die besprekingen

moet de ondernemer aan de ondernemingsraad mondeling of schriftelijk algemene gegevens verstrekken omtrent de werkzaamheden en de resultaten van de onderneming in het afgelopen halfjaar *(artikel 31a, eerste lid)* en moet hij zijn verwachtingen ten aanzien van de werkzaamheden en de resultaten van de onderneming in het komende halfjaar aan de ondernemingsraad meedelen, in het bijzonder met betrekking tot de aangelegenheden als bedoeld in artikel 25, waaronder begrepen alle investeringen in binnen- en buitenland *(artikel 31a, zesde lid)*. Voorts moet de ondernemer bij deze besprekingen de ondernemingsraad informeren over besluiten die hij in voorbereiding heeft met betrekking tot de aangelegenheden als bedoeld in de artikelen 25 (belangrijke bedrijfseconomische en bedrijfsorganisatorische besluiten) en 27 (regelingen op het gebied van het sociaal beleid).
Bij de twee maal per jaar te houden besprekingen moeten afspraken worden gemaakt over het tijdstip en de wijze waarop de ondernemingsraad wordt betrokken in de (verdere) besluitvorming. De bedoeling van deze bepaling is dat de ondernemingsraad vroegtijdig op de hoogte wordt gesteld van de plannen van de ondernemer, zodat hij reeds invloed kan uitoefenen op de besluitvorming vóórdat de ondernemer verplicht is advies *(artikel 25)* of instemming *(artikel 27)* te vragen.

Als de ondernemer nalaat om de ondernemingsraad volgens deze bepaling tijdig te informeren en afspraken te maken met de ondernemingsraad over diens betrokkenheid in de besluitvorming, kan de ondernemingsraad in de latere advies- en beroepsprocedure *(artikelen 25 en 26)* aanvoeren dat de ondernemer in redelijkheid niet tot zijn besluit heeft kunnen komen. De rechtspraak maakt echter duidelijk dat een verzuim van de ondernemer een besluit niet automatisch kennelijk onredelijk maakt.

In deze tijden van grote en snelle transities (en de Covid-crisis en nu de oorlog in de Oekraïne) is het raadzaam af en toe ook het langetermijnperspectief voor de onderneming te bespreken ('de stip op de horizon'). Denk bijvoorbeeld aan een uitgebreid driehoeksoverleg tussen bestuur, toezichthoudend orgaan en ondernemingsraad over de lange- en middellangetermijnkansen en bedreigingen. Dat hoeft niet per se eens per halfjaar, al kan het uiteraard geen kwaad op de halfjaarlijkse artikel-24-vergaderingen wel enige aandacht aan de voortgang van de lange- en middellangetermijnstrategie te schenken. De Commissie Bevordering Medezeggenschap van de SER heeft strategische medezeggenschap tot hoofdthema benoemd. Zie *https://www.ser.nl/nl/ser/over-ser/werkprogramma/medezeggenschap.*

Informatie over financieel-economisch en sociaal beleid
Is de ondernemer een naamloze vennootschap, een besloten vennootschap, een commerciële stichting of vereniging, een coöperatie of een onderlinge waarborgmaatschappij, dan moet hij zijn jaarrekening en jaarverslag met de daarbij behorende overige gegevens zo spoedig mogelijk na de vaststelling van deze stukken aan de ondernemingsraad verstrekken ten behoeve van één van de twee halfjaarlijkse besprekingen over de algemene gang van zaken *(artikel 31a, tweede lid)*. Heeft de ondernemer

een andere rechtsvorm, dan moet hij ten behoeve van één van deze twee halfjaarlijkse besprekingen aan de ondernemingsraad de gegevens verstrekken die zijn vermeld in het Besluit verstrekking financiële informatie aan ondernemingsraden van 7 maart 1985 *(zie onder artikel 31a, vijfde lid en Bijlage 7).* Wanneer de ondernemer een meerjarenplan of een begroting opstelt, moet hij ten behoeve van één van deze twee halfjaarlijkse besprekingen ook dat meerjarenplan of die begroting (of een samenvatting daarvan) met een toelichting aan de ondernemingsraad verstrekken en met deze bespreken *(artikel 31a, zevende lid).* Verder moet de ondernemer ten behoeve van de bespreking van de algemene gang van zaken van de onderneming ten minste één maal per jaar aan de ondernemingsraad schriftelijk algemene gegevens verstrekken over de werkgelegenheid en het sociale beleid in de onderneming in het afgelopen jaar. Ook moet hij mondeling of schriftelijk zijn plannen en verwachtingen dienaangaande voor het komende jaar meedelen, waartoe ook behoort informatie over de (toekomstige) aantallen uitzendkrachten in de onderneming *(artikel 31b).* Ten slotte moet aan de ondernemingsraad ten minste eenmaal per jaar informatie worden verstrekt over de beloningsstructuur in de onderneming, waartoe ook behoort beloning van het bestuur en het toezichthoudend orgaan *(artikel 31d en e).*

De SER heeft in 2012 een modelovereenkomst gepubliceerd voor ondernemingsraden en ondernemers die ze kunnen gebruiken als ze de algemene gang van zaken van de onderneming met elkaar bespreken. De Wet op de ondernemingsraden *(artikel 24)* gaat ervan uit dat dit twee maal per jaar gebeurt, maar in de praktijk wordt hiervan nog niet altijd gebruikgemaakt. De modelovereenkomst kan hierbij behulpzaam zijn. De modelovereenkomst is destijds opgesteld door het Platform voor Innovatieve Medezeggenschap, waarin vertegenwoordigers van AWVN, CNV Vakmensen, FNV Bondgenoten en NVM zitten. Zie *https://www.ser.nl/-/media/ser/downloads/overige-publicaties/2015/or-voorbeeldreglement-algemene-gang-van-zaken.pdf.*

Artikel 24 : tweede en derde lid : Verschijnplicht commissarissen en bestuursleden

Zowel de RvC/RvT als de ondernemingsraad heeft een toezichthoudende taak, zij het vanuit een enigszins verschillende invalshoek. Contacten tussen het toezichthoudend orgaan en de ondernemingsraad kunnen van groot belang zijn voor een goede *governance* van organisaties. De WOR bevat verschillende bepalingen die dit contact mogelijk maken en soms verplicht stellen. Veel toezichthouders krijgen hun informatie vooral of uitsluitend van het bestuur, nu juist het orgaan waar zij toezicht op moeten houden. Dat is vanuit governance-oogpunt een onwenselijke situatie. Contacten met en informatie van de ondernemingsraad kunnen hier een belangrijke aanvulling vormen.
Zoals bij artikel 16 reeds is besproken, kan de ondernemingsraad, wanneer de onderneming in stand wordt gehouden door een naamloze of een besloten vennootschap, een coöperatie of een onderlinge waarborgmaatschappij een of meer commissarissen uitnodigen tot het bijwonen van een ondernemingsraadsvergadering. Wordt de onderneming in stand gehouden door een vereniging of stichting, dan kunnen een of meer

bestuursleden van de vereniging of stichting worden uitgenodigd of – als het bestuur de directie vormt – een of meer leden van de raad van toezicht. De ondernemingsraad kan deze personen ook uitnodigen aanwezig te zijn bij een overlegvergadering met de ondernemer *(artikel 23a, zesde lid)*. Zij zijn in die gevallen echter niet verplicht om aan de uitnodiging van de ondernemingsraad gevolg te geven.
Op grond van artikel 24, tweede lid, zijn deze personen wél verplicht om overlegvergaderingen bij te wonen waarin de algemene gang van zaken van de onderneming wordt besproken. De ondernemingsraad kan echter besluiten dat zij in een bepaald geval niet aanwezig behoeven te zijn. Maar voorop staat de wettelijke verplichting van commissarissen en bestuursleden respectievelijk toezichthouders van een vereniging of stichting om – ongevraagd – bij deze overlegvergaderingen aanwezig te zijn. Hoewel de wet dit niet uitdrukkelijk aangeeft, ligt het in de rede dat deze plicht ook geldt voor commissarissen van publiekrechtelijke rechtspersonen. De wet regelt niet de aanwezigheid van betrokken politieke ambtsdragers zoals minister, wethouder enz. bij de halfjaarlijkse overlegvergaderingen met ondernemingsraden bij de overheid. Zij hebben hoe dan ook niet de status van bestuurder (zie *artikel 46d onder a*). Uiteraard kunnen de betrokken politieke ambtsdragers wel door de ondernemingsraad (en de bestuurder) worden uitgenodigd.
De hiervoor bedoelde commissarissen en bestuursleden respectievelijk toezichthouders moeten overigens niet alleen aanwezig zijn bij de halfjaarlijkse overlegvergaderingen waarin de algemene gang van zaken van de onderneming wordt besproken, maar ook bij de vergadering waarin overleg wordt gepleegd over een voorgenomen besluit als bedoeld in artikel 25, eerste lid. Hetzelfde geldt voor de vergadering waarin overleg wordt gepleegd over een voorgenomen besluit tot benoeming of ontslag van een bestuurder van de onderneming en de vergadering waarin het advies van de ondernemingsraad over zo'n voorgenomen besluit wordt uitgebracht *(artikel 30, derde lid)*. De commissarissen of bestuursleden respectievelijk toezichthouders behoeven echter niet allemaal tegelijk bij deze overlegvergaderingen aanwezig te zijn; zij mogen telkens een of meer vertegenwoordigers uit hun midden aanwijzen om naar de overlegvergadering te gaan. Daarbij verdient het wel aanbeveling dat niet steeds dezelfde personen naar de overlegvergadering gaan, maar dat alle commissarissen of bestuursleden respectievelijk toezichthouders regelmatig een overlegvergadering bijwonen. Recent is daaraan toegevoegd de aanwezigheidsplicht bij het overleg over de beloningsverhoudingen in de onderneming (*artikel 23, tweede lid,* in combinatie met het *zevende lid*).

Zie over contacten tussen toezichthouders en ondernemingsraad ook de handreikingen die de Commissie Bevordering Medezeggenschap van de SER heeft opgesteld: *https://www.ser.nl/nl/thema/medezeggenschap/aan-de-slag-met-de-or/overleg-met-toezichthouders*. Zie dezelfde site voor de Alliantie Medezeggenschap en Governance. Deze AMG is breed samengesteld (SER, werkgevers- en werknemersorganisaties en een aantal andere partijen) en organiseert diverse activiteiten rondom de zogenoemde driehoek.

Sinds 1 januari 2013 kunnen NV's en BV's ook kiezen voor het zogenoemde monistische model. Deze vennootschappen hebben één bestuursorgaan, met de mogelijkheid binnen dat orgaan een onderscheid te maken tussen uitvoerende en toezichthoudende leden. Deze laatsten zijn tot op zekere hoogte vergelijkbaar met commissarissen. Indien vennootschappen kiezen voor een dergelijke structuur, ligt het in de rede dat de toezichthoudende leden de aanwezigheidsverplichtingen van artikel 23, tweede lid, 24, 25 en 30 WOR vervullen.

Verschijnplicht bestuursleden moedervennootschap

Wanneer de onderneming in stand wordt gehouden door een vennootschap die een dochter- (of kleindochter-)vennootschap is van een andere vennootschap, dan rust de verschijnplicht niet op de commissarissen van de dochter- (of kleindochter-)vennootschap, maar op de bestuurders van de moeder- (of grootmoeder-)vennootschap. In de praktijk hebben deze bestuurders immers veelal een grotere zeggenschap in het door de dochtervennootschap gevoerde beleid dan de commissarissen van de dochtervennootschap. Vaak heeft de dochtervennootschap niet eens een raad van commissarissen. Indien echter op de (klein)dochtervennootschap de structuurregeling van toepassing is, lijkt de aanwezigheid van een of meer commissarissen wel degelijk wenselijk, zeker nu de ondernemingsraad ten aanzien van de benoeming van deze commissarissen een (al dan niet versterkt) aanbevelingsrecht heeft. Zie over de structuurregeling verder *Bijlage 2I.*
De bestuurders van de moedervennootschap kunnen eveneens een of meer vertegenwoordigers aanwijzen om naar de overlegvergadering te gaan. Dit behoeven echter – in tegenstelling tot de vertegenwoordigers van de raad van commissarissen – geen vertegenwoordigers uit hun midden te zijn. Zij kunnen in beginsel dus iedere concernfunctionaris aanwijzen om namens het bestuur van de moedervennootschap een overlegvergadering met de ondernemingsraad van de dochtervennootschap bij te wonen. Uiteraard is het hierbij de bedoeling, dat een functionaris wordt aangewezen die in de hiërarchie van het concern boven het bestuur van de dochtervennootschap is geplaatst. Door deze ruime vervangingsmogelijkheid kan worden bereikt, dat in de overlegvergadering met de ondernemingsraad van de dochtervennootschap steeds die concernfunctionarissen aanwezig zijn die ten aanzien van de te bespreken onderwerpen in feite de beslissing nemen, of die, wanneer het bestuur van de dochtervennootschap zelf beslissingsbevoegd is, het besluit moeten goedkeuren.

Wanneer de moedervennootschap een in het buitenland gevestigde rechtspersoon is, kunnen de bestuurders van deze rechtspersoon zich in de overlegvergadering met de ondernemingsraad van de dochtervennootschap laten vertegenwoordigen door de concernfunctionaris die toezicht houdt op – en dus regelmatig contact heeft met – het bestuur van de Nederlandse dochtervennootschap.

Uitzondering

De verplichting voor commissarissen, bestuursleden of bestuurders van een moedervennootschap (of hun vertegenwoordigers) om aanwezig te zijn bij de halfjaarlijkse overlegvergaderingen waarin de algemene gang van zaken van de onderneming wordt besproken, geldt niet wanneer de onderneming in stand wordt gehouden door een ondernemer die ten minste vijf ondernemingen in stand houdt waarvoor een ondernemingsraad is ingesteld, of wanneer de onderneming behoort tot een concern dat ten minste vijf ondernemingen met een ondernemingsraad in stand houdt. Deze uitzondering op de verschijnplicht van commissarissen en anderen geldt alleen voor de halfjaarlijkse overlegvergaderingen waarin de algemene gang van zaken van de onderneming wordt besproken. Bij de overlegvergaderingen op grond van artikel 25, vierde lid, en artikel 30, derde lid, moeten de commissarissen, bestuursleden of bestuurders van een moedervennootschap (of hun vertegenwoordigers) dus altijd aanwezig zijn, onafhankelijk van het aantal ondernemingen met ondernemingsraden dat door de ondernemer of het concern in stand wordt gehouden. Door de ruime vervangingsmogelijkheden voor de bestuurders van de moedervennootschap van een concern kan echter worden voorkomen dat deze verschijnplicht een te zware belasting zou vormen. De uitzondering geldt evenmin voor de halfjaarlijkse besprekingen over de algemene gang van zaken van de onderneming in de overlegvergaderingen met groepsondernemingsraden en met de centrale ondernemingsraad *(artikel 35, eerste lid).*

RECHTSPRAAK

Ondernemingskamer 13 december 2001, «JAR» 2002/14
Bij gefaseerde besluitvorming kunnen ondernemingsraad en ondernemer afspraken maken over gefaseerde advisering.

Ondernemingskamer 6 oktober 2006, «JAR» 2006/303 en Ondernemingskamer 8 februari 2007, «JAR» 2007/67
Weliswaar heeft de ondernemer fouten gemaakt bij de nakoming van zijn mededelingsplicht over in voorbereiding zijnde besluiten, maar dat leidt in dit geval niet tot kennelijke onredelijkheid van het besluit. Daartoe zou zijn vereist dat de OR geen wezenlijke invloed heeft kunnen uitoefenen.

MEER INFORMATIE

Inzicht in de OR Praktijkboek
Hoofdstuk 4.4 Bespreking algemene gang van zaken
Hoofdstuk 5.3 Bedrijfseconomische informatie
Hoofdstuk 5.4 Sociaal-organisatorische informatie
Hoofdstuk 5.5 Informatie over beloningsverhoudingen

4a Bijzondere bevoegdheden van de ondernemingsraad

In dit hoofdstuk wordt een aantal bijzondere bevoegdheden besproken, die de Wet op de ondernemingsraden aan de ondernemingsraad toekent. Dit zijn: een *adviesrecht* ten aanzien van de belangrijke financieel-economische en bedrijfsorganisatorische besluiten, genoemd in artikel 25, met daaraan gekoppeld een recht van beroep op de Ondernemingskamer van het Gerechtshof te Amsterdam *(artikel 26)*; verder een *instemmingsrecht* ten aanzien van de in artikel 27 genoemde regelingen op het gebied van het sociale beleid in de onderneming, een *stimuleringstaak* ten aanzien van de in artikel 28 genoemde onderwerpen, een benoemingsrecht van bestuursleden van door de ondernemer voor het personeel opgerichte instellingen *(artikel 29)*, en ten slotte een adviesrecht met betrekking tot de benoeming en het ontslag van een bestuurder van de onderneming *(artikel 30)*. Het hoofdstuk wordt door velen gezien als het kernhoofdstuk van de Wet op de ondernemingsraden.
De algemene bevoegdheden van de ondernemingsraad, die niet op een speciaal onderwerp betrekking hebben, zijn al in hoofdstuk 4 besproken. Dat zijn het overleg- en initiatiefrecht met betrekking tot alle aangelegenheden die de onderneming betreffen *(artikel 23, tweede en derde lid)*, en het recht om ten minste twee maal per jaar de algemene gang van zaken van de onderneming te bespreken *(artikel 24, eerste lid)*.

Sinds het uitbreken van de Covid-19 crisis is er niets veranderd in de formele bevoegdheden van de ondernemingsraad. De feitelijke inkleuring van de (uitoefening) van die bevoegdheden is natuurlijk wel veranderd. We besteden daaraan aandacht in *Bijlage 0.* Deze bijlage behandelt een breed scala van onderwerpen: overleg, advies, instemming, reorganisaties thuiswerken, privacy, verkiezingen enzovoort.

Artikel 25 Adviesrecht van de ondernemingsraad

WETTEKST

1. **De ondernemingsraad wordt door de ondernemer in de gelegenheid gesteld advies uit te brengen over elk door hem voorgenomen besluit tot:**
   a) **overdracht van de zeggenschap over de onderneming of een onderdeel daarvan;**
   b) **het vestigen van, dan wel het overnemen of afstoten van de zeggenschap over, een andere onderneming, alsmede het aangaan van, het aanbrengen van een belangrijke wijziging in of het verbreken van duurzame samenwerking met een andere onderneming, waaronder begrepen het aangaan, in belangrijke mate wijzigen of verbreken van een belangrijke financiële deelneming vanwege of ten behoeve van een dergelijke onderneming;**
   c) **beëindiging van de werkzaamheden van de onderneming of van een belangrijk onderdeel daarvan;**
   d) **belangrijke inkrimping, uitbreiding of andere wijziging van de werkzaamheden van de onderneming;**
   e) **belangrijke wijziging in de organisatie van de onderneming, dan wel in de verdeling van bevoegdheden binnen de onderneming;**
   f) **wijziging van de plaats waar de onderneming haar werkzaamheden uitoefent;**
   g) **het groepsgewijze werven of inlenen van arbeidskrachten;**
   h) **het doen van een belangrijke investering ten behoeve van de onderneming;**
   i) **het aantrekken van een belangrijk krediet ten behoeve van de onderneming;**
   j) **het verstrekken van een belangrijk krediet en het stellen van zekerheid voor belangrijke schulden van een andere ondernemer tenzij dit geschiedt in de normale uitoefening van werkzaamheden in de onderneming;**
   k) **invoering of wijziging van een belangrijke technologische voorziening;**
   l) **het treffen van een belangrijke maatregel in verband met de zorg van de onderneming voor het milieu, waaronder begrepen het treffen of wijzigen van een beleidsmatige, organisatorische en administratieve voorziening in verband met het milieu;**
   m) **vaststelling van een regeling met betrekking tot het zelf dragen van het risico, bedoeld in artikel 40, eerste lid, van de Wet financiering sociale verzekeringen;**

n) het verstrekken en het formuleren van een adviesopdracht aan een deskundige buiten de onderneming betreffende een der hiervoor bedoelde aangelegenheden.

Het onder b bepaalde, alsmede het onder n bepaalde, voor zover dit betrekking heeft op een aangelegenheid als bedoeld onder b, is niet van toepassing wanneer de andere onderneming in het buitenland gevestigd is of wordt en redelijkerwijze niet te verwachten is dat het voorgenomen besluit zal leiden tot een besluit als bedoeld onder c-f ten aanzien van een onderneming die door de ondernemer in Nederland in stand wordt gehouden.

2. **De ondernemer legt het te nemen besluit schriftelijk aan de ondernemingsraad voor. Het advies moet op een zodanig tijdstip worden gevraagd, dat het van wezenlijke invloed kan zijn op het te nemen besluit.**
3. **Bij het vragen van advies wordt aan de ondernemingsraad een overzicht verstrekt van de beweegredenen voor het besluit, alsmede van de gevolgen die het besluit naar te verwachten valt voor de in de onderneming werkzame personen zal hebben en van de naar aanleiding daarvan voorgenomen maatregelen.**
4. **De ondernemingsraad brengt met betrekking tot een voorgenomen besluit als bedoeld in het eerste lid geen advies uit dan nadat over de betrokken aangelegenheid ten minste éénmaal overleg is gepleegd in een overlegvergadering. Ten aanzien van de bespreking van het voorgenomen besluit in de overlegvergadering is artikel 24, tweede lid, van overeenkomstige toepassing.**
5. **Indien na het advies van de ondernemingsraad een besluit als in het eerste lid bedoeld wordt genomen, wordt de ondernemingsraad door de ondernemer zo spoedig mogelijk van het besluit schriftelijk in kennis gesteld. Indien het advies van de ondernemingsraad niet of niet geheel is gevolgd, wordt aan de ondernemingsraad tevens medegedeeld, waarom van dat advies is afgeweken. Voor zover de ondernemingsraad daarover nog niet heeft geadviseerd, wordt voorts het advies van de ondernemingsraad ingewonnen over de uitvoering van het besluit.**
6. **Tenzij het besluit van de ondernemer overeenstemt met het advies van de ondernemingsraad, is de ondernemer verplicht de uitvoering van zijn besluit op te schorten tot een maand na de dag waarop de ondernemingsraad van dat besluit in kennis is gesteld. De verplichting vervalt wanneer de ondernemingsraad zulks te kennen geeft.**

TOELICHTING

Artikel 25 : algemeen : Adviesrecht

Dit artikel geeft een uitputtende opsomming van besluiten waarover de ondernemer in de voorbereidende fase van zijn besluitvorming advies aan de ondernemingsraad moet vragen. Daarbij is het, als de ondernemer een rechtspersoon is, in beginsel niet van belang welke persoon of welk orgaan namens de ondernemer het besluit zal nemen.

Meestal zal het besluit worden genomen door het bestuur van de ondernemer. Maar ook als het besluit wordt genomen door de raad van commissarissen of door de algemene vergadering van aandeelhouders, is het een besluit van de ondernemer.
Een beleidsvoornemen is geen voorgenomen besluit. Van een beleidsvoornemen is sprake als het voorstel nog onvoldoende geconcretiseerd is, bijvoorbeeld als over een aantal onderwerpen die van wezenlijk belang zijn, nog geen duidelijkheid bestaat. Intentieverklaringen of principebesluiten kunnen adviesplichtig zijn voor zover zij onomkeerbare gevolgen hebben voor het personeel, bijvoorbeeld als duidelijk blijkt dat de ondernemer alternatieve mogelijkheden reeds heeft verworpen. Bij voorgenomen samenwerking of fusie van ondernemers zal een principebesluit adviesplichtig zijn als uit de feiten blijkt dat over de samenwerking of fusie al in vergaande mate overeenstemming bestaat.
Een reorganisatieplan bevat vaak zowel beleidsvoornemens als voorgenomen besluiten. Als de ondernemingsraad advies uitbrengt over het reorganisatieplan als geheel, verspeelt hij daarmee niet zijn adviesrecht met betrekking tot latere uit de beleidsvoornemens voortvloeiende voorgenomen besluiten. Daarover moet de ondernemer dan alsnog advies vragen.
Het advies wordt *(op grond van artikel 23, vierde lid)* altijd gevraagd door de bestuurder van de onderneming, dus ook in die gevallen waarin hij het besluit niet zélf neemt. De bestuurder is immers degene die in het overleg de ondernemer tegenover de ondernemingsraad vertegenwoordigt. Wanneer de bestuurder het besluit niet zelf neemt, treedt hij op als tussenpersoon tussen het beslissingsbevoegde orgaan van de ondernemer en de ondernemingsraad en moet hij het advies van de ondernemingsraad doorsturen aan het orgaan dat het besluit neemt.
De wet beperkt het adviesrecht van de ondernemingsraad – en het daaraan gekoppelde beroepsrecht – tot de besluiten die de ondernemer zélf wil nemen. Besluiten van anderen die de onderneming raken, bijvoorbeeld van de overheid of van andere ondernemers vallen in het algemeen niet onder het adviesrecht van de ondernemingsraad. Onder omstandigheden kan echter een besluit dat door de overheid of in concernverband op een hoger niveau (bijvoorbeeld door het concernbestuur) wordt genomen, aan de ondernemer worden toegerekend. Dat is onder meer het geval als hij intensief betrokken is bij de voorbereiding van dat besluit, daarop aantoonbaar invloed heeft uitgeoefend of daaraan medewerking heeft verleend. Als de overheid of de concernleiding ten opzichte van de onderneming een positie inneemt die haar stelselmatige invloed op de besluitvorming binnen de onderneming verschaft, kan zij onder omstandigheden beschouwd worden als medeondernemer en als zodanig worden aangesproken. Betrokkenen dienen dan in onderling overleg te bepalen door wie, wanneer en op welke wijze advies wordt gevraagd aan de ondernemingsraad. Bij de overheid moet overigens al snel rekening gehouden worden met het primaat van de politiek (zie de volgende subparagraaf en het commentaar bij *artikel 46d*).

De ondernemingsraad heeft in beginsel alleen een adviesrecht ten aanzien van besluiten die betrekking hebben op de onderneming waarvoor hij is ingesteld en niet ten aanzien van besluiten die een andere onderneming betreffen (ook niet als die andere onderneming dezelfde ondernemer heeft of behoort tot hetzelfde concern). Daarover heeft immers de ondernemingsraad van die andere onderneming medezeggenschapsrechten. De in artikel 25, eerste lid, omschreven besluiten hebben dan ook *(met uitzondering van onderdeel b)* alle uitsluitend betrekking op de onderneming waarvoor de ondernemingsraad is ingesteld.

Politiek primaat
Het adviesrecht van de ondernemingsraad van een overheidsonderneming is beperkt door de regel van het *'politiek primaat'*. Dit wil zeggen dat de ondernemingsraad in beginsel alleen adviesrecht heeft als en voor zover in het voorgenomen besluit van de overheid gevolgen worden geregeld voor de werkzaamheden van de in de onderneming werkzame personen. Zie de toelichting bij *artikel 23, tweede lid* en artikel *46d, onderdeel b.*

Rechterlijk primaat
Het adviesrecht van de ondernemingsraad van een rechtbank, gerechtshof of beroepscollege is voorts beperkt door de regel van het *'rechterlijk primaat'*. Dit betekent dat de ondernemingsraad in beginsel alleen adviesrecht heeft over besluiten met betrekking tot beleid en uitvoering van rechterlijke taken als en voor zover daarin gevolgen worden geregeld voor de werkzaamheden van de in de onderneming werkzame personen. Zie voorts de toelichting bij artikel 23, tweede lid en artikel 46 d, onderdeel c.

'Belangrijk' besluit
In het algemeen wordt de belangrijkheid van een besluit bepaald door meerdere factoren in relatie met de aard van de activiteiten en de omvang van de onderneming in zijn geheel. Besluiten die regelmatig worden genomen en die passen in het normale bedrijfskader, kunnen in beginsel niet als 'belangrijk' worden beschouwd. Zijn er echter bijzondere bedrijfsorganisatorische of financieel-economische gevolgen (beoogd), dan wordt het besluit al gauw 'belangrijk'. Voorts zijn de gevolgen voor het personeel(sbeleid) uiteraard een belangrijke factor. Dit wil echter niet zeggen dat een besluit zonder directe personele gevolgen niet 'belangrijk' kan zijn. Het zal duidelijk zijn dat men in de praktijk over de strekking van het begrip 'belangrijk' van mening kan verschillen. Afspraken tussen ondernemer en ondernemingsraad over de toepassing van het begrip 'belangrijk' in concrete gevallen zijn dan ook raadzaam. Zie verder voor de uitleg van het begrip 'belangrijk' de hierna toegelichte onderwerpen van artikel 25, eerste lid, b tot en met l. Als een voorgenomen besluit door de ondernemer zonder voorbehoud aan de ondernemingsraad ter advisering is voorgelegd, zijn de artikelen 25 en 26 in elk geval van toepassing. Alleen als ondernemer en ondernemingsraad daarover van mening verschillen, toetst de Ondernemingskamer of een besluit 'belangrijk' is.
Een besluit met een experimenteel karakter is niet adviesplichtig als de gevolgen van het besluit beperkt én tijdelijk zijn (omkeerbaar), terwijl tevens vaststaat dat de eigenlijke besluitvorming pas later zal plaatsvinden.

Hoewel in het algemeen het besluit tot vaststellen van de begroting niet adviesplichtig is (uitzonderingen doen zich vooral voor in de not for profit sector en het onderwijs), kan daarin een besluit begrepen zijn dat wél adviesplichtig is (bijvoorbeeld een belangrijke investering). Daarover dient de ondernemer dan wel degelijk (apart) advies te vragen.
Besluiten die nauw samenhangen en die ieder op zich niet adviesplichtig zijn (niet 'belangrijk'), kunnen door de samenhang wel onder het adviesrecht vallen (bijvoorbeeld bij reorganisatie of automatisering).
Of er sprake is van een adviesplichtig besluit kan ook blijken uit de feiten. De presentatie door de ondernemer van een nieuw 'organisatieplaatje' behoeft op zichzelf nog geen (voor)genomen besluit te zijn, maar als uit de feiten blijkt dat de nieuwe organisatie stapsgewijs wordt ingevoerd, is de ondernemer al te laat met zijn adviesaanvraag. De ondernemingsraad moet dit zélf nagaan en kan niet louter afgaan op de bewering van de ondernemer dat het besluit (nog) niet adviesplichtig is.

De ondernemer is verplicht om de ondernemingsraad in de gelegenheid te stellen aan hem advies uit te brengen. Blijft hij daarmee in gebreke, dan kan de ondernemingsraad, eventueel na bemiddeling en advies van de bedrijfscommissie, de kantonrechter verzoeken te bepalen dat deze verplichting wordt nageleefd *(artikel 36, tweede lid)*. De ondernemingsraad kan echter ook tegen het besluit van de ondernemer (waarover advies gevraagd had moeten worden) in beroep gaan bij de Ondernemingskamer *(artikel 26)*. In de praktijk wordt altijd deze tweede route gekozen. In dat geval zal de kantonrechter het verzoek niet behandelen *(artikel 36, vijfde lid)*. De wet verplicht de ondernemingsraad niet om advies uit te brengen. Wanneer de ondernemingsraad niet binnen een redelijke termijn advies uitbrengt of wanneer de ondernemingsraad te kennen geeft geen advies te willen uitbrengen, kan de ondernemer zijn voorgenomen besluit ook zonder advies van de ondernemingsraad nemen. Hij kan het besluit dan echter niet zonder meer uitvoeren omdat hij eerst de opschortingstermijn in acht moet nemen *(artikel 25, zesde lid)*, tenzij de ondernemingsraad aangeeft dat dit niet nodig is.

Artikel 25 : eerste lid : onderdeel a : Overdracht zeggenschap (fusie)

Een besluit tot overdracht van de zeggenschap over de onderneming of een onderdeel daarvan
Wanneer de ondernemer de zeggenschap over de onderneming of een onderdeel daarvan overdraagt aan een andere ondernemer, moet hij daarover eerst het advies van de ondernemingsraad vragen. Bij naamloze en besloten vennootschappen wordt de zeggenschap over de onderneming vrijwel altijd uitgeoefend door degene die de meerderheid van de aandelen bezit. Bij andere rechtspersonen door het bestuur (stichting) of de algemene ledenvergadering (vereniging). De zeggenschap kan op verschillende wijzen worden overgedragen. In de eerste plaats door verkoop van gebouwen, inventaris, voorraden, vorderingen, schulden enz. aan een andere ondernemer (bedrijfsfusie). In de tweede plaats door een (al dan niet grensoverschrijdende) juridische fusie met een

andere rechtspersoon volgens de regeling van titel 7, Boek 2 van het Burgerlijk Wetboek (de overdragende rechtspersoon gaat op in de verkrijgende rechtspersoon). En in de derde plaats door overdracht van aandelen van de vennootschap aan een andere ondernemer (aandelenfusie). In dit laatste geval is er alleen adviesrecht voor de ondernemingsraad als de overdracht leidt tot een wijziging in de zeggenschapsverhoudingen.

Gelet op het grote belang dat werknemers hebben bij beslissingen omtrent de zeggenschap over hun onderneming, heeft de wetgever de ondernemingsraad ter zake een adviesrecht toegekend onafhankelijk van de juridische vorm van de fusie. De ondernemer moet dus zowel bij een bedrijfsfusie, als bij een juridische fusie, als bij een aandelenfusie over het fusievoorstel eerst het advies van de ondernemingsraad van de over te dragen onderneming vragen. Dat geldt overigens ook bij minder vaak voorkomende fusievormen, zoals de contractuele fusie en de zogenoemde bestuurlijke fusie via personele unies.

Het gaat hierbij om transacties waardoor anderen dan de oorspronkelijke ondernemer direct of indirect beslissende zeggenschap krijgen over de onderneming. Daarbij is het niet van belang of de verkoper en de koper Nederlandse of buitenlandse ondernemers zijn, waar de besprekingen worden gehouden en volgens welk rechtsstelsel de overdracht plaatsvindt; altijd wanneer de zeggenschap over een onderneming in Nederland wordt overgedragen, moet daarover tevoren het advies van de aan die onderneming verbonden ondernemingsraad worden ingewonnen.

Voorts dient de ondernemer ook nog andere regels in acht te nemen, zoals de Mededingingswet (een voorgenomen fusie tussen ondernemingen die ieder in Nederland alleen en gezamenlijk een bepaalde minimumomzet hebben, dient te worden gemeld aan de Nederlandse Mededingingsautoriteit) en de Fusiegedragsregels (een voorgenomen fusie waarbij een Nederlandse onderneming betrokken is met 50 of meer werknemers, dient te worden gemeld bij de Sociaal-Economische Raad; de fusiepartners moeten overleg plegen met de betrokken vakorganisaties; *zie Bijlage 2Q*). Als bij een bedrijfsfusie of juridische fusie de overnemende ondernemer de onderneming duurzaam voortzet, blijft het arbeidscontract van de betrokken werknemers in stand en behouden zij de bestaande arbeidsvoorwaarden *(artikel 663, Boek 7 Burgerlijk Wetboek)*. Bij aan aandelenfusie blijven de werknemers in dienst van dezelfde ondernemer, alleen de aandelen veranderen van eigenaar.

De bij een fusie betrokken ondernemingsraden blijven ook na de fusie functioneren tot het einde van hun zittingsperiode, tenzij er eerder voor de gefuseerde ondernemingen een nieuwe medezeggenschapstructuur wordt ingevoerd. Zie uitgebreider het slot van het commentaar bij artikel 12.

Zie verder de publicatie van de SER-CBM (*https://www.ser.nl/-/media/ser/downloads/overige-publicaties/2021/rol-or-fusies-overnames.pdf?la=nl&hash=502B864F47100F083C87DE1822E02AF0*) en de themapagina van de CBM (*https://www.ser.nl/nl/thema/medezeggenschap/belangrijke-themas/fusies-overnames*).

4A. ADVIES EN INSTEMMING

Artikel 25 : eerste lid : onderdeel b : Besluit met betrekking tot andere onderneming

De volgende besluiten worden in dit onderdeel genoemd:

- het vestigen van een andere onderneming;
- het overnemen van de zeggenschap over een andere onderneming;
- het afstoten van de zeggenschap over een andere onderneming;
- het aangaan van duurzame samenwerking met een andere onderneming;
- het aanbrengen van een belangrijke wijziging in duurzame samenwerking met een andere onderneming;
- het verbreken van duurzame samenwerking met een andere onderneming;
- het aangaan van een belangrijke financiële deelneming vanwege of ten behoeve van een andere onderneming;
- het in belangrijke mate wijzigen van een belangrijke financiële deelneming vanwege of ten behoeve van een andere onderneming;
- het verbreken van een belangrijke financiële deelneming vanwege of ten behoeve van een andere onderneming.

Onder duurzame samenwerking moet worden verstaan een overeenkomst of een afspraak met een of meer andere ondernemingen, waarbij de samenwerkende ondernemingen, met behoud van hun eigen zelfstandigheid, een onderlinge regeling tot samenwerking voor langere tijd hebben gesloten met betrekking tot bepaalde activiteiten die van ingrijpende betekenis zijn voor de onderneming. Daarbij zijn de (nauwe) aard en de beoogde duur van de samenwerking, de (gedetailleerde) juridische vorm die aan de samenwerking is gegeven, de beweegredenen en de te voorziene gevolgen op de langere termijn doorslaggevend voor het adviesrecht. Een overeenkomst tot uitbesteding van schoonmaakwerk aan een andere onderneming wordt niet als duurzame samenwerking beschouwd. Een contract met een arbeidspool voor langere tijd, waarbij wederzijdse rechten en plichten nauwgezet zijn geformuleerd, is wél adviesplichtig. Belangrijke financiële deelnemingen vallen onder het adviesrecht van de ondernemingsraad, zowel wanneer het gaat om een belangrijke deelneming van de ondernemer in het kapitaal van een andere onderneming, als wanneer het gaat om een belangrijke deelneming van een andere ondernemer in het kapitaal van de eigen onderneming. Ook kunnen twee of meer ondernemers besluiten tot het samen vestigen van een nieuwe onderneming (joint venture). De vraag wanneer een deelneming belangrijk is, hangt in het algemeen af van de financiële positie van de onderneming. Wanneer een financiële deelneming zo belangrijk is dat zij leidt tot overdracht van de zeggenschap over de onderneming, of samengaat met duurzame samenwerking met een andere onderneming, valt zij uiteraard om die reden reeds onder het adviesrecht van de ondernemingsraad.

In tegenstelling tot alle andere besluiten van de ondernemer ten aanzien waarvan de ondernemingsraad een adviesrecht heeft, hebben de in dit onderdeel bedoelde besluiten mede betrekking op een *andere onderneming* (van dezelfde ondernemer of van een andere ondernemer) dan die waarvoor de ondernemingsraad is ingesteld. De ondernemingsraad heeft ten aanzien van deze besluiten een adviesrecht, omdat zij gevolgen kunnen hebben voor de onderneming waarvoor de ondernemingsraad is ingesteld.

Buitenlandclausule
Wanneer het besluit in artikel 25, eerste lid onder b, betrekking heeft op een *andere onderneming in Nederland*, neemt de wet aan, dat het betrokken besluit steeds gevolgen kan hebben voor de eigen onderneming. De ondernemingsraad heeft in dat geval dus altijd een adviesrecht. Maar hij kan zich natuurlijk van het geven van een advies onthouden, wanneer hij van mening is dat het besluit de belangen van de eigen onderneming niet raakt.

Wanneer het besluit betrekking heeft op een *andere onderneming in het buitenland*, neemt de wet aan, dat de betrokkenheid van de eigen onderneming in het algemeen minder snel aanwezig zal zijn. Daarom is voor dat geval in de slotzin van het eerste lid een uitzondering opgenomen op het adviesrecht van de ondernemingsraad. Die uitzondering komt erop neer dat de ondernemingsraad alleen een adviesrecht heeft, wanneer redelijkerwijs te verwachten is dat het besluit zal leiden tot:
- een beëindiging van de werkzaamheden van een Nederlandse onderneming van de ondernemer of van een belangrijk onderdeel daarvan;
- een belangrijke inkrimping, uitbreiding of andere wijziging van de werkzaamheden van een Nederlandse onderneming van de ondernemer;
- een belangrijke wijziging in de organisatie of van de verdeling van de bevoegdheden binnen een Nederlandse onderneming van de ondernemer;
- een wijziging van de plaats waar een Nederlandse onderneming van de ondernemer haar werkzaamheden uitoefent.

Voor het antwoord op de vraag naar de redelijkerwijs te verwachten gevolgen van het besluit is de ondernemingsraad in belangrijke mate aangewezen op de informatie die de ondernemer hierover verstrekt. Daarom worden hier nog enkele nadere toetsingscriteria aangegeven. Van een besluit tot vestiging van zeggenschap, enzovoort, over een buitenlandse onderneming kunnen redelijkerwijs een of meer van de hierboven genoemde gevolgen voor een Nederlandse onderneming worden verwacht indien:
- de buitenlandse onderneming in verhouding tot de Nederlandse onderneming van aanzienlijke omvang is;
- de buitenlandse onderneming behoort tot dezelfde branche als de Nederlandse onderneming of tot een nauw verwante branche;
- de buitenlandse onderneming op dezelfde of nagenoeg dezelfde markt werkzaam is als de Nederlandse onderneming.

Deze toetsingscriteria zijn uiteraard niet uitputtend; ook in andere gevallen kunnen redelijkerwijs de genoemde gevolgen voor een Nederlandse onderneming te verwachten zijn. Dan kan de ondernemingsraad dus in beginsel aanspraak maken op een ad-

viesrecht. De ondernemer heeft echter de mogelijkheid om tegenover de ondernemingsraad aan te tonen, dat redelijkerwijs geen gevolgen voor een Nederlandse onderneming te verwachten zijn.
Zie verder opnieuw de publicatie van de SER-CBM (*https://www.ser.nl/-/media/ser/downloads/overige-publicaties/2021/rol-or-fusies-overnames.pdf?la=nl&hash=502B864F47100F083C87DE1822E02AF0*) en de themapagina van de CBM (*https://www.ser.nl/nl/thema/medezeggenschap/belangrijke-themas/fusies-overnames*).

Artikel 25 : eerste lid : onderdeel c : Sluiting, faillissement en doorstart

Een besluit tot beëindiging van de werkzaamheden van de onderneming of van een belangrijk onderdeel daarvan
Het gaat hierbij om sluiting, stillegging of opheffing van de onderneming of van een belangrijk onderdeel daarvan. Dergelijke besluiten leiden vaak tot collectief ontslag. Dan is de Wet melding collectief ontslag van toepassing *(zie Bijlage 2F)*. Van belang in dit soort situaties is een goede samenwerking tussen ondernemingsraad en vakorganisaties over de totstandkoming van een sociaal plan. Aanvrage van surseance van betaling of van faillissement door de ondernemer valt op zichzelf niet onder het adviesrecht, omdat het niet noodzakelijk tot beëindiging van de werkzaamheden van de onderneming of tot een belangrijke wijziging in de organisatie van de onderneming behoeft te leiden. De ondernemingsraad kan echter wel op grond van de Faillissementswet verzet aantekenen tegen de faillietverklaring. De bij faillissement benoemde curator treedt in de rechten van de ondernemer en moet dus, indien hij de onderneming voortzet, in beginsel de door hem te nemen besluiten in het kader van artikel 25 voorleggen aan de ondernemingsraad. Dat is in juni 2017 nog eens bevestigd door de Hoge Raad.
Na enkele geruchtmakende zogenoemde flitsfaillissementen (ook wel aangeduid als *pre-pack*) is deze praktijk voorgelegd aan het Europese Hof van Justitie. Het Hof heeft geoordeeld dat de *pre-pack* is gericht op voortzetting van de onderneming en dat de (individuele en collectieve) rechten van de werknemers bij een doorstart in beginsel behouden blijven.
De SER heeft in 2015 een stroomschema gepubliceerd over de rechten van ondernemingsraden rond insolventie (surseance en faillissement). Zie *https://www.ser.nl/nl/thema/medezeggenschap/belangrijke-themas/faillissement*. Zie over komende wetgeving *Bijlage 3*.

Artikel 25 : eerste lid : onderdeel d : Wijziging werkzaamheden

Een besluit tot belangrijke inkrimping, uitbreiding of andere wijziging van de werkzaamheden van de onderneming
Bij een besluit tot belangrijke inkrimping gaat het niet om stillegging of sluiting van de onderneming of van een belangrijk onderdeel daarvan, maar om afslanking van (een deel van) de onderneming, bijvoorbeeld door het afstoten van een of meerdere pro-

ductielijnen. Zowel stillegging als afslanking van de onderneming gaat in het algemeen gepaard met een verlies van arbeidsplaatsen. Bij stillegging of sluiting van de onderneming of van een belangrijk onderdeel daarvan heeft de ondernemingsraad altijd een adviesrecht. Bij inkrimping echter alleen als het besluit, gelet op de omvang en de aard van de activiteiten van de gehele onderneming, het aantal daarbij betrokken werknemers en de ernst van de gevolgen van het besluit, als belangrijk voor de onderneming kan worden beschouwd. Van een besluit tot belangrijke uitbreiding van de werkzaamheden van de onderneming kan bijvoorbeeld gesproken worden bij het afsluiten van zeer grote orders, die met de huidige personeelsbezetting niet te verwezenlijken zijn. Het omschakelen op de fabricage van andere producten en het omschakelen op geheel andere productiemethoden zijn voorbeelden van andere belangrijke wijzigingen van de werkzaamheden van de onderneming.

Automatisering
Automatiseringsbeslissingen kunnen door hun complexe aard en ingrijpende (sociale) gevolgen dikwijls zowel aangemerkt worden als een belangrijke wijziging van de werkzaamheden *(onderdeel d)*, of een belangrijke wijziging in de organisatie *(onderdeel e)*, als een belangrijke investering *(onderdeel h)*. Vaak gaat een en ander ook nog gepaard met het verstrekken van een adviesopdracht aan een deskundige buiten de onderneming *(onderdeel n)*. Zie voorts de toelichting bij artikel 25, eerste lid, onderdeel k.
In toenemende mate is cybercriminaliteit een probleem. Veel organisaties zijn daar niet of slecht op voorbereid. Het verdient aanbeveling om hier in ieder geval in het kader van het artikel 24-overleg aandacht aan te besteden en de ondernemer te bevragen over genomen en te nemen stappen.

Artikel 25 : eerste lid : onderdeel e : Wijziging organisatie

Een besluit tot belangrijke wijziging in de organisatie van de onderneming, dan wel in de verdeling van bevoegdheden binnen de onderneming
Bij dit onderwerp gaat het om belangrijke wijzigingen in de personeelsformatie, wijziging in de directiestructuur van de onderneming, om reorganisaties, enzovoort, zonder dat de werkzaamheden van de onderneming als geheel daardoor verandering ondergaan. Ook het oprichten van een subholding Nederland (waardoor de buitenlandse activiteiten van het bedrijf onttrokken worden aan de invloed van de (centrale) ondernemingsraad), vrijwillige toepassing of afschaffing van het structuurregime (raad van commissarissen), en statutenwijziging van de ondernemer (bijvoorbeeld de vennootschap) met gevolgen voor de onderneming, vallen onder dit adviesrecht. Als de reorganisatie van de onderneming een wijziging nodig maakt van de medezeggenschapstructuur, is het van belang dat de besluitvorming daarover zo veel mogelijk gelijktijdig plaatsvindt. Verder heeft de ondernemingsraad adviesrecht ten aanzien van belangrijke wijzigingen in de verdeling van bevoegdheden in de onderneming, dat is in de taakverdeling tussen de leidinggevende medewerkers. Daarbij kan ook een feitelijke wijziging in de bevoegdheden met behoud van de formele structuur adviesplichtig zijn.

In opkomst is het zogenoemde Nieuwe Werken (HNW), ook wel aangeduid als plaats-en/of tijd-ongebonden werken. Denk ook aan de opmars van het zogenoemde hybride werken. Indien in een onderneming op grote schaal wordt overgegaan tot HNW, kan dit worden beschouwd als een adviesplichtig besluit, met vrijwel zeker ook gevolgen voor allerlei instemmingsplichtige regelingen. HNW respectievelijk hybride werken is in een stroomversnelling gekomen door de coronacrisis. Zie daarover uitgebreider *bijlage 0.*

Artikel 25 : eerste lid : onderdeel f : Verplaatsing onderneming

Een besluit tot wijziging van de plaats waar de onderneming haar werkzaamheden uitoefent

Wijziging van de plaats van vestiging van de onderneming (ook binnen een gemeente) heeft tot gevolg dat werknemers ergens anders moeten gaan werken. Hieronder valt tevens een gedeeltelijke verhuizing van werkzaamheden of een tijdelijke verplaatsing van een aanmerkelijk deel van het personeel. Wanneer een onderneming op verschillende plaatsen is gevestigd, geldt het adviesrecht van de ondernemingsraad voor de verplaatsing van elk afzonderlijk onderdeel van de onderneming.

Wijzing van locatie kan natuurlijk ook inhouden dat (een deel van) de productie naar het buitenland verhuist. Dat besluit zal dan op verschillende gronden adviesplichtig zijn, waaronder ook op grond van artikel 25, eerste lid onder c.

Wijziging van de zetel van de rechtspersoon die de onderneming in stand houdt, zonder dat de plaats van vestiging van de onderneming wordt gewijzigd, valt niet zonder meer onder de adviesbevoegdheid van de ondernemingsraad. Dat wordt mogelijk anders als de (statutaire) zetel naar het buitenland wordt verplaatst.

Artikel 25 : eerste lid : onderdeel g : Inlenen personeel

Een besluit tot het groepsgewijze werven of inlenen van arbeidskrachten

Het woord 'groepsgewijze' slaat zowel op 'werven' als op 'inlenen'. Onder het groepsgewijze werven of inlenen van arbeidskrachten wordt verstaan het voor de onderneming aantrekken van een groep werknemers ten behoeve van bepaalde werkzaamheden. Het besluit is niet adviesplichtig als de tijdsduur en de omvang van de inlening zeer beperkt zijn. Ook het aantrekken van individuele arbeidskrachten of de tijdelijke individuele vervanging van werknemers door uitzendkrachten valt niet onder het adviesrecht van de ondernemingsraad. Wél valt er onder het afsluiten van overeenkomsten op grond waarvan later werknemers groepsgewijs worden geworven of ingeleend. Het ligt ook in de rede om een adviesrecht aan te nemen als de ondernemer besluit om op grote schaal vaste contracten in te ruilen voor flexwerkers (waaronder mogelijk ook zzp'ers). Zie in dit verband ook het commentaar op *artikel 31b* (sociale informatie), in het bijzonder het derde lid.

Artikel 25 : eerste lid : onderdeel h : Investering

Een besluit tot het doen van een belangrijke investering ten behoeve van de onderneming
Onder investering wordt verstaan: het vastleggen van gelden van de ondernemer in duurzame bedrijfsmiddelen ten behoeve van de eigen onderneming. Voorbeelden van de hier bedoelde investeringen zijn:

- investeringen die betrekking hebben op een belangrijke uitbreiding of andere wijziging van de werkzaamheden van de onderneming (die besluiten vallen zelf reeds onder onderdeel d);
- belangrijke investeringen in gebouwen;
- belangrijke vervangingsinvesteringen.

Of een investering 'belangrijk' is, hangt onder meer af van het bedrag van de investering in verhouding tot het reeds in de onderneming geïnvesteerde vermogen, de productiemiddelen waarin wordt geïnvesteerd en de gevolgen voor de werkgelegenheid en de organisatie van de arbeid. Ook investeringen zonder directe sociale gevolgen kunnen 'belangrijk' zijn in de zin van artikel 25. Men kan bijvoorbeeld denken aan het kopen van het bedrijfspand, dat voordien gehuurd werd. Investeringen waarvan het doen tot de normale bedrijfsuitoefening van de onderneming behoort en die dus vrijwel dagelijks voorkomen, zijn niet 'belangrijk' voor de onderneming en vallen daarom niet onder het adviesrecht van de ondernemingsraad. De beleggingsactiviteiten van een bank, een verzekeringsbedrijf of een beleggingsmaatschappij vallen ook niet onder het adviesrecht van de ondernemingsraad; de gelden worden immers niet vastgelegd in duurzame bedrijfsmiddelen ten behoeve van de eigen onderneming. Bovendien behoren deze activiteiten tot de normale bedrijfsuitoefening van deze ondernemingen.
Desinvesteringsbeslissingen vallen alleen onder het adviesrecht van de ondernemingsraad, indien zij leiden tot een of meer van de in de onderdelen a-n vermelde voorgenomen besluiten. Is dat niet het geval, dan heeft de ondernemingsraad weliswaar geen formeel adviesrecht maar kunnen desinvesteringsbeslissingen door de ondernemer of de ondernemingsraad wel aan de orde worden gesteld in het kader van het overleg op grond van artikel 23. Het ligt ook in de rede dat dergelijke besluiten aan de orde komen in de halfjaarlijkse overlegvergadering van artikel 24 en dat aan de ondernemingsraad informatie wordt verstrekt op grond van 31a, zevende lid, en artikel 31b.

Artikel 25 : eerste lid : onderdeel i : Aantrekken van krediet

Een besluit tot het aantrekken van een belangrijk krediet ten behoeve van de onderneming
Het gaat hierbij vooral om die kredieten waardoor de onderneming in meerdere of mindere mate financieel afhankelijk wordt van de kredietverstrekker (bijvoorbeeld een bank of de overheid). Voor de belangrijkheid van een krediet is dus niet alleen de

hoogte van het bedrag van belang, maar ook de voorwaarden waaronder het wordt verstrekt, met name de gevraagde zekerheden. Het verstrekken van zekerheden door de ondernemer voor een ten behoeve van de eigen onderneming aangetrokken krediet valt derhalve onder het adviesrecht van de ondernemingsraad die voor die onderneming is ingesteld. Sommige overnames door investeringsmaatschappijen worden in feite gefinancierd door de onderneming zelf, door een aanzienlijke verhoging van de schuldenlast van de onderneming. In dergelijke gevallen is niet alleen de overname zelf adviesplichtig op grond van artikel 25, eerste lid onder a, maar dus ook de wijze van financiering. In concernverband komt het wel voor dat het aantrekken van het krediet en het verschaffen van zekerheid daarvoor gebeurt door verschillende ondernemers. Het ligt in de rede dat in zo'n geval van concernfinanciering advies wordt gevraagd aan de centrale ondernemingsraad.
Kredieten waarvan het aantrekken tot de normale bedrijfsuitoefening van een onderneming behoort, zijn voor die onderneming niet 'belangrijk' en ten aanzien daarvan heeft de ondernemingsraad geen adviesrecht.

Artikel 25 : eerste lid : onderdeel j : Verstrekken van krediet

Een besluit tot het verstrekken van een belangrijk krediet en het stellen van zekerheid voor belangrijke schulden van een andere ondernemer, tenzij dit geschiedt in de normale uitoefening van werkzaamheden in de onderneming
Dergelijke besluiten doen zich in de praktijk dikwijls voor binnen concerns. Aandachtspunt daarbij is dat moedervennootschap en dochtervennootschap(pen) met betrekking tot een financieringsovereenkomst tegenstrijdige belangen kunnen hebben. Met name dient er op gelet te worden of de kredietverstrekking door de dochtervennootschap aan de moedervennootschap op termijn niet ten koste gaat van de continuiteit van de dochtervennootschap. Uit het begrip 'belangrijk' volgt dat het dient te gaan om voor de ondernemer bijzondere, niet alledaagse besluiten, die wezenlijke gevolgen kunnen hebben voor de vermogens- en liquiditeitspositie van de onderneming. Het adviesrecht geldt niet voor zover er sprake is van een normale uitoefening van werkzaamheden in de onderneming. Daarbij kan met name gedacht worden aan transacties van banken en verzekeringsmaatschappijen en bijvoorbeeld gemeentegaranties bij hypotheken.
In concerns komt het regelmatig voor dat de financiële gegevens van groepsmaatschappijen worden opgenomen in een geconsolideerde jaarrekening *(zie ook artikel 31a, vierde lid)*. Die groepsmaatschappijen hoeven dan niet zelf een jaarrekening op te stellen. Voorwaarde is dat het hoofd van de groep een zogenoemde 403-verklaring afgeeft, waarmee zij zich aansprakelijk stelt voor de meeste schulden van de groepsmaatschappij. Het afgeven van een dergelijke verklaring is adviesplichtig. Een dergelijke verklaring kan overigens ook weer worden ingetrokken. Dat besluit is dan niet adviesplichtig (tenzij daarover toezeggingen zijn gedaan).

Artikel 25 : eerste lid : onderdeel k : Technologische voorziening

Een besluit tot invoering of wijziging van een belangrijke technologische voorziening
Inmiddels veel gebruikelijker termen zijn digitalisering en robotisering. Denk bijvoorbeeld aan voorzieningen in het kader van kantoor- en procesautomatisering, voorzieningen inzake de communicatie, informatietechnologie, micro-elektronica en cybersecurity. In de formulering ligt besloten dat er tevens adviesrecht bestaat als ten tijde van het besluit verwacht mag worden dat op termijn sprake zal zijn van een belangrijke verandering voor de onderneming en de werknemers, bijvoorbeeld bij proefprojecten met verschillende systemen die gericht zijn op uiteindelijke realisering van een technologische voorziening. Daarmee wordt voorkómen dat de ondernemingsraad buitenspel staat als de besluitvorming stapsgewijs plaatsvindt. Zie ook de toelichting bij artikel 25, eerste lid, onderdeel d.

Artikel 25 : eerste lid : onderdeel l : Milieuzorg

Een besluit tot het treffen van een belangrijke maatregel in verband met de zorg van de onderneming voor het milieu, waaronder begrepen het treffen of wijzigen van een beleidsmatige, organisatorische en administratieve voorziening in verband met het milieu
Naast het doen van gerichte investeringen, het duidelijk wijzigen van het productieproces, het opstellen van een bedrijfsmilieuplan of het treffen van belangrijke technische voorzieningen, omvat dit onderwerp ook het opstellen, invoeren of wijzigen van een milieuzorgsysteem of onderdelen daarvan. Een milieuzorgsysteem is een samenhangend geheel van beleidsmatige, organisatorische en administratieve voorzieningen, gericht op inzicht in, beheersing van, en waar mogelijk vermindering van negatieve effecten van de bedrijfsvoering op het milieu. De meest bekende milieuzorgsystemen zijn ISO 14001 en EMAS. Ook de ISO-norm 26000 voor maatschappelijk verantwoord ondernemen bevat elementen die relevant zijn voor milieuzorg; invoering van MVO zou in ieder geval voor deze punten onder het adviesrecht van de OR moeten vallen.
Het adviesrecht strekt zich tevens uit over besluiten die indirect belangrijke gevolgen hebben in verband met de zorg van de onderneming voor het milieu, zoals de invoering van een afvalpreventieplan, een afvalinzamelingssysteem, een bedrijfsvervoerplan of het aanvragen van een vergunning in het kader van de Omgevingswet. Zo nodig kan de ondernemingsraad een beroep doen op de deskundigheid van de Inspectie Leefomgeving en Transport (voorheen VROM Inspectie, daarvoor Inspectie Milieuhygiëne). Zie voorts de toelichting bij *artikel 28, vierde lid.*
Milieu/klimaat is snel gestegen op de agenda van de EU en de nationale overheid. Dat geldt ook voor het onderwerp energietransitie. Daarmee wordt de beslissingsmacht van ondernemingen zelf kleiner. Toch zal er in de regel voldoende beleidsvrijheid voor ondernemingen overblijven, waarmee ook het adviesrecht van de ondernemingsraad intact blijft. Ook met betrekking tot deze onderwerpen verdient het aanbeveling deze regelmatig op de agenda van het artikel 24-overleg te zetten en de ondernemer over

deze onderwerpen te bevragen. De terminologie in de WOR lijkt hier inmiddels op onderdelen weliswaar enigszins gedateerd, maar biedt tegelijkertijd voldoende mogelijkheden om dit op de agenda te zetten.

Artikel 25 : eerste lid : onderdeel m : Eigen risico bij arbeidsongeschiktheid of ziekte

Een besluit tot vaststelling van een regeling met betrekking tot het zelf dragen van het risico, bedoeld in artikel 40, eerste lid, van de Wet financiering sociale verzekeringen
De werkgever kan de keuze maken om de WIA-uitkeringen (daarvan alleen de WGA-uitkeringen) aan zijn (ex-)werknemers gedurende tien jaar voor eigen rekening te nemen. Daar staat tegenover dat hij in dat geval een reductie krijgt op de door hem te betalen WIA-premies. Ook kan hij er voor kiezen om zélf het risico te dragen voor het uitkeren van ziekengeld aan werknemers met een flexibele arbeidsovereenkomst (zoals uitzendkrachten) en werknemers met een andere arbeidsverhouding dan een arbeidsovereenkomst (zoals freelancers). Hij kan dan besparen op de zgn. vangnetpremie van de Ziektewet. Het eigen risico dragen kan ingaan per 1 januari of per 1 juli van elk kalenderjaar. Uiterlijk 13 weken vóór de beoogde ingangsdatum moet de werkgever toestemming vragen aan de Belastingdienst en daarbij een bankgarantie of verzekeringsovereenkomst overleggen. Het UWV blijft de mate van arbeidsongeschiktheid van de betrokken werknemers en de hoogte van de uitkeringen bepalen. Voordat de werkgever toestemming vraagt moet hij advies vragen aan de ondernemingsraad.
Een externe adviesopdracht over deze aangelegenheid dient eveneens voor advies aan de ondernemingsraad te worden voorgelegd *(zie hieronder onderdeel n).*

Artikel 25 : eerste lid : onderdeel n : Adviesopdracht

Een besluit tot het verstrekken en het formuleren van een adviesopdracht aan een deskundige buiten de onderneming betreffende één der hiervoor bedoelde aangelegenheden
De ondernemer die aan een deskundige buiten de onderneming (bijvoorbeeld een organisatieadviesbureau) een adviesopdracht met betrekking tot een of meer van de in artikel 25, eerste lid, genoemde aangelegenheden wil verstrekken, moet advies vragen aan de ondernemingsraad niet alleen over de keuze van de deskundige, maar ook over de inhoud van de adviesaanvraag (de probleemstelling van het onderzoek). De formulering van de adviesopdracht geeft immers veelal reeds aan, in welke richting de oplossing van het probleem wordt gezocht. De strekking van deze bepaling is, dat de ondernemingsraad zo vroeg mogelijk inzicht krijgt in de achtergronden van eventueel in een later stadium aan de orde komende reorganisaties en andere belangrijke aangelegenheden. Een deskundige die werkzaam is in een andere onderneming van het concern waartoe de onderneming behoort (bijvoorbeeld in een centrale stafafdeling van het concern), wordt beschouwd als een deskundige buiten de onderneming.

Het gaat hier dus alleen om adviesopdrachten met betrekking tot de in artikel 25 genoemde aangelegenheden. Bij het verstrekken van een adviesopdracht aan een deskundige met betrekking tot een of meer van de in artikel 27 genoemde aangelegenheden kan de ondernemer volstaan met de ondernemingsraad in te lichten, zodra hij het voornemen daartoe heeft *(artikel 31c)*. Ten aanzien van deze aangelegenheden heeft de ondernemingsraad immers een instemmingsrecht, wanneer de ondernemer - al dan niet op grond van het advies van de deskundige - een besluit wil nemen.
Wanneer de adviesopdracht betrekking heeft op een of meer van de in onderdeel b genoemde besluiten betreffende een andere onderneming in het buitenland, geldt dezelfde uitzonderingsregeling als voor het besluit zelf *(slotzin eerste lid)*.

Artikel 25 : tweede lid : Moment adviesaanvraag

De ondernemer moet het te nemen besluit schriftelijk aan de ondernemingsraad voorleggen. Het ligt voor de hand dat de ondernemer dan ook zijn beweegredenen, de gevolgen voor het personeel en de naar aanleiding daarvan voorgenomen maatregelen *(zie derde lid)* op schrift stelt. Dat bevordert immers een efficiënte behandeling van de adviesaanvraag. Het advies van de ondernemingsraad moet van wezenlijke invloed kunnen zijn op het voorgenomen besluit van de ondernemer. Dit betekent enerzijds dat de ondernemingsraad al in een vroeg stadium van de besluitvorming moet worden geraadpleegd (dat wil zeggen vóór er een keuze gemaakt wordt uit alternatieve voorstellen), en anderzijds dat er op het moment van de adviesaanvrage inzicht bestaat in de belangrijkste gevolgen van het besluit. Gelet hierop is het van belang dat de ondernemer de ondernemingsraad regelmatig informeert over de voortgang van plannen en projecten met betrekking tot de in artikel 25, eerste lid, genoemde onderwerpen. De wet verplicht de ondernemer ten minste tweemaal per jaar deze informatie te geven *(artikel 31a, zesde lid)* en daarover met de ondernemingsraad van gedachten te wisselen in een overlegvergadering *(artikel 24, eerste lid)*. Bij deze bespreking moeten afspraken gemaakt worden over de (verdere) betrokkenheid van de ondernemingsraad in het besluitvormingsproces en het mogelijke tijdstip van de adviesaanvrage. Bij een gefaseerde besluitvorming kunnen ondernemer en ondernemingsraad afspraken maken over een gefaseerde advisering door de ondernemingsraad. Op deze wijze kan de adviesprocedure zowel voor ondernemingsraad als voor ondernemer efficiënt verlopen.
Uit de rechtspraak van de Ondernemingskamer volgt dat het de ondernemer in beginsel vrijstaat om de besluitvorming en daarmee de advisering door de ondernemingsraad in afzonderlijke besluiten en in fases vorm te geven, met dien verstande dat de ondernemer primair verantwoordelijk is voor het goede verloop van het medezeggenschaptraject. Die verantwoordelijkheid houdt onder meer in dat de ondernemer moet waarborgen dat de fasering en de opsplitsing in afzonderlijke besluiten geen afbreuk doen aan de effectiviteit van de medezeggenschap. Fasering mag er niet toe leiden dat de ondernemer zich in de fase van de besluitvorming van een inrichtingsplan op het standpunt stelt dat bedenkingen van de ondernemingsraad tegen het voorgenomen

besluit of vragen met betrekking tot dit besluit 'te vroeg' naar voren worden gebracht en in de latere fase van het personeelsplan aan de ondernemingsraad tegenwerpt dat die bedenkingen en vragen 'te laat' komen, gelet op het reeds vastgestelde inrichtingsplan uit de eerdere fase. Daarnaast mag opsplitsing in afzonderlijke besluiten ten aanzien van dezelfde organisatie er niet toe leiden dat het overzicht van de gevolgen in zijn totaliteit onvoldoende duidelijk is.

Overleg met vakorganisaties
Over een aantal van de in het eerste lid genoemde besluiten moet de ondernemer ook overleg plegen met de vakorganisaties (bijvoorbeeld op grond van de Wet melding collectief ontslag, de Fusiegedragsregels van de Sociaal-Economische Raad of een cao). Wanneer het overleg met de vakorganisaties vooraf gaat aan het overleg met de ondernemingsraad, kan de ondernemingsraad bij zijn advisering rekening houden met het oordeel van de vakorganisaties en eventueel afzien van het uitbrengen van een advies, wanneer hij van mening is dat de betrokken aangelegenheid beter door de vakorganisaties kan worden behandeld. Overleg met de vakorganisaties kan echter voor de ondernemer nooit een reden vormen om de ondernemingsraad niet tijdig om advies te vragen; het kan voor de ondernemingsraad wel een reden vormen om het advies niet (of later) uit te brengen.

Artikel 25 : derde lid : Inhoud adviesaanvraag

Bij het vragen van het advies moet de ondernemer aan de ondernemingsraad meedelen:

- de motieven voor het besluit;
- de te verwachten gevolgen van het besluit voor het personeel;
- de maatregelen die de ondernemer in verband met die gevolgen denkt te nemen.

Wanneer de ondernemer in het verleden aan de ondernemingsraad een toezegging heeft gedaan, kan hij daarvan niet zonder meer afwijken in zijn voorgenomen besluit. In dat geval dient hij bij de adviesaanvrage te motiveren welke zwaarwegende redenen hem noodzaken om zijn beleid te wijzigen en in afwijking van zijn eerdere toezegging te besluiten.

Sociaal plan
Sinds de invoering van de WWZ in 2015 geldt in geval van reorganisaties in beginsel het systeem van de transitievergoeding. Verwezen zij naar de arbeidsrechtelijke literatuur over dit onderwerp. Voor een groot aantal organisaties gelden echter nog steeds afspraken over een sociaal plan. Dat kan een eenmalig sociaal plan zijn, maar ook een sociaal plan dat een langere periode (en mogelijk meerdere reorganisaties) bestrijkt.
Hoe dan ook dient de ondernemer bij een reorganisatie uitgebreid aandacht te besteden aan de gevolgen voor de werknemers, en de plannen om die gevolgen op te vangen. In de praktijk wordt in veel gevallen een taakverdeling gemaakt: de onderne-

mingsraad adviseert over het besluit zelf, en vakbonden zijn verantwoordelijk voor het opvangen van de gevolgen. Daarbij is een goede afstemming tussen OR en vakbonden cruciaal.
De Ondernemingskamer heeft beslist dat het ontbreken van een akkoord met de vakbonden over het sociaal plan 'op zichzelf en zonder méér niet voldoende is voor het oordeel dat het bestreden besluit kennelijk onredelijk' is. Later heeft de Ondernemingskamer bepaald dat wanneer er geen overeenstemming tussen werkgever en de vakbonden is bereikt over het sociaal plan, de ondernemingsraad niet kan volstaan met het standpunt dat er alsnog overeenstemming bereikt moet worden. De ondernemingsraad dient ook concreet zijn bezwaren tegen de inhoud van het sociaal plan te verwoorden.
Denkbaar is dat indien een doorlopend sociaal plan is overeengekomen, daarmee in voldoende mate voorzien is in het opvangen van de gevolgen van een reorganisatie. Een (te) algemene verwijzing in een adviesaanvraag naar toekomstige wetswijzigingen voor een sociaal plan (met mogelijk grote gevolgen voor de uitkomsten in individuele gevallen) werd door de Ondernemingskamer onaanvaardbaar geacht.

Artikel 25 : vierde lid : Adviesprocedure

Over het onderwerp van de adviesaanvraag moeten ondernemingsraad en ondernemer ten minste één maal overleg plegen in een overlegvergadering. De ondernemingsraad kan dan een nadere toelichting en eventueel nadere informatie vragen *(artikel 31, eerste lid)*. Zonder voorafgaand overleg met de ondernemer over de adviesaanvraag kan de ondernemingsraad geen rechtsgeldig advies uitbrengen. De ondernemingsraad stelt, na één of meer overlegvergaderingen, zijn advies zelfstandig vast in een ondernemingsraadsvergadering. Wanneer de ondernemingsraad zijn advies in een ondernemingsraadsvergadering heeft vastgesteld, kan hij dit advies schriftelijk aan de ondernemer uitbrengen of mondeling in een overlegvergadering. Uiteraard zal de ondernemingsraad in bepaalde gevallen door het stellen van voorwaarden het voorgenomen besluit van de ondernemer willen bijsturen, zeker als het gaat om betwistbare gevolgen voor het personeel. De ondernemingsraad kan in zo'n geval een *'positief, mits...'-advies* uitbrengen, waarbij de voorwaarden als toezeggingen van de ondernemer zijn vastgelegd in een concept-ondernemingsovereenkomst *(artikel 32)* die deel uitmaakt van het voorwaardelijk positieve advies. Als de ondernemingsraad echter van mening is dat het voorgenomen besluit alleen acceptabel is als aan de gestelde voorwaarden beslist wordt voldaan, is een *'negatief, tenzij...'-advies* meer op zijn plaats. Dan blijft immers de mogelijkheid bestaan om in beroep te gaan bij de Ondernemingskamer. Wordt het advies mondeling uitgebracht in een overlegvergadering, dan bestaat de mogelijkheid voor het vragen en geven van een nadere toelichting, hoe en waarom de ondernemingsraad tot zijn advies is gekomen. Wanneer het overleg daartoe aanleiding geeft, is het ook mogelijk dat de ondernemingsraad zijn advies nog eens in overweging neemt. In elk geval moet de ondernemingsraad een afwijzend advies voldoende motiveren.

Termijn voor advisering

De WOR zwijgt over de termijn waarbinnen een ondernemingsraad advies moet uitbrengen. In het algemeen wordt aangenomen dat dat binnen een 'redelijke' termijn moet gebeuren. Maar wat is redelijk? Is dat een week, twee weken, een maand? En in hoeverre wordt de termijn beïnvloed door de omstandigheden (financiële noodsituatie, dreigend faillissement, Covid-crisis) of afspraken tussen ondernemer en ondernemingsraad?

Uit de rechtspraak blijkt dat afspraken tussen ondernemer en OR van groot belang zijn. Als de ondernemingsraad toezegt voor datum X te adviseren en dat vervolgens niet doet, zal de Ondernemingskamer niet snel oordelen dat een besluit kennelijk onredelijk is (als de ondernemingsraad al ontvankelijk wordt verklaard). Als daarentegen de ondernemer vier dagen voor de deadline zijn besluit neemt omdat hij de indruk heeft dat de ondernemingsraad toch niet op tijd zal adviseren, is de kans zeer groot dat het besluit in een beroepsprocedure kennelijk onredelijk wordt verklaard. Indien partijen van mening verschillen over de afspraken die gemaakt zijn, ligt de verantwoordelijkheid om stappen te zetten in eerste instantie bij de ondernemer.

Ook de financiële situatie van de onderneming is relevant. Als er een faillissement dreigt (of ook de overschrijding van met de bank afgesproken ratio's) kan spoed geboden zijn. Het ligt dan voor de hand dat de OR minder tijd krijgt voor een eventueel advies. Daarbij is wel van belang in hoeverre de geëiste verkorting van de adviestermijn aan de ondernemer zelf te wijten is, dan wel bepaald wordt door omstandigheden die buiten de macht van de ondernemer liggen (bank, subsidieverstrekker). In het eerste geval wordt een onredelijke verkorting van de adviestermijn door de rechter niet geaccepteerd.

Achterban

De wet gaat ervan uit dat de ondernemingsraad als eerste zijn overlegpartner, de ondernemer, inlicht over zijn advies. Dat sluit echter op zichzelf niet uit, dat de ondernemingsraad tegelijkertijd of nadien zijn advies ook aan anderen (bijvoorbeeld aan de werknemers in de onderneming) kenbaar maakt. De ondernemingsraad kan in zijn reglement bepalen hoe en wanneer hij zijn adviezen (en zijn beslissingen omtrent het al dan niet instemmen met voorstellen op grond van artikel 27) bekendmaakt aan de werknemers in de onderneming, bijvoorbeeld in de vorm van een verslag van de overlegvergadering waarin het advies wordt uitgebracht, in de vorm van een verslag van de ondernemingsraadsvergadering waarin het advies wordt vastgesteld of op een andere wijze. Zeker indien besluiten grote gevolgen hebben voor een aanzienlijk aantal werknemers, ligt het in de rede dat de ondernemingsraad tijdens de adviesprocedure (dus voorafgaand aan het uitbrengen van het advies) de achterban raadpleegt (bijvoorbeeld over het sociaal plan). Zie over het beraad met de achterban ook artikel 17 en 18.

Verschijnplicht commissarissen en bestuursleden

Bij de hiervoor bedoelde overlegvergadering(en) zijn aanwezig een of meer commissarissen (wanneer de onderneming in stand wordt gehouden door een naamloze of een

besloten vennootschap, een coöperatie of een onderlinge waarborgmaatschappij waaraan een raad van commissarissen is verbonden), een of meer bestuursleden of leden van de raad van toezicht (wanneer de onderneming in stand wordt gehouden door een vereniging of een stichting), of een of meer bestuurders van de moedervennootschap of door hen aangewezen vertegenwoordigers (wanneer de onderneming in stand wordt gehouden door een vennootschap die een dochter- of kleindochtervennootschap is van een andere vennootschap). Het kan voor de ondernemingsraad van veel belang zijn dat deze personen bij de overlegvergadering aanwezig zijn, omdat dan een rechtstreeks contact met deze personen over het voorstel van de ondernemer mogelijk is. Dit geldt zeker ook voor het uitbrengen van advies in een overlegvergadering; de bedoelde personen kunnen dan zelf rechtstreeks een verklaring en een toelichting over het hoe en waarom van het advies van de ondernemingsraad krijgen.
De ondernemingsraad kan overigens altijd bepalen dat de bedoelde personen niet bij de overlegvergadering aanwezig behoeven te zijn. Voor nadere bijzonderheden van deze bepaling wordt verwezen naar de toelichting op *artikel 24, tweede en derde lid.*

Artikel 25 : vijfde lid : Motivering genomen besluit

Wanneer de ondernemer het advies van de ondernemingsraad heeft ontvangen kan hij van zijn voorgenomen besluit afzien (bijvoorbeeld omdat de ondernemingsraad zich er in het geheel niet mee kan verenigen). Ook kan hij zijn voornemen (ten dele) aanpassen aan de bezwaren die de ondernemingsraad daartegen in zijn advies naar voren heeft gebracht en een gewijzigd besluit nemen, of hij kan overeenkomstig zijn aanvankelijke voornemen besluiten. Wanneer de ondernemingsraad zijn advies niet binnen een redelijke termijn uitbrengt (waarbij de vertraging in overwegende mate aan de ondernemingsraad moet worden toegerekend) of te kennen geeft geen advies te willen uitbrengen (bijvoorbeeld omdat de ondernemingsraad het overleg over de betrokken aangelegenheid geheel aan de vakorganisaties wil overlaten), kan de ondernemer ook zonder advies van de ondernemingsraad een besluit nemen. Zodra de ondernemer echter een besluit heeft genomen, moet hij de ondernemingsraad daarvan zo spoedig mogelijk schriftelijk in kennis stellen. Wanneer het besluit van de ondernemer geheel of ten dele afwijkt van het advies van de ondernemingsraad, moet de ondernemer bij zijn schriftelijke mededeling ook uiteenzetten waarom hij van het advies van de ondernemingsraad is afgeweken. Hij moet daarbij serieus ingaan op de door de ondernemingsraad aangevoerde argumenten en voorstellen. Afwijzing van een door de ondernemingsraad aangedragen alternatief moet door de ondernemer voldoende worden gemotiveerd. Uiteraard is de ondernemer vrij om zijn – met advies van de ondernemingsraad – genomen besluit later te heroverwegen en in te trekken of te vervangen door een ander besluit. In het laatste geval dient hij het nieuwe (voorgenomen) besluit wel weer voor advies aan de ondernemingsraad voor te leggen.

Uitvoeringsadvies

Heeft de ondernemer – al dan niet in overeenstemming met het advies van de ondernemingsraad – een besluit met betrekking tot één of meer van de in artikel 25 genoemde aangelegenheden genomen, dan moet hij aan de ondernemingsraad ook nog advies vragen over de uitvoering van dat besluit. De wet geeft geen voorschriften voor deze tweede adviesprocedure en schrijft met name niet voor dat daarover opnieuw in een of meer overlegvergaderingen met de ondernemer moet worden overlegd. Acht de ondernemingsraad of de ondernemer overleg over de uitvoering van het besluit wenselijk, dan kan elk van hen echter op grond van artikel 23, eerste lid, om een overlegvergadering vragen.

Evenmin schrijft de wet voor hoe, waar en wanneer de ondernemingsraad dit advies over de uitvoering van het besluit uitbrengt. De ondernemingsraad is daarin dus geheel vrij en behoeft dit advies niet in een overlegvergadering uit te brengen als hij dat zelf niet wenst.

Natuurlijk zal de ondernemer aan de ondernemingsraad laten weten of en in hoeverre hij het 'uitvoeringsadvies' van de ondernemingsraad wil opvolgen, maar hij behoeft de ondernemingsraad daarover niet schriftelijk in te lichten en de bepalingen van het volgende lid (opschortingsverplichting) en van het volgende artikel (beroep op de Ondernemingskamer) zijn op zijn beslissing niet van toepassing. Het is dus van belang dat de ondernemingsraad belangrijke uitvoeringskwesties reeds aan de orde stelt in het advies over het te nemen besluit. Dan kunnen deze kwesties zo nodig aan de orde komen in een beroep bij de Ondernemingskamer.

Indien deze 'uitvoeringsbesluiten' feitelijk nieuwe besluiten inhouden als in artikel 25, eerste lid, zal de ondernemingsraad opnieuw in de gelegenheid gesteld moeten worden over deze besluiten te adviseren. Dit zal zich in het algemeen voordoen, indien de ondernemer bij de uitwerking van het besluit waarover ingevolge artikel 25, eerste lid, reeds advies is gevraagd, nog beleidsruimte heeft op de gebieden, die door artikel 25, eerste lid, worden bestreken.

Vaak zal de ondernemingsraad in zijn advies over het materiële besluit reeds tevens geadviseerd hebben over de uitvoering daarvan. De ondernemer moet de ondernemingsraad bij het vragen van dit advies immers de te verwachten gevolgen van het besluit voor het personeel en de naar aanleiding daarvan voorgenomen maatregelen meedelen. Heeft de ondernemingsraad in zijn advies over het materiële besluit tevens over de uitvoering van dat besluit geadviseerd en stemt het besluit van de ondernemer overeen met zijn aanvankelijke voornemen, dan behoeft de ondernemer geen afzonderlijk advies meer te vragen over de uitvoering.

Artikel 25 : zesde lid : Opschortingstermijn

Wanneer het besluit van de ondernemer niet of niet geheel in overeenstemming is met het advies van de ondernemingsraad, begint er voor de ondernemer een opschortingstermijn van één maand te lopen, gerekend vanaf de dag waarop hij zijn besluit schriftelijk aan de ondernemingsraad heeft meegedeeld. De opschortingstermijn geldt

zowel in het geval dat de ondernemingsraad een advies heeft uitgebracht als in het geval dat hij géén advies heeft uitgebracht. Dat laatste kan voorkomen als de ondernemer in strijd met zijn wettelijke verplichting geen advies aan de ondernemingsraad heeft gevraagd, of als de ondernemingsraad – hoewel daartoe door de ondernemer in de gelegenheid gesteld – geen advies heeft willen of kunnen uitbrengen.
Gedurende de opschortingstermijn mag de ondernemer zijn besluit niet uitvoeren. Onder het uitvoeren van een besluit moet bijvoorbeeld worden verstaan: het verkopen van (een deel van) de bedrijfsinventaris bij een besluit tot sluiting van de onderneming, het aanvragen van ontslagvergunningen bij een besluit tot belangrijke inkrimping van werkzaamheden enzovoort.

De betekenis van de opschortingstermijn is dat de ondernemingsraad daardoor de gelegenheid heeft zich te beraden over het instellen van beroep *(zie artikel 26)* bij de Ondernemingskamer van het Gerechtshof Amsterdam, zonder vrees dat de ondernemer intussen het besluit zal uitvoeren. De opschortingstermijn hangt dus nauw samen met het beroepsrecht van de ondernemingsraad.
Indien de ondernemingsraad door de uitvoering van een in zijn ogen kennelijk onredelijk besluit van de ondernemer voor een voldongen feit dreigt te worden geplaatst, kan de ondernemingsraad een kortgedingprocedure bij de voorzieningenrechter tegen de ondernemer aanhangig maken. Hiermee kan de ondernemingsraad voorkomen dat het door hem ingestelde of nog in te stellen beroep geen effect meer kan hebben, omdat het door hem bestreden besluit inmiddels door de ondernemer is uitgevoerd. De mogelijkheid tot het aanspannen van een kortgedingprocedure bestaat eveneens in geval de ondernemingsraad bij de Ondernemingskamer een verzoek tot het treffen van (voorlopige) voorzieningen heeft ingediend.
De ondernemingsraad kan afstand doen van de gehele opschortingstermijn of van een gedeelte van de opschortingstermijn. Zodra de ondernemingsraad heeft besloten om geen beroep in te stellen tegen het besluit van de ondernemer, vervalt de zin van de opschortingstermijn en ligt het voor de hand dat de ondernemingsraad aan de ondernemer te kennen geeft dat de opschortingstermijn verder vervalt. In dat geval duurt de opschortingstermijn dus korter dan een maand.

Spreekrecht ondernemingsraden NV's in de algemene vergadering
In NV's heeft de algemene vergadering recht van goedkeuring over besluiten van het bestuur omtrent een belangrijke verandering van de identiteit of het karakter van de vennootschap of de onderneming. Daartoe behoren in ieder geval besluiten tot overdracht van de onderneming (of het overgrote deel daarvan) aan een derde, het aangaan of verbreken van duurzame samenwerking als deze van ingrijpende betekenis is, of het nemen of afstoten van een aanzienlijke deelneming in het kapitaal van een andere vennootschap. Deze onderwerpen zijn globaal dezelfde als genoemd in artikel 25 lid 1 onder a en b van de WOR.
NV's die krachtens de wet verplicht zijn een ondernemingsraad in te stellen, moeten het verzoek van het bestuur aan de algemene vergadering tot goedkeuring van het be-

treffende besluit voorafgaand aan de algemene vergadering tijdig toezenden aan de ondernemingsraad, zodat deze daarover een standpunt kan innemen. Dat standpunt wordt gelijktijdig met het verzoek aan de algemene vergadering aangeboden. De voorzitter van de ondernemingsraad (of een door de voorzitter aangewezen vervanger) heeft het recht om het standpunt van de ondernemingsraad tijdens de algemene vergadering toe te lichten. Het ontbreken van een standpunt van de ondernemingsraad (hetzij omdat de ondernemingsraad geen standpunt heeft ingenomen, hetzij omdat hij daartoe niet in de gelegenheid is gesteld) maakt de besluitvorming in de algemene vergadering echter niet ongeldig.
In concerns kan het recht om een standpunt te bepalen en het spreekrecht in de algemene vergadering ook toekomen aan de ondernemingsraad die is ingesteld bij een dochtermaatschappij, mits de werknemers van het concern in meerderheid in Nederland werkzaam zijn. Is er meer dan één ondernemingsraad, dan wordt de bevoegdheid door deze ondernemingsraden gezamenlijk uitgeoefend. Als er een overkoepelende ondernemingsraad (COR) is ingesteld, dan berust de bevoegdheid bij de COR.

RECHTSPRAAK

Hoge Raad 6 juni 2001, «JAR» 2001/128
Besluit om surseance van betaling aan te vragen niet adviesplichtig.

Hoge Raad 3 februari 2012, ECLI:NL:HR:2012:BU9108, «JAR» 2012/71 en Ondernemingskamer 14 oktober 2010, ROR 2011, nr. 6, «JAR» 2010/309
De moedermaatschappij verkeert in de positie om stelselmatig een zodanige invloed uit te oefenen dat gezegd kan worden dat zij voor de aan de orde zijnde besluiten kan worden beschouwd als medeondernemer en verplicht is om advies te vragen.

Hoge Raad 2 juni 2017, ECLI:NL:HR:2017:982
WOR is in beginsel ook tijdens faillissement van toepassing. In voorkomende gevallen moet de curator advies vragen aan de ondernemingsraad, bijvoorbeeld bij verkoop van (onderdelen van) het bedrijf.

Hoge Raad 18 mei 2018, ECLI:NL:HR:2018:725 en Ondernemingskamer 3 februari 2017, ECLI:NL:GHAMS:2017:275
Besluit tot omzetting Stichting Holland Casino in een NV niet kennelijk onredelijk. Geen ongeoorloofd voorschot op de voorgenomen privatiseringsoperatie.

Ondernemingskamer 19 december 1985, ROR 1985, nr. 29
Nu de OR heeft nagelaten advies uit te brengen is hij in zijn beroep niet ontvankelijk.

Gerechtshof Amsterdam 27 juli 1989, ROR 1989, nr. 30
Besluit tot overdracht aandelen is besluit tot overdracht zeggenschap.

Ondernemingskamer 29 november 1990, ROR 1990, nr. 30
Besluiten die afzonderlijk genomen niet belangrijk zijn, kunnen dat in onderlinge samenhang wel zijn.

Ondernemingskamer 25 april 1991, ROR 1991, nr. 15
In beginsel staat het de ondernemer vrij om te bepalen in welke fase van een in stappen verlopend besluitvormingsproces advies wordt gevraagd. Onder omstandigheden kan dat echter te laat, of ook te vroeg zijn.

Ondernemingskamer 10 juli 1997, ROR 1997, nr. 18 en Hoge Raad 7 oktober 1998, ROR 2000, nr. 4
Ondernemer geeft persbericht uit over intentieverklaring tot samenwerking met andere ondernemer. Te laat om advies gevraagd.

Ondernemingskamer 9 maart 2000, ROR 2000, nr. 14
Adviesplicht bestaat niet alleen indien een voorgenomen besluit personele gevolgen heeft.

Ondernemingskamer 13 juli 2000, ROR 2001, nr. 27
Adviesplicht bestaat ook als de ondernemer de verwachting heeft gewekt dat hij advies zou vragen.

Ondernemingskamer 21 september 2000, ROR 2000, nr. 30
Besluit wijziging directiestructuur wegens tijdelijk karakter niet belangrijk.

Ondernemingskamer 1 maart 2001, ROR 2001, nr. 12
Investering maakt wezenlijk deel uit van de totale investeringen. Besluit is belangrijk.

Ondernemingskamer 19 oktober 2001, ROR 2002, nr. 5 en Ondernemingskamer 30 oktober 2002, ROR 2003, nr. 11
Besluiten om al dan niet mee te dingen naar openbare aanbestedingen van voldoende omvang zijn adviesplichtig.

Ondernemingskamer 13 december 2001, «JAR» 2002/14
De ondernemingsraad kan op een eerder gegeven positief advies terugkomen als zich zodanige onvoorziene feiten en omstandigheden voordoen dat het eerder gegeven advies in redelijkheid niet in stand kan blijven.

Ondernemingskamer 5 december 1996, ROR 1997, nr. 2 en Ondernemingskamer 11 juli 2002, ROR 2002, nr. 22
Uiteenlopende arbeidsvoorwaarden binnen één concern zijn toegestaan, mits het niet gaat om werknemers die kernactiviteiten verrichten.

Ondernemingskamer 19 januari 2005, ROR 2005, nr. 8
Besluit tot saneringsmaatregelen is kennelijk onredelijk nu tot aanvraag van ontslagvergunningen is overgegaan zonder het advies van de ondernemingsraad af te wachten.

Ondernemingskamer 13 mei 2009, ARO 2009/99
Het besluit tot invoering van een landelijke pilot is adviesplichtig. Het feit dat het om een omkeerbaar besluit gaat, betekent niet automatisch dat het daarom onbelangrijk is.

Ondernemingskamer 9 november 2009, ECLI:NL:GHAMS:2009:BK2877
Het advies van de ondernemingsraad is tot stand gekomen op grond van onjuiste veronderstellingen, hetgeen te wijten is aan de wijze waarop de ondernemer informatie heeft verstrekt. Het besluit is daarom kennelijk onredelijk.

Ondernemingskamer 21 april 2010, ECLI:NL:GHAMS:2010:BM2019, «JAR» 2010/120
Besluit tot (bestuurlijke) fusie kennelijk onredelijk. Het door de ondernemingsraad aangedragen alternatief is onvoldoende onderzocht. De motivering van de door de ondernemer gemaakte keuze is te mager.

Ondernemingskamer 26 november 2010, ECLI:NL:GHAMS:2010:BO5270
Bij meningsverschillen over de (afgesproken) adviestermijn is het aan de ondernemer om stappen te zetten. Immers, de zorgplicht om het medezeggenschapstraject te bewaken rust eerst en vooral op de ondernemer.

Ondernemingskamer 18 maart 2011, ECLI:NL:GHAMS:2011:BP9683
Bezwaren OR tegen wijziging topstructuur stuk voor stuk afgewezen. Besluit niet kennelijk onredelijk.

Ondernemingskamer 3 augustus 2011, ECLI:NL:GHAMS:2011:BR4231
Informatievoorziening gebrekkig. Ondernemer is ten onrechte ook al begonnen met uitvoeringshandelingen voordat het adviestraject is afgerond. Besluit is kennelijk onredelijk.

Ondernemingskamer 5 augustus 2011, ECLI:NL:GHAMS:2011:BR5261
Het overleg tussen ondernemer en ondernemingsraad is inhoudelijk van onvoldoende kwaliteit geweest, waardoor het (voorgenomen) besluit niet in volle omvang door het adviesrecht van de ondernemingsraad kon worden bestreken, met als gevolg dat aan diens medezeggenschapsrecht daarover in feite tekort is gedaan. Het besluit is kennelijk onredelijk.

Ondernemingskamer 7 maart 2012, ECLI:NL:GHAMS:2012:BW0499
Besluit niet kennelijk onredelijk. Geen onredelijke adviestermijn gesteld door de ondernemer. Problemen met bezetting en werkbelasting OR kunnen ondernemer niet worden aangerekend.

Ondernemingskamer 30 mei 2012, ECLI:NL:GHAMS:2012:BW7420, «JAR» 2012/181

Businessplan is een besluit en geen beleidsvoornemen. Volgens de ondernemer zou het inwinnen van advies van de ondernemingsraad zinloos zijn geweest omdat op voorhand duidelijk was dat de ondernemingsraad een andere visie had, die de ondernemer niet zou delen omdat deze niet haalbaar zou zijn. Dit standpunt miskent dat het adviesrecht van de ondernemingsraad dient te worden gerespecteerd en dat in een definitief te nemen besluit – hoe dit ook moge luiden – het advies van de ondernemingsraad dient te worden meegewogen.

Ondernemingskamer 28 januari 2013, ECLI:NL:GHAMS:2013:BZ4558

Besluit niet kennelijk onredelijk. Ondernemer niet verplicht tot opstellen sociaal plan met financiële vertrekregeling. Bepalingen over herplaatsingstraject in personeelsgids niet onredelijk.

Ondernemingskamer 9 juli 2013, ECLI:NL:GHAMS:2013:2336

De bestuurder heeft er geen blijk van gegeven naast het concernbelang de overige belangen van de dochtervennootschap zelf te hebben meegewogen in het reorganisatiebesluit. Aannemelijk is dat het besluit daadwerkelijk door de moedermaatschappij is genomen, zodat het advies van de OR niet van wezenlijke invloed heeft kunnen zijn. Het besluit is kennelijk onredelijk.

Ondernemingskamer 5 december 2013, ECLI:NL:GHAMS:2013:4948

Wijziging besluit (niet aanbieden pensioenregeling aan medewerkers in nieuw op te richten dochter) ten onrechte niet meegenomen in adviesprocedure. Besluit kennelijk onredelijk.

Ondernemingskamer 11 december 2013, ECLI:NL:GHAMS:2013:4521

Niet verlenen van (kort) uitstel van afgesproken adviestermijn door ondernemer onder de gegeven omstandigheden kennelijk onredelijk.

Ondernemingskamer 27 februari 2014, ECLI:NL:GHAMS:2014:556

Besluit tot participatie in noodlijdend ziekenhuis onvoldoende onderbouwd en daarom kennelijk onredelijk.

Ondernemingskamer 12 mei 2014, ECLI:NL:GHAMS:2014:1978

Naar het oordeel van de Ondernemingskamer verschaft de adviesaanvraag, waarin is vermeld dat de maatschappelijke ontwikkelingen na 2014 'ertoe kunnen leiden dat' ontslagrecht en WW worden gewijzigd en dat Akzo Nobel Nederland 'die aanpassingen (zal) volgen en verwerken' in het Mobiliteitsplan, gelet op de onzekerheden in die omschrijving en het gebrek aan uitwerking van de wijze van verwerking van toekomstige wetgeving, onvoldoende duidelijkheid.

Ondernemingskamer 8 september 2014, ECLI:NL:GHAMS:2014:3890
Hoewel de OR op onderdelen te hoge eisen heeft gesteld ten aanzien van de informatie, heeft de ondernemer onvoldoende inzicht verschaft in de gevolgen voor het personeel. Besluit kennelijk onredelijk.

Ondernemingskamer 17 december 2014, ECLI:NL:GHAMS:2014:5431
De wijze waarop de financiering van de aandelenoverdracht vorm heeft gekregen, kan de toets der redelijkheid als bedoeld in artikel 26 lid 4 WOR niet doorstaan. Onderneming financiert overname in feite zelf. Onvoldoende rekening gehouden met de gevolgen voor het personeel. Gebrekkige informatieverstrekking aan de OR.

Ondernemingskamer 16 januari 2015, ECLI:NL:GHAMS:2015:46
Ondanks rommelig verlopen medezeggenschapstraject heeft de OR voldoende invloed kunnen uitoefenen. Verschil van inzicht over nut en noodzaak maakt besluit niet kennelijk onredelijk.

Ondernemingskamer 24 februari 2015, ECLI:NL:GHAMS:2015:356
Besluit tot sluiting volgt uit contourenplan (waarover de OR geen adviesrecht heeft). Niet aannemelijk dat toezeggingen aan het personeel zijn gedaan. Besluit niet kennelijk onredelijk.

Ondernemingskamer 16 april 2015, ECLI:NL:GHAMS:2015:1451
Het staat de ondernemer in beginsel vrij om de besluitvorming en daarmee de advisering door de ondernemingsraad over een reorganisatie in afzonderlijke besluiten en in fases vorm te geven, met dien verstande dat de ondernemer primair verantwoordelijk is voor het goede verloop van het medezeggenschaptraject. Die verantwoordelijkheid houdt onder meer in dat de ondernemer moet waarborgen dat de fasering en de opsplitsing in afzonderlijke besluiten geen afbreuk doen aan de effectiviteit van de medezeggenschap. Fasering mag er niet toe leiden dat de ondernemer zich in de fase van de besluitvorming van een inrichtingsplan op het standpunt stelt dat bedenkingen van de ondernemingsraad tegen het voorgenomen besluit of vragen met betrekking tot dit besluit 'te vroeg' naar voren worden gebracht en in de latere fase van het personeelsplan aan de ondernemingsraad tegenwerpt dat die bedenkingen en vragen 'te laat' komen, gelet op het reeds vastgestelde inrichtingsplan uit de eerdere fase. Daarnaast mag opsplitsing in afzonderlijke besluiten ten aanzien van dezelfde organisatie er niet toe leiden dat het overzicht van de gevolgen voor de bestaande organisatie in zijn totaliteit onvoldoende duidelijk is.

Ondernemingskamer 4 augustus 2015, ECLI:NL:GHAMS:2015:3216
De zorgplicht voor het goede verloop van een medezeggenschapstraject rust eerst en vooral op de ondernemer, maar dat neemt niet weg dat ook de ondernemingsraad verantwoordelijkheid draagt voor een juist verloop van dat traject, en oog dient te hebben voor het gerechtvaardigde belang van de ondernemer bij slagvaardige besluitvorming. Het be-

sluit is op het punt van de personele gevolgen en de financiële onderbouwing daarvan onvoldoende gemotiveerd en moet in zoverre als kennelijk onredelijk worden aangemerkt.

Ondernemingskamer 19 november 2015, ECLI:NL:GHAMS:2015:4890
Weliswaar advies gevraagd door ondernemer, maar adviesrecht vanwege politiek primaat niet van toepassing.

Ondernemingskamer 21 maart 2016, ECLI:NL:GHAMS:2016:1105
De ondernemer heeft bij afweging van de betrokken belangen niet in redelijkheid kunnen komen tot de besluiten met als doel de wijziging van de topstructuur van de organisatie. De besluiten moeten worden ingetrokken en de gevolgen ongedaan gemaakt.

Ondernemingskamer 19 oktober 2016, ECLI:NL:GHAMS:2016:4156
Besluit van de aandeelhouders in de grootmoeder valt in dit geval onder het adviesrecht van de OR van de kleindochtervennootschap.

Ondernemingskamer 15 augustus 2017, ECLI:NL:GHAMS:2017:3262
Besluit kennelijk onredelijk, nu na de overname de medezeggenschap onvoldoende geregeld is.

Ondernemingskamer 10 oktober 2017, ECLI:NL:GHAMS:2017:4123
Besluit tot aandelenoverdracht kennelijk onredelijk. De ondernemingsraad heeft geen wezenlijke invloed kunnen uitoefenen op het besluit.

Ondernemingskamer 27 maart 2018, ECLI:NL:GHAMS:2018:993
Besluit tot outsourcing niet kennelijk onredelijk. In 2012 overeengekomen sociaal plan niet van toepassing op deze reorganisatie; geen direct verband met eerdere reorganisatie waarvoor dat sociaal plan was afgesloten.

Ondernemingskamer 31 oktober 2019, ECLI:NL:GHAMS:2019:3902
Bezwaren ondernemingsraad tegen statutenwijziging en verandering samenstelling van raad van commissarissen afgewezen. Voldoende waarborgen voor onafhankelijkheid van de raad van commissarissen.

Ondernemingskamer 30 april 2020, ECLI:NL:GHAMS:2020:1182
Besluit tot reorganisatie theologieafdeling VU niet kennelijk onredelijk.

Ondernemingskamer 8 oktober 2020, ECLI:NL:GHAMS:2020:2643
De ondernemingsraad heeft recht op achterbanraadpleging. Omdat consultatie van de achterban een wezenlijk deel is van de taak van de ondernemingsraad, zal de ondernemer voor overleg door de ondernemingsraad met de achterban voorafgaand aan het uitbrengen van advies zoveel mogelijk ruimte moeten bieden. Dit recht op achterbanraadpleging is echter niet absoluut. Besluit tot reorganisatie niet kennelijk onredelijk.

Ondernemingskamer 5 november 2020, ECLI:NL:GHAMS:2020:2973
De Ondernemingskamer oordeelt dat geen adviesopdracht is verstrekt aan een extern deskundige in de zin van artikel 25 lid 1 onder n. Geen kennelijk onredelijk besluit.

Ondernemingskamer 9 juli 2021, ECLI:NL:GHAMS:2021:2450
De ondernemer heeft bij afweging van de betrokken belangen niet in redelijkheid tot het besluit tot het overplaatsen van productiewerkzaamheden naar Roemenië kunnen komen; de ondernemer wordt geboden het besluit in te trekken en de gevolgen van het besluit ongedaan te maken, en verboden verdere uitvoering aan het besluit te geven.

Ondernemingskamer 22 oktober 2021, ECLI:NL:GHAMS:2021:3176
Verzoeken ondernemingsraad afgewezen. Uit de adviesaanvraag, de daarin vervatte toelichting en de daaraan gehechte bijlagen, blijkt dat de ondernemer een gefaseerde besluitvorming voorstaat, waarvan het besluit de eerste stap vormt. De keuze om op die manier tot besluitvorming over een nieuwe organisatievorm te komen is, naar vaste rechtspraak, in beginsel aan de ondernemer, met dien verstande dat hij zal moeten waarborgen dat de fasering geen afbreuk doet aan de effectiviteit van de medezeggenschap. Aan de eisen van artikel 25 WOR, in het bijzonder de leden 2 en 3 van die bepaling, dient in elke fase van de besluitvorming onverminderd te worden voldaan.

Ondernemingskamer 22 juni 2022, ECLI:NL:GHAMS:2022:1837
De ondernemer besluit tot wijziging van een deel van de distributiekanalen. De ondernemingsraad claimt adviesrecht. De Ondernemingskamer oordeelt dat het besluit niet belangrijk is in de zin van artikel 25 lid 1 WOR. De verzoeken van de ondernemingsraad worden afgewezen.

MEER INFORMATIE

Inzicht in de OR Praktijkboek
Hoofdstuk 6.2 Adviesprocedure
Hoofdstuk 6.3 Adviesplichtige onderwerpen
Hoofdstuk 6.4 Arbeidsrechtelijke gevolgen en adviesrecht
Hoofdstuk 13.4 Beroepsrecht bij adviesplichtig besluit

Artikel 26 Beroepsrecht van de ondernemingsraad

WETTEKST

1. De ondernemingsraad kan bij de Ondernemingskamer van het Gerechtshof Amsterdam beroep instellen tegen een besluit van de ondernemer als bedoeld in artikel 25, vijfde lid, hetzij wanneer dat besluit niet in overeenstemming is met het advies van de ondernemingsraad, hetzij wanneer feiten of omstandigheden bekend zijn geworden, die, waren zij aan de ondernemingsraad bekend geweest ten tijde van het uitbrengen van zijn advies, aanleiding zouden kunnen zijn geweest om het advies niet uit te brengen zoals het is uitgebracht.
2. Het beroep wordt ingediend door indiening van een verzoek, binnen een maand nadat de ondernemingsraad van het in het eerste lid bedoelde besluit in kennis is gesteld.
3. De ondernemer wordt van het ingestelde beroep in kennis gesteld.
4. Het beroep kan uitsluitend worden ingesteld ter zake dat de ondernemer bij afweging van de betrokken belangen niet in redelijkheid tot zijn besluit had kunnen komen.
5. De Ondernemingskamer behandelt het verzoek met de meeste spoed. Alvorens te beslissen kan zij, ook ambtshalve, deskundigen, alsmede in de onderneming werkzame personen horen. Indien de Ondernemingskamer het beroep gegrond bevindt, verklaart zij dat de ondernemer bij afweging van de betrokken belangen niet in redelijkheid tot het betrokken besluit had kunnen komen. Zij kan voorts, indien de ondernemingsraad daarom heeft verzocht, een of meer van de volgende voorzieningen treffen:
   a) het opleggen van de verplichting aan de ondernemer om het besluit geheel of ten dele in te trekken, alsmede om aan te wijzen gevolgen van dat besluit ongedaan te maken;
   b) het opleggen van een verbod aan de ondernemer om handelingen te verrichten of te doen verrichten ter uitvoering van het besluit of van onderdelen daarvan.

   Een voorziening van de Ondernemingskamer kan door derden verworven rechten niet aantasten.
6. Het is verboden een verplichting of een verbod als bedoeld in het vorige lid niet na te komen, onderscheidenlijk te overtreden.
7. De Ondernemingskamer kan haar beslissing op een verzoek tot het treffen van voorzieningen voor een door haar te bepalen termijn aanhouden, indien beide

partijen daarom verzoeken, dan wel indien de ondernemer op zich neemt het besluit waartegen beroep is ingesteld, in te trekken of te wijzigen, of bepaalde gevolgen van het besluit ongedaan te maken.

8. **Nadat het verzoekschrift is ingediend kan de Ondernemingskamer, zo nodig onverwijld, voorlopige voorzieningen treffen. Het vijfde lid, vierde en vijfde volzin, en het zesde lid, zijn van overeenkomstige toepassing.**
9. **Van een beschikking van de Ondernemingskamer staat uitsluitend beroep in cassatie open.**

TOELICHTING

Artikel 26 : Beroepsrecht

Het beroepsrecht vormt een belangrijke aanvulling op het adviesrecht van de ondernemingsraad op grond van het vorige artikel. Het heeft betrekking op alle in artikel 25 bedoelde belangrijke financieel-economische en bedrijfsorganisatorische besluiten van de ondernemer.

De ondernemingsraad kan beroep instellen zowel in het geval dat hij een advies heeft uitgebracht dat door de ondernemer niet of niet geheel is gevolgd, als in het geval dat hij géén advies heeft uitgebracht, hetzij omdat de ondernemer in strijd met zijn wettelijke verplichting geen advies aan de ondernemingsraad heeft gevraagd, hetzij omdat de ondernemingsraad - hoewel daartoe door de ondernemer in de gelegenheid gesteld - geen advies heeft kunnen uitbrengen (bijvoorbeeld omdat de ondernemingsraad te weinig tijd en/of te weinig informatie heeft gekregen). Bovendien kan de ondernemingsraad nog beroep instellen, wanneer het besluit van de ondernemer weliswaar in overeenstemming is met het advies van de ondernemingsraad, maar na het advies van de ondernemingsraad feiten of omstandigheden bekend zijn geworden, die mogelijk tot een ander advies van de ondernemingsraad zouden hebben geleid als ze tijdig aan de ondernemingsraad bekend waren geweest (in dit laatste geval is de ondernemer niet verplicht om de uitvoering van zijn besluit op grond van artikel 25, zesde lid, op te schorten). Veelal zullen nieuwe feiten of omstandigheden aanleiding vormen voor hernieuwd overleg tussen de ondernemingsraad en de ondernemer, op grond waarvan de ondernemingsraad zijn advies of de ondernemer zijn besluit opnieuw in overweging kan nemen. Maar is de ondernemer daartoe niet bereid, dan kan de ondernemingsraad in zo'n geval dus beroep instellen bij de Ondernemingskamer, mits de feiten of omstandigheden reeds bestonden ten tijde van het nemen van het besluit door de ondernemer.

Als ondernemer en ondernemingsraad het eens zijn dat er ten aanzien van een voorgenomen besluit adviesrecht bestaat (ook al betreft het een besluit dat niet genoemd is in artikel 25, eerste lid), dan is artikel 26 van toepassing. Zie ook de toelichting onder artikel 32. Anderzijds, als de ondernemer advies heeft gevraagd aan de ondernemingsraad met de uitdrukkelijke vaststelling dat het besluit niet onder het adviesrecht valt, kan hij daarop een beroep doen bij de Ondernemingskamer.

Opschortings- en beroepstermijn
De opschortingstermijn en de termijn voor het instellen van beroep lopen beide vanaf de dag dat de ondernemer zijn besluit schriftelijk aan de ondernemingsraad heeft meegedeeld. Beide duren een maand, zij het dat de opschortingstermijn door de ondernemingsraad kan worden bekort.

Indienen verzoek
Het beroep wordt ingesteld door het indienen van een verzoek bij de Ondernemingskamer van het Gerechtshof Amsterdam. Het verzoekschrift moet worden ondertekend door een advocaat. Op de procedure zijn de artikelen 261 e.v. van het Wetboek van Burgerlijke Rechtsvordering van toepassing. De ondernemingsraad zelf is in deze procedure de verzoekende partij en hij wordt daarbij vertegenwoordigd door zijn voorzitter of zijn plaatsvervangende voorzitter *(artikel 7)*. De ondernemer is in deze procedure de verwerende partij, dat wil zeggen degene tegen wie het verzoek van de ondernemingsraad is gericht. Het verzoekschrift moet bevatten:

- de personalia van de (plaatsvervangende) voorzitter van de ondernemingsraad en van de ondernemer;
- het besluit van de ondernemer waartegen het beroep wordt ingesteld;
- een duidelijke omschrijving van het verzoek en de gronden waarop het berust.

Beroepsgrond
Het beroep kan alleen worden ingesteld op de grond dat de ondernemer bij afweging van de betrokken belangen niet in redelijkheid tot zijn besluit had kunnen komen. Deze grond moet in het beroepschrift worden vermeld en nader worden toegelicht. Met name is het van belang, dat de ondernemingsraad aangeeft welk(e) belang(en) de ondernemer naar het oordeel van de ondernemingsraad bij zijn besluitvorming onvoldoende heeft meegewogen en waarom de ondernemingsraad het besluit dus onredelijk acht. De ondernemingsraad kan in het algemeen slechts beroep instellen op grond van bezwaren tegen het besluit die hij in zijn advies ook tot uitdrukking heeft gebracht of die in het overleg met de ondernemer aantoonbaar aan de orde zijn gesteld, bijvoorbeeld doordat ze zijn opgenomen in de notulen van de overlegvergadering(en).
De onredelijkheid van het besluit van de ondernemer kan zowel gelegen zijn in de inhoud van het besluit als in de wijze van totstandkoming van het besluit. Bezwaren tegen de inhoud van het besluit kunnen zowel betrekking hebben op het feit dat de ondernemer bij zijn besluit onvoldoende rekening heeft gehouden met het werknemersbelang als op het feit dat de ondernemer – naar de mening van de ondernemingsraad – het ondernemingsbelang onvoldoende in het oog heeft gehouden.
Indien de ondernemer verzuimd heeft om de ondernemingsraad in de gelegenheid te stellen over het door hem voorgenomen besluit advies uit te brengen, heeft de ondernemer bij afweging van de betrokken belangen in redelijkheid niet tot zijn besluit kunnen komen. Om tot een afweging van de betrokken belangen te kunnen komen heeft de wetgever immers de adviesprocedure van artikel 25 noodzakelijk geacht. Het niet nakomen van deze adviesprocedure betekent niet alleen dat de ondernemingsraad niet

op de voorgeschreven wijze heeft kunnen kennisnemen van de inhoud van en de beweegredenen voor het voorgenomen besluit en dat hij daarop geen invloed heeft kunnen uitoefenen, maar ook dat de ondernemer niet op de voorgeschreven wijze heeft kunnen kennisnemen van de zienswijze van de ondernemingsraad.
Vraagt de ondernemer wel advies aan de ondernemingsraad maar handelt hij in strijd met een of meer van de voorschriften van artikel 25, tweede, derde, vierde of vijfde lid, dan levert zo'n verzuim in het algemeen eveneens een kennelijk onredelijk besluit op. Dit is het geval wanneer ten gevolge van het verzuim van de ondernemer bij de besluitvorming wezenlijk te kort is gedaan aan de in de Wet op de ondernemingsraden gewaarborgde belangen van de ondernemingsraad. Hierbij valt onder meer te denken aan het te laat vragen van advies of aan het achterhouden van relevante informatie voor de ondernemingsraad. Ook moet de ondernemer zijn van het advies van de ondernemingsraad afwijkend besluit voldoende motiveren. Hij moet daarbij in beginsel ingaan op alle bezwaren die de ondernemingsraad in zijn advies heeft aangevoerd, alsmede op de door de ondernemingsraad aangedragen alternatieven. Als echter na het advies van de ondernemingsraad en vóór het besluit van de ondernemer nog uitgebreid overleg is gevoerd – waarbij alle argumenten zijn besproken – is een gedetailleerde motivering in het besluit niet strikt noodzakelijk.

Verzoek tot treffen van voorzieningen

Het verzoek van de ondernemingsraad kan inhouden het verkrijgen van een verklaring van de Ondernemingskamer, dat de ondernemer bij afweging van de betrokken belangen niet in redelijkheid tot zijn besluit had kunnen komen, maar de ondernemingsraad kan de Ondernemingskamer ook vragen een of meer van de volgende voorzieningen te treffen:

- het opleggen van de verplichting aan de ondernemer om zijn besluit (geheel of ten dele) in te trekken, alsmede om – in het verzoek te noemen – gevolgen van dat besluit ongedaan te maken;
- het opleggen van een verbod aan de ondernemer om handelingen te (doen) verrichten ter uitvoering van dat besluit (of van onderdelen daarvan).

De ondernemingsraad moet dus in zijn verzoekschrift aangeven of hij alleen de hierboven bedoelde verklaring vraagt, dan wel daarnaast ook een of meer van de hiervoor bedoelde voorzieningen, en zo ja welke. De ondernemingsraad kan tevens aan de Ondernemingskamer vragen om voor de duur van de procedure voorlopig een of meer van de hiervoor bedoelde voorzieningen te treffen.

Verweerschrift ondernemer

De ondernemingsraad dient de ondernemer van het ingestelde beroep in kennis te stellen, bij voorkeur door hem een afschrift van het verzoekschrift te doen toekomen.
De ondernemer kan een verweerschrift indienen ter toelichting van zijn besluit. Daarbij kan hij geen andere argumenten voor zijn besluit geven dan hij in de adviesprocedure reeds aan de ondernemingsraad heeft meegedeeld. Wanneer de ondernemer bij

zijn definitieve besluit is afgeweken van zijn aanvankelijk voornemen en hij ook het advies van de ondernemingsraad niet geheel volgt, dient hij de argumenten voor zijn gewijzigde besluit aan de ondernemingsraad mee te delen *(artikel 25, vijfde lid)*. De ondernemer en de ondernemingsraad kunnen dus in de beroepsprocedure voor de Ondernemingskamer geen nieuwe argumenten vóór of nieuwe bezwaren tegen het besluit aanvoeren, welke voordien in de adviesprocedure niet aan de orde zijn gesteld. Ook andere belanghebbenden kunnen eventueel een verweerschrift bij de Ondernemingskamer indienen.

Behandeling door Ondernemingskamer
De Ondernemingskamer behandelt het verzoek met de meeste spoed. De mondelinge behandeling van het beroep vindt in het algemeen ongeveer zes weken na de indiening van het verzoekschrift plaats. Deze zitting is openbaar. De procedure is een verzoekschriftprocedure. De Ondernemingskamer speelt hierbij een actievere rol dan bij een gewone dagvaardingsprocedure; zij kan zelfstandig een onderzoek instellen naar de feiten, deskundigen horen, en ook in de onderneming werkzame personen horen, bijvoorbeeld leden van de ondernemingsraad.
De ondernemer moet bij zijn besluitvorming alle betrokken belangen tegen elkaar afwegen. Dit zijn in beginsel de belangen van alle personen die direct bij het besluit van de ondernemer zijn betrokken (dus ook de belangen van de werknemers). De Ondernemingskamer zal bij haar toetsing beoordelen of de ondernemer bij zijn besluitvorming alle betrokken belangen wel behoorlijk tegen elkaar heeft afgewogen en redelijk te werk is gegaan. De Ondernemingskamer houdt daarbij rekening met door de ondernemer gedane toezeggingen en gemaakte afspraken, mits deze voldoende concreet zijn geformuleerd. De Ondernemingskamer gaat echter niet 'op de stoel van de ondernemer zitten' en uitmaken wat zij in die situatie als ondernemer besloten zou hebben. De ondernemer is immers in beginsel vrij in zijn beleid bij het nemen van besluiten als bedoeld in artikel 25. Die beleidsvrijheid van de ondernemer vindt echter haar grens daar waar de ondernemer bij afweging van de betrokken belangen in redelijkheid niet tot zijn besluit heeft kunnen komen. Alleen wanneer de ondernemer die grens heeft overschreden, kan de Ondernemingskamer ingrijpen.
De Ondernemingskamer kan tevens, indien de ondernemingsraad daarom heeft verzocht, een of meer van de hierboven bedoelde voorzieningen treffen. Zij kan een of meer van deze voorzieningen op verzoek van de ondernemingsraad ook voorlopig treffen (voor de duur van de procedure) maar zal hiertoe slechts dan overgaan, indien daarvoor zwaarwichtige gronden zijn. De Ondernemingskamer kan het besluit van de ondernemer niet zelf intrekken of wijzigen, maar zij kan wel de ondernemer verplichten om dat te doen. In sommige gevallen oordeelt de Ondernemingskamer weliswaar dat het besluit kennelijk onredelijk is, maar wijst hij het verzoek om voorzieningen geheel of gedeeltelijk af, bijvoorbeeld omdat belangen van de onderneming en/of derden te zeer geschaad zouden worden, of omdat de ondernemingsraad geen belang (meer) heeft bij een voorziening.

Rechten door derden verworven

Wanneer de Ondernemingskamer bij (voorlopige) voorziening de ondernemer verplicht om bepaalde gevolgen van zijn besluit ongedaan te maken of hem verbiedt om handelingen te (doen) verrichten ter uitvoering van zijn besluit, kunnen daarbij door derden (partijen die niet betrokken zijn geweest bij de besluitvorming) verworven rechten in het geding zijn (bijvoorbeeld rechten op levering krachtens koop van bepaalde gebouwen of machines). Na afloop van de opschortingstermijn mag de ondernemer immers zijn besluit uitvoeren en kan hij dus overeenkomsten met derden sluiten, waaraan deze bepaalde rechten kunnen ontlenen. Ter bescherming van de belangen van deze derden is bepaald dat een (voorlopige) voorziening van de Ondernemingskamer door derden verworven rechten niet kan aantasten. Derden kunnen dus niet de dupe worden van interne meningsverschillen in een onderneming, ook niet wanneer het besluit van de ondernemer door de Ondernemingskamer achteraf onredelijk wordt verklaard. Daarbij doet het in beginsel niet ter zake of de derde te goeder of te kwader trouw is geweest. Derden zijn immers in het algemeen geen partij in een beroepsprocedure tussen de ondernemingsraad en de ondernemer, zodat de Ondernemingskamer hun belangen en hun eventuele goede of kwade trouw niet kan afwegen. Een derde partij die echter betrokken is geweest bij de wijze waarop de besluitvorming en het overleg met de ondernemingsraad heeft plaatsgevonden, kan geen beroep doen op de derdenbescherming.

Uitstel behandeling

De Ondernemingskamer kan haar beslissing op een verzoek tot het treffen van voorzieningen voor een door haar te bepalen termijn aanhouden, namelijk wanneer:

- de ondernemingsraad en de ondernemer daar samen om vragen;
- de ondernemer zelf op zich neemt het besluit waartegen het beroep is ingesteld, in te trekken of te wijzigen, of bepaalde gevolgen van het besluit ongedaan te maken.

Overtreding uitspraak Ondernemingskamer

Wanneer de Ondernemingskamer bij (voorlopige) voorziening de ondernemer een verplichting oplegt om zijn besluit (geheel of ten dele) in te trekken of om bepaalde gevolgen van dat besluit ongedaan te maken, of hem een verbod oplegt om handelingen te (doen) verrichten ter uitvoering van dat besluit (of van onderdelen daarvan) en de ondernemer komt die verplichting niet na of hij overtreedt dat verbod, dan pleegt de ondernemer een overtreding op grond van de Wet op de economische delicten en kan hij gestraft worden met hechtenis van ten hoogste zes maanden of een geldboete van ten hoogste € 22.500 (en eventuele bijkomende straffen en maatregelen).

Cassatie

Binnen drie maanden na de beschikking van de Ondernemingskamer kunnen zowel de ondernemingsraad als de ondernemer cassatie instellen bij de Hoge Raad. De Hoge Raad stelt geen nieuw onderzoek in naar de feiten, maar beoordeelt uitsluitend of de Ondernemingskamer in haar beschikking het recht heeft geschonden. Is dat het geval dan vernietigt (casseert) de Hoge Raad de beschikking van de Ondernemingskamer.

RECHTSPRAAK

Hoge Raad 7 oktober 1987, ROR 1987, nr. 29 en Ondernemingskamer 25 mei 1989, ROR 1989, nr. 5

De beroepstermijn van een maand begint te lopen vanaf de formele mededeling van het besluit, ook als daarna nog wordt gediscussieerd over de adviesgerechtigdheid van de OR.

Ondernemingskamer 1 mei 1980, ROR 1971-1984, nr. 79 en Ondernemingskamer 15 april 1982, ROR 1971-1984, nr. 87

Voorbijgaan aan het adviesrecht van de OR brengt in het algemeen met zich mee dat de ondernemer niet in redelijkheid tot zijn besluit heeft kunnen komen.

Ondernemingskamer 24 mei 1984, ROR 1971-1984, nr. 94 en Hoge Raad 7 juli 1982, ROR 1971-1984, nr. 84

De ondernemer heeft zich niet gehouden aan eerder gedane toezeggingen. Dat betekent in het algemeen dat hij niet in redelijkheid tot zijn besluit heeft kunnen komen.

Ondernemingskamer 14 november 1985, ROR 1985, nr. 28

Het besluit is onvoldoende gemotiveerd. Dat betekent dat de ondernemer niet in redelijkheid tot zijn besluit heeft kunnen komen.

Ondernemingskamer 3 april 1986, ROR 1986, nr. 21

Het verzoekschrift van de OR moet een duidelijke uiteenzetting bevatten van de gronden waarop het verzoek rust. Verwijzing naar in het advies vermelde bezwaren is niet voldoende.

Ondernemingskamer 22 oktober 1987, ROR 1987, nr. 30

Aan de OR is onvoldoende informatie verstrekt. Dat betekent dat de ondernemer niet in redelijkheid tot zijn besluit heeft kunnen komen.

Ondernemingskamer 7 juli 1988, ROR 1988, nr. 29

Een besluit is kennelijk onredelijk indien de ondernemer heeft nagelaten het belang van de werknemers voldoende mee te wegen in de besluitvorming.

Ondernemingskamer 20 april 1989, ROR 1989, nr. 4

Commissies van de OR en individuele OR-leden hebben geen beroepsrecht.

Ondernemingskamer 27 juli 1989, ROR 1989, nr. 24, en Ondernemingskamer 31 juli 2013, ECLI:NL:GHAMS:2013:2832

De OR heeft geen beroepsrecht ten aanzien van uitvoeringsbesluiten.

Ondernemingskamer 7 januari 1999, ROR 1999, nr. 16, Ondernemingskamer 22 juli 1999, ROR 2000, nr. 7 en Ondernemingskamer 13 september 2001, ROR 2001, nr. 22
Besluit is kennelijk onredelijk, maar de gevraagde voorzieningen worden met het oog op het belang van het bedrijf niet toegewezen.

Ondernemingskamer 12 december 2003, ROR 2004, nr. 10
Het is in beginsel aan de ondernemingsraad om te bepalen welke informatie hij nodig heeft voor zijn advies.

Ondernemingskamer 13 januari 2004, ROR 2004, nr. 14
Het genomen besluit wijkt af van het voorgenomen besluit dat voor advies aan de OR is voorgelegd. Het niet vragen van advies over dit gewijzigde besluit is kennelijk onredelijk.

Ondernemingskamer 7 december 2005, ROR 2006, nr. 10
Besluit tot statutenwijziging is adviesplichtig omdat de ondernemingsraad invloed heeft op de benoeming van bestuursleden van de stichting/ondernemer. Het besluit is echter nog niet genomen, zodat in dit stadium de ondernemingsraad niet ontvankelijk is.

Ondernemingskamer 30 november 2007, ARO 2007/199
Aan de ondernemingsraad had advies gevraagd moeten worden. De gevraagde voorzieningen kunnen met het oog op de bescherming van de rechten van derden niet worden toegewezen.

Ondernemingskamer 13 november 2008, ARO 2008/182
De beroepstermijn van artikel 26 lid 2 vangt aan op de dag waarop de ondernemer schriftelijk mededeling doet van zijn besluit.

Ondernemingskamer 4 februari 2010, ARO 2010/39
Ondernemer had onvoldoende inzicht in de financiële uitgangspunten voor en gevolgen van de beoogde fusie. Besluit is kennelijk onredelijk. Terugdraaien fusie is echter niet in het belang van de organisatie.

Ondernemingskamer 10 mei 2011, ECLI:NL:GHAMS:2011:BQ4821
Besluit kennelijk onredelijk. Gevraagde voorzieningen afgewezen, nu deze mogelijk schadelijk voor de ondernemer/groep kunnen uitpakken.

Ondernemingskamer 19 april 2013, ECLI:NL:GHAMS:2013:BZ9689
Voorzieningen toegewezen, omdat aangenomen moet worden dat de OR hierbij het belang van de ondernemer voor ogen zal houden en zich zal inspannen de vertraging tot een minimum te beperken.

Ondernemingskamer 18 mei 2018, ECLI:NL:GHAMS:2018:1616
Besluit kennelijk onredelijk; verzochte voorzieningen afgewezen.

Ondernemingskamer 20 juli 2018, ECLI:NL:GHAMS:2018:2652
Besluit kennelijk onredelijk vanwege gebrekkige informatievoorziening. Verzoek OR om dwangsom op te leggen bij overtreding afgewezen omdat een OR geen rechtspersoon is.

Ondernemingskamer 12 maart 2019, ECLI:NL:GHAMS:2019:806
Besluit tot inrichting van raad van bestuur onvoldoende gemotiveerd en daarom kennelijk onredelijk. Mogelijke schending van rechten van derden niet van toepassing.

Ondernemingskamer 4 maart 2021, ECLI:NL:GHAMS:2021:632
Geen sprake van nieuwe feiten of omstandigheden. De OR wordt niet-ontvankelijk verklaard.

MEER INFORMATIE

Inzicht in de OR Praktijkboek
Hoofdstuk 13.4 Beroepsrecht bij adviesplichtig besluit

Artikel 27 Instemmingsrecht van de ondernemingsraad

WETTEKST

1. **De ondernemer behoeft de instemming van de ondernemingsraad voor elk door hem voorgenomen besluit tot vaststelling, wijziging of intrekking van:**
   a) **regelingen op grond van een pensioenovereenkomst, een winstdelingsregeling of een spaarregeling;**
   b) **een arbeids- en rusttijdenregeling of een vakantieregeling;**
   c) **een belonings- of een functiewaarderingssysteem;**
   d) **een regeling op het gebied van de arbeidsomstandigheden, het ziekteverzuim of het re-integratiebeleid;**
   e) **een regeling op het gebied van het aanstellings-, ontslag- of bevorderingsbeleid;**
   f) **een regeling op het gebied van de personeelsopleiding;**
   g) **een regeling op het gebied van de personeelsbeoordeling;**
   h) **een regeling op het gebied van het bedrijfsmaatschappelijk werk;**
   i) **een regeling op het gebied van het werkoverleg;**
   j) **een regeling op het gebied van de behandeling van klachten;**
   k) **een regeling omtrent het verwerken van alsmede de bescherming van de persoonsgegevens van de in de onderneming werkzame personen;**
   l) **een regeling inzake voorzieningen die gericht zijn op of geschikt zijn voor waarneming van of controle op aanwezigheid, gedrag of prestaties van de in de onderneming werkzame personen;**
   m) **een procedure voor het omgaan met het melden van een vermoeden van een misstand, als bedoeld in artikel 2, eerste lid, van de Wet Huis voor klokkenluiders; een en ander voor zover betrekking hebbende op alle of een groep van de in de onderneming werkzame personen.**
2. **De ondernemer legt het te nemen besluit schriftelijk aan de ondernemingsraad voor. Hij verstrekt daarbij een overzicht van de beweegredenen voor het besluit, alsmede van de gevolgen die het besluit naar te verwachten valt voor de in de onderneming werkzame personen zal hebben. De ondernemingsraad beslist niet dan nadat over de betrokken aangelegenheid ten minste éénmaal overleg is gepleegd in een overlegvergadering. Na het overleg deelt de ondernemingsraad zo spoedig mogelijk schriftelijk en met redenen omkleed zijn beslissing aan de ondernemer mee. Na de beslissing van de ondernemingsraad deelt de ondernemer zo spoedig mogelijk schriftelijk aan de ondernemingsraad mee welk besluit hij heeft genomen en met ingang van welke datum hij dat besluit zal uitvoeren.**

3. **De in het eerste lid bedoelde instemming is niet vereist, voor zover de betrokken aangelegenheid voor de onderneming reeds inhoudelijk is geregeld in een collectieve arbeidsovereenkomst of een regeling van arbeidsvoorwaarden vastgesteld door een publiekrechtelijk orgaan. Instemming is eveneens niet vereist voor zover ter zake van een aangelegenheid als bedoeld in het eerste lid, onderdeel a, sprake is van verplichte deelneming in een bedrijfstakpensioenfonds als bedoeld in artikel 1 van de Pensioenwet.**
4. **Heeft de ondernemer voor het voorgenomen besluit geen instemming van de ondernemingsraad verkregen, dan kan hij de kantonrechter toestemming vragen om het besluit te nemen. De kantonrechter geeft slechts toestemming, indien de beslissing van de ondernemingsraad om geen instemming te geven onredelijk is, of het voorgenomen besluit van de ondernemer gevergd wordt door zwaarwegende bedrijfsorganisatorische, bedrijfseconomische of bedrijfssociale redenen.**
5. **Een besluit als bedoeld in het eerste lid, genomen zonder de instemming van de ondernemingsraad of de toestemming van de kantonrechter, is nietig, indien de ondernemingsraad tegenover de ondernemer schriftelijk een beroep op de nietigheid heeft gedaan. De ondernemingsraad kan slechts een beroep op de nietigheid doen binnen een maand nadat hetzij de ondernemer hem zijn besluit overeenkomstig de laatste volzin van het tweede lid heeft meegedeeld, hetzij – bij gebreke van deze mededeling – de ondernemingsraad is gebleken dat de ondernemer uitvoering of toepassing geeft aan zijn besluit.**
6. **De ondernemingsraad kan de kantonrechter verzoeken de ondernemer te verplichten zich te onthouden van handelingen die strekken tot uitvoering of toepassing van een nietig besluit als bedoeld in het vijfde lid. De ondernemer kan de kantonrechter verzoeken te verklaren dat de ondernemingsraad ten onrechte een beroep heeft gedaan op nietigheid als bedoeld in het vijfde lid.**
7. **Onder regelingen op grond van een pensioenovereenkomst als bedoeld in het eerste lid, onderdeel a, worden mede verstaan regelingen opgenomen in een uitvoeringsovereenkomst als bedoeld in artikel 1 van de Pensioenwet of een uitvoeringsreglement als bedoeld in onderdeel b van de definitie van uitvoeringsreglement in artikel 1 van de Pensioenwet, die van invloed zijn op de pensioenovereenkomst waaronder in ieder geval worden begrepen: regelingen over de wijze waarop de verschuldigde premie wordt vastgesteld, de maatstaven voor en de voorwaarden waaronder toeslagverlening plaatsvindt en de keuze voor onderbrenging bij een bepaalde pensioenuitvoerder, pensioeninstelling uit een andere lidstaat of verzekeraar met zetel buiten Nederland als bedoeld in artikel 23, eerste lid, van de Pensioenwet.**

TOELICHTING

Artikel 27 : algemeen : Instemmingsrecht

Dit artikel gaat over besluiten waarbij de ondernemer de instemming van de ondernemingsraad nodig heeft alvorens hij ze kan nemen. De instemming van de ondernemingsraad is uiteraard alleen vereist voor besluiten die de ondernemer (zélf) kan en wil nemen. Besluiten om een bepaalde regeling niet te treffen vallen niet onder het instemmingsrecht. In het algemeen geldt dat de ondernemingsraad instemmingsrecht heeft als het door de ondernemer voorgenomen besluit bedoeld is om een of meer onderwerpen te regelen die in dit artikel worden genoemd. Daarbij is het, als de ondernemer een rechtspersoon is, niet van belang welke persoon of welk orgaan namens de ondernemer het besluit zal nemen; in de regel zullen de in dit lid opgesomde besluiten echter door het bestuur van de ondernemer worden genomen.

Al deze besluiten hebben betrekking op de vaststelling, wijziging – al dan niet ingrijpend van aard – of intrekking van een regeling op het terrein van het sociale beleid in de onderneming. Onder regeling als hier bedoeld, valt niet alleen de schriftelijke vaststelling van de regeling, maar ook de feitelijke uitvoering daarvan binnen de onderneming. Niet alle regelingen met betrekking tot het sociale beleid in de onderneming vallen echter onder het instemmingsrecht van de ondernemingsraad, maar uitsluitend de in artikel 27, eerste lid, vermelde regelingen. Daaronder vallen niet de 'primaire arbeidsvoorwaarden'. Deze term is overigens verre van eenduidig. De meest gebruikte uitwerking van dit begrip noemt de hoogte van de beloning en de duur van de arbeidstijd. In de praktijk levert deze omschrijving veel problemen op, in het bijzonder bij beloningsregelingen (zie hierover het commentaar bij artikel 27, eerste lid onder c, en de rechtspraak aan het eind van artikel 27). Zie ook de volgende paragraaf.

De instemming van de ondernemingsraad kan in het algemeen geen inbreuk maken op de rechten en verplichtingen die voortvloeien uit arbeidsovereenkomsten en aanstellingen die tussen de ondernemer en de individuele werknemers gelden. Anders geformuleerd: de instemming van de ondernemingsraad bindt individuele werknemers in beginsel niet. Zie echter ook weer de volgende paragraaf (met name de passages over het schriftelijk beding en het incorporatiebeding).

Primaire arbeidsvoorwaarden
De ondernemingsraad heeft op grond van de wet geen instemmingsrecht over de hoogte van de beloning en de duur van de arbeidstijd. Deze onderwerpen worden in de regel bij collectieve arbeidsovereenkomst of publiekrechtelijke regeling (ambtenaren) geregeld, maar ook als dat niet het geval is, kent de wet aan de ondernemingsraad ter zake geen instemmingsrecht toe. De ondernemingsraad kan zijn standpunten en voorstellen over deze onderwerpen echter wel aan de ondernemer kenbaar maken in het kader van het overleg op grond van artikel 23. Bovendien is het mogelijk dat door

toepassing van artikel 32 bij collectieve arbeidsovereenkomst, publiekrechtelijke regeling of ondernemingsovereenkomst aan de ondernemingsraad ter zake verdergaande bevoegdheden worden toegekend.
De ondernemingsraad kan bij het ontbreken van een collectieve arbeidsovereenkomst of een publiekrechtelijke regeling overleg voeren met de ondernemer over een collectieve regeling van arbeidsvoorwaarden en met hem tot overeenstemming komen. Deze overeenstemming met de ondernemer kan worden vastgelegd in een *ondernemingsovereenkomst (zie de toelichting bij artikel 32)* die door de ondernemer moet worden nagekomen. Anders dan bij een collectieve arbeidsovereenkomst werkt de ondernemingsovereenkomst echter niet automatisch en dwingend door in de individuele arbeidsovereenkomsten. De werkgever heeft dus ook na overeenstemming met de ondernemingsraad het (stilzwijgend) akkoord nodig van de individuele werknemers.
Hij kan echter een *schriftelijk beding* aangaan met de werknemers dat hem de bevoegdheid geeft een in de arbeidsovereenkomst voorkomende arbeidsvoorwaarde eenzijdig te wijzigen. Artikel 613, Boek 7, van het Burgerlijk Wetboek bepaalt dat de werkgever slechts een beroep kan doen op dat schriftelijk beding als hij bij de wijziging van de arbeidsvoorwaarde een zodanig *zwaarwichtig belang* heeft, dat het belang van de werknemer dat door de wijziging zou worden geschaad, daarvoor naar maatstaven van redelijkheid en billijkheid moet wijken. Uiteindelijk is het aan de rechter om in voorkomende gevallen te beoordelen of de wijziging redelijk en billijk is. Uit jurisprudentie blijkt dat de rechter eerder geneigd is de wijziging redelijk en billijk te vinden als de ondernemingsraad akkoord is gegaan. Dat is echter geen automatisme, zeker niet als individuele werknemers qua arbeidsvoorwaarden ernstig worden geraakt.
Ook kan de individuele arbeidsovereenkomst een zogenoemd incorporatiebeding bevatten, dat inhoudt dat bestaande en toekomstige afspraken tussen ondernemer en ondernemingsraad doorwerken in de arbeidsovereenkomst. Zoals hiervoor al is opgemerkt zullen de arbeidsvoorwaarden meestal met de vakorganisaties geregeld worden in een collectieve arbeidsovereenkomst of (in de overheidssector) bij publiekrechtelijke regeling. De ondernemingsraad heeft dan slechts aanvullende bevoegdheden *(zie de toelichting bij artikel 27, derde lid).*

Regeling
Onder de werking van artikel 27 vallen alleen *besluiten van algemene strekking.* Dat wil zeggen regelingen, maatregelen of voorzieningen die herhaald kunnen worden toegepast en die betrekking hebben op alle in de onderneming werkzame personen of op een of meer groepen daarvan. 'Kaderregelingen' die op een lager niveau in de onderneming moeten worden 'ingevuld', vallen onder het instemmingsrecht van de op het hogere niveau bevoegde ondernemingsraad (veelal COR of GOR). De 'invulling' valt onder het instemmingsrecht van de op het lagere niveau betrokken ondernemingsraad.
Regelingen die als tijdelijk en/of experimenteel worden voorgesteld, vallen onder het instemmingsrecht als zij duurzame, moeilijk omkeerbare gevolgen kunnen hebben voor het personeel.

Een 'groep' is een categorie van werknemers met overeenkomstige functionele kenmerken of belangen. Het gaat hierbij in de eerste plaats om de werknemers die krachtens een arbeidsovereenkomst of publiekrechtelijke aanstelling in de onderneming werkzaam zijn met uitzondering van de bestuurders van de onderneming *(artikel 1, tweede en vierde lid)*. Ook zieke en gedeeltelijk arbeidsongeschikte werknemers vallen onder artikel 27. Voorts betreft het de werknemers die krachtens arbeidsovereenkomst of aanstelling met de ondernemer werkzaam zijn in een onderneming van een andere ondernemer en uitzendkrachten die langer dan 15 maanden in de onderneming werkzaam zijn *(zie de toelichting bij artikel 1, derde lid)*. Bovendien vallen hieronder de groepen personen die op grond van artikel 6, vierde lid, zijn aangewezen als in de onderneming werkzaam. Naar redelijke wetstoepassing strekt de werking van artikel 27 zich ook uit tot personen die – in verband met de aard van de regeling – (tijdelijk) in bepaalde mate afhankelijk zijn van de onderneming. Gedacht kan worden bijvoorbeeld aan sollicitanten (in verband met de toepassing van onderdeel e), aan thuiswerkers (in verband met de toepassing van onderdeel d) en aan flexwerkers (in verband met de toepassing van de onderdelen b en d). Uitbreiding van een reeds in de onderneming toegepaste regeling op een andere groep werknemers valt eveneens onder het instemmingsrecht. De instemming van de ondernemingsraad is echter niet vereist voor besluiten die gelden ten aanzien van individuele personen.

Artikel 27 : eerste lid : onderdeel a : Pensioenovereenkomst, winstdelingsregeling, spaarregeling

Een besluit tot vaststelling, wijziging of intrekking van regelingen op grond van een pensioenovereenkomst, van een winstdelingsregeling-, of van een spaarregeling
Met ingang van 1 oktober 2016 is onderdeel a van artikel 27, eerste lid, ten aanzien van het onderwerp pensioenen ingrijpend gewijzigd. Kern is dat de ondernemingsraad – behoudens enkele uitzonderingen die hierna aan de orde komen – instemmingsrecht heeft ten aanzien van de *arbeidsvoorwaarde* pensioen.
Voorheen werd aangenomen dat alleen verzekerde regelingen onder het instemmingsrecht vielen. Door de wijziging wordt niet langer onderscheid gemaakt tussen verschillende pensioenuitvoerders (verzekeraar, ondernemingspensioenfonds, Algemeen pensioenfonds etc.). De uitzondering op deze regel zijn pensioenovereenkomsten die zijn ondergebracht in bedrijfstakpensioenfondsen. In deze fondsen worden de werknemers vertegenwoordigd door de vakbonden. Zie daarover verder *artikel 27, derde lid.*
De arbeidsvoorwaarde pensioen zou idealiter volledig geregeld moeten zijn in de pensioenovereenkomst. In de praktijk worden echter diverse onderdelen geregeld in de uitvoeringsovereenkomst, gesloten tussen de werkgever en de uitvoerder. Bij die overeenkomst is de werknemer of OR geen partij. Tenzij de keuze voor een (andere) pensioenuitvoerder directe gevolgen heeft voor de arbeidsvoorwaarde pensioen, heeft de OR geen invloed op de keuze van de ondernemer voor de uitvoerder. Om te voorkomen dat werknemers en OR geen invloed hebben op arbeidsvoorwaardelijke elementen die zijn geregeld in de uitvoeringsovereenkomst, worden daarom onder 'regelingen

met betrekking tot een pensioenovereenkomst' ook verstaan arbeidsvoorwaardelijke aspecten die zijn opgenomen in de uitvoeringsovereenkomst. In artikel 27, zevende lid, is geregeld dat het instemmingsrecht ook van toepassing is indien in de uitvoeringsovereenkomst of het uitvoeringsreglement regelingen zijn opgenomen die direct de pensioenovereenkomst (de arbeidsvoorwaarde pensioen) raken. Daarvan is in ieder geval sprake bij een regeling over de wijze waarop de premie wordt vastgesteld en een regeling over toeslagverlening. Bij andere onderdelen heeft de OR een informatierecht, zodat in voorkomende gevallen instemmingsrecht kan worden geclaimd. Zie verder het commentaar bij *artikel 27, zevende lid*, en ook *artikel 31f.*

De SER heeft verschillende tools voor ondernemingsraden ontwikkeld over het complexe onderwerp medezeggenschap en pensioen. Zie https://www.ser.nl/nl/thema/medezeggenschap/belangrijke-themas/pensioen. Zie over het onderwerp medezeggenschap en pensioen in kleine ondernemingen hoofdstuk 5A. Zie over pensioenen ook *Bijlagen 2G en 3.*

Een besluit van de ondernemer tot vaststelling, wijziging of intrekking van een winstdelingsregeling of van een spaarregeling is altijd aan de instemming van de ondernemingsraad onderworpen, ook als de gespaarde gelden zijn ondergebracht bij een zelfstandig (ondernemings)spaarfonds. Uiteraard is de instemming van de ondernemingsraad alleen vereist voor besluiten die door de ondernemer worden genomen, en niet voor besluiten die door het bestuur van het spaarfonds worden genomen.

Artikel 27 : eerste lid : onderdeel b : Arbeids- en rusttijdenregeling, vakantieregeling

Een besluit tot vaststelling, wijziging of intrekking van een arbeids- en rusttijdenregeling of een vakantieregeling

Onder arbeids- en rusttijdenregelingen worden verstaan regelingen betreffende de werktijden en pauzes, inzake ploegendiensten, dienstroosters, deeltijdwerk, overwerk, variabele werktijden en dergelijke, maar niet de vaststelling van het aantal uren dat gewerkt wordt. Onder vakantieregelingen worden verstaan regelingen waarin is vastgelegd op welke wijze de vakantiedagen kunnen worden opgenomen of in welke periode dit kan gebeuren, zoals de vaststelling van een collectieve vakantieperiode of van verplichte snipperdagen. Regelingen die trekken vertonen van zowel een arbeidstijden- als een vakantieregeling, bijvoorbeeld regelingen omtrent roostervrije uren of dagen (invulling arbeidstijdverkorting) vallen ook onder het instemmingsrecht. Uiteraard heeft de ondernemingsraad slechts instemmingsrecht voor zover Arbeidstijdenwet en Arbeidstijdenbesluit de ondernemer ruimte laat voor eigen regeling. Daarnaast bevat de Arbeidstijdenwet met betrekking tot een aantal specifieke onderwerpen een overeenstemmingsrecht dat zwaarder is dan het instemmingsrecht *(zie Bijlage 2B).*

De instemming van de ondernemingsraad met een vakantieregeling laat onverlet de verplichting van de ondernemer op grond van artikel 638, Boek 7 van het Burgerlijk Wetboek om over het opnemen van vakantie overleg te plegen met de individuele

werknemers. Ook hier geldt weer, dat de instemming van de ondernemingsraad alleen is vereist voor regelingen met een algemeen karakter, en dus niet voor besluiten die betrekking hebben op individuele werknemers.
Anders dan bij een vakantieregeling mag bij een *verlofregeling* de werktijd alleen onderbroken worden met het oog op bepaalde omstandigheden en verplichtingen (familieomstandigheden, doktersbezoek, examen en dergelijke). Verlofregelingen zijn meestal gedetailleerd geregeld in wetgeving (kort verzuim, zwangerschapsverlof, adoptieverlof, ouderschapsverlof, zorgverlof; *zie Bijlage 2K*), collectieve arbeidsovereenkomsten, ambtelijke rechtspositieregelingen en bedrijfsreglementen. De ondernemingsraad heeft dan geen instemmingsrecht, tenzij de verlofregeling een duidelijke samenhang vertoont met een aangelegenheid die genoemd wordt in artikel 27, zoals personeelsopleiding (scholingsverlof).
Sinds Covid is het onderwerp hybride werken prominent in beeld, inclusief geschillen over de invulling daarvan. Zie uitgebreider *Bijlagen 0 en 3*.

Artikel 27 : eerste lid : onderdeel c : Beloningssysteem, functiewaarderingssysteem

Een besluit tot vaststelling, wijziging of intrekking van een belonings- of een functiewaarderingssysteem
Bij deze besluiten is niet de hoogte van de beloning zelf in het geding, maar de wijze waarop beloningen worden berekend en functies worden gewaardeerd. Een beloningssysteem is een methode volgens welke beloningen worden berekend en aan bepaalde functies worden toegekend; het kan ook betrekking hebben op de onderlinge rangorde van de beloningen (bijvoorbeeld door indeling in loongroepen of salarisschalen) of de opbouw van de beloningen (bijvoorbeeld de verhouding tussen een vast en een variabel bestanddeel van de beloning). Onder beloning dient te worden verstaan de tegenprestatie voor verrichte arbeid, waaronder wel een overwerkvergoeding valt, maar niet een reis- of autokostenvergoeding, een huursubsidie of een hypotheekregeling. Ook de voorwaarden waaronder aandelen (opties) worden toegekend aan bepaalde categorieen werknemers, kunnen onder omstandigheden vallen onder het beloningssysteem. Datzelfde geldt voor de vaststelling van een bonusregeling. Uit de rechtspraak wordt overigens duidelijk dat het in veel gevallen niet eenvoudig is onderscheid te maken tussen enerzijds de regeling als zodanig en anderzijds de hoogte van de beloning. Dat leidt in een aanzienlijk deel van de rechtszaken tot het oordeel dat de betreffende regeling niet instemmingsplichtig is.

Per 1 juli 2011 is de *werkkostenregeling* (WKR) ingevoerd. Tot 2015 kon de werkgever kiezen tussen de bestaande regeling(en) en de WKR, sindsdien geldt de WKR. Door deze regeling kan, naast een aantal gerichte vrijstellingen, een bepaald percentage van het totale fiscale loon worden besteed aan onbelaste vergoedingen en verstrekkingen voor werknemers. In verband met de coronacrisis is de ruimte in 2020 en 2021 tijdelijk verhoogd naar 3%. Per 1 januari 2022 gaat het om 1,7%. Over bedragen boven de € 400.000 is de ruimte 1,18%. De ruimte kan ook worden gebruikt voor tegemoetko-

mingen voor thuiswerken. Het is raadzaam over dit onderwerp regelmatig de officiële publicaties van de overheid te raadplegen.
Of de ondernemingsraad instemmingsrecht heeft, hangt af van het type regeling. Het kan zijn dat bepaalde onderwerpen onder de cao vallen, waardoor het instemmingsrecht vervalt *(zie artikel 27, derde lid)*. Denkbaar is dat de OR instemmingsrecht heeft op grond van (in het verleden gemaakte) afspraken, bijvoorbeeld over de betrokkenheid van de OR bij wijzigingen in het personeelshandboek.
Een *functiewaarderingssysteem* is een methode volgens welke de zwaarte van verschillende functies wordt bepaald en functies onderling worden vergeleken. Aan de op deze wijze in groepen ingedeelde functies kunnen in het beloningssysteem loonschalen worden gekoppeld.
Het gaat hier weer om de algemene regelingen. Besluiten die betrekking hebben op de indeling in verschillende functiegroepen of rangen van individuele personen vallen buiten de competentie van de ondernemingsraad.

Artikel 27 : eerste lid : onderdeel d : Arbeidsomstandigheden, ziekteverzuim, re-integratiebeleid

Een besluit tot vaststelling, wijziging of intrekking van een regeling op het gebied van de arbeidsomstandigheden, het ziekteverzuim of het re-integratiebeleid
De totstandkoming, wijziging of intrekking van deze regelingen zal veelal verplicht zijn om te voldoen aan de voorschriften van de Arbeidsomstandighedenwet, het Arbobesluit en de Arboregeling of aan door de Nederlandse Arbeidsinspectie van het ministerie van Sociale Zaken en Werkgelegenheid gestelde eisen. In dat geval is de instemming van de ondernemingsraad slechts vereist indien en voor zover deze voorschriften of eisen nog keuzevrijheid voor de ondernemer laten. Die keuzevrijheid is er in elk geval met betrekking tot:

- de inhoud en organisatie van de risico-inventarisatie en -evaluatie,
- de taken van de preventiemedewerker én, sinds 1 juli 2017, de aanwijzing van de persoon die de rol van preventiemedewerker op zich neemt,
- de keuze van en het contract met de arbodienst (waaronder de toegang van de bedrijfsarts tot de werkplek),
- de inrichting van de interne arbodienst,
- het 'arbospreekuur' (of, preciezer, de regeling voor het recht van werknemers op toegang tot de bedrijfsarts, zie art. 14 Arbowet),
- de uitwerking van het recht op een 'second opinion' bij geschillen tussen een (zieke) werknemer en de bedrijfsarts,
- het doen uitvoeren van aanstellingskeuringen (voor zover toegestaan op grond van de Wet op de Medische Keuringen),
- de organisatie van de bedrijfshulpverlening en
- de verplichtingen rond gevaarlijke installaties (veiligheidsrapport e.d.).

Dat de ondernemingsraad instemmingsrecht heeft bij dit soort organisatorische maatregelen blijkt ook uit de wetsgeschiedenis van de Arbowet. Samenloop van de instemmingsprocedure (kantonrechter) en de procedure via de Nederlandse Arbeidsinspectie is uitgesloten door een bepaling in artikel 36 *(zie toelichting bij artikel 36).* Met betrekking tot de organisatie van de arbodienstverlening heeft de ondernemingsraad, op grond van de Arbeidsomstandighedenwet, ook een zogeheten overeenstemmingsrecht *(zie bijlage 2).*
Op grond van de Arbeidsomstandighedenwet en de Wet Verbetering Poortwachter is de werkgever voorts verplicht een ziekteverzuimbeleid te voeren dat gericht is op het voorkómen en beperken van ziekteverzuim en het begeleiden van zieke werknemers. De inhoud van het ziekteverzuimbeleid (met inbegrip van de ziekmeldingsprocedure, de controlevoorschriften en de regels met betrekking tot de registratie en bescherming van gegevens in verband met medische keuringen e.d.) valt nadrukkelijk onder het instemmingsrecht van de ondernemingsraad. Ook een bonus- of malusregeling ter beperking van het ziekteverzuim dient de instemming van de ondernemingsraad te krijgen.
De toevoeging van het re-integratiebeleid beoogt te regelen dat de ondernemingsraad instemmingsrecht heeft met betrekking tot de inhoud en de uitvoering van het beleid en de keuze van het re-integratiebedrijf (of de arbodienst).

Overigens heeft de ondernemingsraad ook bij het adviesrecht *(artikel 25)* vaak de mogelijkheid om in het kader van het voorgenomen besluit (bijv. invoering nieuwe technologie/machinerie; reorganisatie productieproces e.d.) de gevolgen voor de arbeidsomstandigheden en de gezondheidsrisico's aan de orde te stellen. Bij een adviesaanvraag dient de werkgever een overzicht te geven van de gevolgen die het besluit naar te verwachten valt voor de in de onderneming werkzame personen zal hebben én van de naar aanleiding daarvan voorgenomen maatregelen. Deze gevolgen betreffen uiteraard ook de consequenties voor de veiligheid en gezondheid en dienen te worden geïnventariseerd door middel van een risico-inventarisatie en -evaluatie (RI&E, artikel 5 Arbowet). Artikel 5 Arbowet schrijft expliciet voor dat de RI&E dient te worden aangepast 'zo dikwijls als de [...] gewijzigde werkmethoden of werkomstandigheden [...] daartoe aanleiding geven'. Dit zal bij de genoemde onderwerpen vrijwel zeker het geval zijn. Verdedigd kan worden dat de ondernemingsraad niet adequaat kan adviseren indien niet vooraf een risico-inventarisatie is uitgevoerd.
Op grond van artikel 28, eerste lid, heeft de ondernemingsraad voorts een stimulerende taak met betrekking tot de naleving van de voorschriften op het gebied van de arbeidsomstandigheden. Hiertoe kan de ondernemingsraad met behulp van het initiatiefrecht zelfstandig voorstellen doen *(artikel 23, tweede en derde lid).* De raad behoeft op dit gebied dus niet de voorstellen van de ondernemer af te wachten. Zie over de Arbeidsomstandighedenwet verder *Bijlage 2A.*
In maart 2022 heeft de SER een advies over hybride werken gepubliceerd. In het advies wordt aangeraden om het onderwerp hybride werken te integreren in het reguliere arbobeleid. Zie voor het SER dossier hybride werken (met verwijzing naar het advies) *https://www.ser.nl/nl/thema/arbeidsomstandigheden/dossiers/dossier-hybride-werken.*

Artikel 27 : eerste lid : onderdeel e : Aanstellingsbeleid, ontslagbeleid, bevorderingsbeleid

Een besluit tot vaststelling, wijziging of intrekking van een regeling op het gebied van het aanstellings-, ontslag- of bevorderingsbeleid
Het gaat hier om algemene regelingen die in de onderneming worden getroffen op het gebied van het aanstellingsbeleid (waaronder begrepen de behandeling van sollicitanten, regelingen met betrekking tot de aanstelling in tijdelijke of vaste dienst, voor bepaalde of voor onbepaalde tijd, overplaatsingsbeleid, enzovoorts), het ontslagbeleid (bijvoorbeeld een regeling voor vervroegde uittreding) en het bevorderingsbeleid (bijvoorbeeld richtlijnen voor interne promoties). Aspecten die hierbij de aandacht verdienen zijn bijvoorbeeld privacybescherming en gelijke behandeling. De ondernemingsraad heeft geen bemoeienis met individuele aanstellingen, ontslagen of bevorderingen (of het uitblijven daarvan). Het vaststellen van een gehele of gedeeltelijke vacaturestop valt evenmin onder deze bepaling, want dat is geen besluit op het gebied van het aanstellingsbeleid. Veelal zal zo'n besluit echter samenhangen met een besluit tot inkrimping of wijziging van de werkzaamheden van de onderneming, waaromtrent de ondernemingsraad op grond van artikel 25, eerste lid, onder d, een adviesrecht kan hebben. Medische keuring bij aanstelling is in beginsel verboden *(Wet op de medische keuringen)*. Zie over deze aanstellingskeuringen ook *Bijlage 2T*.
Gezien de (zeer) krappe arbeidsmarkt zal dit onderwerp in veel organisaties hoog op de agenda staan. Hoe komt de ondernemer aan voldoende mensen? Hoe houd je mensen binnen? Het is raadzaam hier ook langetermijnbeleid op te ontwikkelen en het onderwerp op de agenda van het artikel 24-overleg te zetten.
Per 1 juli 2015 is de Wet werk en zekerheid in werking getreden. Deze wet heeft grote gevolgen voor het ontslagrecht. Tal van regelingen op het gebied van het ontslagbeleid en het aanstellingsbeleid zijn met het oog op deze ingrijpende wetswijziging aangepast. Denk daarbij onder meer aan het beleid ten aanzien van tijdelijke contracten en uitzendkrachten. In veel gevallen zullen deze aanpassingen instemmingsplichtig zijn.

Artikel 27 : eerste lid : onderdeel f : Personeelsopleiding

Een besluit tot vaststelling, wijziging of intrekking van een regeling op het gebied van de personeelsopleiding
Personeelsopleiding kan gericht zijn op het aanleren van de nodige vakkennis en ervaring, bijvoorbeeld in een leerlingenstelsel of introductiecursus. Ook kan het bijhouden of vergroten van de individuele vakbekwaamheid beoogd worden, of het omscholen tot andere vaardigheden. Personeelsopleiding kan voorts een meer algemene functie hebben in bijvoorbeeld een management-developmentbeleid. In al deze gevallen is het van belang dat de regelingen hun basis vinden in een opleidingsplan. Aandachtspunt voor de ondernemingsraad is daarbij dat er een evenwichtige afweging plaatsvindt van de belangen van de werknemers en het bedrijfsbelang. Aspecten die in dit kader aan de

orde komen, zijn: tijdsbeslag, kosten, uitbesteding of scholing in eigen beheer, voorlichting, gelijke behandeling en loopbaanperspectief.
Ook het beleid met betrekking tot de personeelsopleiding is geraakt door de invoering van de WWZ per 1 juli 2015. Een kernonderdeel van de WWZ is de verplichting om de werknemer bij ontslag een transitievergoeding te betalen. Kosten die gemaakt zijn om de *employability* van de werknemer op peil te houden of te verhogen, zodat de kans op het vinden van nieuw werk groter is, kunnen onder voorwaarden in mindering worden gebracht op de transitievergoeding. En met de coronacrisis is het onderwerp omscholing nog hoger op de agenda gekomen, zeker in de zwaarst getroffen sectoren. Daarmee wint het opleidingsbeleid binnen de onderneming aan gewicht. Aanpassing van dat beleid (of het ontwikkelen van beleid waar dat nog niet bestond) is in beginsel instemmingsplichtig.

Artikel 27 : eerste lid : onderdeel g : Personeelsbeoordeling

Een besluit tot vaststelling, wijziging of intrekking van een regeling op het gebied van de personeelsbeoordeling
Bij personeelsbeoordeling staan zowel voor de beoordeelde als voor het bedrijf dikwijls niet geringe belangen op het spel. De beoordeelde is daarbij meestal de afhankelijke partij. Daarom dient de personeelsbeoordeling niet uit de vrije hand te gebeuren, maar op systematische wijze volgens zo objectief mogelijke normen. De ondernemingsraad kan een regeling op het gebied van de personeelsbeoordeling in elk geval toetsen aan enkele wezenlijke voorwaarden, zoals een schriftelijke verslaglegging van de beoordeling, het recht van de beoordeelde om zijn mening over de beoordeling te geven en de mogelijkheid voor de beoordeelde om tegen zijn beoordeling in beroep te gaan. Ook met betrekking tot de personeelsbeoordeling geldt dat de invoering van de WWZ vermoedelijk tot veel aanpassingen zal leiden. Het wordt voor werkgevers (nog) belangrijker om hun personeelsdossiers op orde te hebben. Ook de invoering van de Wet arbeidsmarkt in balans (WAB) per 1 januari 2020 is in dit kader relevant.

Artikel 27 : eerste lid : onderdeel h : Bedrijfsmaatschappelijk werk

Een besluit tot vaststelling, wijziging of intrekking van een regeling op het gebied van het bedrijfsmaatschappelijk werk
Bedrijfsmaatschappelijk werk is gericht op het oplossen van problemen die voortkomen uit de werksituatie (of de wisselwerking van de werksituatie en de privésituatie, waaraan Covid een extra dimensie heeft toegevoegd) van individuele werknemers. Het gaat hier om hulpverlening door beroepskrachten in een vertrouwensrelatie die door de werknemer vrijwillig wordt aanvaard. Instemming van de ondernemingsraad is niet alleen vereist voor het besluit van de ondernemer om van de diensten van een bedrijfsmaatschappelijk werker (m/v) gebruik te gaan maken, maar ook de werkwijze en de plaats in de ondernemingsorganisatie van deze functionaris dient daarbij aan de orde te komen. Soms wordt het bedrijfsmaatschappelijk werk ondergebracht bij de perso-

neelsafdeling, soms in een zogeheten sociaal-medisch team. In toenemende mate zijn dit soort diensten verschoven naar (gecertificeerde) arbodiensten. In de Arbowetgeving is de aandacht immers steeds meer verschoven naar sociaal-psychische klachten (burn-out, werkdruk, sociale veiligheid op het werk enzovoorts). Zie hierover ook *artikel 27, eerste lid onder d,* en *Bijlage 2A*.
Uiteraard dient ook de instemming van de ondernemingsraad te worden gevraagd als de ondernemer het bedrijfsmaatschappelijk werk in zijn onderneming wil beëindigen.

Artikel 27 : eerste lid : onderdeel i : Werkoverleg

Een besluit tot vaststelling, wijziging of intrekking van een regeling op het gebied van het werkoverleg
Onder werkoverleg wordt verstaan regelmatig overleg tussen alle werknemers (met inbegrip van hun chef) die gezamenlijk een bepaalde (deel)taak uitvoeren, onder meer over de wijze waarop het werk zal worden uitgevoerd en de werkzaamheden onderling zullen worden verdeeld. Werkoverleg kan van grote betekenis zijn voor een directe beïnvloeding door de werknemers van hun werk, hun werkomstandigheden en hun onderlinge werkverhoudingen. Daarom is de invoering van werkoverleg en de regeling van doelstellingen, bevoegdheden en werkwijze van het werkoverleg aan de instemming van de ondernemingsraad onderworpen.
Naast dit instemmingsrecht heeft de ondernemingsraad op grond van artikel 28, tweede lid, ook een stimulerende taak met betrekking tot het werkoverleg. De ondernemingsraad behoeft op dit gebied dus niet de voorstellen van de ondernemer af te wachten. Hij kan met behulp van het initiatiefrecht het werkoverleg zelfstandig stimuleren *(artikel 23, tweede en derde lid)*. Zie over dit onderwerp voorts *Bijlage 1*: bij nieuwe vormen van medezeggenschap zien we vaak nieuwe combinaties van werkoverleg en medezeggenschap via de ondernemingsraad.

Artikel 27 : eerste lid : onderdeel j : Klachtenregeling

Een besluit tot vaststelling, wijziging of intrekking van een regeling op het gebied van de behandeling van klachten
Een klachtenregeling stelt individuele werknemers in de gelegenheid via een interne procedure op te komen tegen een onrechtvaardige behandeling in de werksituatie. Zo'n regeling moet een eerlijke procedure garanderen, zonder dat daar voor de klager nadeel uit kan voortkomen. Voorts dient de klager binnen redelijke termijn een gemotiveerd antwoord te krijgen en zo nodig moet hij of zij zich kunnen laten bijstaan door een vertrouwenspersoon. Deze kan een daartoe speciaal aangestelde klachtenbegeleider zijn, maar ook een vakbondsfunctionaris of een ondernemingsraadslid. De centrale werkgevers- en werknemersorganisaties hebben het belang van een klachtenregeling onderstreept in een aanbeveling van de Stichting van de Arbeid (Aanbeveling 01/90, zie *www.stvda.nl*).

Als de ondernemer een klachtenregeling treft, is de instemming van de ondernemingsraad vereist. De ondernemingsraad kan zich niet zelf met de behandeling van individuele klachten bezighouden, maar wel de procedure bewaken en zo nodig de bestuurder aanspreken als blijkt dat bepaalde individuele klachten symptomatisch zijn voor de werksituatie van een deel van het personeel.
Onder het instemmingsrecht valt ook een klachtenregeling betreffende een procedure voor klachten over de in de onderneming werkzame personen (door consumenten of patiënten) en een regeling betreffende een procedure voor de melding van ernstige misstanden in de onderneming *(zie hierna onder onderdeel m).*
Vergeleken met enkele jaren geleden heeft het onderwerp sterk aan aandacht gewonnen: #Metoo, andere integriteitschendingen enzovoort. Zie over wetsvoorstellen op dit terrein *Bijlage 3.*

Artikel 27 : eerste lid : onderdeel k : Privacybescherming

Een besluit tot vaststelling, wijziging of intrekking van een regeling omtrent het verwerken van alsmede de bescherming van de persoonsgegevens van de in de onderneming werkzame personen
Het gaat hier om de bescherming van de privacy van de werknemers. Het instemmingsrecht omvat het aanleggen van een persoonsregistratie en regelingen omtrent het verzamelen, bewaren, gebruiken, verstrekken en beveiligen van persoonsgegevens. Gedacht kan worden aan gegevens met betrekking tot aanstelling (sollicitatie), ziekteverzuim, medische keuringen, salarisadministratie en beoordelingsdossiers. Uiteraard moet de ondernemer zich houden aan de verplichtingen van de Algemene verordening gegevensbescherming (AVG). Voor zover deze verordening hem echter beleidsvrijheid biedt, dient hij de instemming van de ondernemingsraad te vragen. Ook als de ondernemingsraad zijn instemming heeft gegeven, kan iedere belanghebbende werknemer die meent dat zijn recht op privacy is of wordt geschonden, een klacht indienen bij de Autoriteit Persoonsgegevens. Corona heeft een groot aantal privacy-gerelateerde onderwerpen hoog op de agenda gezet (denk aan temperaturen, sneltesten, registreren van vaccinaties, controle op de werkvloer enzovoorts). Zie daarover uitgebreider de website van de Autoriteit Persoonsgegevens *(https://www.autoriteitpersoonsgegevens.nl/nl/onderwerpen/corona).* Zie ook de aanbeveling van de CBM inzake Corona *(https://publicaties.ser.nl/handreiking_or_covid-19/2-2-arbeidsomstandigheden_vervolg),* alsmede *Bijlage 0* in dit boek.

Vanaf 25 mei 2018 geldt EU-breed de AVG. In Nederland verving de AVG de Wet bescherming persoonsgegevens. De AVG versterkt de bestaande privacyrechten, breidt deze uit en legt meer verantwoordelijkheden bij organisaties. In een groot aantal organisaties moet op grond van de AVG een functionaris voor de gegevensbescherming worden aangesteld. Over de vraag of de omschrijving van de functie en de taken van deze functionaris instemmingsplichtig is, verschillen de meningen. Het instemmingsrecht zal in een aantal gevallen echter zeker in beeld zijn. Zie voor meer informatie over de AVG de website van de Autoriteit Persoonsgegevens: *https://autoriteitpersoonsgegevens.nl/nl/onderwerpen/europese-privacywetgeving/algemene-verordening-gegevensbescherming.*

Artikel 27 : eerste lid : onderdeel l : Personeelscontrolesystemen

Een besluit tot vaststelling, wijziging of intrekking van een regeling inzake voorzieningen die gericht zijn op of geschikt zijn voor waarneming van of controle op aanwezigheid, gedrag of prestaties van de in de onderneming werkzame personen
Dit instemmingsrecht strekt zich niet alleen uit over de reglementering van de voorzieningen, maar ook over de invoering, wijziging of intrekking van de voorziening zélf. Naast personeelscontrolesystemen en personeelsinformatiesystemen die als zodanig bedoeld zijn (prikklok, pieper, controlecamera's, controlesoftware e.d.), vallen ook voorzieningen die als zodanig gebruikt kunnen worden (beveiligingscamera's, chipkaarten en telefoonrecording) onder het instemmingsrecht. Louter persoonlijk toezicht zonder het gebruik van enig technisch of administratief (hulp)middel is geen 'voorziening' als in dit wetsartikel genoemd. Zie de site van de Autoriteit Persoonsgegevens over cameratoezicht op de werkplek *(https://autoriteitpersoonsgegevens.nl/nl/onderwerpen/cameratoezicht/cameratoezicht-op-de-werkplek).*
De werkgever heeft het recht om in de onderneming werknemers te controleren op het privégebruik van telefoon, e-mail en internet. Hij moet daarbij echter wel zorgvuldig te werk gaan en zich houden aan enkele voorwaarden. Zo moet er een duidelijke reden zijn om te controleren (bijvoorbeeld aanwijzingen voor misbruik of fraude). De werknemers moeten vooraf op de hoogte zijn gesteld van het besluit om te controleren. Zij moeten weten welke privéactiviteiten zijn toegestaan. De manier waarop de controle plaats vindt moet zo min mogelijk belastend zijn voor de privacy van de werknemers. Het verdient aanbeveling dat deze voorwaarden worden neergelegd in een gedragscode die de instemming heeft van de ondernemingsraad. Zie in verband met corona (inclusief toezicht bij thuiswerken) opnieuw uitgebreider de website van de Autoriteit Persoonsgegevens *(https://www.autoriteitpersoonsgegevens.nl/nl/onderwerpen/corona).*

Artikel 27 : eerste lid : onderdeel m : Klokkenluidersregeling

Een besluit tot vaststelling, wijziging of intrekking van een procedure voor het omgaan met het melden van een vermoeden van een misstand, als bedoeld in artikel 2, eerste lid, van de Wet Huis voor klokkenluiders
Per 1 juli 2016 is de zogenoemde klokkenluidersregeling ingevoerd. De werkgever bij wie 50 of meer werknemers werkzaam zijn, moet een procedure vaststellen voor het omgaan met het melden van een vermoeden van een misstand binnen zijn organisatie. Dat vermoeden moet gebaseerd zijn op redelijke gronden en er moet een maatschappelijk belang in het geding zijn. In de procedure moet een aantal dingen zijn geregeld: de wijze van melding, wanneer er sprake is van een vermoeden, bij wie moet worden gemeld, de verplichting om de melding vertrouwelijk te houden en de mogelijkheid

voor de werknemer om een adviseur te raadplegen. Een belangrijk onderdeel van de nieuwe wetgeving is de rechtsbescherming van klokkenluiders.
De OR heeft instemmingsrecht over invoering, wijziging of afschaffing van de procedure. Er is een Huis voor Klokkenluiders ingesteld, met een afdeling onderzoek en een afdeling advies. Zie voor de adresgegevens *Bijlage 10*. Zie over wetsvoorstellen op dit gebied *Bijlage 3*.

Artikel 27 : tweede lid : Instemmingsprocedure

Bij het vragen van instemming moet de ondernemer het voorgenomen besluit schriftelijk aan de ondernemingsraad voorleggen, zodat de ondernemingsraad aan de hand van de tekst volledig kan beoordelen waarvoor zijn instemming wordt gevraagd. Daarbij moet de ondernemer een overzicht geven van de motieven voor het besluit en de te verwachten gevolgen van het besluit voor het personeel. Het verdient aanbeveling dat de ondernemer tevens aangeeft op welke termijn hij de beslissing van de ondernemingsraad zou willen ontvangen. Vervolgens kunnen de ondernemingsraad en de ondernemer hierover afspraken maken.
Over het voorgenomen besluit moeten de ondernemingsraad en de ondernemer ten minste eenmaal in een overlegvergadering overleg plegen. Zonder voorafgaand overleg met de ondernemer over het voorgenomen besluit kan de ondernemingsraad dus geen rechtsgeldige beslissing nemen. Bij de uitoefening van zijn instemmingsrecht kan de ondernemingsraad alle relevante aspecten en gevolgen van de regeling betrekken, zoals (primaire) arbeidsvoorwaarden, cao-bepalingen, gelijke behandeling en privacybescherming. De ondernemingsraad neemt, na een of meer overlegvergaderingen, zelfstandig zijn beslissing omtrent het al dan niet verlenen van instemming, hetzij in een ondernemingsraadsvergadering, hetzij in een overlegvergadering *(artikel 23b, eerste lid)*. In beide gevallen moet hij deze beslissing zo spoedig mogelijk schriftelijk en voorzien van argumenten aan de ondernemer meedelen. Wordt de beslissing (ook) mondeling in een overlegvergadering kenbaar gemaakt, dan bestaat de mogelijkheid voor het vragen en geven van een nadere toelichting, hoe en waarom de ondernemingsraad tot zijn beslissing is gekomen. Wanneer het overleg daartoe aanleiding geeft, is het ook mogelijk dat de ondernemingsraad zijn beslissing nog eens in overweging neemt.
De ondernemingsraad kan een of meer commissarissen van de vennootschap die de onderneming in stand houdt (of bestuursleden/leden van de Raad van Toezicht van de vereniging of stichting die de onderneming in stand houdt) uitnodigen om de hiervoor bedoelde overlegvergadering (en) bij te wonen *(artikel 23a, zesde lid)*. Zij zijn echter niet verplicht om aan de uitnodiging van de ondernemingsraad gevolg te geven.
Nadat de ondernemingsraad zijn beslissing schriftelijk aan de ondernemer heeft meegedeeld moet de ondernemer zo spoedig mogelijk schriftelijk aan de ondernemingsraad laten weten wat de precieze inhoud is van het besluit dat hij heeft genomen en op welke datum de uitvoering van dit besluit begint c.q. de (wijziging van de) regeling wordt ingevoerd. Dit voorschrift strekt ertoe dat de ondernemingsraad zo goed moge-

lijk kan beoordelen of hij een beroep op nietigheid zal doen en zo ja, wanneer de termijn daarvoor begint te lopen *(zie de toelichting bij artikel 27, vijfde lid).*

Artikel 27 : derde lid : Uitzondering bij cao

De instemming van de ondernemingsraad met een besluit als bedoeld in het eerste lid, is niet vereist indien en voor zover het betrokken onderwerp voor de betrokken onderneming al inhoudelijk is geregeld in een collectieve arbeidsovereenkomst. Onder een collectieve arbeidsovereenkomst (cao) wordt verstaan iedere overeenkomst tussen een of meer werkgevers (of een of meer verenigingen van werkgevers) en een of meer vakorganisaties, waarbij voornamelijk of uitsluitend worden geregeld arbeidsvoorwaarden die bij arbeidsovereenkomsten in acht moeten worden genomen *(artikel 1 van de Wet op de collectieve arbeidsovereenkomst).*

Een overeenkomst met de vakorganisaties(s) heeft dus voorrang boven het instemmingsrecht van de ondernemingsraad. Daarvoor is wel vereist, dat de cao het betrokken onderwerp inhoudelijk regelt. Relevant is voorts of het om een zogenoemde minimum-cao of om een standaard-cao gaat. Van de laatstgenoemde mag niet worden afgeweken. Laat de regeling in de cao de ondernemer nog enige beslissingsvrijheid voor de nadere invulling van de regeling in zijn onderneming (bijvoorbeeld: de cao regelt alleen het aantal vakantiedagen per jaar, maar laat de mogelijke vaststelling van een geheel of gedeeltelijk collectieve vakantieperiode open), dan is voor die nadere invulling de instemming van de ondernemingsraad vereist. De betekenis van deze uitzonderingsbepaling hangt dus af van de vraag of al dan niet bij cao een inhoudelijke regeling is getroffen en zo ja, in welke mate deze regeling ruimte laat voor een nadere invulling op ondernemingsniveau.
Als het betrokken onderwerp niet in een cao is geregeld, heeft de ondernemer voor het treffen van een regeling dus de instemming van de ondernemingsraad nodig. Hij kan echter altijd – zonder instemming van de ondernemingsraad – een cao met de vakorganisatie(s) afsluiten, waarbij het betrokken onderwerp inhoudelijk wordt geregeld. Ook in dat geval heeft de cao-regeling voorrang boven de door de ondernemer met instemming van de ondernemingsraad getroffen regeling over hetzelfde onderwerp.

Uitzondering bij publiekrechtelijke regeling
Met een cao wordt gelijkgesteld een regeling van arbeidsvoorwaarden, vastgesteld door een publiekrechtelijk orgaan. Met een publiekrechtelijk orgaan wordt bedoeld een bestuursorgaan van een publiekrechtelijke rechtspersoon, zoals de rijksoverheid, een provincie, gemeente of waterschap. De uitzondering geldt ook voor de interne regeling van arbeidsvoorwaarden voor een onderneming van de publiekrechtelijke rechtspersoon zelf, mits deze regeling volgens het overeenstemmingsvereiste met de betrokken vakorganisaties tot stand is gekomen. De uitzondering geldt niet voor een regeling van arbeidsvoorwaarden die door een publiekrechtelijk orgaan moet worden goedgekeurd (bijvoorbeeld door het college van burgemeester en wethouders of door gedeputeerde staten), maar door de ondernemer wordt vastgesteld.

Uitzondering voor bedrijfstakpensioenfondsen met betrekking tot artikel 27 lid 1 onder a
Per 1 oktober 2016 is de tweede volzin toegevoegd aan artikel 27 lid 3. Ondernemingsraden hebben geen instemmingsrecht ten aanzien van pensioenovereenkomsten voor zover deze zijn ondergebracht in bedrijfstakpensioenfondsen. In die fondsen worden de belangen van de werknemers behartigd door de vakbonden.

Artikel 27 : vierde lid : Toestemming van de kantonrechter

Wanneer de ondernemer de instemming van de ondernemingsraad niet verkrijgt, kan hij van zijn voorgenomen besluit afzien (bijvoorbeeld door het verzet van de ondernemingsraad en mogelijk ook een aanzienlijk deel van de achterban), hij kan het voorgenomen besluit volgens de inzichten van de ondernemingsraad wijzigen of hij kan de kantonrechter toestemming vragen om het besluit te nemen. Dit laatste kan de ondernemer niet alleen doen wanneer de ondernemingsraad een uitdrukkelijke beslissing neemt dat hij niet met het voorgenomen besluit kan instemmen, maar ook wanneer de ondernemingsraad nalaat binnen een redelijke termijn een beslissing omtrent het al dan niet verlenen van instemming te nemen. Voordat de ondernemer de procedure bij de kantonrechter aanspant, kan hij zich eventueel voor bemiddeling en advies wenden tot de bedrijfscommissie.
De kantonrechter beoordeelt of de beslissing van de ondernemingsraad om geen instemming te geven onredelijk is, in welk geval hij de ondernemer toestemming geeft om zijn besluit te nemen. Acht hij de weigering van de ondernemingsraad om instemming te geven niet onredelijk dan zal de ondernemer aannemelijk moeten maken dat zijn besluit gevergd wordt door zwaarwegende bedrijfsorganisatorische, bedrijfseconomische of bedrijfssociale redenen. Daarbij wordt een belangenafweging gemaakt, waarbij de toestemming alleen wordt verleend als de belangen van de ondernemer zwaarder wegen. Geeft de kantonrechter geen toestemming om het besluit te nemen, dan heeft de ondernemer alsnog de keuze om van zijn voorgenomen besluit af te zien of dit zo te wijzigen dat de ondernemingsraad daarmee wel kan instemmen, dan wel tegen de beslissing van de kantonrechter hoger beroep in te stellen bij het gerechtshof. In spoedeisende gevallen kan een kortgedingprocedure worden gevoerd. De voorzieningenrechter kan echter slechts plaatsvervangende toestemming verlenen aan de ondernemer als voorlopige maatregel.

Op de kantongerechtsprocedure zijn de artikelen 261-291 van het Wetboek van Burgerlijke Rechtsvordering (Rv) van toepassing (verzoekschriftprocedure). Dit houdt onder meer in dat de kantonrechter zijn beslissing uitvoerbaar bij voorraad kan verklaren (artikel 288 Rv). In dat geval heeft het instellen van hoger beroep geen schorsende werking en kan de beslissing van de kantonrechter direct worden uitgevoerd.

Artikel 27 : vijfde lid : Beroep op nietigheid

Een besluit waarop de ondernemer niet de vereiste instemming van de ondernemingsraad of de toestemming van de kantonrechter heeft verkregen, is in beginsel nietig, dit wil zeggen: het heeft geen rechtsgevolgen; men is er niet aan gebonden. Deze nietigheid geldt echter uitsluitend wanneer de ondernemingsraad tegenover de ondernemer schriftelijk een beroep op de nietigheid heeft gedaan, binnen de daartoe gestelde termijn van één maand. Het aanvangstijdstip van deze termijn kan naar gelang de omstandigheden verschillen:

- wanneer de ondernemer overeenkomstig de laatste volzin van het tweede lid schriftelijk aan de ondernemingsraad heeft meegedeeld welk besluit hij heeft genomen, begint voor de ondernemingsraad een termijn van een maand te lopen zodra hij deze mededeling heeft ontvangen;
- wanneer de ondernemer niet de in de laatste volzin van het tweede lid bedoelde schriftelijke mededeling omtrent zijn besluit verstrekt, begint de termijn van een maand voor de ondernemingsraad eerst te lopen als de ondernemingsraad constateert dat de ondernemer een artikel 27-besluit in de onderneming uitvoert of toepast.

De ondernemingsraad kan de nietigheid inroepen zowel wanneer hij niet (in zijn ogen ten onrechte) om instemming is gevraagd, als wanneer hij niet heeft ingestemd en de ondernemer het besluit desondanks uitvoert.
Het ten onrechte niet vragen van instemming door de ondernemer kan er overigens mede toe leiden dat de ondernemer (ook) in andere procedures in het ongelijk wordt gesteld, bijvoorbeeld in ontbindingsprocedures.

Artikel 27 : zesde lid : Naleving

Als de ondernemer zijn besluit – ondanks het schriftelijke beroep van de ondernemingsraad op de nietigheid – toch uitvoert of toepast, kan de ondernemingsraad, eventueel na bemiddeling en advies van de bedrijfscommissie, de kantonrechter vragen de ondernemer te verbieden zijn besluit uit te voeren. De ondernemer kan zich in deze procedure verweren met de stelling dat de ondernemingsraad ten onrechte een beroep op de nietigheid van het besluit heeft gedaan omdat er bijvoorbeeld geen sprake is van een besluit als genoemd in artikel 27, eerste lid, waarvoor de instemming van de ondernemingsraad nodig is.

De ondernemer kan echter ook zelf het initiatief nemen en – alvorens zijn besluit uit te voeren – de kantonrechter vragen te verklaren dat de ondernemingsraad ten onrechte een beroep op de nietigheid van het besluit heeft gedaan. Ook in deze procedure kan eerst de bemiddeling van de bedrijfscommissie gevraagd worden. In spoedeisende gevallen kan er een kort geding worden aangespannen bij de voorzieningenrechter.
Overigens kunnen individuele werknemers die door een besluit van de ondernemer als bedoeld in artikel 27, eerste lid, in hun rechten worden geschaad, ter zake een proce-

dure met betrekking tot de arbeidsovereenkomst tegen de ondernemer instellen *(artikel 610, Boek 7 van het Burgerlijk Wetboek)*, waarop van toepassing zijn de artikelen 78 e.v. van het Wetboek van Burgerlijke Rechtsvordering (dagvaardingsprocedure). Deze mogelijkheid bestaat zowel in het geval dat de ondernemingsraad een beroep op de nietigheid van het ondernemersbesluit heeft gedaan, als in het geval dat de ondernemingsraad dit heeft nagelaten. Voor ambtenaren gelden in dit geval de bepalingen van de Algemene wet bestuursrecht (bezwaarschriftprocedure).

Artikel 27 : zevende lid : Instemmingsrecht uitvoering pensioenovereenkomst

Onder 'regelingen met betrekking tot een pensioenovereenkomst' (zie het commentaar bij *artikel 27, eerste lid onder a*) wordt ook verstaan arbeidsvoorwaardelijke aspecten die zijn opgenomen in de uitvoeringsovereenkomst. In artikel 27, zevende lid, wordt daartoe geregeld dat het instemmingsrecht ook van toepassing is indien in de uitvoeringsovereenkomst of het uitvoeringsreglement regelingen zijn opgenomen die direct de pensioenovereenkomst (de arbeidsvoorwaarde pensioen) raken. Daarvan is in ieder geval sprake bij een regeling over de wijze waarop de premie wordt vastgesteld en een regeling over toeslagverlening.
De wetgever achtte deze onderwerpen zodanig arbeidsvoorwaardelijk van aard, dat het instemmingsrecht van toepassing dient te zijn. De wetgever benadrukt voorts, dat de genoemde onderwerpen geen uitputtende lijst vormen. Ook ander onderwerpen in de uitvoeringsovereenkomst kunnen invloed hebben op de arbeidsvoorwaarde pensioen, soms meer direct, soms meer indirect. Het onderscheid zal in de praktijk niet altijd eenvoudig zijn. De oplossing die is gekozen loopt via het nieuwe artikel 31f: de OR moet worden geïnformeerd over ieder wijziging in de uitvoeringsovereenkomst (en over het aangaan of opzeggen van een dergelijke overeenkomst). Als de ondernemingsraad vervolgens van mening is dat het instemmingsrecht van toepassing is, dient hij zelf het initiatief te nemen om dat recht te claimen. Zie verder *artikel 31f.*

Het instemmingsrecht geldt ook als de werkgever de uitvoering wil onderbrengen bij een buitenlandse uitvoerder. Achtergrond is dat het toezichtregime in het buitenland aanzienlijk kan verschillen van het Nederlandse systeem, met mogelijke gevolgen voor de arbeidsvoorwaarde pensioen.

RECHTSPRAAK

Hoge Raad 26 juni 1987, ROR 1987, nr. 35
Besluiten tot arbeidsduurverkorting vallen onder het instemmingsrecht.

Hoge Raad 11 februari 2000, ROR 2000, nr. 20
OR heeft geen instemmingsrecht ten aanzien van primaire arbeidsvoorwaarden.

Hoge Raad 20 december 2002, «JAR» 2003/19
Een pilot (proefregeling) met toezicht op speeltafels in een casino is op zichzelf niet instemmingsplichtig. Het doel van de pilot heeft namelijk geen betrekking op de arbeidsomstandigheden en de pilot is ook geen personeelsvolgsysteem. Het hof is echter ten onrechte voorbijgegaan aan de toezegging van de ondernemer over het instemmingsrecht.

Hoge Raad 29 september 2006, «JAR» 2006/264
De OR heeft geen instemmingsrecht, omdat verandering van het functiewaarderingssysteem al inhoudelijk is geregeld in een regeling van arbeidsvoorwaarden vastgesteld door een publiekrechtelijk orgaan.

Hoge Raad 24 januari 2014, ECLI:NL:HR:2014:159, «JAR» 2014/54
Pensioensverzekeringsregeling is secundaire arbeidsvoorwaarde, dus wijziging is instemmingsplichtig. Ten onrechte geen belangenafweging gemaakt door lagere rechter.

Gerechtshof 's-Gravenhage 23 oktober 1991, ROR 1992, nr. 9
Bij wijziging van een van de functieschalen voor de periode van één jaar kan niet worden gesproken van een incidenteel geval. De OR heeft instemmingsrecht.

Gerechtshof 's-Hertogenbosch 31 juli 2002, «JAR» 2002/187
Een besluit om het management de bevoegdheid te geven aandelenopties aan individuele werknemers toe te kennen is instemmingsplichtig.

Gerechtshof 's-Gravenhage 29 november 2002, ROR 2003, nr. 13
De landelijke regelingen voor opvang van de leegloop bij de postbezorging na feestdagen zijn niet instemmingsplichtig, omdat het gaat om een kaderregeling. De uitwerking van de regelingen op rayonniveau is wel instemmingsplichtig.

Gerechtshof 's-Gravenhage 19 december 2002, «JAR» 2003/15, ROR 2003, nr. 14
De door het ministerie van Justitie ingestelde vacaturestop is niet instemmingsplichtig. Het besluit is nog fundamenteler dan besluiten over primaire arbeidsvoorwaarden en ligt op het terrein waar overleg met de vakbonden voor de hand ligt.

Gerechtshof Leeuwarden 31 mei 2006, «JAR» 2006/154
Het hof verleent geen vervangende toestemming voor het besluit tot wijziging van de werktijden. Het besluit is nietig, maar het door de OR gevraagde verbod op uitvoering van het besluit wordt afgewezen, nu de regeling al langere tijd geleden is ingevoerd. Ondernemer en OR moeten opnieuw overleggen over een regeling die de instemming van de OR heeft.

Gerechtshof 's-Hertogenbosch 23 mei 2006, «JAR» 2007/33
Vaststelling van een bonusregeling voor de hogere loonschalen is instemmingsplichtig. Het gaat hier niet om een primaire arbeidsvoorwaarde. Niet van belang is dat bonusregelingen niet worden genoemd in de opsomming van artikel 27 lid 1 WOR.

Gerechtshof Amsterdam 9 maart 2010, ECLI:NL:GHAMS:2010:BN1325
Geen instemmingrecht OR over aanstelling politiechef. Geen sprake van wijziging van het aanstellingsbesluit. Individuele aangelegenheid.

Gerechtshof 's-Gravenhage 23 maart 2010, ECLI:NL:GHSGR:2010:BM0767
Geen instemmingsrecht OR ten aanzien van een viertal regelingen voor managers (vervallen ADV-dagen en leeftijdsafhankelijke dagen, vacaturestop, bevriezing salaris en wijziging variabele beloning).

Gerechtshof Amsterdam 14 mei 2013, ECLI:NL:GHAMS:2013:1495
Regeling die bij afwezigheid van een medewerker de teammanager toegang geeft tot de e-mailbox moet worden beschouwd als een regeling inzake voorzieningen die gericht zijn op of geschikt zijn voor waarneming van of controle op aanwezigheid, gedrag of prestaties van de in de onderneming werkzame personen (art. 27 lid 1 onder l WOR), en is daarom instemmingsplichtig.

Gerechtshof Amsterdam 23 juli 2013, ECLI:NL:GHAMS:2013:2342
Er is sprake van een instemmingsplichtige winstdelingsregeling. Besluit om deze niet (meer) toe te passen is daarom nietig.

Gerechtshof 's-Hertogenbosch 17 november 2016, ECLI:NL:GHSHE:2016:5163, «JAR» 2016, 302
Inzetten van mystery guests bij vervoerbedrijf is instemmingsplichtig; het besluit behelst een wijziging van de beoordelingsregeling.

Gerechtshof Den Haag 6 december 2016, ECLI:NL:GHDHA:2016:3525
Pilot is van beperkte duur en heeft geen onomkeerbare gevolgen. Instemmingsrecht niet van toepassing.

Gerechtshof 's-Hertogenbosch 20 februari 2018, ECLI:NL:GHSHE:2018:536
Werknemer niet gebonden aan eenzijdige wijziging pensioenregeling, ondanks de instemming van de ondernemingsraad.

Gerechtshof Den Haag 24 maart 2020, ECLI:NL:GHDHA:2020:472
Voorgenomen besluit om het beoordelingssysteem te wijzigen. Het besluit van de OR om geen instemming te geven is onredelijk.

Gerechtshof Arnhem-Leeuwarden 16 februari 2021, ECLI:NL:GHARL:2021:1510
Eenzijdige wijziging pensioenregeling door werkgever niet toegestaan. De instemming van de ondernemingsraad is niet zonder betekenis: deze is een van de omstandigheden (maar geen doorslaggevende omstandigheid) die de rechter in zijn oordeelsvorming zal dienen te betrekken nu daarop een beroep is gedaan door de werkgever.

Ondernemingskamer 26 november 26 november 2021, ECLI:NL:GHAMS:2021:2698
Deze uitspraak is een artikel 26 WOR-procedure, maar heeft materieel in belangrijke mate betrekking op artikel 27, derde lid. Er is sprake van een standaard-cao. Beide partijen kunnen daar niet van afwijken. Dat heeft tot gevolg dat een aantal artikel 27-onderwerpen buiten bereik van de ondernemingsraad blijft.

Rechtbank Amsterdam 12 januari 1993, ROR 1993, nr. 23
Alleen wanneer het onderwerp inhoudelijk geregeld is in de cao, vervalt het instemmingsrecht van de OR.

Rechtbank Maastricht 30 mei 1994, «JAR» 1994/180
Verstrekken van arbeidstoeslag aan bepaalde groepen medewerkers heeft invloed op het functiewaarderingssysteem en is daarom instemmingsplichtig.

Kantonrechter Amsterdam 16 oktober 1980, ROR 1971-1984, nr. 103
Het onderwerp moet voldoende concreet zijn om van een voorgenomen besluit (in de zin van art. 27) te kunnen spreken. Een notitie met daarin een opsomming van enkele beleidsopties is dat (nog) niet.

Kantonrechter Rotterdam 20 augustus 1981, ROR 1971-1984, nr. 106
Van een besluit in de zin van art. 27 kan niet worden gesproken als in een incidenteel geval wordt afgeweken van een met instemming van de OR tot stand gekomen regeling.

Kantonrechter Rotterdam 27 februari 2004, ROR 2004, nr. 19
Het beroep van de OR op de nietigheid van het besluit is te laat ingesteld.

Kantonrechter Apeldoorn 31 mei 2010, «JAR» 2010/149
Ontbindingsverzoek wegens niet meewerken aan screening afgewezen, mede met het oog op privacy. De werkgever had beleid moeten formuleren en aan de OR ter instemming moeten voorleggen.

Kantonrechter Rotterdam 16 mei 2011, «JAR» 2011/251
OR weigert instemming bij invoering personeelscontrolesysteem. Verzoek om vervangende toestemming geweigerd.

Kantonrechter Utrecht 30 juni 2011, ECLI:NL:RBUTR:2011:BR5843
Geen wijziging van beoordelingssysteem of van beloningssysteem.

Kantonrechter Utrecht 29 november 2012, ECLI:NL:RBUTR:2012:BY4610
Instemmingsweigering OR niet onredelijk. Het zich (zonder zelfstandige beoordeling) verlaten op de mening van de achterban is niet zonder meer onredelijk. Wel vervangende toestemming het besluit te nemen, nu het wordt gevergd door zwaarwegende bedrijfsorganisatorische en bedrijfssociale redenen.

Rechtbank Rotterdam 14 oktober 2014, ECLI:NL:RBROT:2014:8470
Geen vervangende toestemming voor invoering absoluut alcoholverbod voor zeevarenden. Te grote inbreuk op de privacy.

Rechtbank Oost-Brabant 23 december 2014, ECLI:NL:RBOBR:2014:7954
Onderscheid tussen hogere en lagere salarisgroepen leidt tot een (instemmingsplichtige) wijziging van het beloningssysteem.

Rechtbank Overijssel 16 februari 2015, ECLI:NL:RBOVE:2015:830
Wijziging jaarrooster voor studenten leidt tot wijziging vakantieregeling voor het onderwijzend personeel. Geen instemming gevraagd. Nietig besluit.

Rechtbank Oost-Brabant 20 september 2016, ECLI:NL:RBOBR:2016:5172
Vervangende toestemming voor uitbreiding cameratoezicht.

Rechtbank Amsterdam 30 november 2016, ECLI:NL:RBAMS:2016:7912
Instemmingsrecht voor wijziging pensioenregeling niet van toepassing, nu het onderwerp inhoudelijk is geregeld in de cao.

Rechtbank Limburg 13 december 2017, ECLI:NL:RBLIM:2017:12159
Ondernemer was gerechtigd na instemming van de ondernemingsraad de individuele arbeidsvoorwaarden te wijzigen. Het arbeidsreglement is onderdeel van de individuele arbeidsovereenkomsten. Via een incorporatiebeding werkt de instemming van de OR door.

Rechtbank Midden-Nederland 5 juli 2020, ECLI:NL:RBMNE:2020:2637
Werktijdenregeling. Geen vervangende toestemming.

Rechtbank Noord-Holland 19 oktober 2020, ECLI:NL:RBNHO:2020:9718
Pensioenregeling. Ondernemingsraad vraagt om nakoming van geschetste indexatieverwachtingen. Werkgever heeft met haar handelswijze niet gehandeld in strijd met het besluit waarvoor de OR instemming heeft verleend.

Rechtbank Midden-Nederland 23 november 2020, ECLI:NL:RBMNE:2020:5162
Weigeren instemming OR in te stemmen met krapteregeling ambulancevervoer niet onredelijk. Verzoek om vervangende toestemming op grond van artikel 27 lid 4 afgewezen.

Rechtbank Amsterdam 18 maart 2021, ECLI:NL:RBAMS:2021:1143
Nietig besluit in de zin van artikel 27 lid 5. Omdat de ondernemer de toestemming van de OR (of de weigering daarvan) niet heeft afgewacht, is de voorwaarde voor het verlenen van vervangende toestemming ex artikel 27 lid 4 WOR niet vervuld en wordt vervangende toestemming afgewezen.

Rechtbank Noord-Holland 26 oktober 2021, ECLI:NLRBNHO:2021:9536
OR heeft geen instemmingsrecht ten aanzien van het besluit tot opzegging van de uitvoeringsovereenkomst pensioenen. Het besluit is genomen door het pensioenfonds, niet door de ondernemer, en kan ook niet worden toegerekend aan de ondernemer.

President Rechtbank 's-Gravenhage 19 mei 1992, ROR 1992, nr. 19
Ondernemingsraad mag met de ondernemer onderhandelen over primaire arbeidsvoorwaarden.

President Rechtbank 's-Gravenhage 22 februari 2000, ROR 2000, nr. 21
Het experimentele karakter van de regeling staat op zichzelf genomen niet in de weg aan het instemmingsrecht.

Rechtbank Midden-Nederland 21 juli 2021, ECLI:NL:RBMNE:2021:3538
Vervangende toestemming voor invoeren nieuwe roosters. Belangenafweging.

Rechtbank Breda (voorzieningenrechter) 31 oktober 2011
Toewijzing vordering COR om twee pilots op het gebied van verzuimbegeleiding te staken. Pilots zullen gedurende geruime tijd gevolgen hebben voor een aanzienlijke groep (kwetsbare) werknemers. Ondernemer had om instemming moeten vragen.

MEER INFORMATIE

Inzicht in de OR Praktijkboek
Hoofdstuk 8.2 De instemmingsprocedure
Hoofdstuk 8.3 Instemmingsplichtige onderwerpen
Hoofdstuk 8.4 Arbeidsrechtelijke en cao-aspecten bij het instemmingsrecht
Hoofdstuk 13.3 Nietigverklaring en vervangende toestemming

Artikel 28 Stimulerende taken van de ondernemingsraad

WETTEKST

1. **De ondernemingsraad bevordert zoveel als in zijn vermogen ligt de naleving van de voor de onderneming geldende voorschriften op het gebied van de arbeidsvoorwaarden, alsmede van de voorschriften op het gebied van de arbeidsomstandigheden en arbeids- en rusttijden van de in de onderneming werkzame personen.**
2. **De ondernemingsraad bevordert voorts naar vermogen het werkoverleg, alsmede het overdragen van bevoegdheden in de onderneming, zodat de in de onderneming werkzame personen zoveel mogelijk worden betrokken bij de regeling van de arbeid in het onderdeel van de onderneming waarin zij werkzaam zijn.**
3. **De ondernemingsraad waakt in het algemeen tegen discriminatie in de onderneming en bevordert in het bijzonder de gelijke behandeling van mannen en vrouwen alsmede de inschakeling van gehandicapten en minderheden in de onderneming.**
4. **De ondernemingsraad bevordert naar vermogen de zorg van de onderneming voor het milieu, waaronder begrepen het treffen of wijzigen van beleidsmatige, organisatorische en administratieve voorzieningen in verband met het milieu.**

TOELICHTING

Artikel 28 : Stimulerende OR-taken

Dit artikel kent aan de ondernemingsraad een stimulerende en controlerende taak toe met betrekking tot een achttal onderwerpen. Voor de uitoefening van deze taak kan de ondernemingsraad gebruik maken van zijn initiatiefrecht *(zie artikel 23)*, maar hij kan zijn stimulerende taak ook vervullen in het kader van zijn advies- en instemmingsbevoegdheid. De daartoe nodige informatie ontvangt de ondernemingsraad van de ondernemer op grond van de artikelen 31a tot en met 31d en uiteraard uit contacten met de achterban. Aanvullende informatie kan de ondernemingsraad vragen over specifieke onderwerpen op grond van artikel 31, eerste lid. Natuurlijk kan een ondernemingsraad ook op andere gebieden initiatieven nemen en stimulerend optreden, maar de betekenis van artikel 28 is dat de daarin genoemde onderwerpen voor iedere ondernemingsraad bijzondere aandachtspunten moeten zijn. Opmerking verdient dat de wet-

tekst uit eind jaren negentig dateert, met als gevolg dat nu gebruikelijke begrippen niet met zoveel woorden in artikel 28 voorkomen. Zie bijvoorbeeld bij het onderwerp milieuzorg (de term klimaatverandering ontbreekt). Ook de energietransitie staat niet als zodanig in artikel 28. Diversiteit wordt in materiële zin wel bestreken, maar niet als zodanig aangeduid. Uiteraard kunnen deze onderwerpen op grond van artikel 23 en 24 altijd op de overlegagenda worden gezet.
Artikel 28 benoemt de volgende onderwerpen:

Arbeidsvoorwaarden
De ondernemingsraad moet zoveel mogelijk bevorderen dat de voor de onderneming geldende voorschriften op het gebied van de arbeidsvoorwaarden worden nageleefd. Hieronder vallen wettelijke voorschriften (bijvoorbeeld de Wet minimumloon en minimumvakantiebijslag, de Wet gelijke behandeling van werknemers die op een tijdelijk arbeidscontract of in deeltijd werken, de Wet arbeid en zorg – *zie Bijlage 2)*, bepalingen in collectieve arbeidsovereenkomsten en interne bedrijfsregelingen. Zo nodig kan de ondernemingsraad de bij de cao betrokken vakorganisaties inschakelen. Dit onderwerp heeft in de Covid-19-crisis natuurlijk aan belang gewonnen. Zie hierover uitgebreider *Bijlage 0.*

Arbeidsomstandigheden-, en arbeidstijden
De ondernemingsraad moet zoveel mogelijk bevorderen dat de voor de onderneming geldende voorschriften op het gebied van de arbeidsomstandigheden en arbeids- en rusttijden worden nageleefd, zoals wettelijke voorschriften (bijvoorbeeld de Arbeidsomstandighedenwet, de Arbeidstijdenwet, de Wet flexibel werken – *zie Bijlage 2)*, cao-bepalingen en interne bedrijfsregelingen. Ten aanzien van interne bedrijfsregelingen heeft de ondernemingsraad op grond van artikel 27, eerste lid, onderdelen b en d, ook een instemmingsrecht. Zo nodig kan de ondernemingsraad een beroep doen op de Arbodienst en, bij het niet naleven van de Arbowet of de Arbeidstijdenwet, de Nederlandse Arbeidsinspectie. Ook dit onderwerp heeft in de Covid-19-crisis aan belang gewonnen. Zie hierover opnieuw uitgebreider *Bijlage 0.*

Werkoverleg en interne delegatie
De ondernemingsraad moet voor zover dat in zijn vermogen ligt het werkoverleg en het overdragen van bevoegdheden in de onderneming bevorderen, zodat de in de onderneming werkzame personen zoveel mogelijk worden betrokken bij de regeling van de arbeid in het onderdeel van de onderneming waarin zij werkzaam zijn. Interne delegatie en werkoverleg zijn voor het persoonlijk welzijn en de persoonlijke ontplooiing van de werknemer op zijn arbeidsplaats van grote betekenis. De ondernemingsraad moet deze zaken dan ook doorlopend stimuleren door er bij de ondernemer op aan te dringen dat er werkoverleg en interne delegatie plaatsvinden of door zelf met voorstellen op dit terrein te komen. In veel ondernemingen wordt geëxperimenteerd met meer directe vormen van participatie ('medezeggenschap lager in de organisatie'). Zie daarover *Bijlage 1.*

De ondernemingsraad heeft naast zijn eigen stimulerende taak, een instemmingsrecht ten aanzien van een door de ondernemer voorgestelde regeling op het gebied van het werkoverleg *(artikel 27, eerste lid, onderdeel i)* en een adviesrecht ten aanzien van een door de ondernemer voorgestelde belangrijke wijziging in de verdeling van bevoegdheden binnen de onderneming *(artikel 25, eerste lid, onderdeel e).*

Gelijke behandeling mannen/vrouwen

De ondernemingsraad moet de gelijke behandeling van mannen en vrouwen in de onderneming bevorderen. Daarbij kan het nodig zijn extra aandacht aan de positie van vrouwen in de onderneming te besteden. Bijvoorbeeld door er – in het spoor van de Wet gelijke behandeling van mannen en vrouwen *(zie Bijlage 2D)* – op toe te zien dat bepaalde functies niet uitsluitend aan mannen of vrouwen blijven voorbehouden, dat vrouwen en mannen in gelijke mate kunnen doorstromen naar hogere functies, dat er geen ongerechtvaardigd onderscheid wordt gemaakt in beloning, dat zij in gelijke mate worden geschoold, enzovoorts. Zo nodig kan de ondernemingsraad een beroep doen op het College voor de rechten van de mens (voorheen de Commissie gelijke behandeling). In dit kader heeft de ondernemingsraad ook een taak bij het uitbannen van seksuele intimidatie op de werkplek *(Arbowet).* Het onderwerp grensoverschrijdend gedrag stijgt terecht snel op de diverse agenda's.

Non-discriminatie

De ondernemingsraad moet ook waken tegen andere vormen van discriminatie in de onderneming, bijvoorbeeld van oudere of jongere werknemers en van minderheden. De Algemene wet gelijke behandeling *(zie Bijlage 2C)* verbiedt het maken van onderscheid tussen werknemers naar godsdienst, levensovertuiging, politieke gezindheid, ras, geslacht, seksuele geaardheid en burgerlijke staat bij werving en selectie, aanstelling, bevordering en ontslag, arbeidsvoorwaarden en (vak)scholing. Voorts is sinds 1 mei 2004 leeftijdsdiscriminatie wettelijk verboden. Werknemers, vakbonden en ondernemingsraad kunnen klachten voorleggen aan het College voor de rechten van de mens. Voor zover in zijn vermogen ligt moet de ondernemingsraad er dus voor zorgen dat er in de onderneming niet wordt gediscrimineerd door ongerechtvaardigde beloningsverschillen, ongelijke promotiekansen, ongelijke arbeidsomstandigheden, enzovoorts. Deze taak van de ondernemingsraad strekt zich ook uit tot sollicitanten. Een gelijke behandeling moet immers al op de drempel van de onderneming beginnen.

Inschakeling gehandicapten

Voorts heeft de ondernemingsraad tot taak om de inschakeling van gehandicapte werknemers te bevorderen. Deze taak kan bijvoorbeeld tot uitdrukking komen in het aanstellingsbeleid en in het bevorderen van aangepaste voorzieningen. Sinds 1 december 2003 hebben gehandicapten en chronisch zieken wettelijk recht op gelijke behandeling bij arbeid, beroepsonderwijs en openbaar vervoer. Per 1 januari 2006 is discriminatie van gehandicapten strafbaar gesteld.

Met de invoering van de Participatiewet en de Wet banenafspraak en quotum arbeidsbeperkten (en de voorgenomen wijzigingen daarin) is het voor ondernemingsraden belangrijk aan dit onderwerp voldoende aandacht te besteden.

Inschakeling minderheden
De ondernemingsraad dient de inschakeling in de onderneming van allochtone werknemers, maar ook andere minderheden te bevorderen. Ook met betrekking tot de samenstelling van de ondernemingsraad zelf is dit een relevant onderwerp.

Op 17 april 2014 heeft de SER zijn advies over het tegengaan van discriminatie van de arbeid vastgesteld. De SER besteedt daarbij in paragraaf 3.6 ook aandacht aan de rol van de OR (zie https://www.ser.nl/-/media/ser/downloads/adviezen/2014/discriminatie-werkt-niet.pdf).

Bedrijfsmilieuzorg
Ten slotte moet de ondernemingsraad naar vermogen de zorg van de onderneming voor het milieu bevorderen. De werknemers kunnen immers een belangrijke rol spelen bij de naleving van de milieuvoorschriften (Wet milieubeheer) en bij het tot stand komen en in stand houden van een efficiënt bedrijfsmilieuzorgsysteem. De ondernemingsraad heeft naast deze stimulerende taak ook adviesrecht ten aanzien van een door de ondernemer te nemen besluit op het gebied van de bedrijfsmilieuzorg (zie de toelichting bij *artikel 25, eerste lid, onderdeel l*). Zoals al eerder vermeld kan de term 'milieuzorg' als enigszins gedateerd worden beschouwd. Een brede uitleg is op zijn plaats: denk aan klimaatverandering, energietransitie, circulaire economie enzovoort.

De ondernemingsraad is niet bevoegd om op grond van de Wet op de ondernemingsraden de ondernemer te dwingen zijn verplichtingen op de gebieden die door artikel 28 worden bestreken, na te leven. Soms is dat wel mogelijk op grond van andere wetten, zoals in het geval van gelijke behandeling, arbeidstijden en arbeidsomstandigheden.
De stimulerende taak geldt ook voor de centrale en de groepsondernemingsraad, maar (in ieder geval formeel) niet voor de personeelsvergadering en de personeelsvertegenwoordiging.

MEER INFORMATIE

Inzicht in de OR Praktijkboek
Hoofdstuk 9.2 Onderwerpen en procedure zorgtaken OR

Artikel 29 Benoemingsrecht bestuursleden

WETTEKST

De ondernemingsraad heeft het recht, al dan niet uit zijn midden, een door de ondernemer te bepalen aantal, maar ten minste de helft, te benoemen van de bestuursleden van door de ondernemer ten behoeve van in de onderneming werkzame personen opgerichte instellingen, behoudens voor zover bij of krachtens de wet op andere wijze in het bestuur van een instelling is voorzien.

TOELICHTING

Artikel 29 : Benoemingsrecht bestuur instellingen

De ondernemingsraad heeft het recht om, al of niet uit zijn midden, ten minste de helft te benoemen van de bestuursleden van instellingen die door de ondernemer zijn opgericht ten behoeve van in de onderneming werkzame personen. Het gaat hierbij vaak om instellingen die door de ondernemer worden betaald en waarvan hij dus in beginsel zelf de bestuursleden kan benoemen. Men kan bijvoorbeeld denken aan sociale fondsen, studiefondsen, stichtingen tot beheer van recreatievoorzieningen en dergelijke instellingen. De bedoeling van dit artikel is om de ondernemingsraad, die formeel geen bevoegdheden heeft binnen deze instellingen omdat zij aparte rechtspersonen zijn, toch in staat te stellen door deelneming aan het bestuur van deze instellingen invloed uit te oefenen, als vertegenwoordiger van het personeel ten behoeve waarvan deze instellingen zijn opgericht. De ondernemingsraad heeft dit recht niet, als bij of krachtens de wet op een andere wijze in het bestuur van een instelling is voorzien, bijvoorbeeld voor pensioenfondsen en spaarfondsen, waarvoor op grond van de Pensioenwet is bepaald, dat er evenveel werknemers- als werkgeversvertegenwoordigers in het bestuur zitting moeten hebben.

In de praktijk heeft deze bepaling niet zo veel betekenis. Veel sociale fondsen zijn per sector georganiseerd. De rol van werknemersvertegenwoordigers wordt daar vervuld door de vakbonden.

MEER INFORMATIE

Inzicht in de OR Praktijkboek
Hoofdstuk 7.4 Rechten OR bij benoeming bestuursleden werknemersinstellingen (art. 29)

Artikel 30 Adviesrecht benoeming/ontslag bestuurder

WETTEKST

1. **De ondernemingsraad wordt door de ondernemer in de gelegenheid gesteld advies uit te brengen over elk door hem voorgenomen besluit tot benoeming of ontslag van een bestuurder van de onderneming.**
2. **Het advies moet op een zodanig tijdstip worden gevraagd, dat het van wezenlijke invloed kan zijn op het te nemen besluit.**
3. **De ondernemer stelt de ondernemingsraad in kennis van de beweegredenen voor het besluit en verstrekt voorts in het geval van een benoeming gegevens waaruit de ondernemingsraad zich een oordeel kan vormen over de betrokkene, in verband met diens toekomstige functie in de onderneming. Artikel 25, vierde lid en vijfde lid, eerste en tweede volzin, is van overeenkomstige toepassing.**

TOELICHTING

Artikel 30 : eerste lid : Adviesrecht benoeming of ontslag bestuurder

De ondernemer moet de ondernemingsraad in de voorbereidende fase van zijn besluitvorming advies vragen over elk besluit tot benoeming of ontslag van een bestuurder van de onderneming. Het gaat hierbij om de bestuurder(s) als bedoeld in de definitie van artikel 1, onder e, van de wet. Dit houdt in dat niet alle leden van een raad van bestuur onder de werking van artikel 30 behoeven te vallen. Op interim-managers die als bestuurder optreden, is het adviesrecht echter wél van toepassing. Bij de overheid zijn politieke ambtsdragers, zoals minister, burgemeester, wethouder, geen bestuurder in de zin van de Wet op de ondernemingsraden; hun benoeming of ontslag valt dus niet onder de toepassing van dit artikel *(zie ook onder artikel 1 en artikel 46d).*
Wanneer de ondernemer een natuurlijk persoon is en zelf bestuurder van de onderneming, speelt artikel 30 geen rol; wordt de onderneming echter door een bedrijfsleider bestuurd, dan kan deze door de ondernemer worden benoemd of ontslagen en is het artikel wél van toepassing.
Is de ondernemer een naamloze of een besloten vennootschap, dan zal veelal de algemene vergadering of – bij grote vennootschappen – de raad van commissarissen de bestuurder(s) benoemen. Bij een vereniging zal dit of de algemene ledenvergadering zijn, en bij een stichting het bestuur zelf, of een raad van toezicht. Ook bij de overheid

kan de bevoegdheid tot benoemen of ontslaan bij verschillende organen berusten, zoals de Kroon, de minister, de gemeenteraad enzovoort. In alle gevallen heeft de betrokken ondernemingsraad adviesrecht, tenzij het primaat van de politiek van toepassing is. Vermoedelijk is dat laatste al snel het geval.
Wie ook bevoegd is tot het benoemen of ontslaan van de bestuurder(s), het advies van de ondernemingsraad moet altijd worden gevraagd door de bestuurder, dan wel door een medebestuurder of een persoon genoemd in artikel 23, vierde en vijfde lid. De bestuurder moet het advies van de ondernemingsraad dan doorsturen naar de beslissingsbevoegde persoon of het beslissingsbevoegde orgaan.

De bestuurder van de onderneming bepaalt in belangrijke mate de gang van zaken, de werkverhoudingen en de sfeer in de onderneming en is dus voor de werknemers van zeer grote betekenis. Door het adviesrecht van de ondernemingsraad wordt zeker gesteld dat de ondernemingsraad de besluitvorming met betrekking tot de benoeming van een bestuurder in redelijke mate kan beïnvloeden. Door het advies van de ondernemingsraad zal degene die de bestuurder moet benoemen, in staat zijn om bij zijn besluitvorming het oordeel van de werknemers mede te betrekken.
Het adviesrecht van de ondernemingsraad heeft alleen betrekking op benoemings- en ontslagbesluiten die door de ondernemer of door één van zijn organen worden genomen. De ondernemingsraad heeft geen adviesrecht ten aanzien van benoemings- of ontslagbesluiten die door derden buiten de onderneming worden genomen. Met name bij ondernemingen die worden gesubsidieerd door een publiekrechtelijke rechtspersoon, komt het wel voor dat deze rechtspersoon de bevoegdheid heeft om één of meer bestuurders van de onderneming te benoemen en te ontslaan. In zo'n geval heeft de ondernemingsraad dus geen adviesrecht, al kan hij zijn opvatting omtrent de vervulling van de vacature of het ontslag natuurlijk wel informeel aan de bevoegde instantie kenbaar maken.
In het kader van een enquêteprocedure kunnen bestuurders benoemd en/of ontslagen worden door de Ondernemingskamer. Ook dan heeft de ondernemingsraad geen adviesrecht, al kan het wel zo zijn dat de ondernemingsraad een rol speelt in de enquêteprocedure (bijvoorbeeld als belanghebbende. Zie uitgebreider *Bijlage 2H.*
De ondernemingsraad heeft voorts wel een adviesrecht wanneer de ondernemer de kantonrechter wil verzoeken om de arbeidsovereenkomst met de bestuurder wegens gewichtige redenen te ontbinden, maar niet wanneer de bestuurder zelf een dergelijk verzoek wil indienen. Uiteraard heeft de ondernemingsraad geen adviesrecht ten aanzien van ontslagbesluiten die door de betrokken bestuurder zelf worden genomen (dus bij vrijwillig ontslag van de bestuurder). De ondernemingsraad heeft daarna wel weer adviesrecht over de benoeming van een nieuwe bestuurder.
In de praktijk komt het wel voor dat de ondernemingsraad het vertrouwen opzegt in een bepaalde bestuurder of in het volledige bestuur. Dat heeft uiteraard wel praktische, maar in principe geen juridische consequenties.

Artikel 30 : tweede lid : Moment adviesaanvraag

De ondernemingsraad moet in een zo vroeg mogelijk stadium van de besluitvormingsprocedure worden geraadpleegd. Hoe eerder de ondernemingsraad in verband met de vervulling van een vacature wordt geraadpleegd, des te waardevoller zal het advies van de ondernemingsraad voor de ondernemer kunnen zijn. Het kan daarom zinvol zijn om de ondernemingsraad (of een voorbereidingscommissie van die raad) bij een wervingsprocedure in te schakelen of om het advies van de ondernemingsraad te vragen over de aan de kandidaat te stellen eisen (een zogeheten profielschets).
De ondernemingsraad kan ook zelf met behulp van het initiatiefrecht *(artikel 23)* zijn standpunt kenbaar maken omtrent aan een bestuurder te stellen eisen of een voorstel doen een bepaalde persoon tot bestuurder te benoemen. In geval van ontslag van een bestuurder moet het advies aan de ondernemingsraad op een zodanig tijdstip worden gevraagd, dat de ondernemingsraad zijn advies kan uitbrengen voordat het ontslagbesluit wordt genomen. In veel gevallen kunnen contacten met het toezichthoudend orgaan een nuttige rol spelen bij benoeming en ontslag van bestuurders. Zie daarover het commentaar bij *artikel 24.*

Artikel 30 : derde lid : Inhoud adviesaanvraag

De ondernemer moet de ondernemingsraad de motieven voor het besluit meedelen en wanneer hij een bepaalde kandidaat voor benoeming tot bestuurder voordraagt, moet hij aan de ondernemingsraad gegevens verstrekken waaruit de ondernemingsraad zich een oordeel kan vormen over de betrokkene in verband met diens toekomstige functie in de onderneming (bijvoorbeeld door middel van een overzicht van zijn levensloop en de door hem vervulde functies). Ook verdient het aanbeveling dat de ondernemingsraad en de ondernemer een afspraak maken over de termijn waar op de ondernemingsraad zijn advies zal uitbrengen.

Adviesprocedure
Ten aanzien van de te volgen procedure in verband met het uitbrengen van het advies door de ondernemingsraad en het nemen van het besluit door de ondernemer zijn het vierde lid en de eerste twee volzinnen van het vijfde lid van artikel 25 van overeenkomstige toepassing. Voor nadere bijzonderheden hierover wordt verwezen naar de toelichting op artikel 25, vierde lid, en de eerste alinea van de toelichting op artikel 25, vijfde lid.
Ten aanzien van besluiten tot benoeming of ontslag van een bestuurder behoeft de ondernemer, nadat hij zijn besluit schriftelijk aan de ondernemingsraad heeft meegedeeld, geen opschortingstermijn in acht te nemen. Evenmin heeft de ondernemingsraad de mogelijkheid om tegen deze besluiten beroep in te stellen bij de Ondernemingskamer van het Gerechtshof Amsterdam. De ondernemingsraad heeft wel de mogelijkheid om, wanneer de ondernemer nalaat de ondernemingsraad om advies te vragen zich, eventueel na bemiddeling en advies van de bedrijfscommissie tot de kantonrechter te wenden met het verzoek de ondernemer te verplichten de ondernemings-

raad alsnog in de gelegenheid te stellen advies uit te brengen. In spoedgevallen kan een kort geding uitkomst bieden. Onder omstandigheden kan het negeren van de rechten van de ondernemingsraad bij de benoeming en het ontslag van de bestuurder relevant zijn als er sprake is van gegronde redenen om aan een juist beleid te twijfelen (zie in het kader van een enquêteprocedure daarover uitgebreider *Bijlage 2H*).

Spreekrecht ondernemingsraad NV's in algemene vergadering
In NV's is de algemene vergadering bevoegd tot benoeming, schorsing of ontslag van bestuurders en commissarissen. In structuurvennootschappen kan die bevoegdheid (deels) zijn toebedeeld aan de raad van commissarissen (zie uitgebreider *Bijlage 2I*).
NV's die krachtens de wet verplicht zijn een ondernemingsraad in te stellen moeten het voorstel tot benoeming, schorsing of ontslag van een bestuurder (alle bestuurders, niet alleen de bestuurder in de zin van artikel 1, eerste lid onder e, WOR) of commissaris voorafgaand aan de algemene vergadering tijdig toezenden aan de ondernemingsraad, zodat deze daarover een standpunt kan innemen. Dat standpunt wordt gelijktijdig met het voorstel aan de algemene vergadering aangeboden. De voorzitter van de ondernemingsraad (of een door de voorzitter aangewezen vervanger) heeft het recht om het standpunt van de ondernemingsraad tijdens de algemene vergadering toe te lichten. Het ontbreken van een standpunt van de ondernemingsraad (hetzij omdat de ondernemingsraad geen standpunt heeft ingenomen, hetzij omdat hij daartoe niet in de gelegenheid is gesteld) maakt de besluitvorming in de algemene vergadering echter niet ongeldig.
In concerns kan het recht om een standpunt te bepalen en het spreekrecht in de algemene vergadering ook toekomen aan de ondernemingsraad die is ingesteld bij een dochtermaatschappij, mits de werknemers van het concern in meerderheid in Nederland werkzaam zijn. Is er meer dan één ondernemingsraad, dan wordt de bevoegdheid door deze ondernemingsraden gezamenlijk uitgeoefend. Als er een overkoepelende ondernemingsraad (COR) is ingesteld, dan berust de bevoegdheid bij de COR.

Evenwichtige verdeling zetels over mannen en vrouwen
Per 1 januari 2022 geldt nieuwe wetgeving met als doel een evenwichtiger verhouding tussen mannen en vrouwen in raden van commissarissen en raden van bestuur. Het ligt in de rede dat dit bij de benoeming van een nieuwe bestuurder ook voor ondernemingsraden een punt van aandacht is (vergelijk ook het commentaar bij *artikel 28* over de stimulerende taken van ondernemingsraden). Zie voor een overzicht van de nieuwe wetgeving *https://www.ser.nl/nl/thema/diversiteitsportaal/inhoud-wet.*

RECHTSPRAAK

Ondernemingskamer 18 juli 2018, ECLI:NL:GHAMS:2018:2488
Enquêteprocedure bij Eneco, aangespannen door de OR. Passeren van de OR bij het ontslag van de CEO en de benoeming van zijn opvolger dragen bij aan het oordeel dat er gegronde redenen zijn om te twijfelen aan een juist beleid.

President Rechtbank Amsterdam 19 maart 1984, ROR 1971-1984, nr. 122
Afgesproken was dat de OR betrokken zou worden bij het opstellen van een profielschets. Benoeming van bestuurder zonder nakoming van die afspraak is onrechtmatig.

President Rechtbank Zwolle 30 januari 1995, ROR 1995, nr. 31
Opzeggen overeenkomst met interim-manager moet worden teruggedraaid omdat de ondernemingsraad ten onrechte niet om advies is gevraagd.

Rechtbank Noord-Nederland 10 augustus 2016, ECLI:NL:RBNNE:2016:3692 en 3693
OR heeft adviesrecht over benoeming interim-bestuurder. Verzoek om benoeming ongedaan te maken heeft geen basis in de WOR en wordt afgewezen. De OR kan alleen de nakoming van de WOR vorderen, op grond van artikel 36 lid 2.

MEER INFORMATIE

Inzicht in de OR Praktijkboek
Hoofdstuk 7.2 De Adviesprocedure (art. 30)

4b Het verstrekken van gegevens aan de ondernemingsraad

Dit hoofdstuk regelt de informatieverstrekking aan de ondernemingsraad. Een nieuw gekozen ondernemingsraad heeft recht op actuele basisinformatie over de structuur en de organisatie van de onderneming en de rechtspersoon die de onderneming in stand houdt *(artikel 31, tweede lid)*. Dit recht bestrijkt sinds 2013 ook de zeggenschapsstructuur in internationale concerns *(artikel 31, derde lid)*. Voorts moet de ondernemer ten minste tweemaal per jaar uitvoerige informatie verschaffen over het financieel-economische ondernemingsbeleid *(artikel 31a)* en ten minste eenmaal per jaar over het sociale ondernemingsbeleid *(artikelen 31b en 31c)* en het beloningsbeleid *(artikel 31d)*. Deze informatie dient in een of meer overlegvergaderingen te worden besproken *(artikel 24)*. Voorts moet op grond van *artikel 31f* informatie te worden verstrekt over iedere wijziging van de uitvoeringsregeling van pensioenovereenkomsten.
Naast het recht op bovengenoemde informatie, die de ondernemer uit eigen beweging dient te geven, heeft de ondernemingsraad nog een *actief informatierecht*: als de ondernemingsraad daarom vraagt, moet de ondernemer alle inlichtingen en gegevens verstrekken die de ondernemingsraad voor zijn taak redelijkerwijze nodig heeft *(artikel 31, eerste lid)*.
Het is overigens van belang erop te wijzen dat er nog elders in deze wet *(artikel 25, derde lid; artikel 27, tweede lid; artikel 30, derde lid)*, alsmede in andere wetgeving *(zie Bijlage 2)* specifieke informatierechten voor de ondernemingsraad zijn neergelegd.
Het ligt in de rede dat de relevante stukken in de Nederlandse taal worden verstrekt. Met de toenemende internationalisering van het bedrijfsleven is dat overigens niet altijd meer even vanzelfsprekend. Het is aan de ondernemingsraad om te beslissen of hij genoegen neemt met stukken in een andere taal.

Artikel 31 Algemeen informatierecht van de ondernemingsraad

WETTEKST

1. De ondernemer is verplicht desgevraagd aan de ondernemingsraad en aan de commissies van die raad tijdig alle inlichtingen en gegevens te verstrekken die deze voor de vervulling van hun taak redelijkerwijze nodig hebben. De inlichtingen en gegevens worden desgevraagd schriftelijk verstrekt.
2. De ondernemer is verplicht aan de ondernemingsraad bij het begin van iedere zittingsperiode schriftelijke gegevens te verstrekken omtrent:
   a) de rechtsvorm van de ondernemer, waarbij indien de ondernemer een niet-publiekrechtelijke rechtspersoon is, mede de statuten van die rechtspersoon moeten worden verstrekt;
   b) indien de ondernemer een natuurlijke persoon, een maatschap of een niet rechtspersoonlijkheid bezittende vennootschap is: de naam en de woonplaats van onderscheidenlijk die persoon, de maten of de beherende vennoten;
   c) indien de ondernemer een rechtspersoon is: de naam en de woonplaats van de commissarissen of de bestuursleden;
   d) indien de ondernemer deel uitmaakt van een aantal in een groep verbonden ondernemers: de ondernemers die deel uitmaken van die groep, de zeggenschapsverhoudingen waardoor zij onderling zijn verbonden, alsmede de naam en de woonplaats van degenen die ten gevolge van de bedoelde verhoudingen feitelijke zeggenschap over de ondernemer kunnen uitoefenen;
   e) de ondernemers of de instellingen met wie de ondernemer, anders dan uit hoofde van zeggenschapsverhoudingen als bedoeld onder d, duurzame betrekkingen onderhoudt die van wezenlijk belang kunnen zijn voor het voortbestaan van de onderneming, alsmede de naam en de woonplaats van degenen die ten gevolge van zodanige betrekkingen feitelijke zeggenschap over de ondernemer kunnen uitoefenen;
   f) de organisatie van de onderneming, de naam en de woonplaats van de bestuurders en van de belangrijkste overige leidinggevende personen, alsmede de wijze waarop de bevoegdheden tussen de bedoelde personen zijn verdeeld.
3. Het tweede lid, onderdeel d, strekt zich ook uit tot de ondernemer die deel uitmaakt van een internationale groep van ondernemingen. Het tweede lid, onder-

deel e, strekt zich ook uit tot de ondernemer die anders dan uit hoofde van zeggenschapsverhoudingen als bedoeld in de vorige zin, duurzame betrekkingen met buitenlandse ondernemers of instellingen onderhoudt.

4. **De ondernemer is verplicht de ondernemingsraad zo spoedig mogelijk in kennis te stellen van wijzigingen die zich in de in het tweede lid bedoelde gegevens hebben voorgedaan.**

TOELICHTING

Artikel 31 : eerste lid : Actief informatierecht

Deze bepaling regelt het actieve informatierecht van de ondernemingsraad. De ondernemingsraad heeft zowel in de overlegvergadering als daarbuiten het recht om van de ondernemer alle inlichtingen en gegevens te vragen die hij voor de vervulling van zijn taak redelijkerwijs nodig heeft. De ondernemingsraad kan daarbij uitdrukkelijk vragen om hem de informatie schriftelijk te verstrekken. Dezelfde bevoegdheid hebben de commissies van de ondernemingsraad. De ondernemer is verplicht om de gevraagde informatie zo spoedig als mogelijk en noodzakelijk is aan de ondernemingsraad of aan de commissie van de raad die daarom gevraagd heeft, te geven. Zo nodig kan de informatie onder geheimhouding worden verstrekt, bijvoorbeeld in geval van 'voorwetenschap' over koersgevoelige informatie zoals bedoeld in de Wet op het financieel toezicht (Wft). Als de ondernemer de gevraagde informatie niet beschikbaar heeft in de vorm waarom de ondernemingsraad heeft verzocht, mag van hem verwacht worden dat hij – binnen redelijke grenzen – toch zoveel mogelijk aan de wens van de ondernemingsraad tegemoet komt. De ondernemingsraad of de commissie van de raad moet de informatie echter redelijkerwijze nodig hebben voor de vervulling van zijn taak, dat wil zeggen voor de uitoefening van zijn bij of krachtens de wet of andere regelingen (bijvoorbeeld de Arbowet) toegekende bevoegdheden. Dat zijn dus niet alleen de in het vorige hoofdstuk besproken bijzondere bevoegdheden, maar bijvoorbeeld ook het initiatiefrecht van de ondernemingsraad met betrekking tot aangelegenheden die de onderneming betreffen. De ondernemingsraad kan dan ook alle inlichtingen en gegevens van de ondernemer vragen die hij nodig heeft om zelf op grond van artikel 23, derde lid, een bepaald voorstel doen.
Bij een verzoek om informatie dient de ondernemingsraad concreet aan te geven voor welke aangelegenheid hij de gevraagde inlichtingen en gegevens nodig heeft. De ondernemingsraad kan er dus niet mee volstaan zich te beroepen op zijn algemene taak de gang van zaken in de onderneming te volgen. Indien de ondernemer op grond van dit artikel verplicht is tot het verstrekken van bepaalde inlichtingen of gegevens, die hem periodiek ter beschikking komen, dient hij deze aan de ondernemingsraad te verstrekken zonder dat deze telkens opnieuw hierom behoeft te vragen (zie hierna de overige bepalingen in artikel 31 en artikel 31a en verder).
Wanneer de ondernemer van oordeel is dat de ondernemingsraad bepaalde inlichtingen of gegevens voor de vervulling van zijn taak redelijkerwijze niet nodig heeft, kan

hij tegen het verstrekken daarvan bezwaar maken. Ook kan hij bezwaar maken tegen het schriftelijk verstrekken van bepaalde inlichtingen of gegevens wanneer de ondernemingsraad daarom heeft verzocht. Meent de ondernemingsraad de informatie wél nodig te hebben of wil hij de informatie toch op schrift hebben, dan kan hij, eventueel na bemiddeling en advies van de bedrijfscommissie, van de kantonrechter een beslissing vragen. Die moet dan beslissen of de ondernemer de door de ondernemingsraad gevraagde informatie al dan niet moet verstrekken.

Passief informatierecht
Naast dit actieve informatierecht kent de wet enkele artikelen die de ondernemer verplichten om uit eigen beweging dus *zonder dat de ondernemingsraad daarom hoeft te vragen* bepaalde informatie te verstrekken. Het gaat dan om artikel 31, tweede tot en met vierde lid (basisinformatie), artikel 31a (financieel-economische informatie), de artikelen 31b en 31c (sociaal beleid), artikel 31d (beloningsbeleid) en artikel 31f (uitvoeringregeling pensioen). Ook de artikelen 25, derde lid, 27, tweede lid, en 30, derde lid, bevatten bepalingen omtrent informatie die de ondernemer ongevraagd moet verstrekken, namelijk indien hij het advies of de instemming van de ondernemingsraad vraagt over een besluit met betrekking tot een van de in deze artikelen genoemde onderwerpen. De ondernemingsraad kan echter altijd, dus ook als de ondernemer ongevraagd al informatie heeft gegeven, op grond van artikel 31, eerste lid, nog nadere informatie vragen als hij die voor de vervulling van zijn taak redelijkerwijs nodig heeft.

Artikel 31 : tweede lid : Basisinformatie

Bij het begin van iedere zittingsperiode (van de gehele ondernemingsraad of van een gedeelte van de ondernemingsraad) moet de ondernemer aan de ondernemingsraad schriftelijk informatie verstrekken met betrekking tot enkele belangrijke juridische en organisatorische aspecten van de onderneming. Daarbij gaat het om de volgende gegevens.

Rechtsvorm en statuten
Er moet worden opgegeven of de ondernemer een natuurlijk persoon, een maatschap, een vennootschap onder firma of een commanditaire vennootschap, een kerkgenootschap, een publiekrechtelijke rechtspersoon, een naamloze of een besloten vennootschap, een vereniging, een stichting, een coöperatie, een onderlinge waarborgmaatschappij, een rechtspersoon naar Europees recht (EESV, SE of SCE), of een rechtspersoon naar buitenlands recht is *(artikel 31, tweede lid, onder a)*. Als de ondernemer een naamloze of besloten vennootschap, een vereniging, een stichting, een coöperatie, een onderlinge waarborgmaatschappij of een rechtspersoon naar Europees recht is, heeft hij statuten en moeten deze aan de ondernemingsraad worden verstrekt. Is de ondernemer een rechtspersoon naar buitenlands recht, dan heeft hij veelal een vergelijkbare regeling en moet deze aan de ondernemingsraad worden verstrekt. Per 1 juli 2021 is de Wet bestuur en toezicht rechtspersonen (WBTR) in werking getreden. Deze wet

dwingt de overgrote meerderheid van de verenigingen en stichtingen tot aanpassing van hun statuten.

Naam en woonplaats
Als de ondernemer een natuurlijke persoon, een maatschap, een vennootschap onder firma of een commanditaire vennootschap is, moet de ondernemer aan de ondernemingsraad verstrekken de naam en de woonplaats van de ondernemer, respectievelijk van de maten, de firmanten, of de beherende vennoten *(artikel 31, tweede lid, onder b).* Hij is niet verplicht om het maatschapscontract of het vennootschapscontract aan de ondernemingsraad te geven. Als de ondernemer een raad van commissarissen heeft, moet hij aan de ondernemingsraad de naam en de woonplaats van de commissarissen opgeven. Is de ondernemer een vereniging, een stichting, een coöperatie, een onderlinge waarborgmaatschappij, of een rechtspersoon naar Europees of buitenlands recht, dan moet hij aan de ondernemingsraad de naam en de woonplaats van de bestuursleden opgeven *(artikel 31, tweede lid, onder c).*

Zeggenschapsverhoudingen binnen groep
Als de ondernemer deel uitmaakt van een groep, moet hij aan de ondernemingsraad meedelen uit welke rechtspersonen de groep bestaat, door welke zeggenschapsverhoudingen deze rechtspersonen onderling zijn verbonden, en wie ten gevolge hiervan feitelijke zeggenschap over de ondernemer kunnen uitoefenen (bijvoorbeeld het bestuur van de moedervennootschap). Deze gegevens kunnen het beste verstrekt worden in de vorm van een schema van de groepsstructuur *(artikel 31, tweede lid, onder d).*

Duurzame betrekkingen
De ondernemer moet aan de ondernemingsraad ook opgeven met welke andere ondernemers of instellingen hij duurzame betrekkingen onderhoudt die van wezenlijk belang kunnen zijn voor het voortbestaan van de onderneming (bijvoorbeeld: de bank die een doorlopend krediet verstrekt, belangrijke afnemers en leveranciers, subsidieverleners, enzovoorts) en de naam en de woonplaats van degenen die ten gevolge hiervan feitelijke zeggenschap over de ondernemer kunnen uitoefenen *(artikel 31, tweede lid, onder e).*

Organisatiestructuur
Ten slotte moet de ondernemer de ondernemingsraad inzicht geven in de organisatie van de onderneming, en moet hij de naam en de woonplaats van de bestuurders en van de belangrijkste andere leidinggevende personen verstrekken. Ook moet hij meedelen hoe de bevoegdheden in de onderneming zijn verdeeld. Deze informatie kan het beste worden verstrekt met behulp van een organisatieschema van de onderneming *(artikel 31, tweede lid, onder f).*

Ook aan ondernemingsraden van *overheidsorganisaties* dient – voor zover mogelijk – bovenstaande informatie (of vergelijkbare relevante informatie) te worden verstrekt. Er kan daarbij vooral gewezen worden op de onderdelen e en f van dit artikel.
Wanneer zich wijzigingen voordoen in deze gegevens, moet de ondernemer de ondernemingsraad daarvan zo spoedig mogelijk in kennis stellen *(artikel 31, vierde lid)*. Zoals al opgemerkt in de aantekening bij het eerste lid, dwingt de per 1 juli 2021 ingevoerde WBTR verenigingen en stichtingen tot aanpassing van hun statuten. De gewijzigde statuten dienen zo spoedig mogelijk aan de ondernemingsraad te worden verstrekt.

Artikel 31 : derde lid : Informatie in internationale (groeps)verhoudingen

Deze bepaling (ingevoerd in 2013) kent aan de ondernemingsraad een informatierecht toe over de zeggenschapsverhoudingen (zie het eerste lid onder d) en de duurzame betrekkingen die de ondernemer onderhoudt (idem onder e) in *internationale* groepsverhoudingen.
Wanneer zich wijzigingen voordoen in deze gegevens, moet de ondernemer de ondernemingsraad daarvan zo spoedig mogelijk in kennis stellen *(artikel 31, vierde lid)*.
Zie over de taal waarin deze stukken moeten worden verstrekt, de opmerking in de inleiding bij dit hoofdstuk.

RECHTSPRAAK

Kantonrechter Rotterdam 24 november 1995, «JAR» 1996/4
De OR heeft niet zonder meer recht op alle stukken die ten behoeve van het management worden geproduceerd. Hoewel deze stukken voorheen wel werden verstrekt heeft de OR niet voldoende duidelijk kunnen maken dat hij die informatie voor de vervulling van zijn taak redelijkerwijs nodig heeft.

Ondernemingskamer 18 mei 2004, «JAR» 2004/164
Het is – binnen redelijke grenzen – aan de ondernemingsraad en niet aan de ondernemer te bepalen welke informatie nodig is om tot een afgewogen advies te komen.

MEER INFORMATIE

Inzicht in de OR Praktijkboek
Hoofdstuk 5.2 Informatierecht en basisinformatie

Artikel 31a Financiële informatie

WETTEKST

1. **De ondernemer verstrekt, mede ten behoeve van de bespreking van de algemene gang van zaken van de onderneming, ten minste tweemaal per jaar aan de ondernemingsraad mondeling of schriftelijk algemene gegevens omtrent de werkzaamheden en de resultaten van de onderneming in het verstreken tijdvak, in het bijzonder met betrekking tot aangelegenheden als bedoeld in artikel 25.**
2. **Indien de onderneming in stand wordt gehouden door een stichting of vereniging als bedoeld in artikel 360, derde lid, van Boek 2 van het Burgerlijk Wetboek, een coöperatie, een onderlinge waarborgmaatschappij, een naamloze vennootschap of een besloten vennootschap met beperkte aansprakelijkheid, verstrekt de ondernemer zo spoedig mogelijk na de vaststelling van zijn jaarrekening een exemplaar van de jaarrekening en het bestuursverslag in de Nederlandse taal en de daarbij te voegen overige gegevens, als bedoeld in artikel 392 van Boek 2 van het Burgerlijk Wetboek, ter bespreking aan de ondernemingsraad. De mededeling die een rechtspersoon ingevolge artikel 362, zesde lid, laatste volzin, van Boek 2 van het Burgerlijk Wetboek moet verstrekken, geschiedt gelijktijdig met die aan de algemene vergadering.**
3. **Indien de financiële gegevens van een ondernemer die deel uitmaakt van in een groep verbonden ondernemers zijn opgenomen in een geconsolideerde jaarrekening als bedoeld in artikel 405 van Boek 2 van het Burgerlijk Wetboek, verstrekt de ondernemer ter bespreking aan de ondernemingsraad deze geconsolideerde jaarrekening, het bestuursverslag en de overige gegevens, als bedoeld in artikel 392 van dat boek, van de rechtspersoon die de geconsolideerde jaarrekening heeft opgesteld. Indien de financiële gegevens van zulk een ondernemer niet in een geconsolideerde jaarrekening zijn opgenomen, verstrekt de ondernemer in plaats hiervan ter bespreking aan de ondernemingsraad schriftelijke gegevens waaruit de ondernemingsraad zich een inzicht kan vormen in het gezamenlijke resultaat van de ondernemingen van die groep ondernemers.**
4. **Indien de jaarrekening van de ondernemer betrekking heeft op meer dan één onderneming, verstrekt de ondernemer aan de ondernemingsraad tevens schriftelijke gegevens waaruit deze zich een inzicht kan vormen in de mate waarin de onderneming waarvoor hij is ingesteld tot het gezamenlijke resultaat van die ondernemingen heeft bijgedragen. Het voorgaande is van overeenkom-**

stige toepassing, indien een geconsolideerde jaarrekening, als bedoeld in het derde lid, wordt verstrekt.

5. **Indien de onderneming in stand wordt gehouden door een ondernemer op wie het tweede lid van dit artikel niet van toepassing is, verstrekt de ondernemer bij algemene maatregel van bestuur aangewezen vervangende schriftelijke gegevens ter bespreking aan de ondernemingsraad. Het derde en vierde lid van dit artikel zijn van overeenkomstige toepassing.**
6. **De ondernemer doet, mede ten behoeve van de bespreking van de algemene gang van zaken van de onderneming, ten minste tweemaal per jaar aan de ondernemingsraad mondeling of schriftelijk mededeling omtrent zijn verwachting ten aanzien van de werkzaamheden en de resultaten van de onderneming in het komende tijdvak, in het bijzonder met betrekking tot aangelegenheden als bedoeld in artikel 25, alsmede met betrekking tot alle investeringen in binnenland en buitenland.**
7. **Indien de ondernemer met betrekking tot de onderneming een meerjarenplan, dan wel een raming of een begroting van inkomsten of uitgaven pleegt op te stellen, wordt dat plan, onderscheidenlijk die raming of die begroting, dan wel een samenvatting daarvan, met een toelichting aan de ondernemingsraad verstrekt en in de bespreking betrokken. Het derde en vierde lid van dit artikel zijn van overeenkomstige toepassing.**

TOELICHTING

Artikel 31a : Financieel-economische informatie

Artikel 31a schrijft voor welke financieel-economische gegevens de ondernemer – ongevraagd – regelmatig aan de ondernemingsraad moet verstrekken. De eerste vijf leden hebben betrekking op gegevens over het verleden, de volgende twee leden hebben betrekking op informatie die op de toekomst is gericht. De in het eerste en zesde lid bedoelde gegevens moet de ondernemer ten minste tweemaal per jaar aan de ondernemingsraad verstrekken. Hij mag die naar eigen keuze mondeling of schriftelijk geven. De in de overige leden bedoelde gegevens worden maar eenmaal per jaar verstrekt en zijn naar hun aard schriftelijk.

Artikel 31a : eerste lid : Algemene gegevens over werkzaamheden en resultaten

Iedere ondernemer moet, mede ten behoeve van het artikel 24-overleg, ten minste tweemaal per jaar aan de ondernemingsraad algemene gegevens verstrekken omtrent de werkzaamheden en de resultaten van de onderneming in de afgelopen periode; in het bijzonder moeten daarbij gegevens worden verstrekt die betrekking hebben op de in artikel 25 bedoelde aangelegenheden. Bij de verstrekking van informatie in het kader van de bespreking van de algemene gang van zaken van de onderneming kan worden gedacht aan gegevens over de ontwikkeling in omzet, kosten en resultaten, waarbij

deze gegevens, voor zover relevant, kunnen worden gesplitst naar product, dienst of productgroep, en naar de belangrijkste afnemers of afzetgebieden. Andere voorbeelden zijn: gegevens over de marktontwikkelingen en de concurrentiepositie van de onderneming, het opzetten en de vormgeving van nieuwe activiteiten, de onderzoeks- en ontwikkelingsactiviteiten, de investeringsplannen, de ontwikkeling in de werkgelegenheid en over de financiering van de onderneming. Daar is natuurlijk inmiddels de informatie over (de omgang met) Covid-19 bij gekomen. Zie daarover uitgebreider *Bijlage 0.* Ook energie, klimaat, logistieke problemen, personeelskrapte en de gevolgen van de oorlog in de Oekraïne verdienen hier vermelding.
De ondernemer kan deze gegevens mondeling of schriftelijk verstrekken. Is de informatie in schriftelijke vorm aanwezig, dan verdient het de voorkeur de informatie schriftelijk aan de ondernemingsraad te verstrekken. De informatie moet ten minste tweemaal per jaar worden gegeven; de ondernemingsraad en de ondernemer kunnen echter afspreken dat ook tussentijds informatie zal worden gegeven. Bij grotere (beursgenoteerde) ondernemingen kent men bijvoorbeeld veelal kwartaalberichten over de gang van zaken in de onderneming. In die gevallen verdient het aanbeveling om deze kwartaalberichten aan de ondernemingsraad te verstrekken en aan de hand daarvan vier maal per jaar de algemene gang van zaken van de onderneming te bespreken.

Artikel 31a : tweede lid : Jaarrekening volgens titel 9, Boek 2 BW

Is de ondernemer een coöperatie, een onderlinge waarborgmaatschappij of een naamloze of besloten vennootschap, dan is hij verplicht jaarlijks een jaarrekening op te maken. Deze verplichting geldt ook indien de ondernemer een SE of SCE is, of een commerciële stichting of commerciële vereniging die een of meer ondernemingen in stand houdt, ingeschreven moet zijn in het handelsregister en een netto-omzet heeft van € 6 miljoen of meer (d.i. een stichting of vereniging als bedoeld in artikel 360, derde lid, Boek 2 van het Burgerlijk Wetboek). De jaarrekening wordt vervolgens vastgesteld door het daartoe bevoegde orgaan. Dit is bij de coöperatie, de onderlinge waarborgmaatschappij en de commerciële vereniging de algemene ledenvergadering, en bij de naamloze en de besloten vennootschap de algemene vergadering. Bij de commerciële stichting wordt de jaarrekening vastgesteld door het daartoe volgens de statuten bevoegde orgaan; als de statuten dit niet regelen, dient de jaarrekening te worden vastgesteld door het toezichthoudend orgaan en bij gebreke daarvan door het bestuur. Zo spoedig mogelijk na de vaststelling van de jaarrekening verstrekt de ondernemer een exemplaar daarvan ter bespreking aan de ondernemingsraad. Bij structuurvennootschappen *(zie Bijlage 2I)* zendt het bestuur ook de conceptjaarrekening aan de ondernemingsraad, gelijktijdig met overlegging aan de aandeelhouders *(artikel 101 en 210, Boek 2 van het Burgerlijk Wetboek).*

Inhoud jaarrekening
Een jaarrekening geeft het financiële reilen en zeilen van de rechtspersoon in een bepaald jaar weer. Een jaarrekening bestaat uit twee onderdelen: een balans en een winst-

en verliesrekening, ieder met een toelichting. Een balans laat zien welke bezittingen het bedrijf heeft (bedrijfsmiddelen, voorraden, vorderingen en dergelijke) en hoe dit bezit is gefinancierd (eigen vermogen, geleend vermogen en dergelijke). Een winst-en-verliesrekening geeft een overzicht van de opbrengsten en kosten in een bepaald jaar, die resulteren in de uiteindelijke winst of het verlies.
De jaarrekening van een coöperatie, een onderlinge waarborgmaatschappij, een naamloze of een besloten vennootschap en een commerciële stichting of vereniging, dient te zijn opgesteld volgens de voorschriften van titel 9, Boek 2 BW.
De inhoud van de jaarrekening is mede afhankelijk van de bedrijfsgrootte. Er wordt een onderscheid gemaakt tussen 'kleine', 'middelgrote' en 'grote' rechtspersonen.

De *'kleine' rechtspersoon* is een bedrijf dat, inclusief eventuele groepsmaatschappijen, aan ten minste twee van de volgende criteria voldoet *(artikel 396, Boek 2 BW)*:

- het balanstotaal is niet meer dan € 6 miljoen;
- de netto-omzet is niet meer dan € 12 miljoen;
- het gemiddeld aantal werknemers is minder dan 50.

De *'middelgrote' rechtspersoon* is een bedrijf dat, inclusief eventuele groepsmaatschappijen, niet tot de categorie 'kleine' rechtspersoon behoort en aan ten minste twee van de volgende criteria voldoet *(artikel 397, Boek 2 BW)*:

- het balanstotaal is niet meer dan € 20 miljoen;
- de netto-omzet is niet meer dan € 40 miljoen;
- het gemiddeld aantal werknemers is minder dan 250.

De *'grote' rechtspersoon* is een bedrijf dat, inclusief eventuele groepsmaatschappijen, aan ten minste twee van de volgende criteria voldoet *(artikel 398, Boek 2 BW)*:

- het balanstotaal is meer dan € 20 miljoen;
- de netto-omzet is meer dan € 40 miljoen;
- het gemiddeld aantal werknemers bedraagt 250 of meer.

Inrichtings- en publicatievoorschriften
Titel 9, Boek 2 BW maakt een onderscheid tussen inrichtings- en publicatievoorschriften. De jaarrekening die wordt verstrekt aan de ondernemingsraad en de aandeelhouders, dient te zijn opgesteld volgens de inrichtingsvoorschriften. De gepubliceerde jaarrekening, dat wil zeggen de jaarrekening die voor een ieder ter inzage gelegd is bij het handelsregister van de Kamer van Koophandel, moet voldoen aan de publicatievoorschriften. De informatie in een jaarrekening opgesteld volgens de inrichtingsvoorschriften is meestal gedetailleerder dan de gegevens in een gepubliceerde jaarrekening. De *inrichtingsvoorschriften* voor de balans en de winst- en verliesrekening staan vermeld in de *Bijlagen 4 en 5*. Een ondernemingsraad ingesteld voor een coöperatie, een onderlinge waarborgmaatschappij, een naamloze of een besloten vennootschap, een SE of SCE, en een commerciële stichting of vereniging behoort een jaarrekening te ontvangen waarvan de balans en de winst- en verliesrekening voldoen aan de specificaties

van deze *Bijlagen*. De balansposten en de posten in de resultatenrekening die in de *Bijlagen* worden genoemd, behoeven overigens niet allemaal van toepassing te zijn. Wanneer een onderneming bijvoorbeeld geen bedrijfsgebouwen en -terreinen bezit, zullen deze in de balans ontbreken.
Titel 9, Boek 2 BW bevat tevens enige voorschriften voor de toelichting bij de balans en de winst- en verliesrekening. *Bijlage 6* geeft een overzicht van de belangrijkste gegevens die, voor zover van toepassing, in de toelichting moeten worden vermeld. Vanaf 1 september 2002 zijn open naamloze vennootschappen verplicht om in de toelichting op de jaarrekening gespecificeerde informatie te verschaffen over de bezoldiging en de optiepakketten van individuele (gewezen) bestuurders en commissarissen. Voorts is per 1 januari 2005 de corporate governance code *(Bijlage 9)* wettelijk van toepassing verklaard op beursvennootschappen. Dit betekent dat in het jaarverslag de naleving of afwijking van de Code dient te worden toegelicht.

De inrichtingsvoorschriften van titel 9, Boek 2 BW zijn slechts ten dele van toepassing op een coöperatie, een onderlinge waarborgmaatschappij, een naamloze of een besloten vennootschap en een commerciële stichting of vereniging die een bank of een verzekeringsmaatschappij zijn; voor deze instellingen gelden echter aanvullende bepalingen.

Vrijstellingsregeling groepsmaatschappijen
Titel 9, Boek 2 BW kent een vrijstellingsbepaling voor groepsmaatschappijen. Groepsmaatschappijen zijn maatschappijen die organisatorisch met elkaar in een economische eenheid zijn verbonden. Een groep, bestaande uit meerdere groepsmaatschappijen met aan het hoofd een moedermaatschappij, wordt gewoonlijk een concern genoemd *(artikel 24b, Boek 2 BW)*.

De vrijstellingsregeling *(artikel 403, Boek 2 BW)* houdt in dat de jaarrekening van een groepsmaatschappij met de rechtsvorm van een coöperatie, een onderlinge waarborgmaatschappij, een naamloze of een besloten vennootschap en een commerciële stichting of vereniging niet behoeft te voldoen aan de inrichtingsvoorschriften voor de 'kleine', 'middelgrote' of 'grote' rechtspersoon *(Bijlagen 4 en 5)* en dat de toelichting *(Bijlage 6)* mag ontbreken. De volgende gegevens dienen echter in elk geval te worden vermeld:

- de som van de vaste activa (totale waarde van materiële, immateriële en financiële vaste activa);
- de som van de vlottende activa (totale waarde van de voorraden, vorderingen, effecten en liquide middelen);
- het bedrag van het eigen vermogen;
- het bedrag van de voorzieningen;
- het bedrag van de schulden;
- het resultaat uit de gewone bedrijfsuitoefening na aftrek van belastingen;
- het saldo der overige baten en lasten na aftrek van belastingen.

Voorwaarden voor vrijstelling
De vrijstelling is aan een aantal voorwaarden gebonden, waarvan de belangrijkste zijn:
- de aandeelhouders of leden van de groepsmaatschappij hebben zich hiermee schriftelijk akkoord verklaard;
- de financiële gegevens van de groepsmaatschappij zijn opgenomen in een geconsolideerde jaarrekening van een in de Europese Unie gevestigde moedermaatschappij;
- de moedermaatschappij heeft zich schriftelijk aansprakelijk gesteld voor de uit rechtshandelingen voortvloeiende schulden van de groepsmaatschappij.

De akkoordverklaring van aandeelhouders of leden, de geconsolideerde jaarrekening en de aansprakelijkheidsverklaring dienen te worden gedeponeerd bij het handelsregister van de Kamer van Koophandel en liggen aldaar voor een ieder ter inzage.
De vrijstelling is ook van toepassing als een groepsmaatschappij zelf als subholding fungeert. De vrijstellingsregeling geldt niet voor groepsmaatschappijen die een bank of een verzekeringsmaatschappij zijn.

Jaarverslag en 'overige gegevens'
De ondernemingsraad ingesteld bij een coöperatie, een onderlinge waarborgmaatschappij, een naamloze of een besloten vennootschap en een commerciële stichting of vereniging behoort, naast de jaarrekening, tevens het jaarverslag en de 'overige gegevens' te ontvangen. De verplichting tot verstrekking van het jaarverslag en de 'overige gegevens' geldt niet voor groepsmaatschappijen die onder de vrijstellingsbepaling vallen. Wel heeft de ondernemingsraad van deze groepsmaatschappijen recht op informatie over de eigen bijdrage van die groepsmaatschappij aan het groepsresultaat. Zie verder *artikel 31a, vierde lid.*

Jaarverslag
In het jaarverslag geeft de directie haar visie op de ontwikkelingen in het afgelopen boekjaar en haar verwachtingen voor de toekomst. Bij dit laatste wordt in het bijzonder aandacht besteed aan:
1. de investeringen;
2. de financiering;
3. de personeelsbezetting;
4. de omstandigheden waarvan de ontwikkeling van de omzet afhankelijk is;
5. de omstandigheden waarvan de ontwikkeling van de rentabiliteit afhankelijk is;
6. de werkzaamheden op het gebied van onderzoek en ontwikkeling.

Het jaarverslag vermeldt bovendien hoe bijzondere gebeurtenissen, waarmee in de jaarrekening geen rekening behoeft te worden gehouden, de verwachtingen hebben beïnvloed.

Overige gegevens
De belangrijkste 'overige gegevens' die, voor zover van toepassing, dienen te worden verstrekt zijn:

- de accountantsverklaring;
- het voorstel tot winstbestemming of verwerking van het verlies;
- de namen van de houders van prioriteitsaandelen waarbij de aard van hun zeggenschapsrechten wordt vermeld.

Accountantsverklaring
De accountantsverklaring maakt, voor zover opgesteld, deel uit van de 'overige gegevens'. De 'middelgrote' en 'grote' coöperatie, onderlinge waarborgmaatschappij, naamloze en besloten vennootschap, commerciële stichting of vereniging dienen een accountantsverklaring aan de jaarrekening toe te voegen. Deze verplichting geldt niet voor 'kleine' rechtspersonen en groepsmaatschappijen met vrijstelling.

De accountant maakt meestal tevens een accountantsrapport op. Dit is een intern rapport voor het bestuur en de raad van commissarissen met bijvoorbeeld aanwijzingen voor de organisatie van de administratie. Dit rapport behoeft niet op grond van artikel 31a aan de ondernemingsraad te worden verstrekt, maar kan, wanneer de ondernemingsraad het accountantsrapport voor de vervulling van zijn taak redelijkerwijze nodig heeft, op grond van artikel 31, eerste lid, worden gevraagd.

Winstbestemming
De ondernemingsraad kan bij de bespreking van de jaarrekening de winstbestemming aan de orde stellen en zijn standpunt hierover aan de ondernemer kenbaar maken. Ook kan de ondernemingsraad een initiatiefvoorstel doen, waarop de ondernemer gemotiveerd dient te reageren.

Inzicht jaarrekening
De jaarrekening dient steeds te voldoen aan de eis gesteld in artikel 362 Boek 2 BW: de jaarrekening moet volgens normen die in het maatschappelijk verkeer als aanvaardbaar worden beschouwd een zodanig inzicht geven dat een verantwoord oordeel kan worden gevormd omtrent het vermogen en het resultaat, alsmede voor zover de aard van een jaarrekening dat toelaat, omtrent de solvabiliteit en de liquiditeit van de rechtspersoon. De ondernemers die daartoe verplicht zijn, zoals de beursgenoteerde onderneming, de bankonderneming en financiële instellingen, stellen hun jaarrekening op volgens de International Accounting Standards Board vastgestelde en door de Europese Commissie goedgekeurde standaarden. Overige ondernemers kunnen hun jaarrekening eveneens opstellen volgens deze internationale standaarden. Iedere ondernemer meldt in de toelichting op de jaarrekening welke regels zijn toegepast (de in titel 9 BW aangegeven voorschriften of de IAS/IFRS-standaarden). Deze bepaling is eveneens van toepassing op de geconsolideerde jaarrekening *(zie de toelichting op artikel 31a, leden 3 en 4)*. Zowel de enkelvoudige als de geconsolideerde jaarrekening worden

volgens eenzelfde standaard opgesteld. Blijkt na de vaststelling van de jaarrekening dat deze in ernstige mate tekortschiet in het geven van dit inzicht, dan moet het bestuur van de rechtspersoon op grond van artikel 362, zesde lid, Boek 2 BW daaromtrent een mededeling neerleggen ten kantore van het handelsregister bij de Kamer van Koophandel. Het is deze mededeling die wordt bedoeld in de laatste volzin van het tweede lid van artikel 31a. Die mededeling moet zo spoedig mogelijk worden verstrekt aan de ondernemingsraad.

Artikel 31a : derde lid : Inzicht in groepsresultaat

Wanneer de ondernemer bedoeld in het tweede lid, deel uitmaakt van in een groep verbonden ondernemers, moet hij aan de ondernemingsraad, behalve zijn eigen jaarstukken, aanvullende gegevens verstrekken waaruit de ondernemingsraad zich een inzicht kan vormen in het gezamenlijke resultaat van die groep ondernemers. De wet maakt onderscheid naar gelang de financiële gegevens van de ondernemer al dan niet zijn opgenomen in een geconsolideerde jaarrekening. Een *geconsolideerde jaarrekening* is een jaarrekening waarin de financiële gegevens van de moedermaatschappij en de groepsmaatschappijen zijn samengenomen. Is er een geconsolideerde jaarrekening, dan moet aan de ondernemingsraad tevens die geconsolideerde jaarrekening, het jaarverslag en de 'overige gegevens' opgesomd in artikel 392 Boek 2 BW, worden verstrekt. Is er geen geconsolideerde jaarrekening, dan moet de ondernemer in de plaats daarvan aan de ondernemingsraad naast zijn eigen jaarstukken tevens andere schriftelijke gegevens verstrekken die de ondernemingsraad inzicht kunnen verschaffen in het gezamenlijke resultaat van de ondernemingen van de groep.

Artikel 31a : vierde lid : Eigen bijdrage aan groepsresultaat

Heeft de jaarrekening van de ondernemer bedoeld in het tweede lid, betrekking op meer dan één onderneming, dan moet hij behalve die jaarrekening, het jaarverslag en de 'overige gegevens' aan de ondernemingsraad tevens schriftelijke gegevens verstrekken die de ondernemingsraad inzicht kunnen verschaffen in de mate waarin de onderneming waarvoor hij is ingesteld, heeft bijgedragen aan het – in de jaarrekening vermelde – gezamenlijke resultaat van de ondernemingen waarop de jaarrekening betrekking heeft.

Zijn de financiële gegevens van de ondernemer opgenomen in een geconsolideerde jaarrekening, dan is niet steeds uit een vergelijking van de eigen jaarrekening van de ondernemer met de geconsolideerde jaarrekening af te leiden welke bijdrage aan het gezamenlijke resultaat van de groep is geleverd door de onderneming waarvoor de ondernemingsraad is ingesteld. Die vergelijking zal met name worden bemoeilijkt indien de ondernemer een groepsmaatschappij is die gebruik maakt van de vrijstellingsregeling. Wanneer aan de ondernemingsraad een geconsolideerde jaarrekening wordt overgelegd moeten derhalve tevens schriftelijke gegevens worden verstrekt die de ondernemingsraad inzicht kunnen verschaffen in de mate waarin de onderneming waarvoor die ondernemingsraad is ingesteld, heeft bijgedragen tot het – in de geconsolideerde jaarrekening vermelde – gezamenlijke resultaat van de ondernemingen van de groep.

Artikel 31a : vijfde lid : Jaarstukken volgens AMvB van 7 maart 1985

Voor de ondernemer die een coöperatie, een onderlinge waarborgmaatschappij, een naamloze of een besloten vennootschap, of een commerciële stichting of vereniging is, bevatten het tweede, derde en vierde lid van artikel 31a regels over de verstrekking van de jaarstukken aan de ondernemingsraad. Voor alle andere ondernemers die een ondernemingsraad hebben ingesteld waarop de bepalingen van deze wet van toepassing zijn, zijn regels omtrent de verstrekking van de jaarcijfers neergelegd in een algemene maatregel van bestuur, getiteld *Besluit verstrekking financiële informatie aan ondernemingsraden 1985 (zie Bijlage 7).* Tot die andere ondernemers behoren natuurlijke personen, rechtspersonen zoals niet-commerciële verenigingen, niet-commerciële stichtingen, publiekrechtelijke rechtspersonen, rechtspersonen naar Europees en buitenlands recht, alsmede kerkgenootschappen en hun zelfstandige onderdelen en voorts ondernemers in samenwerkingsverbanden tussen natuurlijke en/of rechtspersonen in de vorm van een maatschap, een vennootschap onder firma of een commanditaire vennootschap. Deze ondernemers dienen aan de ondernemingsraad ter bespreking schriftelijke gegevens te verstrekken die de in de leden 2 tot en met 4 van artikel 31a genoemde gegevens vervangen. Ook de *overheidsdiensten* vallen onder de werking van dit Besluit voor zover zij niet gebonden zijn aan specifieke regels (zoals de Comptabiliteitswet).
Het Besluit schrijft voor, dat de ondernemer jaarlijks binnen zes maanden na afloop van het boekjaar aan de ondernemingsraad moet verstrekken een balans en een staat van baten en lasten, beide met toelichting, in het Besluit ook tezamen aangeduid met de term 'jaarstukken'. Zijn de jaarstukken gecontroleerd door een accountant dan moet eveneens aan de ondernemingsraad worden overgelegd de verklaring van de accountant dat hij de jaarstukken heeft onderzocht *(artikel 6 Besluit).*
Is de ondernemer een natuurlijke persoon, dan moeten de aan de ondernemingsraad te verstrekken jaarstukken betrekking hebben op de onderneming waarvoor de ondernemingsraad is ingesteld *(artikel 2 Besluit).* In het geval van een samenwerkingsverband in de vorm van een maatschap of vennootschap moeten de aan de ondernemingsraad te verstrekken jaarstukken betrekking hebben op die maatschap of vennootschap *(artikel 4 Besluit).* Het privévermogen en de privé-inkomsten en -uitgaven van natuurlijke personen en van ondernemers in maatschaps- of vennootschapsverband zijn derhalve aan het inzicht van de ondernemingsraad onttrokken. Is de ondernemer een rechtspersoon, dan moeten de aan de ondernemingsraad te verstrekken jaarstukken betrekking hebben op de rechtspersoon zelf. Een uitzondering is gemaakt voor kerkgenootschappen en hun zelfstandige onderdelen en andere genootschappen op geestelijke grondslag, die kunnen volstaan met het verstrekken van jaarstukken be-

treffende de onderneming waarvoor de ondernemingsraad is ingesteld *(artikel 3 Besluit).*

Inzicht in groepsresultaat

De tweede zin van artikel 31a, vijfde lid, verklaart het derde en vierde lid van overeenkomstige toepassing op de ondernemers op wie het tweede lid van artikel 31a niet van toepassing is, dit zijn de ondernemers op wie het Besluit van toepassing is. Op grond daarvan is in het Besluit bepaald dat een ondernemer die deel uitmaakt van in een groep verbonden ondernemers, aan de ondernemingsraad behalve zijn eigen jaarstukken nog andere schriftelijke gegevens moet verstrekken omtrent het gemeenschappelijk vermogen en het gezamenlijke resultaat van de ondernemingen van de groep. Zijn die gegevens opgenomen in een geconsolideerde jaarrekening – vergelijk voor dit begrip hierboven de toelichting bij het derde lid van artikel 31a – dan moet de ondernemer naast zijn eigen jaarstukken die geconsolideerde jaarrekening aan de ondernemingsraad verstrekken *(artikel 7 Besluit).*

Eigen bijdrage aan groepsresultaat

In het geval dat de jaarstukken van de ondernemer ook betrekking hebben op andere ondernemingen dan de onderneming waarvoor de ondernemingsraad is ingesteld, moet de ondernemer naast die jaarstukken aan de ondernemingsraad tevens schriftelijke gegevens verstrekken die een beeld geven van de bijdrage die de onderneming waarvoor de ondernemingsraad is ingesteld, heeft geleverd aan het gezamenlijke resultaat van alle ondernemingen waarop de jaarstukken betrekking hebben *(artikel 8 Besluit).*

Inhoud jaarstukken

Het Besluit geeft voorschriften waaraan de balans en de toelichting *(artikelen 9 en 10 Besluit)* en de staat van baten en lasten en de toelichting daarop *(artikelen 11 en 12 Besluit)* ten minste dienen te voldoen. *Bijlagen 7 en 8* van dit boek geven een overzicht van de voorschriften van deze artikelen.

Bijzondere voorschriften

Voor een aantal ondernemingen gelden specifieke wettelijke voorschriften voor het opstellen van de jaarstukken. Die ondernemingen zijn ziekenhuizen, woningcorporaties, banken, verzekeringsmaatschappijen, de rijksoverheid en de lagere overheden. Ondernemers die deze ondernemingen in stand houden en op wie het Besluit van toepassing is, kunnen ermee volstaan aan de ondernemingsraad jaarstukken te verstrekken die zijn ingericht volgens die specifieke voorschriften *(artikel 13 Besluit).* De in artikel 13 genoemde specifieke voorschriften vervangen slechts de voorschriften van de artikelen 9 tot en met 12 van het Besluit, de overige bepalingen van het Besluit gelden ook voor deze ondernemers. Dit kan betekenen dat de ondernemer op grond van andere bepalingen van het Besluit verplicht is aan de ondernemingsraad aanvullende gegevens te verstrekken.

Gerechtelijke procedure

De jaarstukken dienen een zodanig inzicht te geven dat de ondernemingsraad zich een verantwoord oordeel kan vormen omtrent het vermogen en het resultaat - c.q. de uitkomst van het dienstverleningsproces bij niet op winst gerichte ondernemingen - alsmede, voor zover de aard van jaarstukken dat toelaat, omtrent de solvabiliteit en liquiditeit van de betrokken ondernemer, maatschap of vennootschap *(artikel 5)*. Als dit inzicht door de verstrekte gegevens niet wordt geboden, kan de ondernemingsraad, eventueel na bemiddeling en advies van de bedrijfscommissie, de kantonrechter verzoeken de ondernemer te verplichten de jaarstukken te verbeteren. De ondernemingsraad van een NV, BV een coöperatie of onderlinge waarborgmaatschappij of een commerciële vereniging of stichting, een SE of een SCE kan tevens bij de Ondernemingskamer een vordering instellen tot herziening van de jaarrekening *(artikel 447 en verder Boek 2 BW)*.

Overigens kan de ondernemingsraad die meent dat de hem door de ondernemer verstrekte informatie onvoldoende is, op grond van artikel 31, eerste lid, van de ondernemer aanvullende financiële informatie vragen als hij die voor de uitoefening van zijn taak redelijkerwijze nodig heeft.

Artikel 31a : zesde lid : Verwachtingen over werkzaamheden en resultaten

Iedere ondernemer moet ten minste twee maal per jaar aan de ondernemingsraad zijn plannen en verwachtingen ten aanzien van de werkzaamheden en de resultaten van de onderneming in de komende periode meedelen; in het bijzonder moeten daarbij plannen en verwachtingen worden meegedeeld die betrekking hebben op de in artikel 25 bedoelde aangelegenheden en op alle investeringen van de ondernemer in binnenland en buitenland. Deze informatie heeft betrekking op de in de naaste toekomst te verwachten ontwikkeling van de onderneming; zij vormt als het ware het aanvullende toekomstbeeld van de in het eerste lid bedoelde informatie en het verdient daarom aanbeveling om deze informatie tezamen met de in het eerste lid bedoelde informatie te verstrekken en te bespreken. De informatie moet de ondernemingsraad een inzicht verschaffen in voorzienbare ontwikkelingen betreffende de onderneming (bijvoorbeeld toekomstverwachtingen betreffende de inkoop- en afzetmogelijkheden, betreffende de eventuele uitbreiding van het takenpakket enz.). De ondernemer moet de ondernemingsraad ook inlichten over zijn eigen beleidsvoornemens, besluiten die hij in voorbereiding heeft, zijn motieven daarvoor en de te verwachten gevolgen daarvan voor de toekomst van de onderneming en voor de werknemers. Zie ook hier weer *Bijlage 0* over de impact van Covid-19. Deze toekomstplannen moeten bij de bespreking van de algemene gang van zaken van de onderneming met de ondernemingsraad worden besproken *(zie artikel 24, eerste lid)*, maar daarnaast blijft de ondernemer verplicht om over ieder afzonderlijk voorgenomen besluit als bedoeld in artikel 25 het advies van de ondernemingsraad te vragen.

Investeringsplannen
De algemene informatie die de ondernemer over zijn investeringsplannen moet verstrekken gaat verder dan de investeringen waarover de ondernemer het advies van de ondernemingsraad moet vragen. Hij moet namelijk ook informatie verstrekken over investeringen die niet strekken ten behoeve van de onderneming waarvoor de ondernemingsraad is ingesteld.
Met behulp van deze algemene informatie zal de ondernemingsraad in staat zijn om ook zelf bepaalde voorstellen te doen *(artikel 23, tweede en derde lid)*. De ondernemer kan deze informatie mondeling of schriftelijk verstrekken. Is de informatie op schrift aanwezig, dan verdient het de voorkeur om de informatie ook schriftelijk aan de ondernemingsraad te verstrekken. Ook ten aanzien van deze informatie kunnen de ondernemer en de ondernemingsraad afspreken dat deze vaker dan tweemaal per jaar zal worden gegeven.

Artikel 31a : zevende lid : Meerjarenplan en begroting

Iedere ondernemer die voor de onderneming een meerjarenplan of een begroting heeft opgesteld, is verplicht om dat meerjarenplan of die begroting (of een samenvatting daarvan) aan de ondernemingsraad te geven en met deze te bespreken. Een meerjarenplan is een beleidsplan met betrekking tot de werkzaamheden van de onderneming, over een periode langer dan een jaar. Onder een begroting moet worden verstaan een schriftelijk stuk waarin een raming wordt gegeven van de in het komende boekjaar te verwachten inkomsten en uitgaven, met een bijbehorende toelichting, waarin de beleidsvoornemens van de ondernemer voor het komende jaar en een schatting van de financiële gevolgen daarvan, zijn vervat. In de toelichting moet verder zo duidelijk mogelijk worden vermeld wat voor soort begroting het is (bijvoorbeeld een taakstellende begroting), waarop de schattingen zijn gebaseerd, welke onzekerheden er in de schattingen zitten en welke afwijkingen er mogelijk zijn. Deze bepaling verplicht de ondernemer niet om een meerjarenplan of een begroting op te stellen. Maar als de ondernemer een meerjarenplan of een begroting opstelt, moet hij deze stukken (of een samenvatting daarvan) aan de ondernemingsraad verstrekken.
Maakt de ondernemer deel uit van in een groep verbonden ondernemers en is er voor de ondernemingen van die groep een meerjarenplan of een begroting opgesteld, dan moet de ondernemer ook deze stukken (of een samenvatting daarvan) verstrekken aan de ondernemingsraad. Hij dient daarbij tevens schriftelijke gegevens te verschaffen waaruit de ondernemingsraad zich een beeld kan vormen van de mate waarin de onderneming waarvoor hij is ingesteld, zal bijdragen aan het gezamenlijke resultaat van de ondernemingen van de groep. Hetzelfde geldt als het meerjarenplan of de begroting betrekking heeft op meer dan één onderneming van dezelfde ondernemer.
Zie over de taal waarin de diverse stukken moeten worden verstrekt, de opmerking in de inleiding bij dit hoofdstuk.

RECHTSPRAAK

Kantonrechter Rotterdam 23 april 2007, ROR 2007, nr. 23
Artikel 31a legt een vergaande informatieverplichting op aan de ondernemer. Als er sprake is van consolidatie dient de ondernemer zodanige informatie te verschaffen dat de wederwaardigheden van de onderneming voor de OR navolgbaar zijn.

MEER INFORMATIE

Inzicht in de OR Praktijkboek
Hoofdstuk 5.3 Bedrijfseconomische informatie

Artikel 31b Sociale informatie

WETTEKST

1. **De ondernemer verstrekt, mede ten behoeve van de bespreking van de algemene gang van zaken van de onderneming, ten minste éénmaal per jaar aan de ondernemingsraad schriftelijk algemene gegevens inzake de aantallen en de verschillende groepen van de in de onderneming werkzame personen, alsmede inzake het door hem in het afgelopen jaar ten aanzien van die personen gevoerde sociale beleid, in het bijzonder met betrekking tot aangelegenheden als bedoeld in de artikelen 27, 28 en 29. Deze gegevens worden kwantitatief zodanig gespecificeerd dat daaruit blijkt welke uitwerking de verschillende onderdelen van het sociale beleid hebben gehad voor afzonderlijke bedrijfsonderdelen en functiegroepen.**
2. **De ondernemer doet daarbij tevens mondeling of schriftelijk mededeling van zijn verwachtingen ten aanzien van de ontwikkeling van de personeelsbezetting in het komende jaar, alsmede van het door hem in dat jaar te voeren sociale beleid, in het bijzonder met betrekking tot aangelegenheden als bedoeld in de artikelen 27, 28 en 29.**
3. **De ondernemer verstrekt, mede ten behoeve van de bespreking van de algemene gang van zaken van de onderneming, tevens ten minste éénmaal per jaar aan de ondernemingsraad schriftelijk algemene gegevens inzake de op grond van een uitzendovereenkomst in de onderneming werkzame personen en doet daarbij tevens mondeling of schriftelijk mededeling ten aanzien van de te verwachten ontwikkelingen wat betreft het aantal op basis van een uitzendovereenkomst werkzame personen in het komende jaar.**

TOELICHTING

Artikel 31b : eerste lid : Informatie over sociaal beleid

Ten behoeve van de bespreking van de algemene gang van zaken van de onderneming moet de ondernemer ten minste eenmaal per jaar aan de ondernemingsraad schriftelijk algemene gegevens verstrekken over het personeelsbestand van de onderneming en het door hem gevoerde sociale beleid in het afgelopen jaar.
Ten aanzien van het personeelsbestand moet hij een overzicht geven van de aantallen werknemers, uitgesplitst naar bedrijfsonderdeel, functiegroep, leeftijd en geslacht. Ge-

zien de toename van het aantal flexwerkers ligt het voor de hand ook voor deze categorie gespecificeerde informatie te verstrekken. Voorts moet hij een overzicht geven van de toe- of afname van deze aantallen in de verslagperiode.
Ten aanzien van het gevoerde sociale beleid moet de ondernemer een overzicht geven van de verschillende onderdelen van het door hem gevoerde sociale beleid, waarbij in het bijzonder aandacht moet worden besteed aan het beleid met betrekking tot de in de artikelen 27, 28 en 29 bedoelde aangelegenheden. Het verslag moet worden onderverdeeld naar de gevolgen die dit beleid in de verslagperiode heeft gehad voor de verschillende onderdelen van de onderneming en de verschillende functiegroepen in de onderneming.

Artikel 31b : tweede lid : Verwachtingen en plannen

Tevens moet de ondernemer mondeling of schriftelijk aan de ondernemingsraad informatie verstrekken omtrent zijn verwachtingen ten aanzien van de ontwikkeling van de personeelsbezetting in het komende jaar en zijn plannen ten aanzien van het door hem in het komende jaar te voeren sociale beleid, waarbij weer in het bijzonder aandacht moet worden besteed aan zijn plannen met betrekking tot de in de artikelen 27, 28 en 29 bedoelde aangelegenheden. Voorts moet de ondernemer ten minste tweemaal per jaar de ondernemingsraad informeren over besluiten die hij in voorbereiding heeft met betrekking tot de aangelegenheden als bedoeld in artikel 27 *(zie artikel 24, eerste lid).*

Artikel 31b : derde lid : Informatie over uitzendkrachten

Het derde lid is per 27 april 2012 toegevoegd als gevolg van een Europese richtlijn inzake uitzendarbeid. De ondernemer verstrekt, mede ten behoeve van de bespreking van de algemene gang van zaken van de onderneming, tevens ten minste eenmaal per jaar aan de ondernemingsraad schriftelijk algemene gegevens inzake de op grond van een uitzendovereenkomst in de onderneming werkzame personen en doet daarbij tevens mondeling of schriftelijk mededeling ten aanzien van de te verwachten ontwikkelingen wat betreft het aantal op basis van een uitzendovereenkomst werkzame personen in het komende jaar. Zie voor het adviesrecht van de ondernemingsraad over het groepsgewijze inlenen van arbeidskrachten het commentaar op artikel 25 eerste lid onder g, en over de positie van uitzendkrachten binnen de medezeggenschap het commentaar op artikel 1, derde lid, en artikel 6. *Zie voorts de Bijlagen 1 en 2U.*
Gezien de snelle toename van het aantal flexwerkers in Nederland ligt het in de rede om de informatie niet te beperken tot uitsluitend personen die op basis van een uitzendovereenkomst werkzaam zijn, maar deze informatie uit te breiden tot alle categorieën flexibele werknemers.
Zie over de taal waarin de diverse stukken moeten worden verstrekt, de opmerking in de inleiding bij dit hoofdstuk.

MEER INFORMATIE

Inzicht in de OR Praktijkboek
Hoofdstuk 5.4 Sociaal-organistorische informatie

Artikel 31c Sociale informatie

WETTEKST

De ondernemer doet aan de ondernemingsraad zo spoedig mogelijk mededeling van zijn voornemen tot het verstrekken van een adviesopdracht aan een deskundige buiten de onderneming, met betrekking tot een aangelegenheid als bedoeld in artikel 27.

TOELICHTING

Artikel 31c : Adviesopdracht over sociaal beleid

De ondernemer is verplicht de ondernemingsraad zo spoedig mogelijk in te lichten wanneer hij voornemens is om aan een deskundige buiten de onderneming (daaronder is ook begrepen een deskundige die werkzaam is in een andere onderneming van het concern waartoe de onderneming behoort, bijvoorbeeld in een centrale stafafdeling van het concern) een adviesopdracht te geven met betrekking tot een of meer van de in artikel 27 bedoelde aangelegenheden. Daarbij ligt het in de rede dat hij de tekst van de adviesopdracht aan de ondernemingsraad verstrekt.
Ten aanzien van het verstrekken en het formuleren van een adviesopdracht aan een deskundige buiten de onderneming met betrekking tot een of meer van de in artikel 25 bedoelde aangelegenheden heeft de ondernemingsraad een adviesrecht *(artikel 25, eerste lid, onderdeel n)*. Wanneer een adviesopdracht zowel betrekking heeft op een of meer aangelegenheden van artikel 25 als op een of meer aangelegenheden van artikel 27, valt de adviesopdracht onder artikel 25, eerste lid, onderdeel n, en heeft de ondernemingsraad derhalve het recht om zowel over het verstrekken als over het formuleren van de adviesopdracht te adviseren.

MEER INFORMATIE

Inzicht in de OR Praktijkboek
Hoofdstuk 5.4 Sociaal-organisatorische informatie

Artikel 31d Informatie over beloningsverhoudingen

WETTEKST

1. **De ondernemer verstrekt, mede ten behoeve van de bespreking van de algemene gang van zaken van de onderneming, ten minste eenmaal per jaar aan de ondernemingsraad schriftelijk informatie over de hoogte en inhoud van de arbeidsvoorwaardelijke regelingen en afspraken per verschillende groep van de in de onderneming werkzame personen.**
2. **De ondernemer verstrekt daarbij tevens schriftelijke informatie over de hoogte en inhoud van de arbeidsvoorwaardelijke regelingen en afspraken met het bestuur dat de rechtspersoon vertegenwoordigt en het totaal van de vergoedingen, dat wordt verstrekt aan het toezichthoudend orgaan, bedoeld in artikel 24, tweede lid.**
3. **Ten aanzien van het eerste en tweede lid wordt inzichtelijk gemaakt met welk percentage deze arbeidsvoorwaardelijke regelingen en afspraken zich verhouden tot elkaar en tot die van het voorgaande jaar.**
4. **Indien een groep, als bedoeld in het eerste lid, het bestuur of het toezichthoudend orgaan, bedoeld in het tweede lid, uit minder dan vijf personen bestaat, is het mogelijk om voor de toepassing van deze leden twee of meer functies samen te voegen, zodat een groep van ten minste vijf personen ontstaat.**
5. **De ondernemer is verplicht de ondernemingsraad zo spoedig mogelijk in kennis te stellen van belangrijke wijzigingen die in deze regelingen en afspraken worden aangebracht.**
6. **Dit artikel is uitsluitend van toepassing op ondernemingen waarin in de regel ten minste 100 personen werkzaam zijn.**

Zie voor het commentaar artikel 31e.

Artikel 31e Uitzondering

WETTEKST

De artikelen 23, tweede lid, tweede zin en artikel 31d zijn niet van toepassing op:

a) **de besloten vennootschap met beperkte aansprakelijkheid waarvan een van de bestuurders of commissarissen een natuurlijk persoon is die een direct of indirect belang heeft in de rechtspersoon overeenkomstig artikel 4.6 van de Wet inkomstenbelasting 2001, of**

b) **de rechtspersoon waarop de artikelen 396 of 397 van titel 9 van Boek 2 van het Burgerlijk Wetboek van toepassing zijn.**

TOELICHTING

Artikel 31d en artikel 31e : Informatie over beloningsverhoudingen

Hoewel een groot deel van de informatie over de arbeidsvoorwaarden in de onderneming voor de ondernemingsraad reeds bereikbaar is via de cao of de bestaande rechtspositieregelingen, geldt dit in het algemeen niet voor de arbeidsvoorwaarden van het personeel dat niet onder een cao valt, en voor de beloningsstructuur van het bestuur en de toezichthoudende organen.
Om in deze leemte te voorzien is de ondernemer op grond van artikel 31d verplicht om ten minste eenmaal per jaar aan de ondernemingsraad schriftelijke informatie te verschaffen over de hoogte en de inhoud van de arbeidsvoorwaardelijke regelingen en afspraken met de verschillende (functionele) groepen van in de onderneming werkzame personen. Dezelfde verplichting geldt met betrekking tot het bestuur van de rechtspersoon en het toezichthoudende orgaan (raad van commissarissen; raad van toezicht). Met ingang van 2019 is aan dit informatierecht ook een overlegrecht toegevoegd. Zie daarover verder het commentaar bij *artikel 23, tweede lid.*

Dit informatierecht heeft niet alleen betrekking op de omvang van de kosten (hoogte van de beloningen) maar ook op de inhoud van de regelingen/afspraken waar deze uit voortvloeien. Daarbij valt te denken aan winstdeling, optieregelingen, prestatiebeloningen, bonussen, vertrekregelingen enz. Ten aanzien van die regelingen en afspraken dient de ondernemingsraad ook tussentijds over belangrijke wijzigingen geïnformeerd te worden *(zie artikel 31d, vijfde lid).* Dit kan bijvoorbeeld het geval zijn bij het aantreden van een nieuwe bestuurder, bij reorganisatie, fusie of andere ingrijpende wijzigin-

gen in het beleid van de onderneming, waarbij ook afspraken over (bijzondere) beloningen aan de orde kunnen zijn. Overigens heeft de ondernemingsraad over sommige van deze regelingen (let op: de systematiek, niet de hoogte van de bedragen) recht van instemming; zie het commentaar bij artikel 27.
Bij de informatieverschaffing moet inzichtelijk worden gemaakt met welk percentage de regelingen en afspraken zich verhouden tot elkaar en tot die van het voorafgaande jaar.
Aangezien het niet de bedoeling is van de informatieverplichting dat de beloningsgegevens herleidbaar zijn tot individuele personen, kan de ondernemer groepen die uit minder dan vijf personen bestaan samenvoegen en aldus de informatie gebundeld aan de ondernemingsraad presenteren.
De verplichte verstrekking van informatie over de beloningsverhoudingen in de onderneming impliceert dat de ondernemingsraad tot taak heeft deze informatie bij zijn standpuntbepaling te betrekken, hierover overleg te voeren met de ondernemer en desgewenst met initiatiefvoorstellen te komen. Per 1 januari 2019 is dit overleg ook wettelijk voorgeschreven. Zie daarover het commentaar bij *artikel 23, tweede lid.*

De verplichting om de hierboven bedoelde informatie aan de ondernemingsraad te verstrekken is beperkt tot ondernemingen waarin in de regel ten minste 100 personen werkzaam zijn. Voorts is de verplichting niet van toepassing op (familie)bedrijven waarvan de bestuurder tevens directeur-grootaandeelhouder is, dat wil zeggen meer dan vijf procent van de aandelen in zijn bezit heeft.
Ten slotte geldt de verplichting niet voor zogenaamde 'kleine' en 'middelgrote' rechtspersonen, die verplicht zijn een jaarrekening te publiceren (zie het commentaar bij *artikel 31a, tweede lid).* Hieruit kan worden afgeleid dat non-profit organisaties die *niet* jaarrekeningplichtig zijn in principe worden bestreken door artikel 31d WOR. Wel zal dan in veel gevallen de uitzondering van artikel 31d, zesde lid (minder dan 100 werknemers) van toepassing zijn.

Spreekrecht ondernemingsraad NV's in algemene vergadering
NV's dienen op grond van artikel 135 Boek 2 BW een beleid op het terrein van de bezoldiging van het bestuur te hebben. Dat beleid wordt vastgesteld door de algemene vergadering. Het beleid omvat in ieder geval de onderwerpen die genoemd worden in de artikelen 338c tot en met 338e van Boek 2 BW. Het gaat daarbij om periodiek betaalde beloningen, beloningen betaalbaar op termijn, uitkeringen bij beëindiging van het dienstverband, winstdelingen en bonusbetalingen, optierechten en leningen aan bestuurders.
NV's die krachtens de wet verplicht zijn een ondernemingsraad in te stellen, moeten het voorstel tot vaststelling van het bezoldigingsbeleid voorafgaand aan de algemene vergadering tijdig toezenden aan de ondernemingsraad, zodat deze daarover een standpunt kan innemen. Dat standpunt wordt gelijktijdig met het voorstel aan de algemene vergadering aangeboden. De voorzitter van de ondernemingsraad (of een door de voorzitter aangewezen vervanger) heeft het recht om het standpunt van de onder-

nemingsraad tijdens de algemene vergadering toe te lichten. Het ontbreken van een standpunt van de ondernemingsraad (hetzij omdat de ondernemingsraad geen standpunt heeft ingenomen, hetzij omdat hij daartoe niet in de gelegenheid is gesteld) maakt de besluitvorming in de algemene vergadering echter niet ongeldig.
In concerns kan het recht om een standpunt te bepalen en het spreekrecht in de algemene vergadering ook toekomen aan de ondernemingsraad die is ingestelde bij een dochtermaatschappij, mits de werknemers van de het concern in meerderheid in Nederland werkzaam zijn. Is er meer dan één ondernemingsraad, dan wordt de bevoegdheid door deze ondernemingsraden gezamenlijk uitgeoefend. Als er een overkoepelende ondernemingsraad (COR) is ingesteld, dan berust de bevoegdheid bij de COR.

RECHTSPRAAK

Kantonrechter Tiel 15 juli 2009, ECLI:NL:RBARN:2009:BJ4325, ROR 2009, nr. 40
Geen recht op informatie voor ondernemingsraad over afvloeiingsregeling, mede vanwege privacybescherming.

MEER INFORMATIE

Inzicht in de OR Praktijkboek
Hoofdstuk 5.5 Informatierecht over beloningsverhoudingen

Artikel 31f Informatie over uitvoeringsovereenkomst pensioenen

WETTEKST

De ondernemer is verplicht de ondernemingsraad zo spoedig mogelijk schriftelijk te informeren over elke voorgenomen vaststelling, wijziging of intrekking van een uitvoeringsovereenkomst of uitvoeringsreglement als bedoeld in artikel 1 van de Pensioenwet.

TOELICHTING

Artikel 31f : Informatie over de uitvoeringsovereenkomst

Artikel 31f is per 1 oktober 2016 ingevoerd in het kader van de uitbreiding van de instemmingsrechten van de OR over pensioenovereenkomsten. Uitgangspunt van de nieuwe regeling is dat de OR instemmingsrecht heeft over de arbeidsvoorwaarde pensioen (tenzij de pensioenovereenkomst is ondergebracht in een bedrijfstakpensioenfonds, zie *artikel 27, derde lid*). Als het goed is zijn alle arbeidsvoorwaardelijke aspecten van het pensioen geregeld in de pensioenovereenkomst tussen werkgever en werknemer. In de praktijk worden echter nogal wat arbeidsvoorwaardelijke aspecten geregeld in de uitvoeringsovereenkomst (de overeenkomst tussen werkgever en pensioenuitvoerder, waarbij de OR geen partij is).
Om te voorkomen dat de OR buitenspel staat bij wijzigingen in de uitvoeringsovereenkomst met (mogelijk nadelige) gevolgen voor de arbeidsvoorwaarde pensioen regelt het nieuwe artikel 31f dat de OR moet worden geïnformeerd over alle wijzigingen die zich voordoen rond de uitvoeringsovereenkomst. De OR dient dan zelf te beoordelen of die wijzigingen gevolgen hebben voor de arbeidsvoorwaarde pensioen, en kan vervolgens instemmingsrecht claimen. Het is uiteindelijk aan de rechter om te beoordelen of het instemmingsrecht dan inderdaad van toepassing is. Uiteraard verdient het aanbeveling dat ondernemer en ondernemingsraad vroegtijdig in gesprek gaan over dit onderwerp, met als mogelijk doel een ondernemingsovereenkomst af te sluiten *(zie artikel 32 WOR)*.

In de praktijk is het vaak niet eenvoudig om de grens te trekken tussen arbeidsvoorwaardelijke en uitvoeringselementen; er is sprake van een 'grijs gebied'. Het is voor een ondernemingsraad raadzaam om bij deze specialistische onderwerpen tijdig een beroep te doen op externe deskundigheid. Zie ook *https://www.ser.nl/nl/thema/medezeggenschap/belangrijke-themas/pensioen.*

Zie over de rol van de OR in het nieuwe (komende) pensioenstelsel ook *https://www.werkenaanonspensioen.nl/voor-werkgevers-en-werknemers/stappenplannen-voor-ondernemingsraden.*

Zie voorts *Bijlage 2G.*

4c Verdere bevoegdheden van de ondernemingsraad

In dit hoofdstuk wordt aangegeven op welke wijze de bevoegdheden van de ondernemingsraad kunnen worden uitgebreid. Onder 'bevoegdheden' worden in dit verband verstaan: de initiatief-, advies-, instemmings- en benoemingsbevoegdheid, de stimulerende bevoegdheid ten aanzien van de in artikel 28 genoemde onderwerpen en het recht op informatie.

In de praktijk worden op grond van dit hoofdstuk overigens ook wel extra faciliteiten aan de ondernemingsraad toegekend. Ook wordt artikel 32 wel benut om afspraken te maken over de wijze en fasering van het overleg (een soort van overlegprotocol, vergelijk artikel 24).

De uitbreiding van bevoegdheden volgens de in dit hoofdstuk besproken regeling heeft tot gevolg dat op de toegekende extra bevoegdheden de bepalingen van de wet van toepassing zijn. Bij de toekenning van een instemmingsbevoegdheid is bijvoorbeeld de regeling van artikel 27, vierde en vijfde lid, van toepassing, tenzij uitdrukkelijk een vetorecht (instemmingsrecht zonder beroep bij de kantonrechter) is bedoeld. Voorts kunnen de toegekende extra bevoegdheden met toepassing van de artikelen 26 en 36 worden gehandhaafd. De uitbreiding van bevoegdheden kan ook betrekking hebben op arbeidsvoorwaarden.

Overigens kunnen aan de ondernemingsraad ook bij of krachtens andere wetgeving dan de Wet op de ondernemingsraden bevoegdheden worden gegeven. Zie daarover *Bijlage 2*. Voorbeelden zijn de structuurregeling *(Bijlage 2I)* en de Arbeidsomstandighedenwet *(Bijlage 2A)*.

Artikel 32 Ondernemingsovereenkomst

WETTEKST

1. **Bij collectieve arbeidsovereenkomst of een regeling van arbeidsvoorwaarden vastgesteld door een publiekrechtelijk orgaan kunnen aan de ondernemingsraad of aan de ondernemingsraden van de bij die overeenkomst of die regeling betrokken onderneming of ondernemingen verdere bevoegdheden dan in deze wet genoemd worden toegekend.**
2. **Bij schriftelijke overeenkomst tussen de ondernemer en de ondernemingsraad kunnen aan de ondernemingsraad meer bevoegdheden dan de in deze wet genoemde worden toegekend en kunnen aanvullende voorschriften over de toepassing van het bij of krachtens deze wet bepaalde worden gegeven. De ondernemer zendt een afschrift van de overeenkomst aan de bedrijfscommissie.**
3. **Indien aan de ondernemingsraad op grond van dit artikel een adviesrecht of instemmingsrecht is toegekend, is het advies of de instemming van de ondernemingsraad niet vereist, voor zover de aangelegenheid voor de onderneming reeds inhoudelijk is geregeld in een collectieve arbeidsovereenkomst of in een regeling, vastgesteld door een publiekrechtelijk orgaan.**
4. **Indien in de overeenkomst aan de ondernemingsraad een recht op advies of instemming wordt gegeven over andere voorgenomen besluiten dan genoemd in de artikelen 25 onderscheidenlijk 27, zijn de artikelen 26 onderscheidenlijk 27, vierde tot en met zesde lid, van overeenkomstige toepassing.**

TOELICHTING

Artikel 32 : eerste lid : Uitbreiding OR-bevoegdheden bij cao of publiekrechtelijke regeling

De bevoegdheden van de ondernemingsraad kunnen worden uitgebreid bij collectieve arbeidsovereenkomst. Dit kan zijn een bedrijfstak-cao, waardoor aan de ondernemingsraden van alle ondernemingen waarvoor die cao geldt meer bevoegdheden worden toegekend dan de in de wet genoemde.
Het kan ook een ondernemings-cao zijn, waardoor alleen aan de ondernemingsraad van de betrokken onderneming extra bevoegdheden worden toegekend. Van deze mogelijkheid is in verschillende cao's gebruik gemaakt.

Bij cao toegekende extra bevoegdheden kunnen bij een latere cao worden versterkt (bijvoorbeeld omzetting van een adviesrecht in een instemmingsrecht), verzwakt of ingetrokken.
Wordt na afloop van de cao geen nieuwe cao gesloten, dan wel een cao die geen extra bevoegdheden meer toekent, dan vervallen de extra bevoegdheden, tenzij de ondernemer uitvoering geeft aan hetgeen in het tweede lid is bepaald.

Veel cao's bevatten de mogelijkheid voor (of de opdracht aan) ondernemingsraden om (kader)regelingen nader uit te werken. Niet geheel duidelijk is wat de gevolgen zijn van deze afspraken voor individuele werknemers: zijn die werknemers daaraan gebonden (doorwerking) of niet? Veel hangt af van de formulering van de desbetreffende cao-bepaling en van de inhoud van de individuele arbeidsovereenkomst (eenzijdig wijzigingsbeding, incorporatiebeding). Zie over dit onderwerp verder de tweede aantekening bij artikel 27 (primaire arbeidsvoorwaarden).
Uitbreiding van de bevoegdheden van de ondernemingsraad kan ook gebeuren bij een regeling van arbeidsvoorwaarden vastgesteld door een publiekrechtelijk orgaan. Denk aan regelingen van bestuursorganen van de rijksoverheid, gemeenten, provincies en waterschappen.

Artikel 32 : tweede lid : Ondernemingsovereenkomst

De bevoegdheden van de ondernemingsraad kunnen ook worden uitgebreid in een overeenkomst tussen ondernemer en ondernemingsraad. De overeenkomst kan zowel materiële (extra rechten) als procedurele bepalingen (toepassing van de wettelijke bevoegdheden) bevatten. Deze ondernemingsovereenkomst (ook wel convenant genoemd) moet schriftelijk worden vastgelegd (in een apart document of in de notulen van de overlegvergadering). Een redelijke toepassing van de wet brengt echter mee dat ook een ondubbelzinnige mondelinge afspraak tussen ondernemer en ondernemingsraad geldig is. Voorts geeft dit artikel de wettelijke basis voor overeenkomsten tussen ondernemer en ondernemingsraad die (mede) arbeidsvoorwaarden betreffen. Zie de toelichting bij artikel 27, eerste lid (primaire arbeidsvoorwaarden).
De afspraken kunnen niet de wettelijke rechten en bevoegdheden van de ondernemingsraad opzijzetten. Tenzij anders is afgesproken, geldt de ondernemingsovereenkomst in beginsel voor onbepaalde tijd. Ook een nieuwe ondernemingsraad en een nieuwe bestuurder zijn er door gebonden. Naleving van de ondernemingsovereenkomst kan zo nodig worden afgedwongen bij de kantonrechter (artikel 36, tweede lid), tenzij een belangrijke wijziging van de omstandigheden meebrengt dat de overeenkomst naar redelijkheid en billijkheid niet meer in stand kan blijven. De ondernemer is verplicht een afschrift van de ondernemingsovereenkomst aan de bedrijfscommissie te zenden, opdat de bedrijfscommissie inzicht kan krijgen in de toepassing van deze bepaling. Verzuim van deze mededelingsplicht tast echter op zichzelf de geldigheid van de ondernemingsovereenkomst niet aan.

Bij overeenkomst kan aan de ondernemingsraad of ook de personeelsvertegenwoordiging van NV's, BV's, coöperaties, onderlinge waarborgmaatschappijen en OR-plichtige verenigingen en stichtingen ook de bevoegdheid worden toegekend om een enquêteverzoek in te dienen bij de Ondernemingskamer van het Gerechtshof Amsterdam. Zie over het enquêterecht verder *Bijlage 2H.*
Denkbaar is ook dat partijen een overeenkomst sluiten tijdens een procedure bij de rechter (waaronder de Ondernemingskamer). Ook een dergelijke overeenkomst berust rechtens op artikel 32 tweede lid WOR.
Een ondernemingsovereenkomst kan niet het zogenoemde primaat van de politiek opzij zetten. Een beroepsrecht over dergelijke besluiten is volgens de Hoge Raad principieel uitgesloten. Zie daarover uitgebreider het commentaar bij artikel 46d in *Hoofdstuk 7B.*

Artikel 32 : derde lid : Uitzondering bij cao of publiekrechtelijke regeling

De toepassing van de extra advies- of instemmingsbevoegdheden die aan de ondernemingsraad zijn toegekend, wordt beperkt door de bepaling dat deze bevoegdheden niet gelden voor zover de betrokken aangelegenheid voor de onderneming inhoudelijk is geregeld in een collectieve arbeidsovereenkomst of een regeling van arbeidsvoorwaarden, vastgesteld door een publiekrechtelijk orgaan. Vergelijk de toelichting op artikel 27, derde lid.

Artikel 32 : vierde lid : Naleving

Indien aan de ondernemingsraad op basis van artikel 32, eerste of tweede lid, bij overeenkomst verdere bevoegdheden zijn toegekend, dan zijn de rechtsgevolgen daarvan gelijk aan die van de rechtstreeks in de wet toegekende bevoegdheden. Dit betekent dat bij geschillen over de toepassing van een instemmingsrecht op grond van artikel 27 kan worden opgetreden en bij de toepassing van een adviesrecht op grond van artikel 25 en 26. Bij overbrenging van een in artikel 25 genoemde aangelegenheid (bijvoorbeeld: een belangrijke investering) naar het instemmingsrecht, eist een redelijke wetstoepassing dat het adviesrecht vervalt. Andersom is niet mogelijk omdat dan aan de ondernemingsraad een mindere bevoegdheid zou worden toegekend. Overigens kan in de cao, de publiekrechtelijke regeling of de ondernemingsovereenkomst ten aanzien van een aangelegenheid die niet in de wet wordt genoemd (bijvoorbeeld: een regeling met betrekking tot onkostenvergoedingen) aan de ondernemingsraad ook een adviesrecht of instemmingsrecht worden toegekend waarbij de procedures van de artikelen 25, 26 en 27 al dan niet worden uitgesloten.

RECHTSPRAAK

Hoge Raad 17 maart 1993, ROR 1993, nr. 16
Als aan de OR een extra advies- of instemmingsrecht is toegekend gelden ook de daarbij behorende beroepsprocedures.

Hoge Raad 22 maart 2019, ECLI:NL:HR:2019:397
Het advies- en beroepsrecht kan niet worden uitgebreid voor besluiten die onder het primaat van de politiek vallen. Een informeel adviesrecht zonder beroepsrecht is wel toegestaan.

Ondernemingskamer 31 januari 2005, ROR 2005, nr. 11
Ondernemer en OR zijn in een convenant overeengekomen dat pas kan worden overgegaan tot daadwerkelijke integratie van de samenwerkende organisaties na positief advies van de OR. Bij het ontbreken van een positief advies is het besluit daarom kennelijk onredelijk, tenzij er zwaarwegende omstandigheden in het spel zijn of het onthouden van positief advies door de OR kennelijk onredelijk is.

Ondernemingskamer 1 maart 2005, ROR 2005, nr. 3
Aan de ondernemingsraad is door het bestuur enquêtebevoegdheid toegekend. Het verzoek van de ondernemingsraad om een onderzoek in te stellen wordt toegewezen.

Ondernemingskamer 5 oktober 2005, ROR 2006, nr. 2 en Ondernemingskamer 5 augustus 2008, ARO 2008, nr. 134
Aan de ondernemingsraad is rechtsgeldig enquêtebevoegdheid toegekend. Er zijn gegronde redenen om aan een juist beleid te twijfelen. Het verzoek om voorlopige voorzieningen wordt toegewezen.

Ondernemingskamer 18 juni 2009, ARO 2009, nr. 113 en 114
Partijen komen tijdens de procedure bij de Ondernemingskamer overeen dat de Ondernemingskamer een accountant benoemt om te onderzoeken of de door de ondernemer voorgenomen fusie financieel verantwoord is.

Gerechtshof 's-Gravenhage 3 november 2006, ROR 2007, nr. 7
De ondernemer kan een convenant met de OR slechts bij zwaarwegende redenen en na voorafgaand overleg met de OR opzeggen.

Gerechtshof 's-Hertogenbosch 18 juli 2012, «JAR» 2012/2026
Ondernemingsovereenkomsten kunnen ook betrekking hebben op primaire arbeidsvoorwaarden.

Rechtbank 's-Gravenhage 29 april 1997, ROR 1997, nr. 25
Hoewel het besluit niet belangrijk is in de zin van art. 25 WOR, komt de OR op grond van uitbreiding van bevoegdheden bij ondernemingsovereenkomst adviesrecht toe.

Kantonrechter Wageningen 9 mei 2007, ROR 2008, nr. 31
Het schriftelijkheidsvereiste van artikel 32 lid 2 staat niet in de weg aan een geldige mondelinge afspraak.

Kantonrechter Maastricht 24 juni 2011, ECLI:NL:RBMAA:2011:BR4391
Aan de OR is verschillende malen schriftelijk, ondubbelzinnig en zonder enig voorbehoud om instemming gevraagd en de OR heeft daar ook verschillende malen schriftelijk op gereageerd. Er is daarom sprake van een overeenkomst als bedoeld in artikel 32 lid 2 WOR.

Rechtbank Midden-Nederland 5 november 2013, ECLI:NL:RBMNE:2013:5497
De ondernemer mag niet eenzijdig de faciliteitenregeling (halve vrijstelling voorzitter en secretaris) wijzigen. Regeling kan worden aangemerkt als een ondernemingsovereenkomst in de zin van artikel 32 lid 2 WOR.

MEER INFORMATIE

Inzicht in de OR Praktijkboek
Hoofdstuk 10.2 Het tot stand komen van de ondernemingsovereenkomst
Hoofdstuk 10.3 Mogelijke onderwerpen voor de ondernemingsovereenkomst

5 De centrale ondernemingsraden en de groepsondernemingsraden

In het geval van een samenwerkingsverband van ondernemingen (door één ondernemer in stand gehouden of deel uitmakend van een concern) kan het gewenst zijn om een overkoepelende ondernemingsraad in te stellen waarmee de leiding van het samenwerkingsverband overleg kan voeren over het gemeenschappelijk beleid ten aanzien van de betrokken ondernemingen *(artikel 35)*. De overkoepelende ondernemingsraad wordt *centrale ondernemingsraad* (COR) genoemd wanneer hij is ingesteld voor alle ondernemingen die door een ondernemer in stand worden gehouden c.q. deel uitmaken van een concern. Als het echter de bedoeling is dat de overkoepelende ondernemingsraad slechts voor een deel van de ondernemingen zal functioneren, wordt hij *groepsondernemingsraad* (GOR) genoemd. Vereist is dan wel dat de betrokken ondernemingen inderdaad een groep vormen met gezamenlijke economische doelstelling en beheer. In de praktijk spreekt men in dit geval ook wel van divisie-ondernemingsraad.
Zie over de instelling van overkoepelende ondernemingsraden het commentaar bij *artikel 33*. Voor de samenstelling, verkiezing en werkwijze van de COR of GOR geeft artikel 34 enkele aanvullende en afwijkende regels. Artikel 35 bakent de bevoegdheden af tussen COR, GOR en de andere ondernemingsraden. Van belang is dat COR en GOR alleen bevoegd zijn ter zake van gemeenschappelijke aangelegenheden van de betrokken ondernemingen en dat de bevoegdheid van de overkoepelende ondernemingsraad die van de andere ondernemingsraden uitsluit.
Er lijkt sprake van een toenemende verschuiving (of de wens daartoe) van een structuur met een centrale ondernemingsraad met daaronder een aantal ondernemingsraden, naar een structuur met één gemeenschappelijke ondernemingsraad met eventueel één of meer onderdeelcommissies. Dat leidt met enige regelmaat tot geschillen. Beslissend is of een dergelijke wijziging bevorderlijk is voor een goede toepassing van de wet. Zie hierover verder vooral het commentaar bij *Hoofdstuk 2, artikel 3.*

Artikel 33 Instelling centrale/groepsondernemingsraad

WETTEKST

1. **De ondernemer die twee of meer ondernemingsraden heeft ingesteld stelt tevens voor de door hem in stand gehouden ondernemingen een centrale ondernemingsraad in indien dit bevorderlijk is voor een goede toepassing van deze wet ten aanzien van deze ondernemingen.**
2. **De ondernemer die meer dan twee ondernemingsraden heeft ingesteld stelt voor een aantal van de door hem in stand gehouden ondernemingen een groepsondernemingsraad in indien dit bevorderlijk is voor een goede toepassing van deze wet ten aanzien van deze ondernemingen.**
3. **Het eerste en het tweede lid zijn van overeenkomstige toepassing ten aanzien van in een groep verbonden ondernemers, die tezamen twee of meer ondernemingsraden hebben ingesteld. De betrokken ondernemers wijzen een tot hun groep behorende ondernemer aan, die voor de toepassing van deze wet namens hen als ondernemer optreedt ten opzichte van de centrale ondernemingsraad of de groepsondernemingsraad.**

TOELICHTING

Artikel 33 : eerste lid : Instelling COR door ondernemer

Wanneer een ondernemer twee of meer ondernemingen in stand houdt waarvoor een ondernemingsraad is ingesteld, kan hij een centrale ondernemingsraad instellen. Een centrale ondernemingsraad wordt ingesteld voor alle ondernemingen die de ondernemer in stand houdt, dus ook voor de ondernemingen waar geen ondernemingsraad functioneert. De vertegenwoordiging in de centrale ondernemingsraad van ondernemingen zonder ondernemingsraad kan worden geregeld door toepassing van artikel 34, vierde lid.

Voordat de ondernemer overgaat tot de instelling van een centrale ondernemingsraad zal hij de betrokken ondernemingsraden in de gelegenheid stellen hun standpunt daarover kenbaar te maken. Als er bezwaar bestaat bij de ondernemingsraden, dan kunnen zij, eventueel na bemiddeling en advies van de bedrijfscommissie, een beslissing van de kantonrechter vragen *(artikel 36, eerste lid)*. Deze beslist over de vraag of de instelling van een centrale ondernemingsraad bevorderlijk is voor een goede toepassing van de wet ten aanzien van de betrokken ondernemingen, hetgeen bijvoorbeeld inhoudt dat de centrale ondernemingsraad taken moet kunnen uitoefenen die door de afzonderlijke ondernemingsraden niet of niet effectief genoeg kunnen worden vervuld. Hebben de betrokken ondernemingsraden geen bezwaar tegen de instelling van een centrale ondernemingsraad, dan kan de ondernemer een voorlopig reglement voor de centrale ondernemingsraad opstellen en de verkiezingen organiseren.

COR op verzoek van OR's
Het voorstel tot het instellen van een centrale ondernemingsraad kan ook uitgaan van de ondernemingsraden. Maakt de ondernemer tegen het voorstel bezwaar, dan kunnen de initiatiefnemende ondernemingsraden, maar ook andere belanghebbenden (vakbond, werknemers), eventueel na bemiddeling en advies van de bedrijfscommissie, de kantonrechter vragen te bepalen dat een centrale ondernemingsraad moet worden ingesteld *(artikel 36, eerste lid).*

Artikel 33 : tweede lid : Instelling GOR door ondernemer

Een ondernemer kan, ongeacht of hij wel of niet een centrale ondernemingsraad voor zijn ondernemingen heeft ingesteld, ook voor een groep van de betrokken ondernemingen een groepsondernemingsraad instellen. Eerst zal hij echter de betrokken ondernemingsraden in de gelegenheid stellen hun standpunt over de instelling van een groepsondernemingsraad kenbaar te maken. Maken één of meer betrokken ondernemingsraden bezwaar tegen de instelling van de groepsondernemingsraad, dan kunnen zij, eventueel na bemiddeling en advies van de bedrijfscommissie, de kantonrechter om een uitspraak vragen.
De kantonrechter beslist of de instelling van de groepsondernemingsraad een goede toepassing van de wet bevordert ten aanzien van de betrokken ondernemingen. Dit houdt in dat de betrokken ondernemingen een zekere samenhang dienen te vertonen in aard, structuur en management en dat de groepsondernemingsraad taken moet kunnen uitoefenen die door de afzonderlijke ondernemingsraden niet of niet effectief genoeg kunnen worden vervuld. Indien de samenhang tussen de ondernemingen waarvoor een groepsondernemingsraad is ingesteld in de loop der tijden veranderingen ondergaat, kan het bestaan van de groepsondernemingsraad weer ter discussie worden gesteld.
Het is uiteraard toegestaan om meer dan één groepsondernemingsraad in te stellen.

GOR op verzoek van OR's
Ook de betrokken ondernemingsraden kunnen het initiatief tot instelling van een groepsondernemingsraad nemen. Daarbij geldt dezelfde procedure als voor de instelling van een centrale ondernemingsraad op voorstel van de betrokken ondernemingsraden, hetgeen bij artikel 33, eerste lid, is toegelicht.

Artikel 33 : derde lid : COR en GOR bij in een groep verbonden ondernemers

Het voorgaande geldt ook voor twee of meer 'in een groep verbonden ondernemers' die tezamen twee of meer ondernemingsraden hebben ingesteld. In de praktijk is dit de meest voorkomende situatie. Ook hier geldt dat een centrale ondernemingsraad uitsluitend kan worden ingesteld voor alle ondernemingen van de betrokken groep ondernemers (concern). In de toelichting bij artikel 1, eerste lid, is aangegeven wat onder 'in een groep verbonden ondernemers' moet worden verstaan.

Een van de ondernemers die in de groep is verbonden, wordt door de betrokken ondernemers aangewezen als degene die namens hen de wettelijke voorschriften ten opzichte van de centrale ondernemingsraad of groepsondernemingsraad moet naleven, zoals bijvoorbeeld de verplichting tot het instellen van de centrale ondernemingsraad of groepsondernemingsraad, het verlenen van faciliteiten aan deze ondernemingsraad en het plegen van overleg met de centrale ondernemingsraad of groepsondernemingsraad. Het ligt voor de hand dat de ondernemer wordt aangewezen die in de groep de overwegende zeggenschap uitoefent.

RECHTSPRAAK

Hoge Raad 28 maart 2008, «JAR» 2008/113
Een meerderheidsdeelneming leidt in beginsel tot groepsverbondenheid. Bijzondere omstandigheden, zoals het ontbreken van beslissende zeggenschap, kunnen tot de conclusie leiden dat er geen sprake is van groepsverbondenheid.

Ondernemingskamer 18 juni 2015, ECLI:NL:GHAMS:2015:2662
Instelling van COR vlak voor reorganisatie is geen misbruik van recht

Gerechtshof 's-Hertogenbosch 16 juli 2015, ECLI:NL:GHSHE:2015:2717
Instelling COR vooralsnog niet bevorderlijk voor een goede toepassing van de wet.

Gerechtshof Den Haag 12 januari 2016, ECLI:NL:GHDHA:2016:17
Instelling GOR Rijk bevorderlijk voor een goede toepassing van de wet. Samenstelling echter onvoldoende evenredig.

Kantonrechter Rotterdam 30 maart 2011, ECLI:NL:RBROT:2011:BT1562, «JAR» 2011/233
Handhaving bestaande structuur (centrale ondernemingsraad met ondernemingsraden) verdient in de huidige situatie de voorkeur boven een structuur met één ondernemingsraad en onderdeelcommissies.

MEER INFORMATIE

Inzicht in de OR Praktijkboek
Hoofdstuk 10.2 Het tot stand komen van de ondernemingsovereenkomst
Hoofdstuk 10.3 Mogelijke onderwerpen voor de ondernemingsovereenkomst

Artikel 34 Samenstelling centrale/groepsondernemingsraad

WETTEKST

1. Een centrale ondernemingsraad bestaat uit leden, gekozen door de betrokken ondernemingsraden uit de leden van elk van die raden. Voor ieder lid kan een plaatsvervanger worden gekozen, die dezelfde rechten en verplichtingen heeft als het lid dat hij vervangt.
2. Indien een of meer groepsondernemingsraden zijn ingesteld, kan de centrale ondernemingsraad in zijn reglement bepalen, dat die raad, in afwijking van het bepaalde in het eerste lid, geheel of ten dele zal bestaan uit leden, gekozen door de betrokken groepsondernemingsraden uit de leden van die raden. Voor ieder aldus gekozen lid kan een plaatsvervanger worden gekozen, die dezelfde rechten en verplichtingen heeft als het lid dat hij vervangt.
3. Het aantal leden dat uit elke ondernemingsraad of groepsondernemingsraad kan worden gekozen, wordt vastgesteld in het reglement van de centrale ondernemingsraad. Het reglement bevat voorts voorzieningen dat de verschillende groepen van de in de betrokken ondernemingen werkzame personen zoveel mogelijk in de centrale ondernemingsraad vertegenwoordigd zijn. De betrokken ondernemingsraden of groepsondernemingsraden worden over de vaststelling van de betrokken bepalingen van het reglement gehoord.
4. Een centrale ondernemingsraad kan in zijn reglement bepalen dat van die raad, behalve de in het derde lid bedoelde leden, ook deel kunnen uitmaken vertegenwoordigers van ondernemingen die door de in artikel 33 bedoelde ondernemer of ondernemers in stand worden gehouden, maar ten aanzien waarvan geen verplichting tot het instellen van een ondernemingsraad geldt. De centrale ondernemingsraad regelt in zijn reglement het aantal en de wijze van verkiezing van de bedoelde vertegenwoordigers.
5. Wanneer een lid van een centrale ondernemingsraad of zijn plaatsvervanger ophoudt lid te zijn van de ondernemingsraad of van de groepsondernemingsraad die hem heeft gekozen, eindigt van rechtswege zijn lidmaatschap van de centrale ondernemingsraad. Het zelfde geldt wanneer een vertegenwoordiger van een onderneming als bedoeld in het vierde lid ophoudt in de betrokken onderneming werkzaam te zijn. De uitsluiting, bedoeld in artikel 13, van een ondernemingsraadlid of van een groepsondernemingsraadlid, die tevens lid is van een centrale ondernemingsraad, heeft tot gevolg dat de betrokkene ook van

deelname aan de werkzaamheden van de centrale ondernemingsraad is uitgesloten.

6. **Ten aanzien van de centrale ondernemingsraad zijn de artikelen 7, 8, 10-14, 15, eerste, tweede, vierde en vijfde lid en 16-22 van overeenkomstige toepassing.**
7. **Ten aanzien van een groepsondernemingsraad zijn de voorgaande leden, met uitzondering van het tweede lid, van overeenkomstige toepassing.**

TOELICHTING

Artikel 34 : eerste en tweede lid : Verkiezing COR- en GOR-leden

De leden van een centrale ondernemingsraad en van een groepsondernemingsraad (zie het zevende lid) worden gekozen door de betrokken ondernemingsraden uit de leden van elk van die raden. Aan de verkiezingen voor een centrale ondernemingsraad en een groepsondernemingsraad nemen dus de ondernemingsraden en niet de werknemers deel. In de centrale ondernemingsraad en in de groepsondernemingsraad kunnen alleen leden van de betrokken ondernemingsraden worden gekozen. Meestal kiest iedere betrokken ondernemingsraad afzonderlijk uit zijn midden één of meer vertegenwoordigers in de centrale ondernemingsraad of de groepsondernemingsraad, maar het is ook mogelijk dat de ondernemingsraden gezamenlijk uit hun leden de vertegenwoordigers in de centrale ondernemingsraad of de groepsondernemingsraad kiezen. Ook dan moet er uit iedere betrokken ondernemingsraad ten minste één persoon worden afgevaardigd.
Wanneer er één of meer groepsondernemingsraden zijn ingesteld kan de centrale ondernemingsraad in zijn reglement bepalen dat die raad – in afwijking van het voorgaande – geheel of ten dele wordt gekozen door de betrokken groepsondernemingsraden uit de leden van die raden. Deze groepsondernemingsraden fungeren dan als kiescolleges. De woorden 'geheel of ten dele' beogen de mogelijkheid te openen om een gemengd systeem te kiezen, namelijk dat een deel van de gekozen leden van de centrale ondernemingsraad afkomstig is uit de betrokken ondernemingsraden en een ander deel uit de groepsondernemingsraden. Zulk een systeem zal noodzakelijk zijn wanneer niet alle ondernemingen onder een groepsondernemingsraad ressorteren of wanneer een bepaalde groepsondernemingsraad van een eigen vertegenwoordiging in de centrale ondernemingsraad afziet en deze overlaat aan de betrokken ondernemingsraden. In de praktijk is het tweede lid enigszins een eigen leven gaan leiden, in die zin dat als er groepsondernemingsraden zijn, het tweede lid als standaard wordt gebruikt. Het gevolg is uiteindelijk dat de leden van de COR ook (bijna) allen lid zijn van een onderliggende GOR en de daaronder ressorterende ondernemingsraden. Dat heeft naast voordelen mogelijk ook nadelen. Het betekent dat COR-leden in drie medezeggenschapsorganen zitting hebben en indien zij worden afgevaardigd naar de Europese ondernemingsraad (indien aanwezig) zelfs in vier. Dat is een zware belasting voor de

desbetreffende personen en misschien een belemmering voor sommigen om zitting te willen nemen in de COR en/of EOR. Het is daarom belangrijk een goede afweging te maken en eventueel gebruik te maken van het eerste lid, dat dus de mogelijkheid biedt om een trede over te slaan.

Plaatsvervangende COR- en GOR-leden
Voor ieder lid van een centrale ondernemingsraad of van een groepsondernemingsraad kan een plaatsvervanger worden gekozen. De betrokken centrale ondernemingsraad of groepsondernemingsraad bepaalt zelf of er al dan niet plaatsvervangende leden worden gekozen. In tegenstelling tot de plaatsvervanging bij de leden van een ondernemingsraad *(artikel 6, eerste lid)*, is toestemming van de ondernemer voor plaatsvervanging bij de leden van een centrale ondernemingsraad of van een groepsondernemingsraad niet vereist.
Plaatsvervangende leden van een centrale ondernemingsraad of een groepsondernemingsraad hebben dezelfde rechten en verplichtingen als de vaste leden van een centrale ondernemingsraad of een groepsondernemingsraad.

Artikel 34 : derde lid : COR- en GOR-reglement

Het reglement van een centrale ondernemingsraad moet het aantal leden vaststellen dat elke betrokken ondernemingsraad of groepsondernemingsraad aan de centrale ondernemingsraad mag leveren. Het reglement van een groepsondernemingsraad moet het aantal leden vaststellen dat elke betrokken ondernemingsraad aan de groepsondernemingsraad mag leveren. Hoewel artikel 9 (en dus ook artikel 9 lid 4 over evenredige samenstelling) niet van overeenkomstige toepassing is verklaard, ligt het in de rede dat bij de samenstelling van de overkoepelende ondernemingsraden het aantal werknemers in de onderliggende ondernemingsraden een zwaarwegende factor vormt. Onder omstandigheden – zoals bij één zeer grote en een aantal kleinere ondernemingen – is het denkbaar dat van een strikt evenredige verdeling wordt afgeweken. Indien dit leidt tot een te groot aantal leden in de centrale ondernemingsraad, zou overwogen kunnen worden een stelsel van gewogen stemmen in te voeren.

De reglementen van een centrale ondernemingsraad en van een groepsondernemingsraad moeten tevens voorzieningen inhouden die bevorderen dat de verschillende groepen van de in de betrokken ondernemingen werkzame personen zoveel mogelijk in de centrale ondernemingsraad en de groepsondernemingsraad zijn vertegenwoordigd. Onder 'groepen' wordt hier verstaan: categorieën van werknemers, zoals bijvoorbeeld het lager, het middelbaar en het hoger personeel. Of voor een bepaalde groep een voorziening in het reglement van de centrale ondernemingsraad of van de groepsondernemingsraad moet worden getroffen, hangt onder andere af van de omvang van de betrokken groep en de gemeenschappelijke belangen waarin deze groep zich van de overige werknemers onderscheidt. Zie ook het voorbeeldreglement GOR/COR van de SER *(https://www.ser.nl/nl/Publicaties/voorbeeldreglement-ondernemingsraden).*

De betrokken ondernemingsraden of groepsondernemingsraden moeten door de centrale ondernemingsraad of door de groepsondernemingsraad worden gehoord over de zetelverdeling en de hiervoor bedoelde voorzieningen.

Artikel 34 : vierde lid : Vertegenwoordiging uit ondernemingen zonder OR

Aan het reglement van een centrale ondernemingsraad en een groepsondernemingsraad is voorts overgelaten te bepalen, of ook één of meer vertegenwoordigers van een onderneming die geen ondernemingsraad heeft, in de centrale ondernemingsraad of de groepsondernemingsraad zitting kunnen hebben. Het reglement moet dan het aantal en de wijze van verkiezing van deze vertegenwoordiger(s) regelen. Het eenvoudigst is, hen rechtstreeks te laten kiezen door en uit de in die onderneming werkzame personen en wel volgens de bepalingen van het reglement van de ondernemingsraad van een van de andere in de centrale ondernemingsraad of groepsondernemingsraad vertegenwoordigde ondernemingen. Als voor de betrokken onderneming een personeelsvertegenwoordiging is ingesteld *(zie artikel 35c)* ligt het voor de hand dat de vertegenwoordiger in de centrale ondernemingsraad of de groepsondernemingsraad wordt aangewezen door de personeelsvertegenwoordiging.

Artikel 34 : vijfde lid : Einde lidmaatschap COR en GOR

Wanneer een lid van een centrale ondernemingsraad of van een groepsondernemingsraad geen lid meer is van de ondernemingsraad of de groepsondernemingsraad waaruit hij/zij is gekozen, verliest deze persoon automatisch het lidmaatschap van de centrale ondernemingsraad of van de groepsondernemingsraad. Dit geldt ook voor plaatsvervangende leden. Onder omstandigheden kan dit bij intra-concern overplaatsingen tot problemen leiden. Het lijkt verstandig om in het reglement van de overkoepelende ondernemingsraden zoveel mogelijk rekening te houden met dergelijke situaties, waarbij de WOR wel zekere grenzen stelt.
Voor de hand ligt dat een en ander ook van toepassing is op leden van personeelsvertegenwoordigingen. Vertegenwoordigers van een onderneming zonder ondernemingsraad verliezen hun lidmaatschap van de COR/GOR als zij niet langer in die onderneming werkzaam zijn.
Om te voorkomen dat het functioneren van een centrale ondernemingsraad of een groepsondernemingsraad wordt belemmerd door veelvuldige tussentijdse wisselingen in de samenstelling van de raad, is het zeer gewenst de zittingsperioden van de betrokken ondernemingsraden, groepsondernemingsraden en centrale ondernemingsraad op elkaar af te stemmen, zodat de verkiezing van de centrale ondernemingsraad en van de groepsondernemingsraden plaatsvindt zo spoedig mogelijk na het begin van de zittingsperioden van de betrokken ondernemingsraden. Om dit mogelijk te maken moeten de zittingsperioden van die ondernemingsraden ook onderling zoveel mogelijk gelijk lopen. Wanneer een of meer van deze ondernemingsraden een rooster van aftre-

den hanteren, werkt dat uiteraard door in de samenstelling van de centrale ondernemingsraad of de groepsondernemingsraden.
Bij uitsluiting van deelname aan de werkzaamheden van een ondernemingsraad of van een groepsondernemingsraad *(artikel 13)*, waaruit iemand in een groepsondernemingsraad of in een centrale ondernemingsraad is gekozen, is deze persoon automatisch ook uitgesloten van de werkzaamheden van die groepsondernemingsraad of die centrale ondernemingsraad. Andersom geldt dit echter niet.

Artikel 34 : zesde lid : Samenstelling en werkwijze COR en GOR

Ten aanzien van een centrale ondernemingsraad en een groepsondernemingsraad zijn de bepalingen van hoofdstuk 3 omtrent de samenstelling en werkwijze van de ondernemingsraden van overeenkomstige toepassing, met uitzondering van artikel 9 (de kandidaatstellingsprocedure) en met uitzondering van artikel 15, derde lid (het instellen van onderdeelcommissies). Ook artikel 6 is niet van toepassing op de centrale ondernemingsraad en de groepsondernemingsraad. Dit betekent onder andere dat de centrale ondernemingsraad en de groepsondernemingsraad vrij zijn in het bepalen van het aantal van hun leden: zij zijn dus niet gebonden aan de in artikel 6, eerste lid, genoemde aantallen en aan het maximum aantal van 25 leden. Uiteraard dient een en ander wel werkbaar te blijven; zie hiervoor de aantekening bij het derde lid.
Per 1 januari 2022 is de eis vervallen dat een vaste commissie in meerderheid moet bestaan uit OR-leden. Die eis geldt op grond van het zesde lid (dat artikel 15, tweede lid, van overeenkomstige toepassing verklaart) dus ook niet meer voor centrale ondernemingsraden en groepsondernemingsraden. Zie verder het commentaar bij *artikel 15*.
De leden van de centrale ondernemingsraad en van de groepsondernemingsraad kunnen, naast hun uren voor beraad en hun dagen voor scholing en vorming als ondernemingsraadlid op grond van artikel 18, ook aanspraak maken op afzonderlijke tijd voor beraad en voor scholing en vorming als lid van de centrale ondernemingsraad en van de groepsondernemingsraad. Voorts is artikel 22a van toepassing (proceskosten). Tevens hebben zij het recht om deskundigen te raadplegen *(artikel 16)*, recht op faciliteiten en doorbetaling van loon *(artikel 17)* en recht op bescherming tegen benadeling *(artikel 21)*. Uiteraard geldt voor hen de ontslagbescherming van boek 7 van het Burgerlijk Wetboek (zie het commentaar bij *artikel 21)*.

RECHTSPRAAK

Gerechtshof 's-Hertogenbosch 16 juli 2015, ECLI:NL:GHSHE:2015:2717
Bij de samenstelling van de COR kan niet volledig aan de getalsverhouding van de diverse groepen van het te vertegenwoordigen personeel voorbij worden gegaan.

Gerechtshof Den Haag 12 januari 2016, ECLI:NL:GHDHA:2016:17
Instelling GOR Rijk bevorderlijk voor een goede toepassing van de wet. Samenstelling echter onvoldoende evenredig.

Kantonrechter Amsterdam 1 februari 1993, ROR 1993, nr. 24
De wet schrijft niet voor dat de COR evenredig moet worden samengesteld. In het belang van een goede vertegenwoordiging van de in de ondernemingen werkzame personen zal dit in het algemeen wel wenselijk zijn.

Kantonrechter Limburg, locatie Maastricht 30 juni 2014, «JAR» 2014/203
Door ondernemer vastgestelde zetelverdeling in de COR geen evenredige afspiegeling van de aantallen werknemers. Besluit tot vaststelling zetelverdeling geschorst.

Kantonrechter Den Haag 10 december 2019, ECLI:NL:RBDHA:2019:13387
De vraag is of een goede toepassing van de WOR moet leiden tot een situatie, waarbij bij een vertegenwoordiging in een medezeggenschapsorgaan, waarin maar twee geledingen vertegenwoordigd zijn, de ene geleding de andere kan overvleugelen, alleen omdat een getalsmatig evenredige vertegenwoordiging tot een dergelijke uitkomst leidt.
Het is niet bevorderlijk voor een goede werking van de WOR indien een getalsmatige minderheid geen mogelijkheden heeft via een bepaalde stemmenverhouding de besluitvorming te beïnvloeden.
Een mechanisme dat moet voorkomen dat de ene geleding de andere overvleugelt, kan gevonden worden in ofwel een niet-evenredige zetel- en stemverdeling ofwel in een systeem van gewogen stemmen, waarbij de ene stem meer gewicht in de schaal legt dan de andere.

MEER INFORMATIE

Inzicht in de OR Praktijkboek
Hoofdstuk 1.2 Bepalen van de medezeggenschapstructuur
Hoofdstuk 1.7 Instellen van een COR en/of GOR

Artikel 35 Bevoegdheden centrale/groeps-ondernemingsraad

WETTEKST

1. **Ten aanzien van de centrale ondernemingsraden en de groepsondernemingsraden zijn de artikelen 22a tot en met 32, met uitzondering van de artikelen 23c en 24, derde lid, van overeenkomstige toepassing, met dien verstande dat door die raden uitsluitend aangelegenheden worden behandeld die van gemeenschappelijk belang zijn voor alle of voor de meerderheid van de ondernemingen waarvoor zij zijn ingesteld en ongeacht of ten aanzien van die aangelegenheden bevoegdheden toekomen aan de afzonderlijke ondernemingsraden.**
2. **Indien bevoegdheden ten aanzien van aangelegenheden als bedoeld in het eerste lid toekomen aan afzonderlijke ondernemingsraden, gaan deze over naar de centrale ondernemingsraad, onderscheidenlijk de groepsondernemingsraad, met dien verstande dat een groepsondernemingsraad geen aangelegenheden behandelt die door de centrale ondernemingsraad worden behandeld.**

TOELICHTING

Artikel 35 : Bevoegdheden COR en GOR

Ten aanzien van een centrale ondernemingsraad en een groepsondernemingsraad zijn de bepalingen van hoofdstuk 4 omtrent het overleg met de ondernemingsraad van overeenkomstige toepassing, met uitzondering van de artikelen 23c en 24, derde lid. Laatstgenoemde uitzondering heeft tot gevolg dat een of meer commissarissen of bestuurders van de moederonderneming aanwezig moeten zijn bij de overlegvergaderingen over de algemene gang van zaken, ook in gevallen waarin de onderneming onderdeel is van een groep van vijf of meer ondernemingen *(zie verder de toelichting bij artikel 24, tweede en derde lid).*
Eveneens zijn van overeenkomstige toepassing de bepalingen van hoofdstuk 4a omtrent de bijzondere bevoegdheden van de ondernemingsraad, de bepalingen van hoofdstuk 4b omtrent het verstrekken van gegevens aan de ondernemingsraad en hoofdstuk 4c omtrent de uitbreiding van bevoegdheden van de ondernemingsraad. Daarbij geldt echter wel de beperking *dat de centrale ondernemingsraad en de groepsondernemingsraad alleen onderwerpen mogen behandelen die van gemeenschappelijk be-*

lang zijn voor alle of voor de meerderheid van de ondernemingen waarvoor de centrale ondernemingsraad of de groepsondernemingsraad is ingesteld. Ten aanzien van zo'n onderwerp gaan de bevoegdheden van de betrokken ondernemingsraden van rechtswege over naar de centrale ondernemingsraad of de groepsondernemingsraad. De centrale ondernemingsraad is dus zonder meer bevoegd als het gaat om onderwerpen die van gemeenschappelijk belang zijn voor alle of de meerderheid van de ondernemingen waarvoor hij is ingesteld. En hetzelfde geldt voor de groepsondernemingsraad. Wanneer zowel de centrale ondernemingsraad als één of meer groepsondernemingsraden bevoegd zouden zijn, gaat de centrale ondernemingsraad voor. Merk op dat artikel 35 spreekt van de meerderheid van de ondernemingen, en niet van de meerderheid van de werknemers. In de praktijk zal dat laatste echter zeker relevant zijn.

Gemeenschappelijk belang

In het algemeen zijn van gemeenschappelijk belang die onderwerpen, die het beleid van het concern (of van de groep) betreffen, zoals bijvoorbeeld herstructureringsmaatregelen en de onderwerpen die in beginsel voor alle of de meerderheid van de betrokken ondernemingen een gelijke afdoening of regeling vereisen en waarover op centraal (of groeps)-niveau wordt beslist. In bepaalde gevallen kan echter ook een besluit dat in beginsel één onderneming aangaat (bijvoorbeeld sluiting van de onderneming) van gemeenschappelijk belang zijn, zeker als het concern in zijn geheel in financiële problemen zit en het besluit in feite door de holding wordt genomen om de concernresultaten te verbeteren.

De bevoegdheid van de centrale ondernemingsraad of de groepsondernemingsraad dient in beginsel te worden opgevat als een exclusieve bevoegdheid, zodat de ondernemingsraden door deze regeling hun eigen bevoegdheden ten aanzien van de bedoelde onderwerpen kwijtraken. Als compensatie daarvoor kan de centrale ondernemingsraad of de groepsondernemingsraad in zijn reglement een bepaling opnemen dat de centrale ondernemingsraad of de groepsondernemingsraad, alvorens een besluit te nemen over een onderwerp dat van gemeenschappelijk belang is, de betrokken ondernemingsraden in de gelegenheid stelt hun oordeel te geven. In 2015 heeft de Ondernemingskamer geoordeeld dat zich omstandigheden kunnen voordoen, dat ondanks de aanwezigheid van een COR, ook afzonderlijk advies gevraagd moet worden aan de ondernemingsraad van een onderneming die in het bijzonder onderwerp is van de besluitvorming (voornemen tot sluiting).

Overigens bestaat de mogelijkheid dat over een principebesluit, dat onomkeerbare gevolgen heeft en dus adviesplichtig is, wegens het gemeenschappelijk belang advies wordt gevraagd aan de centrale ondernemingsraad of groepsondernemingsraad en dat daarna de verdere *uitwerking* van het principebesluit voor advies wordt voorgelegd aan de betrokken ondernemingsra(a)d(en). Zie ook de toelichting bij *artikel 25, vijfde lid.*

Eigen bevoegdheden

Behalve dat de centrale ondernemingsraad en de groepsondernemingsraad de bevoegdheden van de ondernemingsraden kunnen uitoefenen ten aanzien van aangele-

genheden van gemeenschappelijk belang, beschikken zij ook over *eigen bevoegdheden* met betrekking tot het concern- of groepsbeleid. Gedacht kan worden aan de vaststelling van een strategisch concernplan of een besluit van de moedervennootschap (die als holding geen onderneming in stand houdt) tot het aangaan van fusie of duurzame samenwerking met een ander concern. De centrale ondernemingsraad heeft in dat geval dus een wettelijk overlegrecht c.q. adviesrecht. Ook de toepassing van artikel 30 (adviesrecht bij benoeming en ontslag van bestuurder) door de centrale ondernemingsraad berust op een eigen bevoegdheid.
Voorts geeft artikel 32 de wettelijke grondslag aan centrale ondernemingsraden en groepsondernemingsraden om *ondernemingsovereenkomsten* (convenanten) af te sluiten waarin meer bevoegdheden worden toegekend en afspraken worden gemaakt over de toepassing van de bevoegdheden.

Als aan overkoepelde ondernemingsraden met toepassing van artikel 32 extra bevoegdheden ten aanzien van een bepaald onderwerp zijn verleend, kunnen ook deze bevoegdheden overgaan op de groepsondernemingsraden en de centrale ondernemingsraad, indien het desbetreffende onderwerp van gemeenschappelijk belang is voor alle of de meerderheid van de ondernemingen waarvoor zij zijn ingesteld. Niet geheel duidelijk is echter de situatie waarin de uitbreiding van bevoegdheden aan slechts een deel van de onderliggende ondernemingsraden is toegekend. Daarover dienen nadere afspraken te worden gemaakt tussen de betrokken partijen.

COR en GOR bij in een groep verbonden ondernemers
Wanneer een centrale ondernemingsraad of een groepsondernemingsraad is ingesteld voor ondernemingen die in stand worden gehouden door twee of meer in een groep verbonden ondernemers, moet de door de betrokken ondernemers op grond van artikel 33, derde lid, aangewezen ondernemer jegens de centrale ondernemingsraad of de groepsondernemingsraad de voorschriften van de bepalingen van de hoofdstukken 4, 4a, 4b en 4c naleven. Deze aangewezen ondernemer moet dus door middel van (één van) zijn bestuurder(s) overleg plegen met de centrale ondernemingsraad of de groepsondernemingsraad, en hij moet het advies of de instemming van de centrale ondernemingsraad of de groepsondernemingsraad vragen op voorgenomen besluiten die van gemeenschappelijk belang zijn voor alle of de meerderheid van de ondernemingen van de betrokken ondernemers. Daarbij handelt de aangewezen ondernemer mede namens de andere betrokken ondernemers.

Europese ondernemingsraad
Ingevolge de Wet op de Europese ondernemingsraden dienen Nederlandse multinationals hun werknemers in Nederland en in andere vestigingen binnen de Europese Unie ten minste eenmaal per jaar te informeren en te raadplegen over grensoverschrijdende aangelegenheden van de multinational. In het algemeen kan en zal dit gebeuren door instelling van een Europese ondernemingsraad. Ook buitenlandse multinationals met vestigingen in Nederland vallen onder een soortgelijke verplichting op grond van

de Europese richtlijn inzake Europese ondernemingsraden *(zie Bijlage 2M)*. De informatie-uitwisseling en het overleg in de Europese ondernemingsraad zal de medezeggenschap van de werknemers in Nederland kunnen versterken als er een regelmatig contact is met de centrale ondernemingsraad die voor de ondernemingen in Nederland is ingesteld. Belangrijk is dan ook dat de centrale ondernemingsraad een of meer vertegenwoordigers heeft in de Europese ondernemingsraad en dat de aangelegenheden die daar aan de orde komen, eveneens in de centrale ondernemingsraad worden besproken. Uiteraard zal dit tevens het effectief functioneren van de Europese ondernemingsraad bevorderen. Bij de wijziging van de Wet op de Europese ondernemingsraden eind 2011 is in de WEOR een bepaling toegevoegd met het oogmerk een betere koppeling tot stand te brengen tussen de raadpleging van de Europese ondernemingsraad en de nationale medezeggenschapsorganen *(zie artikel 11, derde lid onder e, WEOR)*. Zie over de Europese ondernemingsraad verder *Bijlage 2M*.

RECHTSPRAAK

Hoge Raad 7 oktober 1998, «JAR» 1998/251
De wet laat toe dat door de overkoepelende OR wordt geadviseerd over een beginselbesluit betreffende aangelegenheden van gemeenschappelijk belang en door de onderliggende OR over de nadere uitwerking van dat beginselbesluit.

Ondernemingskamer 1 april 2004, ROR 2004, nr. 21
Het is mogelijk binnen één concern meer dan een Europese ondernemingsraad in te stellen op grond van een overeenkomst tussen het hoofdbestuur en de BOG.

Ondernemingskamer 27 augustus 2010, «JAR» 2010/269
De bevoegdheden van de ondernemingsraad zijn overgegaan op de tijdelijke ondernemingsraad (TOR). De ondernemingsraad heeft gekozen voor deelname aan de TOR, met de bijbehorende medezeggenschap, maar evenzeer voor het prijsgeven van een deel van zijn eigen medezeggenschapsrechten.

Ondernemingskamer 18 juni 2015, ECLI:NL:GHAMS:2015:2662
Er kunnen zich omstandigheden voordoen waarin ten aanzien van het onderdeel van een voorgenomen besluit dat strekt tot sluiting van een onderneming, niettegenstaande de aanwezigheid van een COR, ook afzonderlijk advies dient te worden gevraagd aan de ondernemingsraad van die onderneming.

Gerechtshof 's-Hertogenbosch 30 juni 2006, «JAR» 2006/189
Een lokale ondernemingsraad heeft een zelfstandige bevoegdheid om een deskundige in te schakelen, ook als het gaat om de vraag of het een aangelegenheid voor de OR of voor de overkoepelende ondernemingsraad betreft. Die bevoegdheid is niet overgegaan naar de COR.

Gerechtshof Arnhem 27 maart 2012, ECLI:NL:GHARN:2012:BW0569
Vordering tot instellen van een eigen ondernemingsraad ook in hoger beroep afgewezen. Werknemers zijn via een onderdeelcommissie vertegenwoordigd in de OR. Centrale ondernemingsraad is bevoegd ten aanzien van de reorganisatie.

President Rechtbank Utrecht 22 februari 1996, ROR 1996, nr. 6
Negatief advies van de COR over voorgenomen ontslag van bestuurder. Er zijn echter geen zodanige procedurele fouten gemaakt dat het ontslag moet worden verboden.

Kantonrechter Amsterdam 14 november 2011, ECLI:NL:RBAMS:2011:BU4307
Besluit heeft betrekking op alle werknemers van de groep die onder de betreffende cao vallen. Daarom is niet de OR, maar de COR bevoegd om decentrale afspraken ter uitwerking van die cao te maken.

MEER INFORMATIE

Inzicht in de OR Praktijkboek
Hoofdstuk 1.2 Bepalen van de medezeggenschapstructuur
Hoofdstuk 1.7 Instellen van een GOR en/of COR

5a De medezeggenschap in kleine ondernemingen

Dit hoofdstuk gaat over de medezeggenschap in ondernemingen met minder dan 50 werknemers, waarbij twee regelingen worden onderscheiden. Ten eerste geldt voor ondernemingen met 10 tot 50 werknemers waar geen ondernemingsraad is ingesteld, de verplichting om een *personeelsvertegenwoordiging* in te stellen als de meerderheid van de werknemers dat wil. De personeelsvertegenwoordiging bestaat uit ten minste 3 door en uit de werknemers gekozen leden, heeft wettelijke faciliteiten en – vergeleken met de ondernemingsraad – beperkte bevoegdheden *(artikel 35c)*. Deze personeelsvertegenwoordiging kan ook op vrijwillige basis door de ondernemer worden ingesteld.

De personeelsvertegenwoordiging kan daarnaast onverplicht worden ingesteld in ondernemingen met minder dan 10 werknemers *(artikel 35d)*. De bevoegdheden van deze personeelsvertegenwoordiging zijn beperkter dan die in ondernemingen met tussen de 10 en de 50 werknemers.

Ten tweede geldt voor ondernemingen met 10 tot 50 werknemers, waar geen ondernemingsraad of personeelsvertegenwoordiging is ingesteld, voor de ondernemer de verplichting om ten minste twee maal per jaar met de werknemers in een *personeelsvergadering* bijeen te komen. In deze vergadering vindt overleg met de werknemers plaats, wordt het personeel geïnformeerd en vraagt de ondernemer advies over beslissingen met belangrijke personele gevolgen *(artikel 35b)*.

Per 1 januari 2019 zijn aan zowel de personeelsvergadering als de personeelsvertegenwoordiging meer bevoegdheden toegekend met betrekking tot de regeling van pensioenen. Ook is aan de personeelsvertegenwoordiging het initiatiefrecht toegekend over het onderwerp pensioen.

De SER heeft in maart 2017 een handreiking gepubliceerd over medezeggenschap in kleine ondernemingen, inclusief een zogenoemde zelftoets voor ondernemers ter vergroting van de belangstelling voor medezeggenschap – formeel én informeel – voor alle betrokkenen. Zie https://www.ser.nl/-/media/ser/downloads/overige-publicaties/2017/betrokken-medewerkers-mkb.pdf.

Artikel 35a Vervallen

Dit artikel is per 4 maart 1998 vervallen.

Artikel 35b Regels voor de personeelsvergadering

WETTEKST

1. De ondernemer die een onderneming in stand houdt waarin in de regel ten minste 10 personen maar minder dan 50 personen werkzaam zijn en waarvoor geen ondernemingsraad of een personeelsvertegenwoordiging is ingesteld, is verplicht de in deze onderneming werkzame personen tenminste tweemaal per kalenderjaar in de gelegenheid te stellen gezamenlijk met hem bijeen te komen. Hij is voorts verplicht met de in de onderneming werkzame personen bijeen te komen, wanneer ten minste een vierde van hen daartoe een met redenen omkleed verzoek doet.
2. In de in het eerste lid bedoelde vergaderingen worden de aangelegenheden, de onderneming betreffende, aan de orde gesteld ten aanzien waarvan de ondernemer of in de onderneming werkzame personen overleg wenselijk achten. Iedere in de onderneming werkzame persoon is bevoegd omtrent deze aangelegenheden voorstellen te doen en standpunten kenbaar te maken.
3. Indien de ondernemer de onderneming niet zelf bestuurt, wordt het overleg voor hem gevoerd door de bestuurder van de onderneming. De ondernemer en de bestuurder kunnen zich bij verhindering laten vervangen door een in de onderneming werkzame persoon die bevoegd is om namens de ondernemer overleg met de werknemers te voeren.
4. In de in het eerste lid bedoelde vergaderingen wordt tenminste eenmaal per jaar de algemene gang van zaken van de onderneming besproken. De ondernemer verstrekt daartoe mondeling of schriftelijk algemene gegevens omtrent de werkzaamheden en de resultaten van de onderneming in het afgelopen jaar, alsmede omtrent zijn verwachtingen dienaangaande in het komende jaar. Voor zover de ondernemer verplicht is zijn jaarrekening en bestuursverslag ter inzage van een ieder neer te leggen, worden in de Nederlandse taal gestelde exemplaren van deze jaarstukken ter bespreking aan de in de onderneming werkzame personen verstrekt. De ondernemer verstrekt voorts mondeling of schriftelijk algemene gegevens inzake het door hem ten aanzien van de in de onderneming werkzame personen gevoerde en te voeren sociale beleid.
5. De in de onderneming werkzame personen worden door de ondernemer, in een vergadering als bedoeld in het eerste lid, in de gelegenheid gesteld advies uit te brengen over elk door hem voorgenomen besluit dat kan leiden tot verlies van de arbeidsplaats of tot een belangrijke verandering van de arbeid, de arbeids-

voorwaarden of de arbeidsomstandigheden van ten minste een vierde van de in de onderneming werkzame personen. Het advies wordt op een zodanig tijdstip gevraagd dat het van wezenlijke invloed kan zijn op het te nemen besluit. De in de eerste volzin bedoelde verplichting geldt niet, indien en voor zover de betrokken aangelegenheid voor de onderneming reeds inhoudelijk geregeld is in een collectieve arbeidsovereenkomst of in een regeling, vastgesteld door een publiekrechtelijk orgaan.

6. **De ondernemer is verplicht desgevraagd aan de in de onderneming werkzame personen alle inlichtingen en gegevens te verstrekken inzake de arbeidsvoorwaarde pensioen die zij redelijkerwijze nodig hebben ten behoeve van de in het eerste lid bedoelde vergaderingen. De inlichtingen of gegevens worden schriftelijk verstrekt, indien de ondernemer deze schriftelijk beschikbaar heeft.**
7. **De ondernemer is verplicht de in de onderneming werkzame personen zo spoedig mogelijk te informeren over elke voorgenomen vaststelling, wijziging of intrekking van een uitvoeringsovereenkomst als bedoeld in artikel 1 van de Pensioenwet of een uitvoeringsreglement als bedoeld in onderdeel b van de definitie van uitvoeringsreglement in artikel 1 van de Pensioenwet. De informatie wordt schriftelijk verstrekt, indien de ondernemer de informatie schriftelijk beschikbaar heeft.**
8. **De in de voorgaande leden bedoelde verplichtingen gelden niet ten aanzien van personen die nog geen zes maanden in de onderneming werkzaam zijn. Zij vervallen wanneer de ondernemer met toepassing van artikel 5a een ondernemingsraad heeft ingesteld, maar treden weer in werking wanneer de ondernemingsraad op grond van artikel 5a, eerste lid, van rechtswege ophoudt te bestaan of overeenkomstig het tweede lid van dat artikel is opgeheven.**

TOELICHTING

Artikel 35b : Personeelsvergadering

Voor ondernemingen waar ten minste 10 maar minder dan 50 personen werken, en waarvoor geen ondernemingsraad of personeelsvertegenwoordiging is ingesteld, geldt de wettelijke verplichting tot het houden van personeelsvergaderingen. De personeelsvergadering is een bijeenkomst van de bestuurder met het voltallige personeel die ten minste tweemaal per jaar moet worden gehouden. In deze vergadering overleggen bestuurder en werknemers over onderwerpen die de onderneming en de positie van de werknemers betreffen. Daarnaast informeert de bestuurder zijn werknemers over de algemene gang van zaken van de onderneming en vraagt hij de personeelsvergadering advies over voorgenomen besluiten met belangrijke personele gevolgen. De bepalingen over de personeelsvergadering vormen binnen het systeem van de Wet op de ondernemingsraden een zelfstandige regeling.
Het is overigens denkbaar dat de regeling in de praktijk per onderneming nader wordt uitgewerkt in overleg tussen de ondernemer en de werknemers. Daarbij kunnen af-

spraken worden gemaakt op welke wijze de personeelsvergadering in de praktijk kan worden georganiseerd, met aandacht voor de voorbereiding van de personeelsvergadering, de gang van zaken tijdens de vergadering, de taken van de voorzitter en het gebruik van notulen.

Voor de naleving van de verplichtingen van dit artikel kan men zich op grond van artikel 36a wenden tot de kantonrechter.

Artikel 35b : eerste lid : Verplichting

In ondernemingen met ten minste 10, maar minder dan 50 werknemers, waarvoor geen ondernemingsraad of personeelsvertegenwoordiging *(zie artikel 35c)* is ingesteld, is de ondernemer verplicht ten minste tweemaal per jaar met zijn werknemers bijeen te komen. Voor de bepaling van de ondergrens van ten minste 10 werknemers en de bovengrens van 50 werknemers, dienen alle 'in de onderneming werkzame personen' te worden meegeteld *(zie de toelichting bij artikel 1, tweede en derde lid)*. Daarbij is overigens van belang of die werknemers ten minste zes maanden in de onderneming werkzaam zijn; zie de aantekening bij het achtste lid.
De ondernemer dient eveneens met zijn werknemers bijeen te komen, wanneer ten minste een vierde van de werknemers hierom met opgave van redenen verzoekt.

Artikel 35b : tweede lid : Overleg in personeelsvergadering

Tijdens de personeelsvergaderingen kunnen alle aangelegenheden die de onderneming betreffen aan de orde worden gesteld waarover de ondernemer of de werknemers overleg wenselijk vinden. Iedere werknemer die langer dan 6 maanden in de onderneming werkzaam is *(zie artikel 35b, achtste lid)* kan daarbij voorstellen doen en standpunten kenbaar maken met betrekking tot deze aangelegenheden. Het is duidelijk dat deze bijeenkomsten bedoeld zijn om de gezamenlijke inspraak van de werknemers in het beleid van de ondernemer te realiseren en niet voor de behandeling van strikt individuele aangelegenheden of klachten.

Artikel 35b : derde lid : Bestuurder

De bestuurder van de onderneming voert het overleg met de werknemers. Indien de ondernemer de onderneming zelf bestuurt, zijn ondernemer en bestuurder één en dezelfde persoon. Voor het begrip bestuurder wordt verwezen naar de toelichting bij artikel 1, eerste lid, onder e, van de wet.
In geval van verhindering kunnen ondernemer en bestuurder zich laten vervangen door een leidinggevende die bevoegd moet zijn om namens de ondernemer het overleg met de werknemers te voeren. Overigens dient van deze mogelijkheid slechts bij hoge uitzondering, bijvoorbeeld in geval van ziekte, gebruik te worden gemaakt.

Artikel 35b : vierde lid : Informatierecht

Ten minste eenmaal per jaar moet de ondernemer in een vergadering met de werknemers de algemene gang van zaken van de onderneming bespreken en daartoe mondeling of schriftelijk gegevens verstrekken over de werkzaamheden en de resultaten van de onderneming in het afgelopen jaar alsmede over zijn verwachtingen voor het komende jaar.
De ondernemer is ook verplicht de gepubliceerde jaarrekening en het bestuursverslag in de Nederlandse taal ter bespreking aan het personeel te verstrekken. Publicatie van jaarstukken houdt in dat deze voor een ieder ter inzage worden gelegd. Ondernemers, die een coöperatie, onderlinge waarborgmaatschappij, naamloze of besloten vennootschap, commerciële stichting of commerciële vereniging zijn, dienen op grond van titel 9, Boek 2 van het Burgerlijk Wetboek (BW) de financiële jaarstukken bij het handelsregister van de Kamer van Koophandel en Fabrieken ter inzage te leggen. Ondernemers waarop artikel 35b van toepassing is, zullen veelal tot de categorie van de 'kleine' rechtspersoon behoren *(zie de toelichting op artikel 31a, tweede lid)*. De 'kleine' rechtspersoon die geen gebruik maakt van de vrijstellingsregeling, dient een balans met toelichting te publiceren; de openbaarmaking van de winst-en-verliesrekening en het bestuursverslag is niet verplicht gesteld. De publicatievoorschriften voor de balans met toelichting van de 'kleine' rechtspersoon komen overeen met de inrichtingsvoorschriften van titel 9, Boek 2 BW. De gepubliceerde balans van de 'kleine' rechtspersoon dient derhalve te voldoen aan de inrichtingsvoorschriften van *Bijlage 4*, en de bijbehorende toelichting moet de gegevens van *Bijlage 6*, voor zover deze betrekking hebben op de balans, vermelden. De verplichting tot openbaarmaking geldt echter niet voor 'kleine' rechtspersonen die geen winst beogen. Daarnaast geldt deze verplichting niet voor: natuurlijke personen, niet-commerciële verenigingen, niet-commerciële stichtingen, publiekrechtelijke rechtspersonen, rechtspersonen naar buitenlands recht, kerkgenootschappen en hun zelfstandige onderdelen, maatschappen, vennootschappen onder firma en commanditaire vennootschappen, tenzij deze een ziekenhuis, woningbouwcorporatie, bank of verzekeringsmaatschappij zijn.
De ondernemer doet voorts aan de hand van mondeling of schriftelijk verstrekte algemene gegevens verslag van het door hem ten aanzien van de werknemers gevoerde sociale beleid en hij informeert de werknemers over het door hem in de komende periode te voeren sociale beleid.

Artikel 35b : vijfde lid : Adviesrecht

De ondernemer moet elk door hem te nemen besluit dat kan leiden tot verlies van de arbeidsplaats of tot een belangrijke verandering van de arbeid, de arbeidsvoorwaarden of arbeidsomstandigheden van ten minste een vierde gedeelte van de werknemers in een vergadering met de werknemers bespreken en daarover het advies van de werknemers vragen. Bij het bepalen van dit vierde gedeelte dienen alle 'in de onderneming werkzame personen' te worden meegeteld *(zie de toelichting bij artikel 1, tweede en derde lid, en de toelichting op artikel 35b, achtste lid hieronder)*. Het ligt voor de hand

om voor de onderwerpen die onder het adviesrecht vallen, aansluiting te zoeken bij de opsomming van artikel 25, eerste lid, WOR. Maar het kan ook gaan om andere onderwerpen, zoals in voorkomende gevallen pensioen.
Indien de ondernemer buiten een vergadering individuele werknemers in de gelegenheid stelt hun mening kenbaar te maken, is niet voldaan aan de verplichting dat advies moet worden gevraagd in een personeelsvergadering als bedoeld in het eerste lid. Denkbaar is dat het niet vragen van advies zich bij de rechter vertaalt in een hogere vergoeding voor werknemers die worden ontslagen. De ondernemer moet de werknemers tijdig in kennis stellen van zijn te nemen besluit en daarbij natuurlijk alle informatie verstrekken die de werknemers nodig hebben om tot een afgewogen advies te kunnen komen, dat van wezenlijke invloed kan zijn op het te nemen besluit. De personeelsvergadering heeft geen recht van beroep als de ondernemer het advies niet volgt. Als de betrokken aangelegenheid reeds inhoudelijk is geregeld in een cao behoeft de ondernemer daarover geen advies aan de werknemers te vragen. Met een cao wordt gelijkgesteld een arbeidsvoorwaardenregeling die door een publiekrechtelijk orgaan wordt vastgesteld. Per 1 augustus 2018 zijn de richtlijnen voor collectief ontslag van het UWV aangescherpt in situaties waarin in kleine ondernemingen meer dan een kwart van het personeel wordt geraakt. Een aanvraag voor collectief ontslag wordt als prematuur beoordeeld wanneer de personeelsvertegenwoordiging of de personeelsvergadering niet is geraadpleegd. Zie verder *Bijlage 2F*.

Artikel 35b : zesde lid : Pensioenovereenkomst

Naar aanleiding van een advies van de SER is het informatierecht van de personeelsvergadering over de arbeidsvoorwaarde pensioen uitgebreid. Sinds 1 januari 2019 moet informatie schriftelijk worden verstrekt, mits die informatie schriftelijk beschikbaar is bij de ondernemer. Indien dat niet het geval is, ligt het voor de hand dat de werkgever de schriftelijke informatie opvraagt bij de pensioenuitvoerder. Het uitgangspunt van schriftelijkheid doet meer recht aan de complexiteit van het onderwerp.

Artikel 35b : zevende lid : Uitvoeringsovereenkomst

De ondernemer is verplicht de in de onderneming werkzame personen zo spoedig mogelijk te informeren over elke voorgenomen vaststelling, wijziging of intrekking van een uitvoeringsovereenkomst. Ook deze bepaling is per 1 januari 2019 ingevoerd. Achtergrond is dat er in veel gevallen geen duidelijke grens valt te trekken tussen de arbeidsvoorwaarde pensioen en de – op papier technische – uitvoeringsovereenkomst. De werknemers kunnen dan zelf beoordelen of er reden is het onderwerp uitvoeringsovereenkomst aan de orde te stellen in een personeelsvergadering. De informatie wordt schriftelijk verstrekt, indien de ondernemer de informatie schriftelijk beschikbaar heeft. Zie ook het slot van de vorige aantekening.

Artikel 35b : achtste lid : Uitzonderingsbepalingen

De ondernemer behoeft de in de voorgaande leden van dit artikel bedoelde verplichtingen (bijeenkomsten met de werknemers, verstrekken van informatie, vragen van advies) niet in acht te nemen jegens werknemers die korter dan zes maanden in de onderneming werkzaam zijn. Deze werknemers tellen ook niet mee voor de vaststelling of de benedengrens van tien wordt gehaald.

Indien de ondernemer op grond van een cao of een publiekrechtelijke regeling, of vrijwillig een ondernemingsraad heeft ingesteld *(artikel 5a)*, is het bepaalde in artikel 35b niet langer op hem van toepassing. Zodra echter de ondernemingsraad van rechtswege ophoudt te bestaan (bijvoorbeeld door afloop van de cao) of als de ondernemer zijn besluit tot instelling van een ondernemingsraad intrekt (met inachtneming van het in artikel 5a hieromtrent bepaalde) herleven de verplichtingen krachtens artikel 35b. Hetzelfde geldt als een door de ondernemer vrijwillig ingestelde personeelsvertegenwoordiging ophoudt te bestaan *(artikel 35c)*.

RECHTSPRAAK

Gerechtshof Amsterdam 27 oktober 1983, ROR 1971-1984, nr. 129
Nu de informatieplicht jegens de personeelsvergadering niet is nagekomen en ook geen advies is gevraagd, is het besluit om de werkzaamheden te beëindigen onrechtmatig.

Kantonrechter Utrecht 7 augustus 2009, ECLI:NL:RBUTR:2009:BJ4830
Ten onrechte niet voldaan aan verplichting tot overleg met de personeelsvergadering. Daarom ontbinding arbeidsovereenkomsten mét een (beperkte) vergoeding.

MEER INFORMATIE

Inzicht in de OR Praktijkboek
Hoofdstuk 1.5 Vrijwillig voorzetten van de OR, omzetten in een PVT of opheffen
Hoofdstuk 12.2 Het instellen van de PVT
Hoofdstuk 12.3 Werkwijze en faciliteiten van de PVT
Hoofdstuk 12.4 De bevoegdheden van de PVT
Hoofdstuk 12.5 Van PVT naar OR

Artikel 35c Regels voor de personeelsvertegenwoordiging

WETTEKST

1. De ondernemer die een onderneming in stand houdt waarin in de regel ten minste 10 personen maar minder dan 50 personen werkzaam zijn en waarvoor geen ondernemingsraad is ingesteld, kan een personeelsvertegenwoordiging instellen, bestaande uit ten minste drie personen die rechtstreeks gekozen zijn bij geheime schriftelijke stemming door en uit in de onderneming werkzame personen.
2. Op verzoek van de meerderheid van de in de onderneming werkzame personen stelt de ondernemer de in het eerste lid bedoelde personeelsvertegenwoordiging in.
3. Indien toepassing is gegeven aan het eerste lid, is artikel 5a, tweede lid, derde en vierde volzin, van overeenkomstige toepassing. De artikelen 7, 13, 17, 18, eerste en tweede lid, 21, 22, eerste lid, tweede lid, voor zover het betreft de kosten van het voeren van rechtsgedingen, derde en vierde lid, 22a, 27, eerste lid, onderdeel b, voor zover het betreft een arbeids- en rusttijdenregeling, en onderdeel d, derde tot en met zesde lid, 31, eerste lid, 32, 35b, vierde en vijfde lid, behoudens de in dat lid bedoelde arbeidsomstandigheden, en zevende lid, en 36 zijn van overeenkomstige toepassing.
4. De ondernemer legt een voorgenomen besluit als bedoeld in artikel 27, eerste lid, onderdeel b, voor zover het betreft een arbeids- en rusttijdenregeling, en onderdeel d, schriftelijk aan de personeelsvertegenwoordiging voor. Hij verstrekt daarbij een overzicht van de beweegredenen voor het besluit, alsmede van de gevolgen die het besluit naar te verwachten valt voor de in de onderneming werkzame personen zal hebben. De personeelsvertegenwoordiging beslist niet dan nadat over de betrokken aangelegenheid ten minste éénmaal met de ondernemer overleg is gepleegd. Na het overleg deelt de personeelsvertegenwoordiging zo spoedig mogelijk schriftelijk en met redenen omkleed zijn beslissing aan de ondernemer mee. Na de beslissing van de personeelsvertegenwoordiging deelt de ondernemer zo spoedig mogelijk schriftelijk aan de personeelsvertegenwoordiging mee welk besluit hij heeft genomen en met ingang van welke datum hij dat besluit zal uitvoeren.
5. De personeelsvertegenwoordiging kan met toestemming van de ondernemer commissies instellen of deskundigen uitnodigen. Ten aanzien van het uitnodigen van deskundigen is toestemming niet vereist, wanneer de deskundige geen

kosten in rekening brengt of wanneer de kosten door de personeelsvertegenwoordiging bestreden worden uit een bedrag als bedoeld in artikel 22, derde lid. Heeft de ondernemer toestemming gegeven voor het raadplegen van een deskundige, dan komen de kosten daarvan te zijnen laste.

6. **Inlichtingen en gegevens bestemd voor de personeelsvertegenwoordiging, die volgens artikel 31, eerste lid, schriftelijk moeten worden verstrekt, mogen door de ondernemer ook mondeling worden verstrekt. In afwijking hiervan wordt informatie met betrekking tot de arbeidsvoorwaarde pensioen altijd schriftelijk verstrekt, indien de ondernemer de informatie schriftelijk beschikbaar heeft.**
7. **De ondernemer is verplicht met de personeelsvertegenwoordiging in overleg te treden over de arbeidsvoorwaarde pensioen, indien de personeelsvertegenwoordiging daartoe een met redenen omkleed verzoek doet.**

TOELICHTING

Artikel 35c : eerste lid : Personeelsvertegenwoordiging

In ondernemingen met ten minste 10, maar minder dan 50 werknemers, waarvoor geen ondernemingsraad is ingesteld, kan de ondernemer vrijwillig een personeelsvertegenwoordiging instellen. Hij is daartoe verplicht als en zolang een collectieve arbeidsovereenkomst of een publiekrechtelijke regeling van arbeidsvoorwaarden dit voorschrijft. Voor de bepaling van de ondergrens van ten minste 10 werknemers en de bovengrens van 50 werknemers, dienen alle 'in de onderneming werkzame personen' te worden meegeteld *(zie de toelichting bij artikel 1, tweede en derde lid).* Als de ondernemer vrijwillig een personeelsvertegenwoordiging heeft ingesteld, kan hij alleen bij een belangrijke wijziging van de omstandigheden' de personeelsvertegenwoordiging weer opheffen aan het eind van de lopende zittingsperiode *(artikel 5a, tweede lid).* Menen de leden van de personeelsvertegenwoordiging, de werknemers of de bij de onderneming betrokken vakorganisaties dat er geen sprake is van een belangrijke wijziging van de omstandigheden, dan kunnen zij, eventueel na bemiddeling en advies van de bedrijfscommissie, de kantonrechter vragen te beslissen dat de personeelsvertegenwoordiging in stand wordt gehouden *(artikel 36).*

De personeelsvertegenwoordiging moet uit ten minste drie leden bestaan, die bij geheime, schriftelijke stemming rechtstreeks gekozen moeten worden door en uit de in de onderneming werkzame personen. De wet geeft verder geen regels. Om deze verkiezing zonder problemen te laten verlopen, verdient het aanbeveling dat er een verkiezingsreglement wordt opgesteld, bijvoorbeeld door een instellingscommissie bestaande uit vertegenwoordigers van het personeel en van de ondernemer. In dit verkiezingsreglement moeten regels worden opgenomen over de samenstelling en de zittingsduur van de personeelsvertegenwoordiging, de kandidaatstelling en de verkiezingsprocedure. Als de personeelsvertegenwoordiging gekozen is, dient zij haar werkwijze te regelen in een huishoudelijk reglement. Hoewel de wet dit niet voorschrijft, lijkt het verstandig om met betrekking tot de regels voor de samenstelling, werkwijze en verkiezing van de personeelsvertegenwoordiging te rade te gaan bij het reglement voor de ondernemingsraad. Slechts twee artikelen van de wet zijn in dit verband van overeenkomstige toepassing op de personeelsvertegenwoordiging: artikel 7 (verkiezing voorzitter) en artikel 13 (uitsluiting en schorsing van leden). Zie ook de 'Leidraad personeelsvertegenwoordiging' van de Sociaal-Economische Raad (2022), https://www.ser.nl/-/media/ser/downloads/overige-publicaties/2022/leidraad-pvt.pdf?la=nl&hash=B467329DC9BC9FB3084C25161C2522C7.

Artikel 35c : tweede lid : Verplichte instelling

De ondernemer is verplicht een personeelsvertegenwoordiging in te stellen als de meerderheid van de in de onderneming werkzame personen dit verzoekt. De wet geeft verder geen regels hoe dit in de praktijk moet gebeuren. Denkbaar is een vergadering van het voltallige personeel samen met (een vertegenwoordiger van) de ondernemer *(artikel 35b, eerste lid, verplicht daartoe)* waarin door handopsteken het verzoek van de meerderheid blijkt. Als de ondernemer dan toch weigert om een personeelsvertegenwoordiging in te stellen, zal de instelling moeten worden afgedwongen door middel van een rechterlijke procedure. Elke belanghebbende (werknemers; betrokken vakorganisaties) kan, eventueel na bemiddeling en advies van de bedrijfscommissie, de kantonrechter om een uitspraak vragen *(artikel 36, eerste lid)*. In deze procedure dient echter aangetoond te worden dat de meerderheid van de in de onderneming werkzame personen de ondernemer verzocht heeft een personeelsvertegenwoordiging in te stellen. Die meerderheid kan in dat geval blijken uit de notulen van bovengenoemde personeelsvergadering of uit een schriftelijke enquête. Belangrijk is dan ook dat de werknemers die het initiatief nemen tot de instelling van een personeelsvertegenwoordiging wettelijke bescherming hebben tegen benadeling in hun positie in de onderneming *(artikel 21)*. Het Uitvoeringsinstituut Werknemersverzekeringen (UWV) zal geen ontslagvergunning verlenen als blijkt dat de ontslaggrond verband houdt met de activiteiten tot oprichting van een personeelsvertegenwoordiging *(zie het commentaar op artikel 21)*.
Indien de ondernemer twee of meer ondernemingen in stand houdt, waarin tezamen in de regel tussen de 10 en 50 werknemers werkzaam zijn (maar in elke afzonderlijke onderneming minder dan 10), kan hij niet worden verplicht een personeelsvertegenwoordiging in te stellen. Op grond van artikel 3 kan dit wel bij meer dan 50 werknemers (instelling van een gemeenschappelijke ondernemingsraad), maar deze bepaling is niet van overeenkomstige toepassing verklaard voor situaties met in totaal minder dan 50 werknemers.

Artikel 35c : derde lid : Faciliteiten

Met enkele beperkingen heeft de personeelsvertegenwoordiging wettelijk recht op vergelijkbare faciliteiten als de ondernemingsraad. De personeelsvertegenwoordiging mag vergaderen in werktijd en de technische en administratieve voorzieningen gebruiken waarover de ondernemer kan beschikken *(artikel 17)*. De leden van de personeelsvertegenwoordiging hebben recht op doorbetaalde vrije uren voor onderling beraad en overleg met de achterban, en op doorbetaalde vrije dagen voor scholing *(artikel 18, eerste en tweede lid)*. Het wettelijk minimum aantal uren en dagen *(artikel 18, derde lid)* is echter niet van toepassing. Bij geschillen over de faciliteiten kan de personeelsvertegenwoordiging de kwestie, eventueel na bemiddeling en advies van de bedrijfscommissie, ter beslissing voorleggen aan de kantonrechter *(artikel 36, tweede lid)*. De leden van de personeelsvertegenwoordiging hebben bescherming tegen benadeling *(artikel 21)* en ontslag *(artikel 670, lid 4 en 10, Boek 7 Burgerlijk Wetboek)*. Alle kosten van de personeelsvertegenwoordiging, ook van het voeren van rechtsgedingen, komen voor rekening van de ondernemer *(artikelen 22 en 22a)*. Het raadplegen van deskundigen en het instellen van commissies is echter alleen toegestaan met toestemming van de ondernemer *(artikel 35c, vijfde lid)*.

Bevoegdheden
De bevoegdheden van de personeelsvertegenwoordiging zijn beperkter dan die van de ondernemingsraad. Er is instemmingsrecht met betrekking tot de regeling van de arbeids- en rusttijden *(artikel 27, eerste lid, onderdeel b)* en de regeling van de arbeidsomstandigheden, het ziekteverzuim en het re-integratiebeleid *(artikel 27, eerste lid, onderdeel d)*. Voorts heeft de personeelsvertegenwoordiging op grond van de Arbeidstijdenwet een overeenstemmingsrecht als de werkgever gebruik wil maken van de in deze wet neergelegde mogelijkheid om af te wijken van de normen van artikel 5:7 Arbeidstijdenwet *(zie Bijlage 2B)*. *Adviesrecht* bestaat over voorgenomen besluiten van de ondernemer die kunnen leiden tot het verlies van de arbeidsplaats of tot een belangrijke verandering van de arbeid of de arbeidsvoorwaarden van ten minste een vierde van de in de onderneming werkzame personen. Het advies moet zo tijdig worden gevraagd dat het van wezenlijke invloed kan zijn op het te nemen besluit *(artikel 35b, vijfde lid)*. Als de ondernemer het advies niet overneemt is er geen verplichte opschortingstermijn en geen beroepsrecht bij de Ondernemingskamer. Per 1 augustus 2018 zijn de richtlijnen voor collectief ontslag van het UWV aangescherpt in situaties waarin in kleine ondernemingen meer dan een kwart van het personeel wordt geraakt. Een aanvraag voor collectief ontslag wordt als prematuur beoordeeld wanneer de personeelsvertegenwoordiging of de personeelsvergadering niet is geraadpleegd. Zie verder *Bijlage 2F*. Zowel het instemmingsrecht als het adviesrecht vervallen als de betrokken aangelegenheid voor de onderneming reeds inhoudelijk geregeld is in een collectieve arbeidsovereenkomst of in een publiekrechtelijke regeling. De personeelsvertegenwoordiging heeft *recht op informatie*. Desgevraagd moet de ondernemer alle informatie verschaffen die de personeelsvertegenwoordiging voor de vervulling van haar taak redelijkerwijs nodig heeft *(artikel 31, eerste lid)*. De ondernemer is echter niet verplicht de informatie schriftelijk te geven *(artikel 35c, zesde lid)*. Ten minste tweemaal per jaar moet de ondernemer met de personeelsvertegenwoordiging bijeenkomen *(artikel 35c, derde lid jo artikel 35b, eerste lid)*, waarbij ten minste eenmaal per jaar de algemene gang van zaken van de onderneming

wordt besproken. Hij moet daartoe informatie verschaffen over de werkzaamheden en de resultaten van de onderneming in het afgelopen jaar, alsmede over zijn verwachtingen dienaangaande in het komende jaar. Als de ondernemer verplicht is zijn jaarrekening en jaarverslag te publiceren *(zie de toelichting bij artikel 35b, vierde lid)*, moet hij deze stukken in de Nederlandse taal aan de personeelsvertegenwoordiging verstrekken en bij de bespreking betrekken. Voorts moet hij algemene gegevens verschaffen inzake het door hem ten aanzien van de in de onderneming werkzame personen gevoerde en te voeren sociale beleid. Als de ondernemer zijn wettelijke verplichtingen niet nakomt, kan de personeelsvertegenwoordiging – eventueel na bemiddeling en advies van de bedrijfscommissie – de kantonrechter om een uitspraak vragen *(artikel 36, tweede lid)*.

Uit bovenvermelde beperking in de bevoegdheden zou de conclusie kunnen worden getrokken dat de personeelsvertegenwoordiging slechts een geringe invloed kan uitoefenen op het ondernemingsbeleid. Er mag echter worden aangenomen dat de wetgever een aantal belangrijke bevoegdheden niet expliciet geregeld heeft, omdat zij kunnen worden afgeleid uit het systeem van de Wet op de ondernemingsraden. Zo kunnen omvang en inhoud van de taak van de personeelsvertegenwoordiging worden ontleend aan artikel 2, eerste lid, van de wet: het plegen van overleg met de ondernemingsleiding en het vertegenwoordigen van de werknemers 'in het belang van het goed functioneren van de onderneming in al haar doelstellingen'. Dit betekent dat de personeelsvertegenwoordiging niet alleen bevoegd is om overleg te plegen over de personele gevolgen van ondernemingsbesluiten, maar ook over de inhoud van die besluiten zélf. Dat het overleg zal plaatsvinden met de bestuurder (als hoogste leidinggevende) volgt uit artikel 35b, derde lid, in samenhang met artikel 23, vierde lid, terwijl uit artikel 35b, tweede lid, in samenhang met artikel 23, tweede lid, voortvloeit dat in het overleg 'de aangelegenheden, de onderneming betreffende aan de orde worden gesteld, ten aanzien waarvan de ondernemer of de personeelsvertegenwoordiging overleg wenselijk achten'. Bespreekbaar zijn dus alle sociale, organisatorische, economische en financiële zaken die betrekking hebben op de onderneming. Voor de ondernemer (bestuurder) betekent dit dat hij ten minste verplicht is tot een gedachtewisseling met de personeelsvertegenwoordiging, dat hij informatie moet geven en dat hij een eigen standpunt moet kenbaar maken.

Met betrekking tot de procedures van het overleg zijn er aanknopingspunten te vinden in artikel 35b, eerste lid, in samenhang met artikel 23, eerste lid. Als hoofdregel geldt dan dat bestuurder en personeelsvertegenwoordiging voor overleg bijeenkomen binnen twee weken nadat een van beiden daarom met opgave van redenen heeft verzocht. In de praktijk zullen bestuurder en personeelsvertegenwoordiging natuurlijk een vergaderschema afspreken, waardoor de data van de overlegvergaderingen in een jaarplanning kunnen worden opgenomen. Waar het om gaat is dat er een wederkerige overlegverplichting is, die zo nodig kan worden afgedwongen bij de kantonrechter.

Uiteraard zijn ook deze aanvullende regels nog niet voldoende om een inhoudelijk en efficiënt overleg te waarborgen. Personeelsvertegenwoordiging en ondernemer kunnen echter nadere afspraken maken over verdergaande bevoegdheden *(artikel 32, tweede lid)*, zoals een initiatiefrecht voor de personeelsvertegenwoordiging *(artikel 23,*

derde lid), een halfjaarlijks informatierecht over besluiten die de ondernemer in voorbereiding heeft *(artikel 24, eerste lid)*, procedurebepalingen voor het adviesrecht *(artikel 25)* en uitbreiding van het aantal instemmingsplichtige besluiten *(artikel 27)*. Ook kan via artikel 32 aan de personeelsvertegenwoordiging enquêtebevoegdheid worden toegekend *(zie Bijlage 2H)*.
Hoewel dat niet expliciet is geregeld, zal duidelijk zijn dat de leden van de personeelsvertegenwoordiging, net als leden van de ondernemingsraad, gehouden zijn om vertrouwelijke informatie geheim te houden.

Artikel 35c : vierde lid : Procedure instemmingsrecht

Met betrekking tot het instemmingsrecht van de personeelsvertegenwoordiging (over arbeidstijden en arbeidsomstandigheden; zie de vorige aantekening) is de *procedure* van artikel 27 van overeenkomstige toepassing verklaard (met uitzondering van het tweede lid). Dit betekent dat als de ondernemer geen instemming krijgt van de personeelsvertegenwoordiging hij, eventueel na bemiddeling en advies van de bedrijfscommissie, de kantonrechter toestemming kan vragen om het besluit te nemen *(zie voorts de toelichting bij artikel 27, derde tot en met zesde lid)*. Artikel 35c, vierde lid bepaalt dat de ondernemer zijn voorgenomen besluit schriftelijk aan de personeelsvertegenwoordiging moet voorleggen, met zijn beweegredenen en de te verwachten gevolgen voor het personeel. De personeelsvertegenwoordiging moet ten minste eenmaal met de ondernemer overleg plegen, voordat zij haar beslissing schriftelijk en gemotiveerd aan de ondernemer meedeelt. Daarna moet de ondernemer schriftelijk aan de personeelsvertegenwoordiging laten weten welk besluit hij heeft genomen en met ingang van welke datum hij dat besluit zal uitvoeren. Vervolgens kan de personeelsvertegenwoordiging zo nodig de stappen doen die geregeld zijn in artikel 27, vijfde en zesde lid (beroep op de nietigheid enz.).

Artikel 35c : vijfde en zesde lid

Per 1 januari 2019 geldt expliciet de eis dat informatie over de arbeidsvoorwaarde pensioen schriftelijk wordt verstrekt, indien deze schriftelijk beschikbaar is. Als deze informatie niet aanwezig is bij de ondernemer, ligt het in de rede dat hij deze opvraagt bij de pensioenuitvoerder. Via de verwijzing in artikel 35c, derde lid, naar artikel 35b, zevende lid, geldt voorts dat schriftelijke informatie moet worden vertrekt over wijzigingen in de pensioenuitvoeringsovereenkomst. Zie verder de aantekening bij *artikel 35b, zevende lid.*

Artikel 35c : zevende lid

Deze per 1 januari 2019 mede op advies van de SER ingevoerde bepaling kent aan de personeelsvertegenwoordiging een initiatiefrecht toe ten aanzien van de arbeidsvoorwaarde pensioen. Een dergelijk recht bestond nog niet voor de personeelsvertegenwoordiging, ook niet op andere gebieden. Nu is voor pensioen een uitzondering gemaakt.

RECHTSPRAAK

Ondernemingskamer 11 april 2002, «JAR» 2002/133
Nu aan de personeelsvertegenwoordiging op grond van art. 32 extra (advies)bevoegdheden zijn toegekend is het passeren van die PVT onrechtmatig.

Ondernemingskamer 10 december 2008, ARO 2009/1
Aan de personeelsvertegenwoordiging is rechtsgeldig enquêtebevoegdheid toegekend. De Ondernemingskamer beveelt een onderzoek naar het beleid en de gang van zaken van de vennootschap.

Kantonrechter Amsterdam 15 maart 2013, ECLI:NL:RBAMS:2013:BZ4291 (kort geding)
Personeelsvertegenwoordiging rechtsgeldig opgericht. Ten onrechte geen advies gevraagd. Aanvraag ontslagvergunningen moet worden ingetrokken. Indien de vergunningen zijn verleend, mag daarvan geen gebruik worden gemaakt.

MEER INFORMATIE

Inzicht in de OR Praktijkboek
Hoofdstuk 1.5 Vrijwillig voorzetten van de OR, omzetten in een PVT of opheffen
Hoofdstuk 12.2 Het instellen van de PVT
Hoofdstuk 12.3 Werkwijze en faciliteiten van de PVT
Hoofdstuk 12.4 De bevoegdheden van de PVT
Hoofdstuk 12.5 Van PVT naar OR

Artikel 35d Regels voor de personeelsvertegenwoordiging

WETTEKST

1. **De ondernemer die een onderneming in stand houdt waarin in de regel minder dan 10 personen werkzaam zijn en waarvoor geen ondernemingsraad is ingesteld, kan een personeelsvertegenwoordiging, als bedoeld in artikel 35c, eerste lid, instellen.**
2. **De artikelen 5a, tweede lid, derde en vierde volzin, 7, 13, 17, 18, eerste en tweede lid, 21, 22, eerste lid, tweede lid, voor zover het betreft de kosten van het voeren van rechtsgedingen, en derde lid, 22a, 27, eerste lid, onderdeel b, voor zover het betreft een arbeids- en rusttijdenregeling, onderdeel d, derde tot en met zesde lid, 31, eerste lid, 32 en 36 zijn van overeenkomstige toepassing.**
3. **Artikel 35c, vierde lid, is van overeenkomstige toepassing, en het vijfde en zesde lid zijn van toepassing.**

TOELICHTING

Artikel 35d : Onderneming met minder dan 10 werknemers

Ook in ondernemingen met minder dan 10 werknemers kan de ondernemer een personeelsvertegenwoordiging instellen. Hij is daartoe verplicht als en zolang een collectieve arbeidsovereenkomst of een publiekrechtelijke regeling van arbeidsvoorwaarden dit voorschrijft. De personeelsvertegenwoordiging in deze kleine ondernemingen heeft dezelfde faciliteiten als de personeelsvertegenwoordiging in ondernemingen met 10 tot 50 werknemers. De formele bevoegdheden zijn echter beperkt. Er is namelijk alleen instemmingsrecht met betrekking tot arbeids- en rusttijdenregelingen en regelingen betreffende arbeidsomstandigheden, ziekteverzuim en re-integratiebeleid. Zie voorts de toelichting bij *artikel 35c, eerste lid en derde tot en met zesde lid*, met uitzondering van de passages over het adviesrecht en de jaarlijkse informatie- en overlegverplichting van de ondernemer.

MEER INFORMATIE

Inzicht in de OR Praktijkboek
Hoofdstuk 12.2 Het instellen van de PVT

6 De algemene geschillenregeling

De wet legt in een aantal artikelen verplichtingen op met betrekking tot de instelling en het functioneren van de ondernemingsraad. Deels zijn dit verplichtingen van de ondernemer, deels zijn het verplichtingen van de ondernemingsraad. Wanneer er over de naleving van deze verplichtingen een geschil ontstaat in de onderneming, kan dit worden opgelost volgens de in dit hoofdstuk beschreven algemene geschillenregeling. Een uitzondering hierop is gemaakt voor een geschil over de naleving van het adviesrecht van de ondernemingsraad *(artikel 25).* Daarvoor zijn bijzondere regels gegeven in artikel 26.

De algemene geschillenregeling kent sinds medio 2013 een andere procedure. Voorheen diende men zich eerst voor bemiddeling en advies te wenden tot de bevoegde bedrijfscommissie, pas daarna kon men een beslissing aan de kantonrechter vragen. In de nieuwe regeling is de verplichte inschakeling van de bedrijfscommissie geschrapt. De mogelijkheid bestaat echter nog steeds en kan in voorkomende gevallen zeker bijdragen aan de oplossing van geschillen. Zie over de bedrijfscommissies verder *hoofdstuk 7.*

In het algemeen kan worden gesteld dat door middel van deze procedure ondernemingsraad en ondernemer elkaar kunnen dwingen tot naleving van hun in de wet opgelegde verplichtingen (artikel 36, tweede lid). Er kunnen echter ook andere belanghebbenden gebaat zijn met een juiste uitvoering van de wettelijke bepalingen door ondernemer en ondernemingsraad. De wet geeft deze belanghebbenden dan ook ten aanzien van bepaalde aangelegenheden een eigen recht om van de geschillenprocedure gebruik te maken *(artikel 36, eerste lid).*

Artikel 36 Algemene geschillenregeling

WETTEKST

1. Iedere belanghebbende kan de kantonrechter verzoeken te bepalen dat de ondernemer of de ondernemingsraad gevolg dient te geven aan hetgeen bij of krachtens deze wet is bepaald omtrent het instellen of in stand houden van een ondernemingsraad, het vaststellen van een voorlopig of een definitief reglement van de ondernemingsraad, de kandidaatstelling voor en de verkiezing van de leden van de ondernemingsraad, alsmede omtrent het bekend maken van agenda's en verslagen van vergaderingen, een en ander voor zover dit van de ondernemer of de ondernemingsraad afhangt.
2. De ondernemingsraad en de ondernemer kunnen de kantonrechter verzoeken te bepalen dat de ondernemer, onderscheidenlijk de ondernemingsraad gevolg dient te geven aan hetgeen overigens bij of krachtens deze wet is bepaald, een en ander voor zover dit van de ondernemer onderscheidenlijk de ondernemingsraad afhangt.
3. Een verzoek aan de kantonrechter met betrekking tot de naleving van artikel 25 ten aanzien van een besluit als in dat artikel bedoeld, wordt niet ontvankelijk verklaard, indien blijkt dat de ondernemingsraad voor of na de indiening van het verzoek tegen dat besluit beroep heeft ingesteld bij de Ondernemingskamer van het Gerechtshof Amsterdam.
4. Een verzoek aan de kantonrechter op grond van artikel 27, vierde en zesde lid is niet ontvankelijk indien met betrekking tot dezelfde aangelegenheid een eis is gesteld als bedoeld in de Arbeidsomstandighedenwet.
5. De kantonrechter kan in zijn uitspraak aan de ondernemer, onderscheidenlijk de ondernemingsraad de verplichting opleggen om bepaalde handelingen te verrichten of na te laten. Het is de ondernemer verboden een zodanige verplichting niet na te komen. Wanneer de ondernemingsraad een zodanige verplichting niet nakomt, kan de kantonrechter de ondernemingsraad ontbinden, onder oplegging van de verplichting aan die raad tot het doen verkiezen van een nieuwe ondernemingsraad. Blijft de ondernemingsraad in gebreke, dan kan de kantonrechter de ondernemer machtigen een nieuwe ondernemingsraad te doen verkiezen.
6. De voorgaande leden zijn van overeenkomstige toepassing ten aanzien van de naleving van hetgeen bij of krachtens deze wet is bepaald met betrekking tot een centrale ondernemingsraad en een groepsondernemingsraad.

TOELICHTING

Artikel 36 : eerste lid : Actie belanghebbende tegen OR of ondernemer

Deze bepaling geeft met betrekking tot:

- het instellen of in stand houden van een ondernemingsraad of personeelsvertegenwoordiging *(artikelen 2, 3, 4, 5a, 33, 35c en 35d)*;
- het vaststellen van een voorlopig of definitief reglement van de ondernemingsraad *(artikelen 8 en 48)*;
- de kandidaatstelling voor en de verkiezing van de leden van de ondernemingsraad *(artikelen 9, 10 en 11)*;
- het bekend maken van de agenda's en de verslagen van de vergaderingen van de ondernemingsraad en de overlegvergaderingen *(artikel 14, tweede lid en 23a, vijfde lid)*,

aan iedere belanghebbende het recht om, eventueel na bemiddeling en advies van de bedrijfscommissie, aan de kantonrechter de naleving door ondernemer of ondernemingsraad (ook de GOR en de COR, zie het zesde lid) te vragen van hun wettelijke verplichtingen. Onder belanghebbende zijn in ieder geval begrepen de in de betrokken onderneming of bedrijfstak werkzame organisaties van werknemers, in de betrokken onderneming werkzame personen, de ondernemingsraad en de ondernemer. De naleving kan gevraagd worden van de ondernemer voor zover hij daarvoor verantwoordelijk is. Met name is dit het geval bij het instellen of in stand houden van de ondernemingsraad en bij het vaststellen van een voorlopig reglement. De nalevingsprocedure zal gericht zijn tegen de ondernemingsraad als het gaat om de vaststelling van zijn definitieve reglement en om de kandidaatstelling en de verkiezing van de leden van de ondernemingsraad.

Artikel 36 : tweede lid : Actie OR tegen ondernemer en andersom

Ondernemingsraad en ondernemer kunnen wederkerig, eventueel na bemiddeling en advies van de bedrijfscommissie, aan de kantonrechter de naleving vragen van elkaars bij of krachtens de wet geregelde verplichtingen. Het gaat daarbij dus niet alleen om de verplichtingen die de wet zelf oplegt, zoals de verplichting voor de ondernemer om instemming te vragen *(artikel 27)* en de verplichting voor de ondernemingsraad om met de ondernemer in vergadering bijeen te komen *(artikel 23)*, maar ook om de verplichtingen die voortvloeien uit het Besluit op grond van artikel 31a, vijfde lid, uit cao-bepalingen, uit ondernemersbesluiten op grond van artikel 5a, uit ondernemingsovereenkomsten *(artikel 32)*, en uit afspraken tussen ondernemer en ondernemingsraad op grond van de artikelen 18, derde lid, 22, derde lid, en 23a, vijfde lid. In de volgende paragraaf wordt breder ingegaan op de bij de kantonrechter te volgen procedure.

Procedure bij de kantonrechter

Op de procedure bij de kantonrechter zijn de artikelen 261-291 van het Wetboek van Burgerlijke Rechtsvordering van toepassing. Dit betekent dat het verzoekschrift moet

worden ingediend bij de griffie van de rechtbank van de plaats waar de onderneming is gevestigd (is de verzoeker een vakorganisatie of een werknemer, dan moet het verzoekschrift worden ingediend bij de griffie van de rechtbank waar de vakorganisatie is gevestigd of de werknemer woont). De ondernemingsraad wordt in de procedure vertegenwoordigd door zijn voorzitter of plaatsvervangende voorzitter *(artikel 7)*. Het verzoekschrift moet naam en adres bevatten van de verzoeker en van de belanghebbende (dit is de andere partij). Als de ondernemingsraad verzoeker of belanghebbende is, worden naam en adres opgegeven van de voorzitter of zijn plaatsvervanger. Voorts moet in het verzoekschrift een duidelijke omschrijving gegeven worden van het verzoek en van de gronden waarop het verzoek rust (motivering en wetsartikelen). Indien een voorlopige voorziening wordt gewenst (bijvoorbeeld in een spoedeisend geval) moet dit eveneens in het verzoekschrift worden aangegeven.
Na de indiening van het verzoekschrift bepaalt de rechter de datum van de mondelinge behandeling. Verweer kan zowel schriftelijk door middel van een verweerschrift als ook mondeling ter zitting naar voren worden gebracht. De rechter speelt in deze procedure een actieve rol. Hij kan zelfstandig een onderzoek instellen naar de feiten, deskundigen horen en eventuele andere belanghebbenden oproepen. Partijen zijn in deze kantongerechtsprocedure niet verplicht zich te laten bijstaan door een advocaat, maar dat kan vaak wel gewenst zijn. De proceskosten en de kosten van rechtsbijstand van de ondernemingsraad komen in beginsel voor rekening van de ondernemer *(zie de toelichting op artikel 22, tweede lid)*.
Tegen de beschikking van de kantonrechter kan binnen drie maanden na de uitspraak hoger beroep worden ingesteld bij het gerechtshof. Tegen de uitspraak van het gerechtshof kan cassatieberoep worden ingesteld bij de Hoge Raad. Voor beide procedures is bijstand van een advocaat vereist. Als de kantonrechter zijn beslissing 'uitvoerbaar bij voorraad' heeft verklaard (dit kan door verzoeker gevraagd worden) heeft het instellen van hoger beroep geen schorsende werking.
De rechter kan de ondernemingsraad niet veroordelen tot het betalen van de proceskosten van de ondernemer *(artikel 22a)*. Andere belanghebbenden die in de procedure zijn betrokken (individuele werknemers, leden van de ondernemingsraad, vakorganisaties, de ondernemer) kunnen, wanneer zij in het ongelijk worden gesteld, wel in de proceskosten worden veroordeeld.
Zoals al gesteld in de inleiding diende men zich tot de wetswijziging van 19 juli 2013 voorafgaand aan de gang naar de kantonrechter eerst voor bemiddeling en advies te wenden tot de bevoegde bedrijfscommissie. In de nieuwe regeling is de verplichte inschakeling van de bedrijfscommissie geschrapt. De mogelijkheid van bemiddeling en advies bestaat echter nog steeds, en kan in voorkomende gevallen zeker bijdragen aan de oplossing van geschillen, inclusief het voorkómen van een gang naar de rechter.

Artikel 36 : derde lid : Samenloop met artikel 26

Een verzoekschrift van de ondernemingsraad aan de kantonrechter is niet ontvankelijk wanneer het betreft de naleving van artikel 25 ten aanzien van een in dat artikel bedoeld besluit (dus wanneer de ondernemingsraad van mening is dat de ondernemer in strijd met zijn wettelijke verplichting over dat besluit geen advies aan de ondernemingsraad heeft gevraagd) en de ondernemingsraad, vóór of na de indiening van het verzoekschrift bij de kantonrechter, tegen hetzelfde besluit op grond van artikel 26 beroep heeft ingesteld bij de Ondernemingskamer van het Gerechtshof Amsterdam. Deze bepaling strekt ertoe te voorkomen dat door samenloop van beide procedures uiteenlopende oordelen van verschillende rechterlijke instanties zouden kunnen ontstaan. Wanneer tegen een besluit eenmaal beroep bij de Ondernemingskamer is ingesteld, heeft een afzonderlijke beslissing over de vraag of de ondernemer ten onrechte de ondernemingsraad niet heeft geraadpleegd weinig betekenis omdat de Ondernemingskamer het achterwege laten van het vragen van advies door de ondernemer mede in haar oordeel betrekt *(zie ook de toelichting bij artikel 26).*

Artikel 36 : vierde lid : Samenloop met procedures Arbeidsomstandighedenwet

Deze bepaling sluit de samenloop uit van procedures bij de kantonrechter op grond van het instemmingsrecht en procedures bij de Nederlandse Arbeidsinspectie op grond van de Arbeidsomstandighedenwet. De regeling houdt in dat de kantonrechter een verzoek als bedoeld in artikel 27, vierde of zesde lid niet in behandeling neemt als de Nederlandse Arbeidsinspectie met betrekking tot de aangelegenheid een eis heeft gesteld. Voorts zal er door de Nederlandse Arbeidsinspectie geen eis worden gesteld voor zover met betrekking tot de aangelegenheid door de kantonrechter reeds een uitspraak is gedaan.

Artikel 36 : vijfde lid : Uitspraak en sancties kantonrechter

De kantonrechter kan in zijn eindbeslissing bepalen, dat er inderdaad een verplichting voor de ondernemer of de ondernemingsraad bestaat en hij kan daarbij tevens aan de ondernemer of de ondernemingsraad de verplichting opleggen om bepaalde handelingen te verrichten (bijvoorbeeld om een ondernemingsraad in te stellen, of om bepaalde kosten van de ondernemingsraad te betalen, of alsnog om instemming te vragen) of om bepaalde handelingen na te laten (bijvoorbeeld handelingen in strijd met het reglement van de ondernemingsraad, zoals het nemen van besluiten zonder dat het vereiste aantal ondernemingsraadsleden aanwezig is). Komt de ondernemer een hem opgelegde verplichting niet na, dan pleegt hij een overtreding op grond van de Wet op de economische delicten en kan hij gestraft worden met hechtenis van ten hoogste zes maanden of een geldboete van ten hoogste € 22.500 (en eventuele bijkomende straffen en maatregelen). De kantonrechter kan dus door middel van zijn uitspraak het niet nakomen van de verplichting tot het instellen van een ondernemingsraad tot een strafbaar feit maken. Als de ondernemer na een beslissing van de kantonrechter ter zake weigert om bepaalde kosten van de ondernemingsraad te voldoen, dan kunnen deze kosten door middel van een executoriaal beslag op hem verhaald worden. Zo nodig kan de kantonrechter ook een dwangsom opleggen.

Komt de ondernemingsraad een hem opgelegde verplichting niet na, dan kan de kantonrechter (bij een nieuwe uitspraak) de ondernemingsraad ontbinden en hem verplichten om verkiezingen te organiseren voor een nieuwe ondernemingsraad. Blijft de ondernemingsraad hiermee in gebreke, dan kan de kantonrechter de ondernemer machtigen om deze verkiezingen te organiseren.

Artikel 36 : achtste lid : COR en GOR

De bepalingen van dit artikel zijn ook van toepassing op geschillen waarin de centrale ondernemingsraad of een groepsondernemingsraad zijn betrokken. Hoewel dat niet in artikel 36 zelf wordt vermeld, geldt artikel 36 ook voor geschillen waarbij de personeelsvertegenwoordiging is betrokken. Zie verder *artikel 35c en 35d*. Zie over de personeelsvergadering hierna *artikel 36a*.

RECHTSPRAAK

Hoge Raad 31 maart 2000, ROR 2000, nr. 2 en Kantonrechter Utrecht 20 september 2000, ROR 2001, nr. 13
De procedure van art. 36 laat onder omstandigheden ook toe dat de ondernemingsraad (uitsluitend) om een verklaring voor recht verzoekt.

Gerechtshof Arnhem 22 maart 2005, ROR 2005, nr. 12
In kort geding kan niet zonder enig voorbehoud plaatsvervangende toestemming door de kantonrechter worden verleend.

Gerechtshof Arnhem 15 juli 2008, ROR 2009, nr. 15
In beginsel heeft de OR, behalve voor zover de wet hem deze toekent geen procesbevoegdheid. Niettemin moet worden aangenomen dat de OR, vertegenwoordigd door zijn voorzitter, buiten de in de artikelen 26 en 36 WOR geregelde gevallen, in rechte kan optreden waar dat in het belang is van en wenselijk is voor een doelmatige vervulling van de taak die de ondernemingsraad in de WOR is toegedacht.

Gerechtshof 's-Gravenhage 29 november 2011, ECLI:NL:GHSGR:2011:BU7160
Verzoekschrift is niet binnen dertig dagen ingediend. Verzoeker is daarom niet ontvankelijk. Artikel 36 lid 4 (nu lid 2) is van openbare orde.

Gerechtshof 's-Hertogenbosch 18 juli 2012, «JAR» 2012/2026
Ondernemingsovereenkomsten kunnen ook betrekking hebben op primaire arbeidsvoorwaarden. OR kan naleving van afspraken vorderen op grond van art. 36 WOR.

Gerechtshof Den Haag 12 mei 2015, ECLI:NL:GHDHA:2015:1094, «JAR» 2015/148
FNV is belanghebbende in de zin van artikel 36 lid 1 in haar vordering tot instelling van een ondernemingsraad.

Rechtbank Zwolle 28 augustus 1991, ROR 1992, nr. 3
Ex-werknemer is geen belanghebbende in de zin van art. 36 lid 1.

Kantonrechter Utrecht 9 maart 1994, ROR 1994, nr. 14
Vakbond is belanghebbende in de zin van art. 36 lid 1, ook al heeft zij geen leden in deze onderneming.

Kantonrechter Amsterdam 19 januari 1999, «JAR» 1999/63
Een verzoek van de OR kan alleen betrekking hebben op een verplichting bij of krachtens de WOR. Daaronder valt niet het betalen van een financiële vergoeding aan werknemers.

Kantonrechter Eindhoven 24 december 2010, «JAR» 2011/46
Alleen de ondernemer en de ondernemingsraad kunnen een procedure op grond van artikel 36 lid 2 voeren over (in dit geval) de toepassing van artikel 6 lid 4 WOR.

MEER INFORMATIE

Inzicht in de OR Praktijkboek
Hoofdstuk 13.2 De algemene geschillenprocedure

Artikel 36a Geschillenregeling voor de personeelsvergadering

WETTEKST

Iedere in de onderneming werkzame persoon, met uitzondering van een persoon als bedoeld in artikel 35b, achtste lid, alsmede een vereniging van werknemers, die één of meer in de onderneming werkzame personen onder haar leden telt, die krachtens haar statuten ten doel heeft de belangen van haar leden als werknemers te behartigen en als zodanig in de betrokken onderneming of bedrijfstak werkzaam is en voorts ten minste twee jaar in het bezit is van volledige rechtsbevoegdheid, kan de kantonrechter verzoeken te bepalen dat de ondernemer gevolg dient te geven aan artikel 35b.

TOELICHTING

Artikel 36a : Naleving van artikel 35b

De wet voorziet in een gerechtelijke procedure wanneer de ondernemer de wettelijke verplichtingen van artikel 35b niet nakomt en onderling overleg geen resultaat heeft. De naleving van de wettelijke verplichtingen van artikel 35b kan door werknemers en betrokken vakorganisaties worden gevraagd bij de kantonrechter. Werknemers zijn daartoe gerechtigd indien zij 6 maanden of langer in de onderneming werkzaam zijn. Aan een vakorganisatie worden de volgende eisen gesteld:

- de vakorganisatie heeft in de onderneming één of meer leden;
- de vakorganisatie behartigt de belangen van de werknemers in de betrokken onderneming of bedrijfstak;
- de vakorganisatie heeft ten minste twee jaar volledige rechtsbevoegdheid.

De kantongerechtsprocedure – waarop de artikelen 261 e.v. van het Wetboek van Burgerlijke Rechtsvordering van toepassing zijn – begint met het indienen van een verzoekschrift bij de griffie van de rechtbank van de plaats waar de vakorganisatie is gevestigd of de werknemer woont. De inschakeling van een advocaat bij de kantonrechter is in een kantongerechtsprocedure geen vereiste.
In het verzoekschrift – dat geen bijzondere vorm behoeft te hebben – worden vermeld:

- de naam en het adres van de verzoeker en de ondernemer;

- een duidelijke omschrijving van het verzoek (bijvoorbeeld dat de ondernemer de wettelijk voorgeschreven informatie zal verstrekken of advies zal vragen aan het personeel over een bepaald voorgenomen besluit);
- de juridische gronden (wetsbepalingen) waarop het verzoek berust.

Na de indiening van het verzoekschrift bepaalt de rechter de datum van de mondelinge behandeling. De ondernemer kan zijn verweer zowel schriftelijk als ook mondeling ter zitting naar voren brengen. Tegen de beslissing van de kantonrechter kan binnen drie maanden na de uitspraak hoger beroep worden ingesteld bij het gerechtshof. Tegen de beslissing van het gerechtshof kan cassatieberoep worden ingesteld bij de Hoge Raad. Voor de procedures bij het gerechtshof en de Hoge Raad is bijstand van een advocaat vereist. Eventueel kan de kantonrechter aan zijn beslissing een dwangsom verbinden, als dat door de verzoeker is gevraagd.
Als de zaak grote spoed vereist, kan men zich in kort geding wenden tot de rechtbank (voorzieningenrechter). Deze kan bepaalde voorlopige voorzieningen treffen, zonder een definitieve uitspraak te doen over het geschil. In spoedgevallen is ook de kantonrechter bevoegd om vooruitlopend op de eindbeslissing voorlopige voorzieningen te treffen.

Kosten gerechtelijke procedure
In een gerechtelijke procedure kunnen drie soorten kosten worden onderscheiden:

- de kosten van het proces (onder meer griffierechten);
- de kosten die men maakt door de inschakeling van een advocaat of deurwaarder;
- de kosten die ontstaan wanneer men in het ongelijk wordt gesteld en wordt veroordeeld tot de gehele of gedeeltelijke betaling van de proceskosten van de andere partij.

Wanneer de verzoeker in het ongelijk wordt gesteld, kan hij worden veroordeeld tot betaling van de proceskosten van de ondernemer. Het is daarom verstandig om, indien men overweegt een gerechtelijke procedure aan te spannen, na te gaan of een betrokken vakorganisatie bereid is tot het voeren van deze procedure.

RECHTSPRAAK

Kantonrechter Leiden 24 november 2010, «JAR» 2011/2
Beroep werkneemster op (onder meer) artikel 35b lid 5 verworpen. Werkneemster veroordeeld in de proceskosten.

MEER INFORMATIE

Inzicht in de OR Praktijkboek
Hoofdstuk 13.2 De algemene geschillenprocedure

7 De bedrijfscommissies

De bedrijfscommissies zijn in 1950 in het leven geroepen als uitvoeringsorganen van de Wet op de ondernemingsraden voor groepen van ondernemingen. Zij zijn in de marktsector ingesteld door de Sociaal-Economische Raad en de leden worden benoemd door de werkgevers- en werknemersorganisaties die representatief zijn voor de groep ondernemingen. In 2010 zijn een groot aantal bedrijfscommissies samengevoegd tot Markt I (commerciële bedrijven) en Markt II (non-profitorganisaties).
De bevoegdheden van de Sociaal-Economische Raad met betrekking tot de instelling, samenstelling en werkwijze van de bedrijfscommissies *(artikel 37, 38, 39 en 41)* worden voor ondernemingen van de overheid uitgeoefend door de minister van Binnenlandse Zaken. Er is één bedrijfscommissie ingesteld voor de gehele overheid, met twee kamers voor de behandeling van geschillen bij respectievelijk de rijksoverheid en de politie, en de lagere overheden.
De verplichting om bemiddeling en advies van de bedrijfscommissie te vragen is in 2013 geschrapt. Dat neemt niet weg dat deze commissies bij geschillen tussen ondernemer en OR (of andere betrokkenen bij de medezeggenschap) een nuttige functie kunnen vervullen en misschien een gang naar de rechter kunnen voorkomen.
De bedrijfscommissies voor de marktsector beschikken over een eigen website *(https://www.ser.nl/nl/thema/Bedrijfscommissie)*, waarop onder meer de jaarverslagen met daarin samenvattingen van de verstrekte adviezen kunnen worden ingezien. Het adres van de bedrijfscommissie voor de overheid is www.bedrijfscommissieoverheid.nl. Ook deze website bevat een overzicht van de adviezen, ingedeeld per sector.
De werkwijze van de bedrijfscommissies is met het oog op een zo snel en efficiënt mogelijke behandeling en afhandeling van geschillen in de afgelopen jaren aanzienlijk geflexibiliseerd. Zie daarover verder *artikel 39*.

Artikel 37 Instelling en taak bedrijfscommissie

WETTEKST

1. **Voor groepen van ondernemingen worden door de Raad, ter behandeling van aangelegenheden betreffende de ondernemingsraden, de centrale ondernemingsraden, de groepsondernemingsraden van deze ondernemingen, de personeelsvertegenwoordiging en de vergadering als bedoeld in artikel 35b, commissies ingesteld, bedrijfscommissies genaamd.**
2. **Een bedrijfscommissie bestaat uit een door de Raad na overleg met de in artikel 38 bedoelde organisaties van ondernemers en van werknemers te bepalen even aantal leden, ten minste zes bedragende, en een gelijk aantal plaatsvervangende leden.**

TOELICHTING

Artikel 37 : Taak en samenstelling bedrijfscommissie

De bedrijfscommissies voor de marktsector worden door de Sociaal-Economische Raad bij besluit ingesteld voor een door de Raad aangewezen groep ondernemingen. Het aantal bedrijfscommissies is in 2010 teruggebracht tot drie: één voor de overheid en twee voor de marktsector (respectievelijk profit en non-profit). De Sociaal-Economische Raad stelt het aantal leden van de twee laatstgenoemde bedrijfscommissies vast; dit aantal moet even zijn en ten minste zes bedragen en is vastgesteld op twaalf. Zie voor de instellingsbesluiten de website: www.bedrijfscommissie.nl. Deze bevoegdheden worden voor de overheidssector uitgeoefend door de minister van Binnenlandse Zaken *(zie artikel 46d en 46e)*.
De bedrijfscommissie is belast met de behandeling van aangelegenheden van de ondernemingsraden, de groepsondernemingsraden, de centrale ondernemingsraden, de personeelsvertegenwoordigingen en de personeelsvergaderingen van de ondernemingen waarvoor zij is ingesteld.
Een belangrijke taak van de bedrijfscommissie is de bemiddeling en de advisering bij meningsverschillen tussen ondernemer en ondernemingsraad of tussen ondernemer en personeelsvertegenwoordiging over de naleving van de bepalingen van de Wet op de ondernemingsraden. De verplichting om bemiddeling en advies van de bedrijfscommissie te vragen is in 2013 geschrapt. Dat neemt niet weg dat deze commissies bij geschillen tussen ondernemer en OR (of andere betrokkenen bij de medezeggenschap)

een nuttige functie kunnen vervullen en misschien een gang naar de rechter kunnen voorkomen. Zo is recent een aantal geschillen over het niet hebben ingesteld van een ondernemingsraad voorgelegd aan de bedrijfscommissie.
Een andere belangrijke taak van de bedrijfscommissies is het geven van voorlichting over medezeggenschap. Daartoe hebben de bedrijfscommissies onder meer een vraagbaak in het leven geroepen, waar iedereen (via het contactformulier, per mail of telefonisch) algemene vragen kan stellen over medezeggenschap en de WOR. Zie *https://www.bedrijfscommissie.nl/faq.aspx*. Ten slotte oefenen zij enkele administratieve taken uit zoals de registratie van:

- het schriftelijke besluit van de ondernemer om vrijwillig een ondernemingsraad in te stellen *(artikel 5a, tweede lid)*;
- de ondernemingsovereenkomst waarin extra bevoegdheden aan de ondernemingsraad zijn toegekend *(artikel 32, tweede lid).*

Artikel 38 Benoeming leden bedrijfscommissie

WETTEKST

1. **De leden en de plaatsvervangende leden van een bedrijfscommissie worden voor de helft benoemd door de door de Raad daartoe aangewezen representatieve organisatie of organisaties van ondernemers en voor de helft door de door de Raad daartoe aangewezen representatieve organisatie of organisaties van werknemers.**
2. **De Raad bepaalt het aantal leden en plaatsvervangende leden dat elke aangewezen organisatie kan benoemen.**

TOELICHTING

Artikel 38 : Benoeming leden bedrijfscommissie

De Sociaal-Economische Raad wijst voor de marktsector de organisatie(s) van werkgevers en van werknemers aan die leden van de bedrijfscommissie kunnen benoemen en bepaalt het aantal leden en plaatsvervangende leden dat iedere organisatie kan benoemen, met dien verstande dat er evenveel werkgevers- als werknemersvertegenwoordigers moeten worden benoemd. De aan te wijzen organisaties moeten representatief zijn voor de betrokken ondernemers, respectievelijk voor de in hun ondernemingen werkzame personen. De samenstelling van de commissies voor de marktsector is te vinden op de website: *https://www.ser.nl/nl/thema/Bedrijfscommissie*. Zie voor de samenstelling van de bedrijfscommissie voor de overheid: *https://wetten.overheid.nl/BWBR0035982/*.

Artikel 39 Werkwijze bedrijfscommissie

WETTEKST

1. **De Raad stelt bij verordening nadere regelen omtrent de samenstelling en de werkwijze van de bedrijfscommissies. Daarbij wordt aan deze commissies de bevoegdheid verleend commissies, al dan niet uit haar midden, in te stellen, die indien en voor zover zulks door een bedrijfscommissie is bepaald, de bevoegdheden van die bedrijfscommissie geheel of gedeeltelijk, al dan niet voorwaardelijk, uitoefenen.**
2. **De Raad stelt voorts regelen omtrent het voorzitterschap van de bedrijfscommissies. Daarbij wordt aan deze commissies de bevoegdheid toegekend, een voorzitter buiten de leden der commissie te kiezen, al dan niet met stemrecht.**

TOELICHTING

Artikel 39 : Werkwijze bedrijfscommissie

De Sociaal-Economische Raad heeft in zijn Verordening op de bedrijfscommissies nadere regels omtrent de samenstelling en de werkwijze van de bedrijfscommissies voor de marktsector vastgesteld (zie www.ser.nl). Daarbij is aan deze bedrijfscommissies het recht toegekend om een voorzitter buiten haar leden aan te wijzen en aan hem of haar al dan niet stemrecht toe te kennen. Maakt de bedrijfscommissie geen gebruik van de mogelijkheid om een neutrale voorzitter te benoemen, dan treden bij toerbeurt een lid, benoemd door een organisatie van werkgevers en een lid, benoemd door een organisatie van werknemers, als voorzitter respectievelijk plaatsvervangend voorzitter van de bedrijfscommissie op. Tevens is aan de bedrijfscommissies het recht toegekend om al dan niet uit haar midden commissies in te stellen en aan deze commissies bevoegdheden over te dragen.
In de meest recente verordening is ook de bijzondere procedure van de in 2013 ingestelde scholingskamer geregeld (bedoeld voor geschillen tussen OR en ondernemer over scholing; zie artikel 18a t/m 18c Verordening en *https://www.ser.nl/nl/thema/Bedrijfscommissie/vragenservice/Scholingskamer*) en is de bevoegdheid voor individuele werknemers om geschillen in te dienen verduidelijkt (artikel 13a Verordening).

De werkwijze van de marktcommissies is flexibel. Iedere maand is er in beginsel een zittingsdatum vastgesteld, waar eventueel van kan worden afgeweken. Dat bevordert een snelle behandeling van geschillen. Zie verder opnieuw *https://www.ser.nl/nl/thema/Bedrijfscommissie.*

Artikel 40 Jaarverslag bedrijfscommissie

WETTEKST

1. **Iedere bedrijfscommissie brengt jaarlijks aan Onze Minister en aan de Raad verslag uit van haar werkzaamheden in het afgelopen kalenderjaar.**
2. **Onze Minister kan regelen stellen ten aanzien van de verslaggeving.**

TOELICHTING

Artikel 40 : Jaarverslag bedrijfscommissie

De bedrijfscommissies moeten jaarlijks van hun werkzaamheden verslag uitbrengen aan de minister van Sociale Zaken en Werkgelegenheid en aan de Sociaal-Economische Raad. Zie voor aanvullende regels betreffende het jaarverslag van de bedrijfscommissie voor de overheid artikel 46d.
De jaarverslagen van de bedrijfscommissies voor de marktsector (Markt I en Markt II) zijn in te zien via *https://www.ser.nl/nl/thema/Bedrijfscommissie/Over-de-Bedrijfscommissie/jaarverslag*. Zie voor de jaarverslagen van de bedrijfscommissie voor de overheid *https://www.bedrijfscommissieoverheid.nl/over-de-bedrijfscommissie/jaarverslagen/*.

Artikel 41 Kosten van de bedrijfscommissie

WETTEKST

1. **De kosten van een bedrijfscommissie worden, voor zover daarin niet op andere wijze wordt voorzien, door de in artikel 38 bedoelde organisaties van ondernemers en werknemers gedragen, naar evenredigheid van het aantal leden dat zij benoemen.**
2. **Wanneer een organisatie in gebreke blijft binnen de termijn, door de bedrijfscommissie gesteld, haar bijdrage in de kosten van de bedrijfscommissie te voldoen, kan de Raad de aanwijzing van die organisatie intrekken, onverminderd de aansprakelijkheid van de organisatie tot het betalen van haar aandeel in de reeds gemaakte kosten. Door de intrekking vervalt het lidmaatschap van de bedrijfscommissie van de door die organisatie benoemde leden en plaatsvervangende leden, te rekenen van het tijdstip waarop het besluit van de Raad bij de bedrijfscommissie inkomt.**

TOELICHTING

Artikel 41 : Kosten bedrijfscommissie

De kosten van de bedrijfscommissie worden, tenzij daarin op andere wijze wordt voorzien, gedragen door de benoemende organisaties van werkgevers en werknemers, naar evenredigheid van het aantal leden dat zij benoemen.

Artikel 42 Geheimhouding

WETTEKST

Ten aanzien van de voorzitters, de leden en de plaatsvervangende leden van de bedrijfscommissies, alsmede ten aanzien van de personen die met het secretariaat van een bedrijfscommissie zijn belast, is artikel 20, eerste en zesde lid, van overeenkomstige toepassing.

TOELICHTING

Artikel 42 : Geheimhouding

De leden en de plaatsvervangende leden van de bedrijfscommissie, de voorzitter en de met het secretariaat van de bedrijfscommissie belaste personen zijn – vergelijk de leden van de ondernemingsraad – verplicht tot geheimhouding van alle aangelegenheden ter zake waarvan op grond van artikel 20, eerste lid, geheimhouding in acht dient te worden genomen. Deze plicht tot geheimhouding vervalt niet als zij hun functie in de bedrijfscommissie niet meer vervullen.

Artikel 43-45 Vervallen

Artikel 43 is per 1 januari 2015 vervallen.
Artikel 44 is per 1 april 1990 vervallen.
Artikel 45 is per 1 april 1990 vervallen.

Artikel 46 Aanwijzing bevoegde bedrijfscommissie

WETTEKST

1. **Indien voor de behandeling van aangelegenheden betreffende een ondernemingsraad, een centrale ondernemingsraad, een groepsondernemingsraad, een personeelsvertegenwoordiging of een vergadering als bedoeld in artikel 35b meer dan één bedrijfscommissie bevoegd zou zijn, wijst de Raad de commissie aan die voor de behandeling van de betrokken aangelegenheden als de krachtens deze wet bevoegde commissie zal optreden.**
2. **Indien een ondernemer of een aantal in een groep verbonden ondernemers meerdere ondernemingen in stand houdt waarvoor meer dan een bedrijfscommissie bevoegd zou zijn, kan de Raad voor die ondernemingen een afzonderlijke bedrijfscommissie instellen danwel de commissie aanwijzen die voor de behandeling van de aangelegenheden betreffende de ondernemingsraden, personeelsvertegenwoordigingen en vergaderingen als bedoeld in artikel 35b van deze ondernemingen als de krachtens deze wet bevoegde commissie optreedt.**

TOELICHTING

Artikel 46 : eerste lid : Aanwijzing bevoegde bedrijfscommissie

Het is in theorie mogelijk dat er meer dan één bedrijfscommissie bevoegd is voor de behandeling van aangelegenheden betreffende een ondernemingsraad of een personeelsvertegenwoordiging. Om te vermijden dat in zulke gevallen meer bedrijfscommissies tegelijk bevoegd zijn, bepaalt de wet dat de Sociaal-Economische Raad één bedrijfscommissie kan aanwijzen die voor de betrokken personeelsvertegenwoordiging, ondernemingsraad, centrale ondernemingsraad of groepsondernemingsraad zal optreden als de krachtens deze wet bevoegde bedrijfscommissie. De Sociaal-Economische Raad oefent deze bevoegdheid ook uit als het gaat om een ondernemingsraad of een personeelsvertegenwoordiging die mede valt onder de bedrijfscommissie voor de overheid. Met de nieuwe indeling in drie bedrijfscommissies is de kans dat de situatie van artikel 46 zich voordoet inmiddels uiterst gering.

Artikel 46 : tweede lid : Specifieke bedrijfscommissie voor concern

Deze bepaling geeft de Sociaal-Economische Raad de bevoegdheid om voor een groep ondernemingen van dezelfde ondernemer of voor een concern een specifieke bedrijfscommissie in te stellen of een bestaande bedrijfscommissie als zodanig aan te wijzen. Ook deze bepaling heeft met de nieuwe indeling in drie bedrijfscommissies veel van haar betekenis verloren.

7a Bijzondere taak sociaaleconomische raad

Na de wetswijziging van juli 2013 bevat hoofdstuk 7A nog slechts één bepaling. Op grond van artikel 46a heeft de SER tot taak de medezeggenschap te bevorderen.
Bij de wetswijziging is in artikel 18 vastgelegd dat scholing van voldoende kwaliteit moet zijn. Voorts is in artikel 22 expliciet vastgelegd dat de ondernemer gehouden is de kosten van scholing en vorming van leden van de OR en OR-commissies te betalen. Met betrekking tot de kosten van scholing en vorming kan de SER richtbedragen vaststellen. Dat is voor het eerst gebeurd in oktober 2012. Zie over deze materie verder het commentaar bij de artikelen 18 en 22.
Ter uitvoering van de taak de medezeggenschap te bevorderen heeft de SER de Commissie Bevordering Medezeggenschap opgericht. Deze is onderdeel van de SER en bestaat (net als de Raad zelf) uit vertegenwoordigers van werknemers en werkgevers en onafhankelijke leden. Zie de website van de SER: *https://www.ser.nl/nl/ser/raad/commissies/CBM*. Zie voorts het commentaar op *artikel 46a*.
Ter waarborging van de kwaliteit van scholing en vorming heeft de SER de stichting SCOOR (inmiddels SCOOR-RMZO) opgericht. Zie de website: *https://www.ser.nl/nl/thema/scoor-rmzo*.

Artikel 46a Bevordering medezeggenschap

WETTEKST

Onverminderd hetgeen hem is toebedeeld in deze wet en de daarop berustende bepalingen, heeft de Raad tot taak de medezeggenschap in ondernemingen te bevorderen.

TOELICHTING

Artikel 46a : Bevordering medezeggenschap

Met de wetswijziging van 19 juli 2013 heeft de SER expliciet tot taak gekregen de medezeggenschap te bevorderen. Daartoe is (overigens al in 2012) de SER-Commissie Bevordering Medezeggenschap (CBM) opgericht. Deze bestaat (net als de SER zelf) uit vertegenwoordigers van werknemers en werkgevers en onafhankelijke leden. Zie de website van de SER over de CBM en haar publicaties: *https://www.ser.nl/nl/thema/medezeggenschap/relevante-organisaties/cbm*.
De kerntaak van de CBM is het in brede zin bevorderen van de medezeggenschap en de kwaliteit daarvan in ondernemingen. Verder is zij belast met het voorbereiden en geven van adviezen aan regering en parlement over medezeggenschap, het behandelen van verzoeken van ondernemingen om ontheffing van de OR-instellingsplicht, enkele taken inzake bedrijfscommissies waaronder het monitoren van de twee bedrijfscommissies voor de marktsector en diverse taken inzake scholing en vorming, waaronder het formuleren van richtbedragen voor kwalitatief goede scholing en vorming van OR-leden.
De CBM hanteert als leidraad voor haar werkzaamheden dat deze een toegevoegde waarde moeten hebben ten opzichte van wat reeds door betrokken organisaties en medezeggenschappers en bestuurders zelf gedaan wordt. De CBM wil vooral onderwerpen die belangrijk zijn voor de ontwikkeling van medezeggenschap agenderen, discussie daarover in het veld bevorderen en stimuleren dat die onderwerpen door de praktijk worden opgepakt. Waar nodig zal zij daarbij de 'steen in de vijver gooien'. Zij wil inspiratie leveren voor de praktijk. Daarnaast bevordert de CBM medezeggenschap door praktische ondersteuning in algemene zin van medezeggenschapsbeoefenaars. Hierbij valt te denken aan het beschikbaar stellen van modellen zoals het SER-Voorbeeldreglement OR of de Leidraad personeelsvertegenwoordiging, het verstrekken van publicaties, het verzorgen van een vraagbaak en het ontsluiten van informatie via de website.

De CBM publiceert aanbevelingen, handreikingen en tools op het gebied van medezeggenschap. Deze zijn gemaakt voor met name werkgevers, bestuurders, OR-leden, PVT-leden, werknemers en leden van Raden van Commissarissen (RvC) en Raden van Toezicht (RvT). De CBM onderhoudt ook contacten met bij medezeggenschap betrokken organisaties en personen. Denk daarbij aan contacten met de hiervoor genoemde doelgroepen voor de publicaties (OR- en PVT-leden, werkgevers, etc.), maar ook aan contacten met trainers/adviseurs, ambtelijk secretarissen, medezeggenschap organisaties, vakbladen, OR-Platformen, e.d. Verder laat de CBM in bepaalde situaties onderzoek verrichten en organiseert zij regelmatig een congres of bijeenkomst.
De belangrijkste activiteiten zijn alle opgenomen in het werkprogramma van de CBM, dat jaarlijks wordt vastgesteld. Zie *https://www.ser.nl/nl/ser/over-ser/werkprogramma/medezeggenschap.*

Het hoofdthema van de CBM voor 2022 is: 'Strategische medezeggenschap draagt bij aan een vitale onderneming'. In 2021 was het hoofdthema van het CBM-werkprogramma: 'Medezeggenschap draagt bij aan een vitale onderneming'. Dit thema verwees naar het belang van gezondheid in én van ondernemingen in de breedste zin van het woord. Het gaat niet alleen om de (individuele) gezondheid, het welzijn en de veiligheid van iedereen die in de onderneming werkzaam is, maar ook om de bestaanszekerheid van de onderneming op de korte en (middel)lange termijn.

Door ontwikkelingen als klimaatverandering, internationalisering, robotisering, flexibilisering, vergrijzing en individualisering is het hoofdthema van 2021 blijvend actueel. De ontwikkelingen volgen elkaar ook steeds sneller op. Daarbij wijzigt regelmatig het krachtenveld waarin organisaties zich bevinden en neemt de dynamiek vanuit het krachtenveld steeds verder toe. Ook houdt de coronacrisis ons nog steeds in haar greep en is het niet ondenkbaar dat we nog een hele tijd met dit virus en de effecten daarvan moeten leven. Dit betreft effecten op onder andere ondernemingen, werknemers en de economie als geheel.

Vervolgens is de vraag op welke wijze mag, moet en kan de medezeggenschap bij deze strategische vraagstukken betrokken worden? Hoe zorg je dat de medezeggenschap hierin een belangrijke rol speelt en er goed overleg plaatsvindt tussen medezeggenschap en bestuurder (en voor zover relevant in de driehoek met RvC/RvT)?

De kern is het belang van strategische medezeggenschap binnen ondernemingen (zowel grote ondernemingen als ondernemingen in het midden- en kleinbedrijf) en hoe dit kan bijdragen aan een vitale onderneming op (middel)lange termijn.

Met dit hoofdthema wil de CBM bevorderen dat de medezeggenschap sterker uit de COVID-19-crisis en andere grote vraagstukken komt en kansen benut. Dat is in het belang van ondernemingen en hun medewerkers op zowel korte als lange termijn.

Zie uitgebreider *https://www.ser.nl/nl/ser/over-ser/werkprogramma/-/media/4E-4A916684594549A64B5A65ADA06077.ashx.*

Daarnaast werkt de CBM in 2022 aan de navolgende onderwerpen:
- Verjonging en vernieuwing van de medezeggenschap;
- Ontwikkeling en scholing deskundigheid or-leden en bestuurders;
- Bevorderen naleving WOR;
- Pensioen en OR.

Zie voor het volledige werkprogramma 2022 *https://www.ser.nl/nl/ser/over-ser/werkprogramma/-/media/4E4A916684594549A64B5A65ADA06077.ashx.*

Inmiddels heeft de CBM een groot aantal aanbevelingen, handreikingen en praktische tools gepubliceerd over de volgende onderwerpen (zie *https://www.ser.nl/nl/thema/medezeggenschap/publicaties*):
- Medezeggenschap in tijden van corona
- De relatie en contacten tussen OR en commissarissen/toezichthouders
- Medezeggenschap in het MKB: Bereik uw doel met betrokken werknemers
- Medezeggenschap en flex
- Hoe om te gaan met de geheimhoudingsplicht
- Medezeggenschap en insolventie
- Medezeggenschap en pensioen: de rol van de OR bij pensioenen, en medezeggenschap over pensioen in kleine ondernemingen
- Vacatures en samenstelling OR
- Verkiezingen en draagvlak: In de ondernemingsraad? Organiseer je draagvlak
- OR en achterban
- KoersKaart: Hoe bepaal je als OR je strategie?
- Aanbeveling scholing en vorming van OR-leden
- Richtbedragen scholing en vorming
- Stappen naar een scholingsplan
- Goede medezeggenschap: Uitgangspunten goede medezeggenschap. Hoe geeft u op een goede wijze invulling aan medezeggenschap?
- Algemene gang van zaken overleg
- Bemiddeling bij geschillen: Conflict tussen OR en bestuurder? Vraag om bemiddeling bij de bedrijfscommissie! Inclusief een animatiefilm over de bedrijfscommissies.
- Zeggenschapsverhoudingen in een multinationale onderneming: Inzicht OR in zeggenschapsverhoudingen in een multinationale onderneming
- Technologische ontwikkelingen en rol OR
- Discriminatie: Rollen en bevoegdheden van medezeggenschap bij het tegengaan van discriminatie
- Voorbeeldreglement ondernemingsraden
- Leidraad PVT.

De publicaties richten zich wisselend op werkgevers, bestuurders, OR-leden, PVT-leden, werknemers en leden van Raden van Commissarissen en Raden van Toezicht, en in toenemende mate ook op andere partijen die relevant zijn voor de medezeggenschap.

De Stichting SCOOR-RMZO: certificering van scholingsinstituten en medezeggenschapsopleiders

Ter waarborging van de kwaliteit van scholing en vorming heeft de SER in 2013 de Stichting SCOOR opgericht. Op 1 juli 2019 is SCOOR gefuseerd met het Register voor Medezeggenschapsopleiders (RMZO), tot de Stichting SCOOR-RMZO. SCOOR was het keurmerk voor opleidingsbureaus en RMZO was het keurmerk voor de opleiders en adviseurs. Het nieuwe keurmerk is er voor alle opleiders in de medezeggenschap. Stichting SCOOR-RMZO bewaakt de kwaliteit van de opleidingen voor leden van ondernemingsraden door certificering van or-opleidingsbureaus en van opleiders in een kwaliteitsregister. Zo weten ondernemingsraden en bestuurders van ondernemingen dat deze bureaus en opleiders garant staan voor kwalitatief goede cursussen en trainingen. Zie uitgebreider *https://www.ser.nl/nl/thema/scoor-rmzo*.

Artikel 46b-46c Vervallen

Artikel 46b en 46c zijn per 19 juli 2013 vervallen.

7b Bijzondere bepalingen voor ondernemingsraden bij de overheid

Dit hoofdstuk bevat enkele van de algemene wettelijke regeling afwijkende bepalingen die alleen gelden met betrekking tot ondernemingsraden bij de overheid.
Het gaat in hoofdzaak om:

- een verduidelijking dat politieke ambtsdragers geen bestuurder zijn in de zin van deze wet;
- een verduidelijking dat bij toepassing van het politiek primaat in elk geval de personele gevolgen van de besluiten van (democratisch gecontroleerde) overheidsorganen onder de bevoegdheid van de ondernemingsraad vallen;
- een verduidelijking dat bij toepassing van het rechterlijk primaat in elk geval de personele gevolgen van de besluiten van gerechten onder de bevoegdheid van de ondernemingsraad vallen;
- enkele procedurele bepalingen betreffende de competentie van de rechterlijke macht over de toepassing van de Wet op de ondernemingsraden bij de gerechten;
- de bepaling dat enkele bevoegdheden van de Sociaal-Economische Raad worden uitgeoefend door de minister van Binnenlandse Zaken;
- enkele procedurele bepalingen betreffende het overleg tussen de minister van Binnenlandse Zaken, de (verenigingen van) overheidswerkgevers en de centrales van overheidspersoneel.

Artikel 46d Bijzondere bepalingen voor ondernemingsraden bij de overheid

WETTEKST

Ten aanzien van een onderneming, waarin uitsluitend of nagenoeg uitsluitend krachtens publiekrechtelijke aanstelling arbeid wordt verricht en ten aanzien van een onderneming die overheidswerkgever is in de zin van de Ambtenarenwet 2017, gelden de volgende bijzondere bepalingen:

a) **Voor de toepassing van deze wet wordt als bestuurder in de zin van deze wet niet aangemerkt:**
   1. **bij een ministerie: de minister of een staatssecretaris;**
   2. **bij een provincie: de commissaris van de Koning, een lid van gedeputeerde staten of een lid van provinciale staten;**
   3. **bij een gemeente: de burgemeester, een lid van het college van burgemeester en wethouders of een lid van de gemeenteraad;**
   4. **bij een waterschap: de voorzitter, een lid van het dagelijks bestuur van een waterschap of een lid van het algemeen bestuur;**
   5. **bij de Kamers der Staten-Generaal: de voorzitter van de Kamer of een lid;**
   6. **bij de Raad van State: de vice-president of een lid;**
   7. **bij de Algemene Rekenkamer: de president of een lid van de Algemene Rekenkamer;**
   8. **bij de Nationale ombudsman: de Nationale ombudsman of een substituut-ombudsman.**

b) **Voor de toepassing van artikel 23, tweede lid, zijn onder de aangelegenheden de onderneming betreffende tevens niet begrepen de publiekrechtelijke vaststelling van taken van publiekrechtelijke lichamen en onderdelen daarvan, noch het beleid ten aanzien van en de uitvoering van die taken, behoudens voor zover het betreft de gevolgen daarvan voor de werkzaamheden van de in de onderneming werkzame personen.**

c) **Voor de toepassing van onderdeel b bij de rechtbanken, de gerechtshoven, de Centrale Raad van Beroep en het College van Beroep voor het bedrijfsleven, zijn onder de aangelegenheden de onderneming betreffende tevens niet begrepen het beleid ten aanzien van en de uitvoering van de rechterlijke taken als bedoeld in artikel 23, tweede en derde lid, van de Wet op de rechterlijke organisatie, behoudens voorzover het de gevolgen daarvan betreft voor de werkzaamheden van de in de onderneming werkzame personen.**

d) De in de artikelen 5, 8, tweede en derde lid, 37, 38, 39 en 41, tweede lid, van deze wet aan de Raad toegekende bevoegdheden worden uitgeoefend door de Minister van Binnenlandse Zaken.

e) Voor de toepassing van artikel 38, eerste lid, kunnen behalve een representatieve organisatie of organisaties van ondernemers ook een of meerdere ministers aangewezen worden.

f) De verordenende bevoegdheid van de Raad met uitzondering van de bevoegdheid genoemd in artikel 46a, strekt zich niet uit tot ondernemingen waarin uitsluitend of nagenoeg uitsluitend krachtens publiekrechtelijke aanstelling arbeid wordt verricht.

g) Indien op grond van het bepaalde in onderdeel d de Minister van Binnenlandse Zaken een bedrijfscommissie heeft ingesteld, dient deze onverminderd het bepaalde in artikel 40, eerste lid, aan de Minister van Binnenlandse Zaken verslag uit te brengen. De Minister van Binnenlandse Zaken doet dit verslag toekomen aan de betrokken werkgevers of verenigingen van werkgevers en de centrales van overheidspersoneel, verenigd in de Raad voor het Overheidspersoneelsbeleid.

h) Voor het behandelen en beslissen op verzoeken als bedoeld in artikelen 27 en 36, ter zake van een rechtbank, is bevoegd de kantonrechter werkzaam bij de volgende rechtbank:

1. **terzake van de rechtbank Amsterdam: de rechtbank Noord-Holland;**
2. **terzake van de rechtbank Den Haag: de rechtbank Rotterdam;**
3. **ter zake van de rechtbank Gelderland: de rechtbank Overijssel;**
4. **terzake van de rechtbank Limburg: de rechtbank Oost-Brabant;**
5. **terzake van de rechtbank Midden-Nederland: de rechtbank Noord-Nederland**
6. **terzake van de rechtbank Noord-Holland: de rechtbank Amsterdam;**
7. **ter zake van de rechtbank Noord-Nederland: de rechtbank Midden-Nederland;**
8. **terzake van de rechtbank Oost-Brabant: de rechtbank Zeeland-West-Brabant;**
9. **ter zake van de rechtbank Overijssel: de rechtbank Gelderland;**
10. **terzake van de rechtbank Rotterdam: de rechtbank Den Haag;**
11. **terzake van de rechtbank Zeeland-West-Brabant: de rechtbank Limburg.**

i) Een beroep als bedoeld in artikel 26, eerste lid, ter zake van het gerechtshof Amsterdam, wordt ingesteld bij het gerechtshof Den Haag.

TOELICHTING

Artikel 46d : aanhef

Met de inwerkingtreding van de Wet normalisering rechtspositie ambtenaren is het bereik van artikel 46d uitgebreid tot ondernemingen die overheidswerkgever zijn in de zin van de Ambtenarenwet 2017.

Artikel 46d : onderdeel a : Bestuurder

In deze bepaling is verduidelijkt dat politieke ambtsdragers niet kunnen optreden als bestuurder in de zin van deze wet. Dit betekent dat zij geen verplichting hebben om het overleg met de ondernemingsraad te voeren en dat de ondernemingsraad geen adviesbevoegdheid heeft met betrekking tot de benoeming of het ontslag van deze personen. Uitdrukkelijk zijn genoemd: minister, staatssecretaris, burgemeester, leden van het college van burgemeester en wethouders, leden van de gemeenteraad, commissaris van de koningin, leden van gedeputeerde staten, leden van provinciale staten, de voorzitter en de leden van het dagelijks bestuur en van het algemeen bestuur van een waterschap, de voorzitters en de leden van de Eerste en Tweede Kamer, de Nationale ombudsman en de substituut-ombudsmannen, de vicepresident en leden van de Raad van State, de president en de leden van de Algemene Rekenkamer. De rechterlijke ambtenaren werkzaam bij de Hoge Raad kunnen eveneens niet als bestuurder optreden omdat zij in artikel 53b zijn uitgesloten van de toepassing van de wet.
Uiteraard behouden al deze personen hun (politieke) verantwoordelijkheden ten aanzien van de overheidsorganisatie waar zij het hoogste bevoegd gezag uitoefenen. In die kwaliteit kunnen zij bijvoorbeeld aanwijzingen geven aan de bestuurder (meestal de hoogste, leidinggevende ambtenaar) met betrekking tot het overleg met de ondernemingsraad.

Artikel 46d : onderdeel b : Politiek primaat

Het vloeit uit het systeem van het Nederlandse staatsrecht voort dat de vaststelling (door gekozen organen) en de uitvoering van publiekrechtelijke taken door overheidsorganen die democratisch gecontroleerd worden (ministers, gemeentebesturen enz.) of die onafhankelijk optreden (zoals de Raad van State en de rechterlijke macht) niet formeel onderworpen kan zijn aan de invloed van ambtelijke medezeggenschapsorganen. De bepaling in dit artikelonderdeel beoogt enerzijds dit beginsel – dat wel het 'politiek primaat' wordt genoemd – te accentueren, maar anderzijds vooral duidelijk te maken dat desondanks de rol van de ondernemingsraad bij de overheid bepaald niet zonder betekenis is. Er wordt immers uitdrukkelijk geregeld dat de beoordeling van de *gevolgen* van de vaststelling en uitvoering van publiekrechtelijke taken voor *de werkzaamheden van de in de onderneming werkzame personen* wel degelijk valt onder de bevoegdheden van de betrokken ondernemingsraad. Besluiten van een minister over de interne organisatie van zijn departement dienen in beginsel dan ook ter advisering te worden voorgelegd aan de betrokken ondernemingsraden.

Uiteraard kan het moeilijk zijn een duidelijke scheiding aan te brengen in de besluitvorming over de vaststelling en uitvoering van publiekrechtelijke taken en de besluitvorming over de daaruit voortvloeiende personele gevolgen. Waar dit het geval is, eist een zorgvuldige besluitvorming door het overheidsorgaan dat het tijdig een ruime plaats geeft aan de betrokkenheid van de ondernemingsraad. Zo dient de betrokken

ondernemingsraad om advies te worden gevraagd vóórdat het college van gedeputeerde staten c.q. het college van burgemeester en wethouders het voorgenomen besluit ter vaststelling voorlegt aan provinciale staten c.q. de gemeenteraad. De wet verbiedt overigens niet dat de betrokken ondernemingsraad over het te nemen publiekrechtelijke besluit wordt gehoord, ook al bestaat daartoe geen verplichting. Daarbij kunnen mogelijke personele gevolgen aan de orde komen. Voorts is het verstandig dat het overheidsorgaan de ondernemingsraad tijdig betrekt in de besluitvorming in verband met het feit dat de beslissing over de personele gevolgen te zijner tijd op verzoek van de ondernemingsraad getoetst kan worden door de onafhankelijke rechter (Ondernemingskamer). Een onzorgvuldig genomen besluit (waarbij de betrokken belangen onvoldoende zijn afgewogen) kan dan door de rechterlijke uitspraak mogelijk het overheidsorgaan noodzaken tot heroverweging. Het primaat van de politiek blijft daarbij overeind, maar de invloed van de betrokken ondernemingsraad heeft zich dan duidelijk gemanifesteerd.
Overigens kan het gebeuren dat een ondernemer advies vraagt aan de ondernemingsraad omdat hij ervan uitgaat dat het besluit niet onder het politiek primaat valt. Het is dan uiteindelijk aan de rechter om te beoordelen of het politiek primaat van toepassing is. De recente rechtspraak wijst uit dat het politiek primaat al snel de doorslag geeft, en dus nauwe grenzen stelt aan de medezeggenschap.

Artikel 46d : onderdeel c : Rechterlijk primaat

Naast de regeling met betrekking tot het *'politiek primaat'* geldt voor ondernemingsraden van rechtbanken, gerechtshoven, de Centrale Raad van Beroep en het College van Beroep voor het bedrijfsleven de beperkende bepaling van het *'rechterlijk primaat'*. Om de onafhankelijkheid van de rechterlijke macht en de rechtspraak te waarborgen is namelijk bepaald dat onder 'de aangelegenheden de onderneming betreffende' *(zie artikel 23, tweede lid)* tevens niet begrepen is het beleid ten aanzien van en de uitvoering van de rechterlijke taken als bedoeld in artikel 23 van de Wet op de rechterlijke organisatie. Dit artikel begrenst de taakuitvoering van het bestuur van de gerechten ten opzichte van de onafhankelijke positie van de rechter met betrekking tot de inhoud van de rechtspraak. Deze beperking van de bevoegdheden van de gerechtelijke ondernemingsraden geldt echter niet voor de gevolgen van de desbetreffende bestuursbesluiten voor de werkzaamheden van het personeel. Daarover behouden de ondernemingsraden dus hun volledige bevoegdheden.

Artikel 46d : onderdeel d : Minister BiZa bevoegd i.p.v. SER

Omdat de overheid als werkgever niet in de Sociaal-Economische Raad (SER) is vertegenwoordigd, worden de bevoegdheden die de SER in de Wet op de ondernemingsraden zijn toegekend, voor de overheidssector uitgeoefend door de minister van Binnenlandse Zaken. Het gaat hierbij om het verlenen van ontheffing van de verplichting om een ondernemingsraad in te stellen *(artikel 5)*, het bij verordening stellen van nadere regels betreffende het reglement van de ondernemingsraad *(artikel 8, tweede lid)*, en de instelling, samenstelling en werkwijze van bedrijfscommissies *(artikelen 37, 38, 39 en 41, tweede lid).*

Artikel 46d : onderdeel e : Samenstelling bedrijfscommissie overheid

In aanvulling op het bepaalde in artikel 38 (benoeming van de leden van de bedrijfscommissie) kunnen werkgeversleden van de bedrijfscommissie voor de overheid, behalve door representatieve organisaties van ondernemers, ook benoemd worden door ministers die daartoe zijn aangewezen door de minister van Binnenlandse Zaken. In zijn Regeling samenstelling en werkwijze bedrijfscommissie voor de overheid heeft de minister van Binnenlandse Zaken de benoeming van de werkgeversleden van de bedrijfscommissie opgedragen aan het Verbond Sectorwerkgevers Overheid.

Artikel 46d : onderdeel f : SER-verordening geldt niet voor overheid

Verordeningen van de Sociaal-Economische Raad gelden niet voor de overheidssector. Indien nodig wordt de regelgevende bevoegdheid voor de overheidssector uitgeoefend door de minister van Binnenlandse Zaken *(zie artikel 46d, onderdeel d).*

Artikel 46d : onderdeel g : Jaarverslag bedrijfscommissie overheid

De bedrijfscommissie voor de overheid dient jaarlijks verslag uit te brengen van haar werkzaamheden aan zowel de minister van Binnenlandse Zaken als de minister van Sociale Zaken en Werkgelegenheid. Voorts zendt de bedrijfscommissie voor de overheid haar jaarverslag aan de WOR-kamer van de Raad voor het Overheidspersoneelsbeleid.

Artikel 46d : onderdelen h en i : Competentie rechter m.b.t. de gerechten

Om belangenconflicten te voorkomen en om de mogelijke schijn van partijdigheid uit te sluiten is een competentieregeling getroffen voor de situatie dat een kantonrechter zou moeten oordelen over een geschil dat betrekking heeft op de rechtbank waar hij werkzaam is. De algemene regel is dat bij geschillen met betrekking tot een rechtbank *(artikelen 27 en 36)*, de kantonrechter die werkzaam is bij de rechtbank die binnen hetzelfde ressort als eerste wordt genoemd in de Wet op de rechterlijke indeling, de bevoegde kantonrechter is. Als het geschil speelt bij de rechtbank die als eerste wordt genoemd, is de kantonrechter bevoegd die werkzaam is bij de rechtbank die als tweede wordt genoemd. Om dezelfde reden dient een geschil over de toepassing van het adviesrecht van de ondernemingsraad binnen het Gerechtshof Amsterdam *(artikelen 25 en 26)*, te worden behandeld bij het Gerechtshof Den Haag.

RECHTSPRAAK

Hoge Raad 26 januari 2000, ROR 2000, nr. 12
Besluiten genomen door democratisch gekozen organen zijn uitgesloten van de medezeggenschap, met uitzondering van de personele gevolgen van het besluit. Wel staat het de ondernemer vrij de ondernemingsraad vroegtijdig te betrekken in de besluitvorming.

Hoge Raad 1 maart 2002, «JAR» 2002/16
Beperking medezeggenschapsrechten OR geldt niet alleen bij besluiten van democratische gekozen organen, maar ook bij besluiten van democratisch gecontroleerde organen.

Hoge Raad 20 mei 2005, ROR 2005, nr. 15
Het besluit heeft betrekking op de publiekrechtelijke vaststelling van taken. Het besluit heeft voorts slechts inherente personele gevolgen; de besluitvorming over die gevolgen zal pas in een later stadium volgen. De ondernemingsraad heeft geen adviesrecht.

Hoge Raad 9 februari 2007, ROR 2007, nr. 17
Het besluit tot verzelfstandiging van een staatsinrichting valt onder het politiek primaat. De ondernemingsraad heeft geen adviesrecht.

Hoge Raad 8 november 2013, ECLI:NL:HR:2013:1139
Het besluit (investering in een zwembad) heeft rechtstreeks betrekking op het inrichten en vaststellen van de begroting van het stadsdeel en vergt daarom een politieke afweging. Primaat van de politiek, geen adviesrecht ondernemingsraad.

Hoge Raad 22 maart 2019, ECLI:NL:HR:2019:397
Indien het primaat van de politiek van toepassing is, leidt toekenning van een bovenwettelijk adviesrecht in de zin van artikel 32 WOR niet ook tot een recht van beroep.

Hoge Raad 19 juli 2019, ECLI:NL:HR:2019:1235
Geen adviesrecht over huisvesting vanwege primaat van de politiek.

Ondernemingskamer 3 juli 2003, «JAR» 2003/208
Het is denkbaar dat onderdelen van een besluit dat onder het politiek primaat valt, zodanig met de personele gevolgen die daaruit voortvloeien verknoopt zijn, dat een oordeel over die gevolgen niet goed doenlijk is zonder die onderdelen van dat besluit mede bij die oordeelsvorming te betrekken. De ondernemingsraad dient echter aan te voeren om welke onderdelen het gaat en in welke opzicht deze situatie aanwezig is.

Ondernemingskamer 25 november 2005, ROR 2006, nr. 9
De personele gevolgen liggen besloten in het besluit zelf. Nu geen advies is gevraagd is het besluit kennelijk onredelijk. Het politiek primaat is niet van toepassing.

Ondernemingskamer 23 oktober 2012, ECLI:NL:GHAMS:2012:BY5628
Primaat van de politiek niet van toepassing. Besluit echter niet kennelijk onredelijk.

Ondernemingskamer 19 november 2015, ECLI:NL:GHAMS:2015:4890
Weliswaar advies gevraagd door ondernemer, maar adviesrecht vanwege politiek primaat niet van toepassing.

Ondernemingskamer 23 november 2016, ECLI:NL:GHAMS:2016:4824
Besluit zelf valt onder het primaat van de politiek. De vervolgbesluiten over de uitvoering (reorganisatie, personele gevolgen) zijn niet kennelijk onredelijk.

Ondernemingskamer 20 oktober 2017, ECLI:NL:GHAMS:2017:4257
De gemeente heeft de ondernemingsraad adviesrecht toegekend. Indien echter een bovenwettelijk adviesrecht betrekking heeft op een besluit dat valt onder het primaat van de politiek, kan de ondernemingsraad geen beroep instellen tegen het besluit. De regel van artikel 32 lid 4 WOR is niet van toepassing omdat dat strijdig is met de bedoeling die de wetgever heeft gehad bij de uitsluiting van het medezeggenschapsrecht op grond van artikel 46d aanhef en sub b WOR. Het staat publiekrechtelijke lichamen vrij om vroegtijdig ondernemingsraden te betrekken in het proces van raadpleging en zij kunnen ook extra adviesbevoegdheden aan ondernemingsraden toekennen, maar de ondernemingsraad kan vervolgens geen beroep instellen bij de Ondernemingskamer.

Ondernemingskamer 25 april 2018, ECLI:NL:GHAMS:2018:1586
De uitvoering van het vreemdelingenbeleid is zodanig verweven met de politieke besluitvorming over het beleid zelf dat het bestreden besluit valt onder het primaat van de politiek. De verzoeken van de ondernemingsraad worden afgewezen.

Ondernemingskamer 8 oktober 2018, ECLI:NL:GHAMS:2018:4104
Geen adviesrecht over huisvestingsbesluit. Primaat van de politiek. De Hoge Raad verwierp het cassatieberoep van de GOR Rijk zonder inhoudelijke behandeling (HR 17 juli 2020, ECLI:NL:HR:2020:1283).

Ondernemingskamer25 februari 2021, ECLI:NL:GHAMS:2021:787
Wijziging topstructuur gemeente. Geen adviesrecht vanwege politiek primaat. Met betrekking tot de personele gevolgen zijn de bezwaren van de ondernemingsraad onvoldoende concreet. Verzoeken ondernemingsraad afgewezen.

Kantonrechter Utrecht 4 maart 2011, ECLI:NL:RBUTR:2011:BR5829
Ondernemingsraad vordert nakoming adviesrecht in verband met de inschakeling van een extern deskundige (artikel 25 lid 1 onder n WOR). Vordering afgewezen vanwege politiek primaat.

Artikel 46e Overleg met de ROP

WETTEKST

1. **De in artikel 46d aan de Minister van Binnenlandse Zaken toegekende bevoegdheden worden uitgeoefend na overleg met de betrokken werkgevers of verenigingen van werkgevers en de centrales van overheidspersoneel, verenigd in de Raad voor het Overheidspersoneelsbeleid.**
2. **In het in het eerste lid bedoelde overleg hebben de centrales van overheidspersoneel evenveel stemmen als de betrokken werkgevers of verenigingen van werkgevers.**
3. **Voor een besluit als bedoeld in de artikelen 8, tweede en derde lid, en 39 van deze wet behoeft Onze Minister van Binnenlandse Zaken de instemming van tweederde van de deelnemers aan het in het eerste lid bedoelde overleg. Voor een besluit als bedoeld in de artikelen 5, 37, 38 en 41, tweede lid, van deze wet behoeft Onze Minister van Binnenlandse Zaken de instemming van de meerderheid van de deelnemers aan het in het eerste lid bedoelde overleg.**

TOELICHTING

Artikel 46e : Overleg met werkgeversorganisaties en centrales van overheidspersoneel

Dit artikel geeft procedureregels voor het overleg tussen de minister van Binnenlandse Zaken enerzijds en de betrokken (verenigingen van) werkgevers en de centrales van overheidspersoneel anderzijds, voorafgaande aan de uitoefening van de in artikel 46d aan de minister toegekende bevoegdheden. In dat overleg zijn werkgevers en vakorganisaties paritair vertegenwoordigd. Voor de vaststelling van algemeen verbindende voorschriften (zoals de inhoud van het reglement van de ondernemingsraad; de samenstelling en de werkwijze van de bedrijfscommissie) is de instemming van twee derde van de deelnemers aan het overleg vereist. Beslissingen in concrete, individuele gevallen (zoals ontheffing van de verplichting om een ondernemingsraad in te stellen) dienen de instemming te hebben van de meerderheid van de deelnemers aan het overleg.

8 Overgangs- en slotbepalingen

De belangrijkste inhoudelijke bepalingen in het laatste hoofdstuk van de wet gaan over het door de ondernemer vast te stellen voorlopige reglement voor een nog op te richten ondernemingsraad *(artikel 48)*, en over de verplichting voor ondernemer en ondernemingsraad om de Nederlandse Arbeidsinspectie inlichtingen te verschaffen *(artikel 49)*. Voorts zijn er enkele bepalingen opgenomen *(artikelen 53 tot en met 53c)* waarin bepaalde overheidssectoren (delen van de onderwijssector; ministerie van Defensie) en bepaalde overheidsorganen (rechterlijke ambtenaren van de Hoge Raad; leden van de Raad van State en de Algemene Rekenkamer; de Nationale ombudsman) uitgezonderd worden van de toepassing van de wet.
Zie artikel 54 voor een overzicht van wetswijzigingen door de jaren heen.

Artikel 47 Regels ter uitvoering van de wet

WETTEKST

Bij of krachtens algemene maatregel van bestuur kunnen nadere regelen worden gesteld ter bevordering van een goede uitvoering van deze wet.

TOELICHTING

Artikel 47 : AMvB ter uitvoering van de wet

Bij of krachtens algemene maatregel van bestuur kunnen nadere voorschriften worden gegeven ter bevordering van een goede uitvoering van de wet. Tot nu toe zijn zulke voorschriften niet gegeven.

Artikel 48 Voorlopig OR-reglement

WETTEKST

1. **De ondernemer op wie de verplichting tot het instellen van een ondernemingsraad rust, treft bij voorlopig reglement, voor zover nodig, de voorzieningen die tot de bevoegdheid van de ondernemingsraad behoren, totdat de ondernemingsraad zelf die bevoegdheid uitoefent. De vereniging of verenigingen van werknemers, bedoeld in artikel 9, tweede lid, onder a, worden over het voorlopige reglement gehoord.**
2. **Ten aanzien van het voorlopige reglement is artikel 8, eerste lid, eerste en tweede volzin en tweede lid, van overeenkomstige toepassing. Het voorlopige reglement vervalt op het tijdstip waarop de ondernemingsraad het in artikel 8 bedoelde reglement heeft vastgesteld.**
3. **De voorgaande leden zijn van overeenkomstige toepassing ten aanzien van de ondernemer of de ondernemers die een centrale ondernemingsraad of een groepsondernemingsraad hebben ingesteld.**

TOELICHTING

Artikel 48 : Voorlopig OR-reglement

De ondernemer die verplicht is een ondernemingsraad in te stellen maar er nog geen heeft, moet eerst een voorlopig reglement voor de ondernemingsraad opstellen. In de marktsector verdient het sterke aanbeveling daarbij het voorbeeldreglement van de Sociaal-Economische Raad te volgen. Het voorlopige reglement moet in ieder geval een regeling bevatten voor de inrichting van de verkiezingen, de vaststelling van de uitslag daarvan, en de voorlopige werkwijze van de ondernemingsraad *(zie ook de toelichting bij artikel 8)*. De Sociaal-Economische Raad heeft de bevoegdheid om bij verordening nadere regels te stellen voor de inhoud van het voorlopige reglement. Deze bevoegdheid wordt voor ondernemingsraden in de overheidssector uitgeoefend door de minister van Binnenlandse Zaken.
Over het voorlopige reglement moet(en) de vakorganisatie(s) die het recht van kandidaatstelling in de betrokken onderneming heeft (hebben) worden gehoord. De strekking van deze bepaling is, dat de ondernemer rekening kan houden met de eventuele opmerkingen van deze organisatie(s) en deze desgewenst in het voorlopige reglement kan verwerken.

Het voorlopige reglement maakt het mogelijk de eerste verkiezingen voor een ondernemingsraad te organiseren. Het wordt vervangen door het definitieve reglement dat door de ondernemingsraad zelf wordt opgesteld. De ondernemingsraad kan daarbij afwijken van de regelingen in het voorlopige reglement, uiteraard binnen de grenzen van de wet. Zolang de ondernemingsraad geen definitief reglement heeft gemaakt, blijft het voorlopige reglement dat de ondernemer heeft opgesteld, van kracht.
Het voorlopig reglement mag, net als het definitieve reglement, niet strijdig zijn met de WOR, bijvoorbeeld op het punt van kiestermijnen.
Ten behoeve van de instelling van een centrale ondernemingsraad en een groepsondernemingsraad maakt de ondernemer ook eerst een voorlopig reglement, waarbij het voorgaande van overeenkomstige toepassing is.

RECHTSPRAAK

Rechtbank Noord Holland (voorzieningenrechter) 28 oktober 2021, ECLI:NL:RBNHO:2021:9545
Het voorlopig reglement mag niet in strijd zijn met de wet. Te lange kiestermijnen voor uitzendkrachten.

Artikel 49 Informatie aan Nederlandse Arbeidsinspectie

WETTEKST

1. **De ondernemer op wie de verplichting tot het instellen van een of meer ondernemingsraden rust, alsmede de betrokken ondernemingsraden, verstrekken desgevraagd aan een daartoe door Onze Minister aangewezen onder hem ressorterende ambtenaar inlichtingen omtrent het instellen en het functioneren van deze ondernemingsraden.**
2. **Het eerste lid is van overeenkomstige toepassing ten aanzien van de ondernemer of de ondernemers die een centrale ondernemingsraad of een groepsondernemingsraad hebben ingesteld, alsmede ten aanzien van die raden.**

TOELICHTING

Artikel 49 : Informatierecht Nederlandse Arbeidsinspectie

Een door de minister van Sociale Zaken en Werkgelegenheid aangewezen onder hem ressorterende ambtenaar (na diverse naamswijzigingen sinds 1 januari 2022 de Nederlandse Arbeidsinspectie) kan aan een ondernemer die verplicht is om een of meer ondernemingsraden in te stellen inlichtingen vragen omtrent het instellen van deze ondernemingsra(a)d(en). Tevens kan hij zowel aan de ondernemer als aan de betrokken ondernemingsraad inlichtingen vragen omtrent de wijze van functioneren van de ondernemingsraad. De ondernemer en de ondernemingsraad zijn verplicht om de gevraagde inlichtingen te geven. Hetzelfde geldt ten aanzien van de door een ondernemer of door in een groep verbonden ondernemers ingestelde centrale ondernemingsraad en groepsondernemingsraad. In de praktijk vinden contacten met de Nederlandse Arbeidsinspectie niet plaats langs de weg van artikel 49, maar op grond van de Arbeidsomstandighedenwetgeving *(zie Bijlage 2A).*

Artikel 50 Overgangsregeling

WETTEKST

Voor de jaren 2006 en 2007 wordt in artikel 25, eerste lid, onderdeel m voor 'artikel 40, aanhef en eerste lid, onderdeel b' gelezen: artikel 122d, tweede lid.

TOELICHTING

Artikel 50 : Overgangsregeling

Dit artikel bevat een overgangsregeling van wetstechnische aard met betrekking tot de toepassing van artikel 25, eerste lid onderdeel m (eigen risico dragen van de WIA). Deze regeling heeft inmiddels haar betekenis verloren.

Artikel 51 Bedrijfscommissies

WETTEKST

De bedrijfscommissies, door de Raad ingesteld krachtens de Wet op de Ondernemingsraden (Stb. 1950, K 174), worden geacht door de Raad te zijn ingesteld krachtens deze wet.

TOELICHTING

Artikel 51 : Bedrijfscommissies

De bedrijfscommissies die op grond van de Wet op de ondernemingsraden van 1950 zijn ingesteld blijven gehandhaafd, tenzij de Raad (de SER, zie *artikel 1 lid 1 onder b*) anders besluit. Eerder is al gemeld dat het aantal bedrijfscommissies sinds 1950 aanzienlijk is verminderd, tot inmiddels drie. Zie daarover *Hoofdstuk 7.*

Artikel 52 Vervallen

Dit artikel is per 1 januari 2002 vervallen.

Artikel 53 Bijzondere regels voor hoger onderwijs

WETTEKST

1. **Deze wet is niet van toepassing op de in de Wet op het hoger onderwijs en wetenschappelijk onderzoek bedoelde openbare academische ziekenhuizen, Koninklijke Nederlandse Akademie van Wetenschappen en Koninklijke Bibliotheek noch op de Nederlandse organisatie voor wetenschappelijk onderzoek. De wet stelt regels omtrent het besluit van het bestuur van een bekostigde instelling voor hoger onderwijs als bedoeld in artikel 1.2, onderdeel a, van de Wet op het hoger onderwijs en wetenschappelijk onderzoek of deze wet met uitzondering van hoofdstuk VIIB al dan niet van toepassing is op die instelling.**
2. **Bij algemene maatregel van bestuur kan op voordracht van de Minister van Onderwijs, Cultuur en Wetenschap worden bepaald dat de in de eerste volzin van het eerste lid opgenomen uitzondering niet geldt voor één of meer van bedoelde instellingen. Daarbij kan tevens worden bepaald dat hoofdstuk VIIB van deze wet niet van toepassing is.**
3. **Hoofdstuk VIIB is niet van toepassing op openbare instellingen als bedoeld in de Wet educatie en beroepsonderwijs.**
4. **[Wijzigt de Wet op het hoger onderwijs en wetenschappelijk onderzoek en de Wet op de Nederlandse organisatie voor wetenschappelijk onderzoek.]**

TOELICHTING

Artikel 53 : Uitzondering voor onderwijssector

Belangrijke delen van de onderwijssector vallen niet onder de Wet op de ondernemingsraden. Op instellingen voor het basis-, (voortgezet) speciaal en voortgezet onderwijs is namelijk de Wet medezeggenschap op scholen van toepassing, die tevens voorziet in de medezeggenschap van ouders en leerlingen. Met ingang van 1 maart 2010 geldt de WOR echter wel voor de educatie en het beroepsonderwijs, waarbij de speciale bepalingen voor ondernemingsraden bij de overheid buiten toepassing zijn verklaard (zie het derde lid). Ook in deze sector is overigens de betrokkenheid van deelnemers en ouders bij wet nader geregeld.

Op grond van de eerste zin van lid 1 is de WOR niet van toepassing op de openbare academische ziekenhuizen, de KNAW, de KB en NWO. In de tweede zin is bepaald dat de wet regels moet bevatten over het al dan niet van toepassing zijn van de WOR op universiteiten, hogescholen en de Open Universiteit. Deze regels zijn te vinden in de Wet op het hoger onderwijs en wetenschappelijk onderzoek *(artikel 9.29 en verder).* Voor de universiteiten en de hogescholen geldt dat het bestuur de keuze kan maken tussen gedeelde en ongedeelde medezeggenschap. Bij gedeelde medezeggenschap is op het personeel de Wet op de ondernemingsraden van toepassing en dient er voor de studenten een studentenraad te worden ingesteld. Bij ongedeelde medezeggenschap zijn personeel en studenten vertegenwoordigd in één medezeggenschapsorgaan.

Artikel 53a Wet niet van toepassing op defensiesector

WETTEKST

Deze wet is niet van toepassing op het Ministerie van Defensie en de daaronder ressorterende diensten, bedrijven of instellingen.

TOELICHTING

Artikel 53a : Uitzondering voor defensiesector

Het militair- en burgerpersoneel van het ministerie van Defensie en de daaronder ressorterende diensten, bedrijven en instellingen is door deze bepaling uitgezonderd van de toepassing van de Wet op de ondernemingsraden. Er geldt voor deze sector sinds 27 augustus 1999 een specifieke medezeggenschapsregeling (Besluit medezeggenschap defensie; herzien in 2008, *Stb.* 2008, 321) die voorziet in de instelling van een gekozen medezeggenschapscommissie per diensteenheid met beperkte adviesbevoegdheden. Bij geschillen met het hoofd van de diensteenheid brengt een door de minister van Defensie ingesteld College voor geschillen advies uit. Uiteindelijk beslist de bevelhebber. De regeling geldt niet wanneer de krijgsmacht daadwerkelijk wordt ingezet.

Artikel 53b Wet niet van toepassing op Hoge Raad

WETTEKST

Deze wet is niet van toepassing op de rechterlijke ambtenaren werkzaam bij de Hoge Raad.

TOELICHTING

Artikel 53b : Uitzondering voor rechterlijke ambtenaren Hoge Raad

Sinds 1 januari 2002 is de Wet op de ondernemingsraden ook van toepassing op de rechterlijke ambtenaren die werkzaam zijn bij de kantonrechtspraak, de rechtbanken, de gerechtshoven, de administratieve gerechten en de beroepscolleges, uitgezonderd de Hoge Raad. Het gaat hier dus zowel om de rechtsprekende ambtenaren (zittende magistratuur) als de ambtenaren van het openbaar ministerie (staande magistratuur). Een en ander houdt in dat de sinds 1995 functionerende ondernemingsraden bij de verschillende rechtscolleges tevens de belangen van de rechterlijke ambtenaren behartigen en dat de rechterlijke ambtenaren actief en passief kiesrecht hebben voor de ondernemingsraad. Om de onafhankelijkheid van de rechterlijke macht en de rechtspraak te waarborgen is ten aanzien van het beleid en de uitvoering van de rechterlijke taken, de bevoegdheid van de ondernemingsraad beperkt (het rechterlijk primaat). *(Zie artikel 46d, onderdeel c.)*

Artikel 53c Wet niet van toepassing op bepaalde functies

WETTEKST

Deze wet is niet van toepassing op:
a) **de leden van de Raad van State;**
b) **de leden van de Algemene Rekenkamer;**
c) **de Nationale ombudsman en de substituut-ombudsmannen.**

TOELICHTING

Artikel 53c : Uitzondering voor leden Raad van State, Algemene Rekenkamer en Nationale ombudsman

De hier genoemde overheidsfunctionarissen zijn vanwege hun onafhankelijke staatsrechtelijke positie uitgezonderd van de toepassing van de Wet op de ondernemingsraden. Het ondersteunend juridisch en administratief personeel valt echter wél onder de wet, zodat bij deze instellingen een ondernemingsraad moet functioneren. Het ambtelijk hoofd van het ondersteunend personeel (algemeen secretaris) is de bestuurder in de zin van de wet.

Artikel 54 Wijzigingen van de wet

WETTEKST

1. **Deze wet kan worden aangehaald als Wet op de ondernemingsraden.**
2. **Zij treedt in werking op een door Ons te bepalen tijdstip.**

TOELICHTING

Artikel 54 : Wijzigingen van de wet

De Wet op de ondernemingsraden is in werking getreden op 1 april 1971. Met ingang van 4 oktober 1974 zijn de artikelen 46a-46c toegevoegd (heffingen ter bevordering van de scholing en vorming van ondernemingsraadsleden) en met ingang van 28 april 1976 de bepalingen omtrent groepsondernemingsraden.
Voorts is de wet met ingang van 1 september 1979 ingrijpend gewijzigd door de inwerkingtreding van de wet van 5 juli 1979, *Stb.* 448 (Herziening van de wet op de ondernemingsraden). Daarna zijn met ingang van 1 mei 1982 de bepalingen toegevoegd betreffende de medezeggenschap in kleine ondernemingen (wet van 22 mei 1981, *Stb.* 416).
Met ingang van 1 januari 1984 is artikel 31a gewijzigd door inwerkingtreding van de wet van 7 december 1983, *Stb.* 663.
Met ingang van 20 januari 1986 is artikel 35b gewijzigd (wet van 12 december 1985, *Stb.* 656), en met ingang van 1 juli 1986 artikel 28 (wet van 16 mei 1986, *Stb.* 300). Artikel 31a is opnieuw gewijzigd met ingang van 25 november 1988, Stb. 517, met ingang van 1 januari 1989 (wet van 16 juni 1988, *Stb.* 305) en met ingang van 1 maart 1990 (wet van 13 december 1989, *Stb.* 1, 1990).
Verder is de wet met ingang van 1 april 1990 ingrijpend gewijzigd door de inwerkingtreding van de wet van 1 februari 1990, *Stb.* 91 (Wijziging van de Wet op de ondernemingsraden en van de Arbeidsomstandighedenwet, strekkende tot opheffing van de samenloop van beide wetten en tot vereenvoudiging van de geschillenregelingen in de Wet op de ondernemingsraden). Met ingang van 1 januari 1994 is artikel 5 gewijzigd (wet van 4 juni 1992, *Stb.* 422, 1992); de artikelen 28 en 35a zijn gewijzigd met ingang van 1 juli 1994 (wet van 11 mei 1994, *Stb.* 423). Met ingang van 1 januari 1995 is artikel 46a gewijzigd (wet van 15 december 1994, *Stb.* 916). Met ingang van 5 mei 1995 is de wet van toepassing verklaard op de overheid (wet van 13 april 1995, *Stb.* 231). Artikel 40, lid 2 is gewijzigd per 10 juli 1995 (*Stb.* 355, 1995). Artikel 49 is gewijzigd per 23

november 1995 (*Stb.* 598, 1995). Artikel 46d, onderdeel a is gewijzigd per 5 mei 1996 (*Stb.* 263, 1996). Artikel 31a, lid 2 is gewijzigd per 30 januari 1997 (*Stb.* 53, 1997). Artikel 46a is gewijzigd per 1 maart 1997 (*Stb.* 95/96, 1997). Artikel 53 is gewijzigd per 19 maart 1997 (*Stb.* 117, 1997). Aan artikel 25, lid 1 is per 1 januari 1998 onderdeel n toegevoegd (*Stb.* 178, 1997). Artikel 46d, onderdelen f en g, artikel 46b en artikel 46c, lid 1 zijn gewijzigd per 1 januari 1998 (*Stb.* 510, 1997 en *Stb.* 85,1998). Artikel 28, lid 3 is gewijzigd per 1 januari 1998 (*Stb.* 241, 1998). Voorts is de wet ingrijpend gemoderniseerd en geactualiseerd door de inwerkingtreding van de Wet tot wijziging van de Wet op de ondernemingsraden en titel 7.10 (arbeidsovereenkomst) van het nieuw Burgerlijk Wetboek per 4 maart 1998 (*Stb.* 107, 1998). Daarna zijn de artikelen 25, lid 1 (onderdelen m en n) en 46a, lid 2 gewijzigd per 1 april 1998 (*Stb.* 205, 1998). Aan artikel 31a is lid 8 toegevoegd door wijziging van de Wet milieubeheer, ingaande 1 januari 1999 (*Stb.* 170, 1997). De artikelen 4, lid 1, 23a, lid 2, 28, lid 3 en 46d, onderdeel b zijn gewijzigd per 1 januari 1999 (*Stb.* 742, 1998). Per 1 januari 1999 (Wet flexibiliteit en zekerheid, *Stb.* 107, 1998) zijn de artikelen 1, lid 3 en 36, lid 3 gewijzigd en zijn de bepalingen over de ontslagbescherming (artikel 21, leden 2 t/m 6) overgebracht naar Boek 7, titel 10 van het Burgerlijk Wetboek. Met ingang van 1 november 1999 zijn de artikelen 27, lid 1, onder d en 35d, lid 2 gewijzigd (*Stb.* 184, 1999). Voorts zijn met ingang van 1 januari 2001 de artikelen 28, lid 1 en 36, lid 6 technisch aangepast (*Stb.* 595, 2000).

Bij gelijke datum zijn enkele wijzigingen aangebracht in de artikelen 46a, 46d en 46e betreffende de scholing en vorming van ondernemingsraden bij overheidswerkgevers (*Stb.* 490, 2000). Per 1 september 2001 is de Wet bescherming persoonsgegevens in werking getreden, waardoor artikel 27, lid 1, onder k is gewijzigd (*Stb.* 180, 2001). Door de invoering van de Wet organisatie en bestuur gerechten op 1 januari 2002 zijn de rechterlijke ambtenaren onder de werking van de Wet op de ondernemingsraden gebracht (wijziging artikel 53b) met enkele specifieke bepalingen dienaangaande in artikel 46d over het rechterlijk primaat en de competentie van de gerechten (*Stb.* 582, 2001). Ook is een technische wijziging aangebracht in artikel 21 (*Stb.* 584, 2001). De wetgeving met betrekking tot de herziening van de sociale zekerheid en de arbeidsvoorziening (Structuur uitvoering werk en inkomen; 1 januari 2002) heeft een toevoeging aangebracht in artikel 27, lid 1, onder d (re-integratiebeleid) en enkele technische wijzigingen in artikel 46a (*Stb.* 625, 2001). Artikel 52 is per 1 januari 2002 vervallen (*Stb.* 581, 2001). Bij wijziging van de Ziektewet (14 november 2002) is artikel 25, lid 1, onder m, per 1 maart 2003 aangevuld (*Stb.* 584, 2002). Artikel 46d onder c is per 1 juli 2004 in technische zin gewijzigd (Veegwet modernisering rechterlijke organisatie, *Stb.* 215, 2004). In verband met de wijziging van de structuurregeling (Burgerlijk Wetboek) is artikel 31a, tweede lid per 1 oktober 2004 aangepast (*Stb.* 370, 2004). Als gevolg van de EG-richtlijn met betrekking tot informatie en raadpleging van werknemers is per 22 december 2004 artikel 5 uitgebreid met de leden 5 tot en met 8 en artikel 20 met lid 7 (*Stb.* 652, 2004). Artikel 31a, lid 8 is per 30 juni 2005 aangepast in verband met een wijziging van de Wet milieubeheer (*Stb.* 317, 2005).

Per 1 januari 2006 is artikel 25, lid 1, onder m (*Stb.* 2005, 573) j° artikel 50 (*Stb.* 2005, 708) technisch gewijzigd, evenals artikel 46a (*Stb.* 2005, 37). Met ingang van 1 september 2006 (*Stb.* 286, 2006) zijn de artikelen 31d en 31e toegevoegd (informatie over beloningsverhoudingen).

Per 1 januari 2007 is artikel 36 lid 6 tekstueel aangepast aan de nieuwe Arbeidsomstandighedenwet. Per 1 april 2007 zijn de artikelen 27 lid 1, onder b, artikel 35c lid 3 en 4 en artikel 35d lid 2 tekstueel aangepast aan de nieuwe Arbeidstijdenwet (*Stb.* 2006, 232).

Per 1 juli 2009 is artikel 31a lid 8 (milieuverslag) geschrapt (*Stb.* 2009, 109). Per 1 augustus 2009 is artikel 53 lid 2 tekstueel gewijzigd (*Stb.* 2009, 318).

Per 1 maart 2010 is het derde lid van artikel 53 ingevoerd (*Stb.* 2010, 8 en 34). Per 1 september 2010 zijn het eerste en tweede lid van artikel 53 gewijzigd als gevolg van wijzigingen in de Wet op het hoger onderzoek en wetenschappelijk onderzoek (*Stb.* 2010, 199 en 168). Eveneens per 1 september 2010 is artikel 46d, onderdeel a, onder 6 tekstueel gewijzigd (*Stb.* 2010, 175 en 236).

Per 27 april 2012 is aan artikel 31b een nieuw derde lid toegevoegd inzake een informatierecht over uitzendkrachten (*Stb.* 2012, 173 en 174).

Per 1 oktober 2012 is artikel 31a lid 2 tekstueel gewijzigd.

Per 1 januari 2013 zijn de artikelen 26, 36 en 46d tekstueel gewijzigd (wijzingen in de rechterlijke organisatie), *Stb.* 2012, 313 en 314. Per 1 april 2013 vond een aanvullende wijziging plaats in artikel 46d (*Stb.* 2012, 666 en 667).

Per 1 juli 2013 is artikel 22, vierde lid, tekstueel gewijzigd (*Stb.* 2013, 231 en 236).

Per 19 juli 2013 is de wijziging van de scholingsregeling in de WOR in werking getreden (met als gevolg wijzigingen in artikelen 18, 22, 35c en 46a en het vervallen van de artikelen 46b en 46c). Voorts is de verplichte bemiddeling door de bedrijfscommissie geschrapt (artikel 36) evenals enkele administratieve taken van de bedrijfscommissies (artikelen 5, 8 en 48). Aan artikel 31 is een bepaling toegevoegd die aan ondernemingsraden in internationale concerns recht op informatie toekent over de structuur en de zeggenschapsverhoudingen in het concern. Ten slotte is in artikel 9 het handtekeningenvereiste voor het indienen van een vrije lijst geschrapt (*Stb.* 2013, 296 en 297).

Per 7 augustus 2013 is aan artikel 27 een nieuwe zevende lid toegevoegd (instemmingsrecht bij pensioenovereenkomsten, *Stb.* 2013, 302 en 330).

Per 1 januari 2015 is als gevolg van de opheffing van de bedrijfschappen de tekst van artikel 1 in technische zin aangepast en is artikel 43 vervallen (*Stb.* 2014, 571). Eveneens per 1 januari 2015 is een tekstuele wijziging aangebracht in artikel 22 lid 4, en is artikel 25 lid 1 onder m (adviesrecht over eigen risico dragen bij arbeidsongeschiktheid of ziekte) gewijzigd (*Stb.* 2014, 504).

Per 1 november 2015 zijn de artikelen 31a en 35b in technische zin gewijzigd als gevolg van veranderingen in de wetgeving over jaarrekeningen (*Stb.* 2015, 349).

Per 1 juli 2016 is artikel 27 lid 1 onder m toegevoegd (instemmingsrecht OR over klokkenluidersregeling; *Stb.* 2016, 148).

Per 1 oktober 2016 is het instemmingsrecht met betrekking tot pensioenen gewijzigd (artikelen 27 lid 1 onder a, 27 lid 3, 27 lid 7 en (nieuw) artikel 31f). Zie *Stb.* 2016, 249.

Per 1 september 2017 zijn de artikelen 26, 36 en 46d tekstueel gewijzigd vanwege wijzigingen in het procesrecht. Zie *Stb.* 2016, 290.
Per 1 januari 2019 is artikel 23 lid 2 aangevuld met de verplichting voor ondernemer en ondernemingsraad te overleggen over de beloningsverhoudingen, inclusief die aan de top, in de onderneming. Een nieuw lid 7 regelt de overeenkomstige toepassing van artikel 24, tweede en derde lid bij dit overleg. Artikel 31e werd bij deze wijziging in technische zin aangepast. Zie *Stb. 2018, 221.* Eveneens per 1 januari 2019 zijn in de artikelen 35b en 35c (kleine ondernemingen) de rechten van de personeelsvergadering respectievelijk de personeelsvertegenwoordiging uitgebreid met betrekking tot het onderwerp pensioenen. Dit bracht ook een technische wijziging in artikel 36a met zich mee. Zie *Stb. 2018, 476.*
Per 1 januari 2020 is de aanhef van artikel 46d aangepast in verband met de invoering van de Wet normalisatie rechtspositie ambtenaren. Zie *Stb.* 2019, 173.
Per 1 januari 2022 zijn de artikelen 1, 6 en 15 gewijzigd. Doelstelling is om de lat voor deelname aan medezeggenschapswerk voor flexwerkers te verlagen en niet-OR-leden te stimuleren deel te nemen aan vaste OR-commissies. Zie *Stb. 2021, 627.*

Bijlagen

De bijlagen hebben niet direct betrekking op de Wet op de ondernemingsraden, maar bevatten aanvullende informatie die relevant is voor allen die betrokken zijn bij de medezeggenschap.

Bijlage 0 behandelt meerdere langetermijnuitdagingen voor ondernemingsraden. Deze bijlage is in augustus 2020 geschreven naar aanleiding van de Covid-epidemie (en daarna bijgewerkt tot en met juli 2021) en in deze editie verder uitgebreid naar andere onderwerpen die voor de OR van belang zijn, zoals de oorlog in de Oekraïne en de krapte op de arbeidsmarkt.

Bijlage 1 behandelt nieuwe vormen van medezeggenschap. In tal van organisaties wordt geëxperimenteerd met variaties op de klassieke WOR-structuren.

Bijlage 2 geeft een overzicht van de rol die aan de ondernemingsraad is toegekend in andere wetten (zoals de Arbowet, de Arbeidstijdenwet, de structuurregeling en het enquêterecht).

Bijlage 3 geeft een overzicht van komende wetgeving en initiatieven die gevolgen kunnen hebben voor de WOR en de positie van de medezeggenschap.

De bijlagen 4 tot en met 8 geven informatie over het onderwerp financiële informatie en jaarrekening.
Om meer ruimte te creëren voor bijlagen over actuele ontwikkelingen (zoals Covid-19) en een veelgevraagde Engelstalige samenvatting van de WOR is besloten de bijlagen 4 tot en met 8 als *full text* uit het boek te verwijderen en te verplaatsen naar het vrij toegankelijke deel van de website van de Sdu: *inzicht.sdu.nl.* Via de aangegeven links zijn deze eenvoudig toegankelijk.

Uit deze verandering moet niet worden afgeleid dat de informatie uit deze bijlagen niet belangrijk is. De bijlagen geven ondernemingsraden handvatten hoe om te gaan met de door de ondernemer geleverde financiële informatie.
Veel ondernemingsraden worstelen in de praktijk met financiële cijfers en de jaarrekening. De desbetreffende informatie vereist vaak de inschakeling van financiële experts, intern dan wel extern.
Zie over het onderwerp financiële informatie verder in het bijzonder *artikel 31*.

Bijlage 9 behandelt de Corporate Governance Code en andere codes op het terrein van goed ondernemingsbestuur, en de relevantie daarvan voor de medezeggenschap.

Bijlage 10 geeft een korte samenvatting van de kernpunten van de WOR in de Engelse taal.

Bijlage 0 De ondernemingsraad en strategische onderwerpen

De vorige versie van deze bijlage was geheel gewijd aan Covid. In deze nieuwe versie gaan we breder in op meerdere langetermijnuitdagingen voor ondernemingsraden (en uiteraard bestuurders en commissarissen/toezichthouders). Daarbij valt te denken aan de oorlog in de Oekraïne, klimaat en stikstof, robotisering/digitalisering, de stikstofcrisis, energievraagstukken, krapte op de arbeidsmarkt enzovoort. Dit is geen uitputtende opsomming en verschillende organisaties zullen in verschillende mate worden geconfronteerd met genoemde onderwerpen. Het gaat in de kern om strategische medezeggenschap.
Doel van deze bijlage is om diverse onderwerpen die in de aantekeningen bij de WOR-artikelen al ter sprake zijn gekomen in een breder kader te plaatsen met als hoofdvraag: wat is de rol van de ondernemingsraad? Waar liggen mogelijkheden, wat zijn de grenzen? Insteek is de (middel)lange termijn. Per onderwerp wordt verwezen naar de behandeling bij de verschillende WOR-artikelen en de daarbij genoemde links.

Strategische medezeggenschap
De vraag is wat strategische medezeggenschap inhoudt. De medezeggenschap kan met gebruikmaking van de aan hem op grond van wet- en regelgeving toekomende rechten invloed uitoefenen op strategische vraagstukken van de onderneming. De medezeggenschap kan zich daarmee proactief en vroegtijdig in het proces bezighouden en zo mede richting geven aan de belangrijke en op de (middel)lange termijn gerichte beslissingen. Bij strategische medezeggenschap kijkt de medezeggenschap vooruit en denkt zij mee over waar de onderneming naartoe gaat, welke ontwikkelingen er op de onderneming afkomen en welke rol de medezeggenschap daarin kan spelen. Op gezette tijden wisselt de medezeggenschap met de bestuurder van gedachten over het onderwerp, stelt vragen en deelt conclusies. Op deze manier beïnvloeden partijen elkaar én het proces. Het resultaat daarvan is rijkere kennis, betere besluitvorming en meer draagvlak voor de keuzes die de bestuurder uiteindelijk maakt. Deze werkwijze gaat verder dan de reguliere behandeling van een adviesaanvraag of instemmingsverzoek. Vaak is daarbij sprake van een meer reactieve houding van de medezeggenschap en een meer ad-hocbehandeling van WOR-gerelateerde onderwerpen. Strategische medezeggenschap kenmerkt zich door een proactieve houding van de medezeggenschap, vroegtijdige betrokkenheid in het proces, ook zelf initiatieven en alternatieven aandragen en een eventuele adviesaanvraag of instemmingsverzoek plaatsen in de (middel)

langetermijnplannen van de onderneming. Dit vraagt een inspanningsverplichting van zowel de bestuurder als de medezeggenschap. Zie over dit onderwerp ook https://www.ser.nl/-/media/ser/downloads/overige-publicaties/2022/CBM-werkprogramma-2022.pdf.

Strategische onderwerpen en de WOR

Veel – zo niet de meeste – van de onderstaande onderwerpen worden niet als zodanig benoemd in de Wet op de ondernemingsraden (mede als gevolg dat de wettekst inmiddels wat gedateerd is). Toch biedt de WOR veel mogelijkheden om strategische vraagstukken en de hieronder benoemde thema's op de agenda te zetten. Een kort overzicht van de belangrijkste wetsartikelen:

- artikel 23: overlegrecht en recht van initiatief;
- artikel 24: halfjaarlijkse vergadering over de algemene gang van zaken;
- artikel 25 en 26: advies- en beroepsrecht over strategische onderwerpen;
- artikel 27: instemmingsrecht over personeelsgerelateerde onderwerpen;
- artikel 28: stimulerende taak OR ten aanzien van tal van de hierna genoemde thema's;
- artikel 31: breed informatierecht, met de mogelijkheid nadere informatie op te vragen;
- artikel 31a: recht op financiële informatie, ook op langere termijn;
- artikel 31b: recht op sociale informatie;
- artikel 32: mogelijkheid om nadere afspraken met de ondernemer te maken, ook voor de langere termijn.

De driehoek

Vooral in grotere organisaties is er (niet zelden verplicht) een Raad van Commissarissen of Raad van Toezicht. In een aantal gevallen heeft de OR invloed op de samenstelling van deze organen. Waar het hier om gaat is of en in hoeverre er contacten zijn tussen de OR en het toezichthoudend orgaan. Te vaak is dat niet het geval, ook al schrijft de WOR dat voor (artikel 24 en 25). Zeker bij langetermijnbesluiten is dergelijk contact van cruciaal belang, zowel voor de OR als voor het toezichthoudend orgaan. Zie over dit onderwerp het commentaar op artikel 24 en 25, alsmede Bijlage 2I. Zie ook de daar aangehaalde aanbevelingen van de CBM en verder de website van de Alliantie Medezeggenschap en Governance: https://www.medezeggenschap-en-governance.nl/.

Covid

Rond Covid is de discussie verschoven van acute crisisbeheersing naar de vraag hoe om te gaan met de langeretermijngevolgen. Vanuit de OR bezien zijn daarbij belangrijke vragen hoe om te gaan met thuiswerken en hybride werken en personeelskrapte (mede als gevolg van hoger ziekteverzuim door onder meer long-covid), wat weer leidt tot meer werkstress. In toenemende mate staan deze onderwerp op de agenda van cao-onderhandelingen.

Bij thuiswerken zijn ook al snel privacy-onderwerpen voorwerp van discussie: in hoeverre mag de werkgever controle uitoefenen en waar botst dit met privacyregelgeving? Zie over deze onderwerpen in het bijzonder artikel 27. Zie over de Arbowet Bijlage 2A. Zie voorts het SER-advies over hybride werken: https://www.ser.nl/nl/Publicaties/toekomst-hybride-werken.
Het wegvallen/afbouwen van de steunpakketten vanuit de overheid (NOW) kan organisaties in betalingsproblemen brengen en mogelijk leiden tot faillissementen. Zie daarover later in deze bijlage.

Energietransitie en hoge energieprijzen
Dit onderwerp staat al langer op de agenda, maar is acuter geworden door de hoge energieprijzen, mede door de inval van Rusland in de Oekraïne. Voor sommige bedrijfstakken kan dit gedwongen afschalen of zelfs sluiting betekenen en hoe dan ook leidt het tot hogere rekeningen. Hoe gaat de organisatie om met energiegebruik? Dit onderwerp wordt niet met naam en toenaam in de WOR benoemd. De OR kan dit wel op de agenda zetten, op rond van de artikelen 23 en 28. Ook kan artikel 25, lid 1 onder j (adviesrecht over milieuzorg) in beeld komen.
Individuele werknemers kunnen door de hogere prijzen in financiële problemen komen. Dit behoort niet tot het werkgebied of de bevoegdheden van de OR, maar de OR kan wel bevorderen dat organisaties hier beleid op ontwikkelen.

Klimaat
Dit onderwerp hangt sterk samen met energietransitie. Op het moment van schrijven is waterschaarste een ernstig probleem. Voor de landbouw, vervoer over water, bedrijven die veel koelwater nodig hebben enzovoort. Denk voorts aan biodiversiteit, de stikstofproblematiek en uiteraard de opwarming van de aarde met alle gevolgen van dien. De OR kan dit onderwerp adresseren in een overlegvergadering of in het halfjaarlijkse overleg over de algemene gang van zaken. Wat voor gevolgen hebben watertekorten voor de organisatie? Wat is het beleid? Hetzelfde geldt voor de vraag hoe om te gaan met hitte. Voor werknemers is dit deels een arbokwestie, maar de vraag of de organisatie een langetermijnvisie heeft over dit onderwerp wordt steeds belangrijker. Zie over de arbogerelateerde onderwerpen artikel 27, lid 1 onder d. Zie over de mogelijkheden voor de OR om hier zelf initiatieven te ontwikkelen opnieuw artikel 23 en 28. Zie over het adviesrecht wederom artikel 25, lid 1 onder j.

Arbeidsmarkt
De arbeidsmarkt in Nederland is extreem krap. Mede daarom bieden steeds meer organisaties vaste contracten aan waar zij eerst vooral inzetten op flex. De krapte leidt ook tot nieuwe discussies over migratie, hetgeen gezien de huisvestingsproblemen nog niet zo eenvoudig is. Ook staat voor veel organisaties robotisering en digitalisering hoog op de agenda, om toe te kunnen met minder personeel. Zie hierna.
De OR heeft invloed op de omvang van de flexibele schil en op het aanstellingsbeleid. Zie daarover verder artikel 25, lid 1 onder g, en 27, lid 1 onder e.

Digitalisering en robotisering

Dit is echt een langetermijnonderwerp. Bepaalde typen banen verdwijnen, andere worden belangrijk. Ook is er een harde kern van banen waar relatief weinig wijzigt. Het onderwerp is wat naar de achtergrond gedrongen door andere grote crises, maar mag niet verwaarloosd worden. Een cyberaanval kan nog altijd enorme gevolgen hebben voor een organisatie. Invoering van nieuwe ICT-systemen (en de mogelijke gevolgen voor de privacy van werknemers) wordt gedekt door verschillende bepalingen in de WOR. Zie met name artikel, 25 lid 1 onder k, en artikel 27, lid 1 onder k en l.

Diversiteit, inclusie, gelijke behandeling

Er zijn veel wetten en regels die discriminatie beogen tegen te gaan. M/V, etnisch, leeftijd, handicap, seksuele geaardheid enzovoort. De praktijk blijkt weerbarstig. Het onderwerp was altijd al belangrijk, maar is met de krappe arbeidsmarkt en de vergrijzing alleen maar hoger op de agenda komen te staan. Daarbij zal er niet altijd sprake zijn van een crisis, al kunnen situaties wel leiden tot publieke schandalen. Zie over deze onderwerpen vooral artikel 28 en de Bijlagen 2C-2E.

Inflatie

Stijgende prijzen (energie, levensmiddelen enzovoort) hakken erin, zekere voor de lagere, maar ook voor veel middeninkomens. De ondernemingsraad heeft op dit gebied niet veel (formele) invloed. Vanuit werknemerskant is die invloed er vooral vanuit de vakbonden, in de regel via cao's. Dat geldt zelfs voor een onderwerp als reiskosten(vergoedingen). Zie echter artikel 27, lid 1 onder c, over de werkkostenregeling.

Pensioen

Meestal zijn het de vakbonden die over pensioenen gaat. Maar dat geldt niet voor verzekerde regelingen en ondernemingspensioenfondsen; daar speelt de OR een belangrijke rol. Pensioen is een onderwerp dat al jaren hoog op de agenda staat: achterblijvende indexatie, een nieuw stelsel. De rechten van de medezeggenschap ten aanzien van de arbeidsvoorwaarde pensioen zijn de afgelopen jaren uitgebreid. Zie in het bijzonder artikel 27, lid 1 onder a, lid 3 en lid 7 en artikel 31f. Zie ook Bijlage 2G.

Continuïteit van de onderneming op langere termijn, dreigend faillissement

Dat wordt – soms ten onrechte – vaak als een gegeven beschouwd. Crises kunnen zorgen voor schokken die mede kunnen leiden tot ondergang van ondernemingen. De OR heeft geen sterke positie in situaties van surséance, faillissement en doorstartscenario's. Dat geldt uiteraard in materiële zin, maar ook de formele rechten zijn beperkt. Toch liggen er mogelijkheden om invloed uit te oefenen. Zie over (dreigend) faillissement artikel 25, lid 1 onder c, alsmede Bijlage 2V en Bijlage 3B.
Nauw gerelateerd aan dit onderwerp is de vraag: redden we het als organisatie zelfstandig of moeten we nadenken over een fusie, overname, of misschien wel overgenomen worden? Zie daarover artikel 25, lid 1 onder a en b.

Tot slot

Kernvraag voor de OR is en blijft: zijn we in voldoende mate bezig met langetermijnonderwerpen. Voor het bestuur is de hoofdvraag: maken we wel voldoende gebruik van de kennis, inzichten en ervaringen van de medewerkers en de OR. En voor toezichthouders: is er sprake van een serieuze driehoek, onder erkenning van ieders rol. Bij een 'nee' als antwoord op één van deze drie vragen worden belangrijke kansen gemist, met mogelijk zeer negatieve gevolgen voor de organisatie.

Bijlage 1 Vernieuwing van medezeggenschap

Inleiding

De afgelopen jaren is er in tal van organisaties geëxperimenteerd met nieuwe (alternatieve) vormen van medezeggenschap. Er is inmiddels ook veel over geschreven. Het proces wordt meestal beschreven in termen van 'modernisering (of vernieuwing) van medezeggenschap'. Een belangrijk kenmerk is dat er in veel organisaties naar wordt gestreefd de medezeggenschap (participatie) zo veel mogelijk lager in de organisatie te leggen en individuele medewerkers meer te betrekken bij de besluitvorming. Achtergrond van de invoering is niet zelden enige onvrede met meer klassieke vormen van medezeggenschap en soms ook met de Wet op de ondernemingsraden. Opmerking verdient dat de vernieuwing zich meestal lijkt te beperken tot de vaste werknemers en dat er relatief weinig aandacht is voor andere groepen werkenden binnen de onderneming. In deze bijdrage wordt nader ingegaan op de ruimte die de WOR biedt voor alternatieve vormen van medezeggenschap en welke problemen zich daarbij kunnen voordoen. Er wordt zo veel mogelijk aansluiting gezocht bij het artikelsgewijze commentaar in dit boek.

Afschaffen van de ondernemingsraad

Dit is bijna nooit een optie. Artikel 2 bevat nu eenmaal de verplichting om bij 50 of meer werknemers een ondernemingsraad in te stellen. Die verplichting blijft van kracht, ook wanneer er onder het personeel niet zo veel belangstelling is. De ondernemer kan ontheffing aanvragen, maar deze wordt slechts in zeer uitzonderlijke gevallen verleend (zie artikel 5). Vakbonden – die het recht hebben gehoord te worden – stellen zich op dit punt zeer terughoudend op. De vrijstellingen die zijn verleend (een handvol in een periode van ongeveer veertig jaar) hadden meestal betrekking op organisaties die met het sociocratisch model werken.

Mogelijkheden binnen de WOR

Een kleinere ondernemingsraad, aangevuld met commissies en werkgroepen

Verschillende organisaties hebben gekozen voor een zogenoemde kern-OR, meestal aangevuld met commissies (permanent of ad-hoc) en werkgroepen. De WOR is op dit punt flexibel. De OR kan, met toestemming van de ondernemer, een afwijkend aantal zetels vaststellen (zie *artikel 6, eerste lid*). Dit kan worden gecombineerd met afspraken over (ruimere) faciliteiten voor de leden van deze kern-OR (zie vooral artikel 18 en 22). De WOR is ook flexibel ten aanzien van het instellen van commissies (onderdeelcommissies, vaste commissies, voorbereidingscommissies; zie artikel 15). In deze commissies kunnen - binnen zekere grenzen - ook niet OR-leden deelnemen.

Medewerkersparticipatie
Voorbeelden van medewerkersparticipatie zijn klankbordgroepen, werkgroepen en aanverwante vormen van raadpleging en participatie onder medewerkers, soms permanent en soms meer op ad hoc-basis. De WOR geeft de OR op dit punt een stimulerende taak (zie *artikel 28, tweede lid*). Belangrijke aandachtspunten zijn de volgende:

- Wat is de relatie tussen de OR en de participatiegroepen? Als wordt afgesproken dat de OR gebonden is aan het advies of de instemming van deze groep(en), rijzen vragen over het gegeven dat de OR een democratisch gekozen orgaan is en de participatiegroepen misschien wel niet. In ieder geval hebben dergelijke groepen geen status binnen de WOR.
- Hoe verloopt de besluitvorming rond de 'aanstelling' van deelnemers aan de participatiegroepen? Zijn er 'verkiezingen' voor de deelnemers aan de participatiegroepen?
- Zijn de rechtsbescherming (benadelingsverbod) en de ontslagbescherming van de deelnemers aan de participatiegroepen afdoende geregeld?
- Zijn er afspraken gemaakt over de noodzakelijke faciliteiten voor de deelnemers aan de participatiegroepen? Hebben zij recht op scholing?
- Zijn er duidelijke afspraken gemaakt over het recht op informatie en geheimhouding?

Nadere afspraken over de nieuwe opzet kunnen eventueel worden vastgelegd in een ondernemingsovereenkomst (zie *artikel 32, tweede lid*).

Andere medezeggenschapsstructuur
De WOR biedt tal van mogelijkheden om te variëren met verschillende medezeggenschaps*structuren*: OR, GOR en COR (artikel 33-35), voor kleinere organisaties de gemeenschappelijke OR (artikel 3), de OR voor een onderdeel (artikel 4) en structuren met onderdeelcommissies (OC, artikel 15). Veel zal afhangen van de omvang van de onderneming, of groep van ondernemingen, en de mate van centrale aansturing: het ligt minder voor de hand om de medezeggenschap te decentraliseren als de zeggenschap sterk gecentraliseerd is. Er lijkt in de praktijk vooral sprake te zijn van een centralisatietendens, overigens niet altijd zonder conflicten.
Bij geschillen is het oordeel uiteindelijk aan de rechter. Criterium is of (de verandering van) de structuur 'bevorderlijk is voor een goede toepassing van de wet'.

De WOR is wat minder flexibel waar het gaat om de verdeling van *bevoegdheden* binnen de gekozen structuur. Uitgangspunt is dat bij aangelegenheden van gemeenschappelijk belang de bevoegdheid verschuift van het lagere naar het hogere niveau. Daaraan liggen vooral efficiencyoverwegingen ten grondslag. Dat uitgangspunt staat op gespannen voet met een eventuele wens tot decentralisatie.

Geoormerkte zetels

In de praktijk blijkt er soms behoefte te zijn aan geoormerkte zetels voor bijvoorbeeld flexkrachten of jongeren. De WOR biedt hier mogelijkheden via het kiesgroepenstelsel. Zo kan gedacht worden aan aparte lijsten voor genoemde (of ook andere) categorieën. Indien er dan een redelijke hoeveelheid kandidaten is, biedt dit ook een oplossing voor het probleem dat jongeren en flexwerkers (tussen deze categorieën bestaat een grote overlap) vaak relatief korte dienstverbanden hebben, zodat er al snel vacatures in de OR kunnen ontstaan. Bij voldoende kandidaten op de lijst (dat is wel een cruciale voorwaarde) kan dan waarschijnlijk eenvoudiger worden voorzien in vervulling van de openstaande vacature.

Zittingsduur en plaatsvervangende leden

De zittingstermijn is geregeld in artikel 12 WOR. Uitgangspunt is een zittingstermijn van drie jaar (*artikel 12, eerste lid, WOR*). Daarop zijn drie varianten: een termijn van twee jaar, een termijn van vier jaar of het zogenoemde roulerende systeem waarbij de helft van de leden na twee jaar aftreedt.

Uit de praktijk komen veel geluiden dat werknemers een langere termijn (twee, drie of vier jaar) in de ondernemingsraad te veel van het goede vinden. Een mogelijke oplossingsrichting is om meer dan nu te werken met plaatsvervangende leden. Dat kan eventueel zelfs de vorm aannemen van een duobaan. De basis daarvoor is artikel 6, eerste lid, WOR. Voor het kiezen van een plaatsvervangend lid is wel de toestemming van de ondernemer vereist. Dat ligt ook voor de hand, nu plaatsvervangende leden dezelfde rechten hebben als gewone leden, inclusief recht op faciliteiten en scholing. Ook hebben zij dezelfde rechtsbescherming, inclusief ontslagbescherming.

Verkorting van de termijnen genoemd in artikel 12 WOR verdient vermoedelijk geen aanbeveling, vooral met het oog op de continuïteit van het OR-werk. Het kost enige tijd voordat een OR-lid is ingewerkt.

Termijnen voor actief en passief kiesrecht, het begrip werkzaam

De WOR biedt in artikel 6 een zekere mate van flexibiliteit om de definitie van welke werkenden meetellen voor de medezeggenschap en de termijnen voor actief en passief kiesrecht aan te passen, ook na de al gerealiseerde verkorting door de wetswijziging van 1 januari 2022. Op grond van artikel 6, vierde lid, kunnen ondernemer en OR gezamenlijk overeenkomen ook andere personen dan genoemd in artikel 1, tweede lid, aan te merken als zijnde werkzaam in de onderneming. In de praktijk lijkt dit overigens weinig voor te komen.

De ondernemingsraad kan zelf – eenzijdig – besluiten om te variëren op de termijnen voor actief en passief kiesrecht (drie maanden). In theorie kunnen beide termijnen ook op 0 worden gezet. Ook van deze mogelijkheid lijkt in de praktijk in het algemeen weinig gebruikgemaakt te worden.

Voorzitterschap
Soms is er de wens van een roulerend voorzitterschap. Artikel 7 WOR biedt de mogelijkheid dat de OR één of meer plaatsvervangende voorzitters kiest. Dat lijkt voldoende ruimte te bieden voor een flexibele regeling.

Aandachtspunten

Faciliteiten, tijd, scholing
OR-leden (en commissieleden) en de eventuele ambtelijk secretaris hebben recht op een aantal faciliteiten voor het medezeggenschapswerk. Er geldt voorts een verplichting het loon door te betalen (artikel 17). Ook hebben leden van de OR en zijn commissies recht op een minimum aan uren en dagen tijd voor medezeggenschapsactiviteiten en scholing (artikel 18). Andere betrokkenen hebben deze rechten niet, althans niet op grond van de WOR. Daarover dienen in voorkomende gevallen dus binnen de onderneming nadere afspraken te worden gemaakt. Dat geldt in ieder geval voor het onderwerp tijd. Naarmate betrokkenen (niet-OR- of commissieleden) meer structureel meedraaien in de medezeggenschap, ligt het voor de hand ook aandacht te besteden aan het onderwerp scholing.

Kosten, budget
De redelijkerwijs noodzakelijke kosten van de OR en zijn commissies komen voor rekening van de ondernemer (*artikel 22, eerste lid*). De WOR regelt niets voor de kosten van andere vormen van participatie. Het ligt voor de hand dat – zeker als de ondernemer hiervan voorstander is – ook deze kosten voor zijn rekening komen.
Het kan zijn dat ondernemer en OR een budget hebben afgesproken. Bij veranderingsprocessen in het participatiemodel moet dan ook aandacht worden besteed aan de dekking van de kosten daarvan. Het ligt niet voor de hand dat de OR die kosten (in zijn geheel) uit het afgesproken budget betaalt.

Informatie en geheimhouding
De OR heeft uitgebreide informatierechten (zie artikel 31-31f). Ook de formele OR-commissies hebben die rechten. Het kan daarbij gaan om gevoelige informatie. Daarom geldt voor leden van de OR en zijn commissies een geheimhoudingplicht (in voorkomende gevallen uitgebreid naar externe deskundigen). Zie over geheimhouding artikel 20. Als participatie op lagere niveaus wordt neergelegd, is deze geheimhoudingsplicht een aandachtspunt. Naarmate het om meer dagelijkse aangelegenheden gaat, zal dit probleem misschien niet zo snel spelen. Dat wordt anders wanneer de participatie betrekking heeft op meer strategische onderwerpen (zie ook hierna).

Invloed op de (strategische) besluitvorming
Doel van de meeste organisaties die experimenteren met nieuwe vormen van medezeggenschap is om individuele werknemers meer te betrekken bij de werkprocessen en de bedrijfsvoering. Aandachtspunt is dat de minimumrechten van de OR niet in de knel komen. Dat geldt vooral voor het adviesrecht. Directe betrokkenheid bij artikel

27-onderwerpen (werktijden, arbeidsomstandigheden et cetera) is vaak eenvoudiger te realiseren dan betrokkenheid bij het proces van strategische besluitvorming (artikel 25 en 26). Directe betrokkenheid van individuele werknemers bij strategische besluitvorming stuit zeker in grote organisaties, en in de eerste stadia van het besluitvormingsproces, al snel op praktische grenzen.
Bij een eventuele gang naar de rechter is van belang dat deze bevoegdheid exclusief is voorbehouden aan de ondernemingsraad en niet kan worden gedelegeerd aan commissies (zie artikel 15).

Bescherming tegen benadeling en ontslag, aandacht voor loopbanen
Verschillende categorieën medezeggenschappers worden beschermd tegen benadeling (artikel 21 WOR) en ontslag (artikel 7:670 en verder BW, enigszins gewijzigd door de WWZ). Zie het commentaar bij artikel 21. De bescherming geldt voor OR-leden en OR-commissieleden en ook voor kandidaat-leden, voormalige leden en de ambtelijk secretaris. Die bescherming geldt niet zonder meer voor andere participanten in de medezeggenschap, al zal de werkgever niet mogen treden buiten de grenzen van goed werkgeverschap (artikel 7:611 BW).
Werknemers die (al dan niet incidenteel) participeren in de medezeggenschap, moeten ervan uit kunnen gaan dat zij daarvoor in alle opzichten voldoende ruimte krijgen: in tijd en eventueel benodigde faciliteiten, maar ook in de vormgeving van hun medezeggenschapsactiviteiten in relatie tot hun loopbaan. Als het goed is, is dit al een aandachtspunt voor OR-leden (zie hierover het commentaar bij artikel 21 en de daar genoemde SER-aanbevelingen over de rechtpositie van ondernemingsraadsleden). Bij verruiming van de kring van deelnemers aan het medezeggenschapswerk verdient dit punt ook voor hen nadere aandacht.

Afspraken vastleggen
Het verdient aanbeveling om afspraken over de vernieuwing van de medezeggenschap schriftelijk vast te leggen. Het belangrijkste instrument dat de WOR biedt, is de ondernemingsovereenkomst (*artikel 32, tweede lid 2, WOR*). Een dergelijke overeenkomst is vormvrij en kan dus zowel een globaal als een meer gedetailleerd karakter hebben. Zeker in de eerste fase van experimenteren met nieuwe vormen van medezeggenschap ligt een globale (raamwerk)overeenkomst meer voor de hand, omdat partijen zelf nog niet helder zullen hebben wat het uiteindelijke resultaat zal zijn. Voordeel van een overeenkomst is dat het proces ook wordt losgekoppeld van individuele deelnemers (de bestuurder en de medezeggenschappers op dat moment).
In 2019 verscheen een in opdracht van het GAK verricht onderzoek naar ervaringen met vernieuwende experimenten op medezeggenschapsgebied, inclusief een overzicht van goede en minder goede ervaringen. Zie *https://www.instituutgak.nl/onderzoek/kennisbank/experimenten-in-medezeggenschap-evaluatie-van-vernieuwingsprojecten-in-medezeggenschap/*.

Bijlage 2 De ondernemingsraad in andere wetten en regelingen

A. Arbeidsomstandighedenwet

De Arbeidsomstandighedenwet (kortweg Arbowet) geeft voorschriften ter bevordering van een zo goed mogelijk arbeidsomstandighedenbeleid in de onderneming. Deze voorschriften zijn nader uitgewerkt in het Arbobesluit en de Arboregeling. De voorschriften uit de wet, het besluit en de regeling zijn overigens vrij algemeen van aard. Met de wijziging van de Arbeidsomstandighedenwet in 2007 heeft het kabinet namelijk meer ruimte voor 'maatwerk' willen creëren. Daartoe zijn gedetailleerde voorschriften in het Arbobesluit vervangen door meer algemene doelvoorschriften. Deze moeten dan door de sociale partners op brancheniveau nader worden uitgewerkt. Die uitwerking resulteert, als het goed is, in zogenoemde arbocatalogi. Deze kunnen een rol spelen bij arbovoorlichting in een branche, maar spelen ook een rol bij de handhaving van normen door de Nederlandse Arbeidsinspectie. In sommige gevallen zijn afspraken in de arbocatalogi ook opgenomen in de cao of, als alternatief voor een regeling in de cao, na schriftelijke overeenstemming met de ondernemingsraad.

Op grond van artikel 3 Arbowet moet de werkgever een beleid voeren gericht op zo goed mogelijke arbeidsomstandigheden. Dat beleid moet expliciet ook zijn gericht op het beperken van de psychosociale arbeidsbelasting. Daaronder wordt verstaan: de factoren in de arbeidssituatie die stress teweegbrengen, meer in het bijzonder direct of indirect onderscheid (discriminatie), seksuele intimidatie, agressie en geweld, pesten en werkdruk.

Als gevolg van het opnemen van het element 'onderscheid' in de definitie van psychosociale arbeidsbelasting heeft de Nederlandse Arbeidsinspectie ook een rol gekregen op het gebied van discriminatie. Bij de handhaving wordt zo veel mogelijk aangesloten bij het huidige handhavingsbeleid rondom seksuele intimidatie en pesten. Dat betekent dat de Nederlandse Arbeidsinspectie bij geconstateerde of gemelde discriminatie aan de werkgever zal vragen om aan te tonen dat deze een beleid heeft inzake psychosociale arbeidsbelasting. Dit houdt tevens in dat indien wordt geconstateerd dat in een bepaald bedrijf sprake is van duidelijke kansen op discriminatie, van de werkgever kan worden geëist dat er gericht beleid wordt gevoerd. Geeft de werkgever daaraan geen gevolg, dan kan de Nederlandse Arbeidsinspectie een bestuurlijke boete opleggen. De Nederlandse Arbeidsinspectie beoordeelt overigens niet zelf of er daadwerkelijk sprake is van discriminatie (of ongeoorloofd onderscheid). Deze taak is voorbehouden aan het college voor de Rechten van de Mens (voorheen de Commissie gelijke behandeling) of de rechter.

Goed beleid vereist inzicht in de risico's. Daarom is in artikel 5 Arbowet de verplichting opgenomen een schriftelijke risico-inventarisatie en -evaluatie (RI&E) op te stellen. Op grond van de uitkomst van de RI&E dient de werkgever een plan van aanpak op te stellen, waarin maatregelen zijn beschreven om de risico's zo veel als redelijkerwijs mogelijk is te *voorkomen* dan wel, indien voorkomen niet mogelijk is, zo veel mogelijk te beperken. Uit de wetsgeschiedenis blijkt dat de wetgever het integrale plan van aanpak instemmingsplichtig acht.
Goed beleid vereist voorts voorlichting en onderricht. De verplichting van de werkgever ter zake is neergelegd in artikel 8 Arbowet. Alleen het geven van voorlichting en onderricht is echter onvoldoende om de risico's te beperken. De werkgever zal ook preventieve maatregelen moeten treffen.
Artikel 12 Arbowet verplicht zowel werkgever als werknemers samen te werken bij de uitvoering van het arbobeleid. Indien een ondernemingsraad of personeelsvertegenwoordiging is ingesteld, wordt deze geacht namens de werknemers op te treden. Onderwerpen die bij de samenwerking in ieder geval aan de orde moeten komen zijn de RI&E en de eventuele inschakeling van arbodienst en bedrijfshulpverleners. Naleving van de samenwerkingsverplichting kan worden afgedwongen met behulp van artikel 36 WOR. Het is dus niet zo dat de Nederlandse Arbeidsinspectie in dezen een handhavende rol speelt. De samenwerking tussen werkgever en werknemers wordt geacht een verantwoordelijkheid van partijen te zijn, waarbij de overheid gepaste afstand houdt. Mede om deze reden zijn de medezeggenschapsrechten van de OR op arbogebied, afgezien van een algemene samenwerkingsplicht in artikel 12 en specifieke rechten bij de keuze van de arbodienst (zie hierna), niet geregeld in de Arbowet maar primair in de WOR, in het bijzonder in artikel 27, eerste lid onder d *(instemmingsrecht ten aanzien van regelingen op het gebied van de arbeidsomstandigheden, het ziekteverzuim of het re-integratiebeleid)* en in artikel 28 *(stimulerende taak ondernemingsraad)*.
Wel is in de Arbowet opgenomen dat leden van de OR het recht hebben vertrouwelijk met de Nederlandse Arbeidsinspectie te overleggen en (in beginsel) om deze bij een bedrijfsbezoek te vergezellen. De OR heeft ook recht op de schriftelijke rapporten van de Nederlandse Arbeidsinspectie.

Op grond van Europese regelgeving dient arbozorg op de werkvloer gestalte te krijgen. Daarom schrijft artikel 13 Arbowet voor dat de werkgever zich bij de naleving van zijn arboverplichtingen moet laten bijstaan door deskundige werknemers, in de praktijk wel preventiemedewerkers genoemd. Hoeveel van die preventiemedewerkers de werkgever moet aanwijzen, is afhankelijk van de uitkomst van de RI&E. De preventiemedewerkers hebben onder meer tot taak de ondernemingsraad (of personeelsvertegenwoordiging) te adviseren en genieten dezelfde rechtsbescherming als OR-leden (zie artikel 21 WOR). Uit de wetsgeschiedenis kan worden afgeleid dat met betrekking tot de invulling van de taken van deze werknemers de OR instemmingsrecht heeft. In 2017

is expliciet in de Arbowet opgenomen dat de werknemersvertegenwoordiging ook een instemmingsrecht heeft bij aanwijzing van de preventiemedewerker.
Voorts heeft de ondernemingsraad een aantal bijzondere bevoegdheden bij de organisatie van de arbodienstverlening. De verplichting voor de werkgever om zich te laten bijstaan door arbodeskundigen dateert van de wetswijziging in 1994. Deze verplichting behelsde dat de werkgever zich moest laten bijstaan door een bedrijfsarts en een aantal andere deskundigen (veiligheidskundige, arbeidshygiënist en arbeids- en organisatiepsychologen) bij de invulling van het arbobeleid en, in het bijzonder, het ziekteverzuim.
Veelal werkten die deskundigen samen in één gecertificeerde arbodienst. Sinds 2007 is er meer ruimte gecreëerd voor maatwerk in de arbodienstverlening. De werkgever kan er bijvoorbeeld voor kiezen om een vrijgevestigde bedrijfsarts in te schakelen, en het daar verder bij te laten (artikel 14 Arbowet). Bij de invulling van deze 'maatwerkregeling' heeft de ondernemingsraad een sterke positie: het voornemen om tot maatwerk over te gaan vereist namelijk *overeenstemming* met de OR (tenzij een en ander al is geregeld in een cao, artikel 14, lid 9, Arbowet). Indien de OR niet akkoord gaat met de voorgenomen organisatie van de arbodienstverlening, en er dus geen overeenstemming wordt bereikt, kan de maatwerkregeling niet doorgaan.
De werkgever kan in dat geval, anders dan bij het instemmingsrecht, namelijk geen beroep doen op de kantonrechter ex artikel 36 WOR. Indien de maatwerkregeling wordt geblokkeerd, vervalt de werkgever automatisch tot de 'vangnet-constructie', die behelst dat hij een multidisciplinaire arbodienst zal moeten inschakelen. De keuze van die arbodienst is dan weer onderworpen aan het instemmingsrecht (*artikel 27, eerste lid onder d, WOR*), evenals de inhoud van het contract met de arbodienst.
In 2017 is in de Arbowetgeving opgenomen dat werknemers een recht op een 'second opinion' hebben in geval van geschillen tussen de bedrijfsarts en een (zieke) werknemer over de vraag of de werknemer in staat is arbeid te verrichten. Deze procedure is neergelegd in artikel 2.14d van het Arbobesluit. De nadere uitwerking van de regeling is onderworpen aan het instemmingsrecht van de ondernemingsraad. Uitgangspunt is in ieder geval dat de te raadplegen bedrijfsarts die de second opinion uitvoert niet werkzaam is binnen de arbodienst of het bedrijf of de inrichting waarin de bedrijfsarts, die het eerste advies aan de werknemer heeft gegeven, werkzaam is. De organisatie van de second opinion valt overigens niet rechtstreeks onder het instemmingsrecht van de OR, maar aangezien de OR instemmingsrecht heeft bij de totstandkoming van het contract met de arbodienst en de procedure voor de second opinion hiervan deel zal uitmaken, ligt het voor de hand niet in te stemmen met het contract indien niet ook de procedure voor de second opinion de goedkeuring van de OR kan wegdragen.
In maart 2022 heeft de SER een advies over hybride werken gepubliceerd. In het advies wordt aangeraden om het onderwerp hybride werken te integreren in het reguliere arbobeleid. Zie voor het SER-dossier hybride werken (met verwijzing naar het advies) *https://www.ser.nl/nl/thema/arbeidsomstandigheden/dossiers/dossier-hybride-werken*. Nuttige informatie is voorts te vinden op de website van het SER-Arboplatform *https://www.ser.nl/nl/thema/arbeidsomstandigheden/Arboplatform*.

B. Arbeidstijdenwet

De Arbeidstijdenwet geeft regels voor de arbeids- en rusttijden van de werknemers en ambtenaren in Nederland. De wet heeft drie doelstellingen:

- De regels zijn gericht op de veiligheid, de gezondheid en het welzijn bij de arbeid van de werknemers. De Arbeidstijdenwet sluit in dit opzicht dus aan bij de doelstelling van de Arbeidsomstandighedenwet.
- De regels beogen mede het mogelijk te maken dat de betaalde arbeid gecombineerd kan worden met zorgtaken en andere sociale verantwoordelijkheden van werknemers.
- De regels geven ruimte aan werkgevers en werknemers om in onderling overleg te komen tot een flexibele toepassing van de arbeidstijden.

Met ingang van 1 april 2007 is de wet op een aantal punten vereenvoudigd, en is de ruimte voor werkgevers en werknemer(svertegenwoordiging) om zelf afspraken te maken verruimd.

Arbeids- en rusttijden

Uitgangspunt van de arbeidstijdenwetgeving zijn de regels over arbeids- en rusttijden in hoofdstuk 5 van de Arbeidstijdenwet. Dat hoofdstuk bevat onder meer bepalingen over onafgebroken rusttijden, pauzes, nachtdiensten en consignatie. Uitgangspunt van de Arbeidstijdenwet is dat de werknemer voldoende rust moet krijgen om te herstellen van zijn of haar inspanningen. Om die reden staan de bepalingen over de minimale rusttijden vóór die over de maximale werktijden. Grosso modo is bepaald dat de werknemer recht heeft op ten minste 11 uur rust per dag (jeugdige werknemers 12 uur) en één keer per week een ononderbroken rusttijd van 36 uur. Hierop zijn uitzonderingen mogelijk.

Op grond van artikel 5:7 mogen werknemers van 18 jaar of ouder ten hoogste 12 uur per dienst, of 60 uur per week werken, met de restrictie dat over een aaneengesloten periode van 16 weken gemiddeld maximaal 48 uur per week mag worden gewerkt en over een periode van 4 aaneengesloten weken gemiddeld maximaal 55 uur per week. Van dat laatste voorschrift mag bij collectieve regeling worden afgeweken, waarbij wel de restrictie blijft gelden van het maximum van 48 uur over 16 weken.

Artikel 5:4 bevat voorschriften over pauzes. Artikel 5:6 heeft als uitgangspunt dat op zondag niet wordt gewerkt. Ook van die beide bepalingen kan – met zekere beperkingen – bij collectieve regeling worden afgeweken.

Collectieve regeling

Zoals hiervoor aangeduid, speelt in de Arbeidstijdenwet het begrip *collectieve regeling* een belangrijke rol. Daaronder wordt onder meer verstaan een cao of een rechtspositieregeling bij de overheid, maar ook een schriftelijke afspraak met het medezeggenschapsorgaan (zoals de ondernemingsraad of de personeelsvertegenwoordiging). De Arbeidstijdenwet bevat verschillende voorschriften over arbeids- en rusttijden waarvan bij collectieve regeling kan worden afgeweken. Het betreft hierbij met name afwij-

king van de rusttijden bij nachtdienst, afwijking van de zondagsrust, de pauzetijden bij diensten van meer dan 10 uur en de gemiddelde wekelijkse arbeidsduur van 55 uur over een periode van vier weken.
De collectieve regeling met de ondernemingsraad moet schriftelijk worden vastgelegd en geldt in beginsel voor vijf jaar. In het geval de afspraak met het medezeggenschapsorgaan strijdig is met (bijvoorbeeld) de cao, gaat deze laatste voor.

Overeenstemmingsrecht of instemmingsrecht
Uitgangspunt van medezeggenschap rond de arbeidstijden is artikel 27, eerste lid onder b, WOR, dat de OR een instemmingsrecht geeft ter zake van regelingen op het gebied van een arbeids- en rusttijdenregeling of een vakantieregeling. Indien bestuurder en OR het niet eens kunnen worden met betrekking tot de beoogde regeling, geldt de procedure ex artikel 36 WOR. Dit geldt echter niet met betrekking tot de vier hiervoor genoemde onderwerpen waarbij door middel van collectieve regeling kan worden afgeweken van de wet. De ondernemingsraad heeft daarbij een overeenstemmingsrecht. Dit wil zeggen dat de regeling niet ingevoerd kan worden door de werkgever als de ondernemingsraad zijn goedkeuring weigert. De werkgever kan dan geen beroep doen op de bemiddeling van de bedrijfscommissie of toestemming vragen aan de kantonrechter om de regeling in te voeren, zoals wel mogelijk is bij het instemmingsrecht van de ondernemingsraad op grond van artikel 27 WOR. Alle andere bepalingen in de Arbeidstijdenwet vormen de grenzen waarbinnen OR en bestuurder, met inachtneming van het instemmingsrecht op grond van artikel 27 WOR, vrij afspraken kunnen maken.

C. Algemene wet gelijke behandeling
Deze wet verbiedt onderscheid tussen personen op grond van godsdienst, levensovertuiging, politieke gezindheid, ras, geslacht, nationaliteit, seksuele geaardheid of burgerlijke staat. Het verbod van onderscheid geldt op het terrein van de arbeid, inbegrepen de scholing of beroepsopleiding, bij het aanbieden van goederen of diensten en bij advies en voorlichting over beroepskeuzen. Voorts hebben gehandicapten en chronisch zieken sinds 1 december 2003 wettelijk recht op gelijke behandeling bij arbeid, beroepsonderwijs en openbaar vervoer. Met name hebben zij recht op aanpassingen die nodig zijn om volwaardig in de maatschappij te kunnen functioneren. Sinds 1 mei 2004 is leeftijdsdiscriminatie bij aanstelling, arbeid, promotie en ontslag wettelijk verboden.
Klachten worden behandeld door het College voor de Rechten van de Mens, dat gevestigd is in Utrecht. In artikel 10, lid 2 sub d, van de Wet college voor de rechten van de mens is bepaald dat ook de ondernemingsraad die meent dat in de onderneming waarvoor hij is ingesteld onderscheid wordt gemaakt als bedoeld in deze wet, het College schriftelijk kan verzoeken daarover zijn oordeel te geven. Als het College een onderzoek instelt, mag het een mogelijk benadeelde persoon die daartegen schriftelijk bezwaar maakt, niet in zijn onderzoek betrekken. Het College brengt zijn oordeel schriftelijk en gemotiveerd ter kennis van de verzoeker *(artikel 11)*. De ondernemingsraad

kan de kwestie dan in het overleg met de bestuurder aan de orde stellen op grond van de artikelen 28 en 23 van de Wet op de ondernemingsraden.

D. Wet gelijke behandeling van mannen en vrouwen
Ongeoorloofd onderscheid tussen mannen en vrouwen op het terrein van de arbeid, zoals verboden is in deze wet en in artikel 646 Boek 7 van het Burgerlijk Wetboek, kan door de *ondernemingsraad* ter beoordeling worden voorgelegd aan het College voor de Rechten van de Mens (zie onder Algemene wet gelijke behandeling). Zie ook het commentaar bij *artikel 28* en *Bijlage 3C*.

E. Gelijke behandeling bij deeltijd, tijdelijk werk, chronische ziekte en verschil in leeftijd
Werknemers met een arbeidsovereenkomst voor bepaalde tijd dienen met betrekking tot de arbeidsvoorwaarden op gelijke wijze behandeld te worden als vergelijkbare werknemers met een vaste aanstelling, tenzij er een objectieve rechtvaardiging is voor verschil in behandeling (artikel 649 Boek 7 BW). Hetzelfde geldt voor werknemers die in deeltijd werken (artikel 648 Boek 7 BW) en voor werknemers met een chronische ziekte of handicap. Zie opnieuw ook het commentaar bij *artikel 28*. Ook mag geen ongerechtvaardigd onderscheid worden gemaakt op grond van leeftijd. De werknemer kan wanneer hij/zij vindt dat er onterecht onderscheid wordt gemaakt, een bezwaarschrift indienen bij het College voor de Rechten van de Mens. Ook de *ondernemingsraad* kan een uitspraak vragen bij dit College als hij discriminerend beleid van de werkgever aan de orde wil stellen. Zie verder onder Algemene wet gelijke behandeling.

F. Wet melding collectief ontslag
Ingevolge deze wet moet de werkgever die tot collectief ontslag wil overgaan van 20 of meer werknemers, dit vooraf melden aan het Uitvoeringsinstituut Werknemersverzekering (UWV). Daarbij moet hij o.a. vermelden:

- of er voor de betrokken onderneming een ondernemingsraad is ingesteld,
- of het collectief ontslag verband houdt met een besluit als bedoeld in artikel 25, eerste lid, van de Wet op de ondernemingsraden, en zo ja,
- of de ondernemingsraad over het betrokken besluit is of zal worden gehoord.

De werkgever dient het Uitvoeringsinstituut werknemersverzekeringen op de hoogte te houden van de raadpleging van de belanghebbende verenigingen van werknemers en van de ondernemingsraad. Het UWV kan overigens de verplichting tot raadpleging buiten toepassing laten indien de werkgever aannemelijk maakt dat de naleving hiervan de herplaatsing van de met ontslag bedreigde werknemers of de werkgelegenheid van de overige werknemers in de betrokken onderneming in gevaar zou brengen.
Als blijkt dat de *ondernemingsraad* nog geraadpleegd moet worden, mag het UWV de ontslagverzoeken niet eerder in behandeling nemen dan nadat gebleken is dat de ondernemingsraad is geraadpleegd, tenzij de melding wordt ondersteund door een verklaring van de belanghebbende vakorganisaties dat zij zijn geraadpleegd. Indien niet

voldaan is aan de raadplegingsbepalingen, kunnen in voorkomende gevallen de opzeggingen door de kantonrechter worden vernietigd.
Per 1 augustus 2018 zijn de richtlijnen voor collectief ontslag van het UWV aangescherpt in situaties waarin in kleine ondernemingen meer dan een kwart van het personeel wordt geraakt. De meest recente versie dateert van 1 september 2020. Een aanvraag voor collectief ontslag wordt als prematuur beoordeeld wanneer de ondernemingsraad, personeelsvertegenwoordiging of de personeelsvergadering niet is geraadpleegd. Zie verder (in het bijzonder paragaaf 1.5 van deze regels) *https://www.uwv.nl/werkgevers/Images/uitvoeringsregels-ontslag-om-bedrijfseconomische-redenen-sep-2020.pdf.* Zie ook *Bijlage 0* over ontslag in verband met de Covid-19-crisis.

G. Pensioenwetgeving
De bevoegdheden van ondernemingsraden met betrekking tot de arbeidsvoorwaarde pensioen zijn geregeld in verschillende wetten. Ook gedragscodes spelen een rol. Voorts vinden in hoog tempo veranderingen in de regelgeving plaats. De meest fundamentele verandering is de invoering van een compleet nieuw pensioenstelsel per 2026. Sinds 1 juli 2014 kunnen pensioenfondsen kiezen uit verschillende typen bestuursstructuren. Onderstaand, na een korte introductie, een overzicht op hoofdlijnen.

Nederland kent traditioneel drie typen pensioenregelingen: bedrijfstakpensioenfondsen (zoals het ABP en de metaalpensioenfondsen), ondernemingspensioenfondsen (zoals Shell en Akzo) en verzekerde regelingen. Van recenter datum zijn de premiepensioeninstelling (PPI), het multi-ondernemingspensioenfonds en het Algemeen pensioenfonds (APF). Werkgevers brengen voorts in toenemende mate hun pensioenregeling onder in een in het buitenland gevestigde pensioenuitvoerder. Zie daarover *artikel 27, zevende lid, WOR.*
Na een uitgebreide discussie en een SER-advies uit 2014 is de WOR in zowel 2013 als 2016 op een aantal punten aangepast. Met name voor ondernemingspensioenfondsen is er veel veranderd. Verwezen zij naar het commentaar bij de *artikelen 27, eerste, derde en zevende lid,* en naar het nieuwe *artikel 31f.* Per 1 januari 2019 zijn ook de bevoegdheden van de personeelsvergadering en de personeelsvertegenwoordiging ten aanzien van het onderwerp pensioen uitgebreid. Zie het commentaar bij de *artikelen 35b en 35c.*
De kern is dat ondernemingsraden instemmingsrecht hebben over de arbeidsvoorwaarde pensioen, behalve wanneer de pensioenen zijn ondergebracht bij een bedrijfstakpensioenfonds *(zie artikel 27, derde lid).* In de praktijk is echter ook de uitvoeringsovereenkomst van belang: de overeenkomt tussen de werkgever en de pensioenuitvoerder. Bij die overeenkomst is de OR geen partij, maar onderdelen van die overeenkomst kunnen wel gevolgen hebben voor de arbeidsvoorwaarde pensioen. De wetgever heeft dit onderkend en heeft ten aanzien van enkele onderwerpen in de uitvoeringsovereenkomst aan de OR instemmingsrecht toegekend *(zie artikel 27, zevende lid)* en voorts informatierecht over alle veranderingen rond de uitvoeringsovereenkomst *(zie artikel 31f).*

Bij verplicht gestelde bedrijfstakpensioenfondsen heeft de OR in beginsel geen bevoegdheden; deze worden namens de werknemers uitgeoefend door de vakbonden (en deels door de vertegenwoordigers van gepensioneerden). *Zie artikel 27, derde lid.*

Voorts verdient vermelding dat de ondernemingsraad recht op informatie heeft als de onderneming een premieachterstand heeft en ook onder de grens van het minimaal vereist vermogen is gezakt. Deze informatie moet ieder kwartaal worden verstrekt (artikel 28, lid 2, Pensioenwet).
Er staat zoals hiervoor al opgemerkt een ingrijpende verbouwing van het Nederlandse pensioenstelsel op stapel. Zie daarover verder *Bijlage 3.*

H. Enquêterecht (Burgerlijk Wetboek)
Het Burgerlijk Wetboek (BW) geeft het recht een enquête te verzoeken aan de Ondernemingskamer van het Gerechtshof te Amsterdam naar wanbeleid bij ondernemers die een naamloze vennootschap, besloten vennootschap, coöperatie, of onderlinge waarborgmaatschappij zijn. Ook verenigingen en stichtingen met meer dan 50 werknemers vallen onder het enquêterecht. Het verzoek kan behalve door de aandeelhouders en de leden van de genoemde rechtspersonen, ook gedaan worden door een vereniging van werknemers, die:

- in de onderneming werkzame personen onder haar leden telt,
- ten minste twee jaar in het bezit is van volledige rechtsbevoegdheid,
- krachtens haar statuten ten doel heeft de belangen van haar leden als werknemers te behartigen,
- en als zodanig in de betrokken bedrijfstak of onderneming werkzaam is.

Ten slotte kan op grond van een overeenkomst of bij de statuten de bevoegdheid om een enquêteverzoek in te dienen ook aan anderen worden toegekend. Denkbaar is dus dat die toekenning plaatsvindt aan de ondernemingsraad of aan een werknemer. Zie voor een voorbeeld de beslissing van de Ondernemingskamer van 1 maart 2005 (ROR 2005, nr. 3), waar het bestuur van een stichting enquêtebevoegdheid had toegekend aan de ondernemingsraad. Denkbaar is voorts dat de ondernemingsraad zich als belanghebbende voegt in een door anderen (denk aan de vakorganisaties) aangespannen enquêteprocedure of dat de ondernemingsraad door de Ondernemingskamer wordt toegelaten als informant.
Alvorens de vakvereniging een verzoek aan de Ondernemingskamer doet, moet zij – op straffe van niet-ontvankelijkheid – haar bezwaren tegen het beleid of de gang van zaken schriftelijk kenbaar maken aan het bestuur van de betrokken rechtspersoon en aan de commissarissen, als die er zijn, en moet zij de rechtspersoon de gelegenheid geven deze bezwaren te onderzoeken en naar aanleiding daarvan maatregelen te nemen. Ook moet zij – en dat is in dit kader het belangrijkste – *de ondernemingsraad* die aan een door de rechtspersoon gedreven onderneming verbonden is, in de gelegenheid stellen schriftelijk zijn opvattingen over het enquêteverzoek kenbaar te maken. Met andere woorden: de ondernemingsraad moet over het voornemen van de vakvereni-

ging worden gehoord, dat wil zeggen in de gelegenheid worden gesteld daarover advies uit te brengen (artikel 349, lid 2, Boek 2 BW). Het spreekt vanzelf, dat het hierbij gaat om de ondernemingsraad (of de ondernemingsraden) van die onderneming (ondernemingen) waarop het onderzoek naar het beleid van de ondernemer zich zou moeten richten. In voorkomende gevallen zal het advies dus moeten worden uitgebracht door een groepsondernemingsraad of een centrale ondernemingsraad, maar dat staat niet met zoveel woorden in de wet. Hoewel de wet dat niet uitdrukkelijk bepaalt, moet worden aangenomen, dat de vakvereniging het schriftelijke advies van de ondernemingsraad aan de Ondernemingskamer moet overleggen. De ondernemingsraad heeft dus zelf niet de bevoegdheid om een enquête te verzoeken (tenzij die bevoegdheid bij de statuten of bij overeenkomst is toegekend), maar hij kan wel tijdens de procedure de Ondernemingskamer schriftelijk op de hoogte stellen van zijn standpunt (artikel 282, Wetboek van burgerlijke rechtsvordering).
Om redenen van openbaar belang kan ook de advocaat-generaal bij het gerechtshof een enquête vorderen. Hoewel hij niet verplicht is tevoren de ondernemingsraad te horen, moet hij wel bij zijn vordering mededelen of hij dit heeft gedaan. Het initiatief kan ook van de ondernemingsraad uitgaan, in die zin dat een ondernemingsraad die op grond van concrete aanwijzingen het beleid van de ondernemer wantrouwt, de advocaat-generaal kan verzoeken een enquête te vorderen.
Met ingang van 1 januari 2013 kan een enquêteverzoek ook worden ingediend door de rechtspersoon zelf (vertegenwoordigd door het bestuur of de raad van commissarissen) en, in geval van faillissement, door de curator. Als de rechtspersoon een enquêteverzoek indient (of daartoe voornemens is), worden de raad van commissarissen onderscheidenlijk het bestuur en de ondernemingsraad zo spoedig mogelijk op de hoogte gesteld van het voornemen of het verzoek (artikel 349, lid 1, Boek 2 BW).
Als de aandeelhouders of de leden van een rechtspersoon een enquête verzoeken, behoeven zij de ondernemingsraad daarover niet te horen. Wel moet de ondernemer desgevraagd aan de ondernemingsraad alle informatie over de enquête verstrekken, ook het onderzoeksrapport (*artikel 31, eerste lid, WOR*).
De Ondernemingskamer kan het verzoek om een onderzoek inwilligen als zij vindt dat er gegronde redenen zijn om aan een juist beleid of een juiste gang van zaken te twijfelen. In de meeste gevallen heeft het onderzoek betrekking op het functioneren van het bestuur en op het functioneren van het toezichthoudend orgaan. Het onderzoek kan echter ook betrekking hebben op het functioneren van de algemene vergadering of een (groot)aandeelhouder, en eventueel zelfs op de ondernemingsraad. Ook het in ernstige mate negeren van medezeggenschapsregels kan grond voor een enquêteprocedure zijn. Het onderzoek wordt uitgevoerd door een of meer deskundigen die de Ondernemingskamer aanwijst. Bij gebleken wanbeleid kunnen ingrijpende maatregelen genomen worden, zoals schorsing of vernietiging van besluiten van organen van de rechtspersoon, ontslag van bestuurders of commissarissen, tijdelijke aanstelling van andere bestuurders of zelfs ontbinding van de rechtspersoon.

RECHTSPRAAK

Ondernemingskamer 1 maart 2005, ROR 2005, nr. 3
Aan de ondernemingsraad is door het bestuur enquêtebevoegdheid toegekend. Het verzoek van de ondernemingsraad om een onderzoek in te stellen wordt toegewezen.

Ondernemingskamer 5 oktober 2005, ROR 2006, nr. 2 en Ondernemingskamer 5 augustus 2008, ARO 2008/134
Aan de ondernemingsraad is rechtsgeldig enquêtebevoegdheid toegekend. Er zijn gegronde redenen om aan een juist beleid te twijfelen. Het verzoek om voorlopige voorzieningen wordt toegewezen.

Ondernemingskamer 10 december 2008, ARO 2009/1
Aan de personeelsvertegenwoordiging is rechtsgeldig enquêtebevoegdheid toegekend. De Ondernemingskamer beveelt een onderzoek naar het beleid en de gang van zaken van de vennootschap.

Ondernemingskamer 15 april 2010, ARO 2010/64
Geen gegronde redenen om aan een juist beleid te twijfelen. Verzoek personeelsvertegenwoordiging om een onderzoek in te stellen afgewezen. Personeelsvertegenwoordiging verwezen in de kosten van de procedure.

Ondernemingskamer 8 oktober 2013, ECLI:NL:GHAMS:2013:3208
Bestuur dochtervennootschap moet zelfstandige afweging maken van voornemen moeder om bedrijf te sluiten. Onder druk zetten werknemers(organisaties) om geen verweer te voeren tegen sluiting niet aanvaardbaar. Gegronde redenen om aan een juist beleid te twijfelen.

Ondernemingskamer 7 juli 2015, ECLI:NL:GHAMS:2015:2918
Ondernemingsraad kwalificeert weliswaar niet als belanghebbende, maar wordt in de procedure aangemerkt als informant.

Ondernemingskamer 4 juli 2016, ECLI:NL:GHAMS:2016:2716, JOR 2016/299
Gegronde redenen om te twijfelen aan een juist beleid. Onder omstandigheden kan een onderzoek ook betrekking hebben op het functioneren van de ondernemingsraad en/of de cliëntenraad.

Ondernemingskamer 18 juli 2018, ECLI:NL:GHAMS:2018:2488
Enquêteprocedure bij Eneco, aangespannen door de OR. Passeren van de OR bij het ontslag van de CEO en de benoeming van zijn opvolger dragen bij aan het oordeel dat er gegronde redenen zijn om te twijfelen aan een juist beleid.

Ondernemingskamer 23 december 2019, ECLI:NL:GHAMS:2019:4585
Enquêteverzoek ondernemingsraad XS4ALL tegen moederconcern KPN deels niet-ontvankelijk verklaard en voor het overige afgewezen.

Ondernemingskamer 26 april 2021, ECLI:NL:GHAMS:2021:1147
Gegronde redenen om te twijfelen aan een juist beleid. Ernstig verstoorde verhoudingen tussen directeur en RvC enerzijds en redactieraad en OR anderzijds. De Ondernemingskamer beveelt een onderzoek naar het beleid en de gang van zaken en treft per direct maatregelen. Het onderzoek dient zich ook uit te strekken tot de houding en opstelling van de ondernemingsraad.

I. Raad van commissarissen (Boek 2 Burgerlijk Wetboek)

Wanneer naamloze en besloten vennootschappen, coöperaties en onderlinge waarborgmaatschappijen gedurende drie jaren voldoen aan de drie criteria die zijn genoemd in resp. de artikelen 153, 263 en 63b van Boek 2 BW, zijn zij verplicht hun statuten aan te passen aan de zogenaamde *structuurregeling*. Deze drie criteria zijn:

- het geplaatst kapitaal met de reserves (eigen vermogen) bedraagt volgens de balans met toelichting ten minste 16 miljoen euro;
- de rechtspersoon of een van haar dochtermaatschappijen heeft krachtens wettelijke verplichting een ondernemingsraad ingesteld;
- bij de rechtspersoon en haar dochtermaatschappijen tezamen zijn in de regel ten minste 100 personen in Nederland werkzaam.

De structuurregeling houdt in dat genoemde grote rechtspersonen verplicht zijn tot de instelling van een *raad van commissarissen (RvC)*, die bepaalde wettelijke bevoegdheden heeft, zoals benoeming en ontslag van directieleden en goedkeuring van belangrijke besluiten van de directie. Zie over vennootschappen met een zogenoemde monistische bestuursstructuur die voldoen aan de bovengenoemde criteria, het eind van dit onderdeel. Bij coöperaties en onderlinge waarborgmaatschappijen en bij naamloze en besloten vennootschappen waarvan de meerderheid van de werknemers in het buitenland werkzaam is, wordt de directie echter benoemd door de algemene vergadering. Datzelfde is het geval als alle aandelen in handen zijn van een natuurlijke persoon of een stichting of vereniging (of een of meer natuurlijke personen of verenigingen of stichtingen op grond van een onderlinge regeling tot samenwerking).
De regeling kan door vennootschappen die niet voldoen aan de bovengenoemde criteria ook vrijwillig worden toegepast.
Wanneer op een hoger niveau de structuurregeling al wordt toegepast, zijn alle onderliggende concernmaatschappijen (in de wet aangeduid als afhankelijke maatschappijen) vrijgesteld van de regeling, ook als zij zelf aan de criteria voldoen.

Benoeming commissarissen bij de NV en de BV

De raad van commissarissen wordt benoemd door de algemene vergadering, op voordracht van de raad van commissarissen. Daarmee is het stelsel van coöptatie (de RvC benoemt zijn eigen leden) zoals dat tot 1 oktober 2004 gold vervallen.

Ondernemingsraden hebben het recht om personen aan te bevelen voor de benoeming tot commissaris (echter geen eigen werknemers of vakbondsbestuurders die zijn betrokken bij de cao). Voor ten hoogste een derde van de leden van de raad van commissarissen heeft de ondernemingsraad een versterkt recht van aanbeveling. Onder de oude structuurregeling hadden zij voorts het recht om bezwaar te maken tegen voorgenomen benoemingen; dat recht is met ingang van 1 oktober 2004 vervallen (tenzij een vennootschap op vrijwillige basis dit recht heeft gehandhaafd).

Ook bij niet-structuurvennootschappen kunnen overigens afspraken zijn gemaakt over rechten van ondernemingsraden ten aanzien van de voordracht (of zelfs) de benoeming van commissarissen, hetzij via een ondernemingsovereenkomst, hetzij vastgelegd in de statuten. Zie de artikelen 143 en 253 Boek 2 Burgerlijk Wetboek. Ook kunnen cao's bepalingen bevatten over voordrachtsrechten voor medezeggenschapsorganen.

De benoemingsprocedure

De raad van commissarissen stelt een profielschets vast voor zijn omvang en samenstelling. Deze profielschets wordt besproken in de algemene vergadering en met de ondernemingsraad, zowel bij de eerste vaststelling als bij eventuele wijzigingen (art. 268 en 158, lid 3, Boek 2 BW). In die schets moet ook worden vermeld wanneer een aanbeveling aan de orde is op grond van het versterkte aanbevelingsrecht van de ondernemingsraad (zie hieronder).

Het ligt in de rede dat bij het opstellen (wijzigen) van de profielschets en bij het benoemingsbeleid rekening wordt gehouden met een evenwichtige samenstelling van de raad van commissarissen. Voor grote vennootschappen is op dit gebied per 1 januari 2022 nieuwe wetgeving ingevoerd. Zie *www.ser.nl/nl/thema/diversiteitsportaal/inhoud-wet.*

De voordracht voor de (her)benoeming van een nieuwe commissaris wordt gelijktijdig bekendgemaakt aan de algemene vergadering en aan de ondernemingsraad (art. 158 en 268, lid 4, Boek 2 BW). Bovendien wordt in NV's de voordracht zodanig tijdig voorafgaand aan de algemene vergadering aan de ondernemingsraad verzonden, dat de OR in de gelegenheid is zijn standpunt over de voordracht te bepalen. Dit standpunt mag door de voorzitter (of een door deze aangewezen lid) van de ondernemingsraad in de algemene vergadering worden toegelicht. Het ontbreken van een standpunt (om wat voor reden dan ook) maakt de besluitvorming over het voorstel echter niet ongeldig.

Voor een derde van het aantal leden van de RvC geldt dat RvC een door de ondernemingsraad aanbevolen persoon op de voordracht plaatst, tenzij de raad van commissarissen bezwaar maakt tegen een aanbeveling. Dat bezwaar kan gestoeld zijn op twee gronden:

- de verwachting dat de betreffende persoon ongeschikt zal zijn voor de vervulling van de taak van commissaris;
- de raad van commissarissen zal na de benoeming niet naar behoren zijn samengesteld.

Dit versterkte aanbevelingsrecht geldt voor maximaal een derde van het aantal leden van de RvC. Is het aantal leden niet deelbaar door drie, dan wordt naar beneden afgerond (art. 268 en 158, lid 6, Boek 2 BW). Totdat (maximaal) een derde van de commissarissen is benoemd op grond van dit versterkte aanbevelingsrecht wordt dit recht toegepast bij iedere tweede vacature in de RvC.
Indien de RvC bezwaar maakt tegen een door de ondernemingsraad aanbevolen persoon, deelt hij dit onder opgaaf van redenen mee aan de ondernemingsraad. De RvC moet met de ondernemingsraad over dit geschil overleggen, met als doel het bereiken van overeenstemming. Als tussen ondernemingsraad en RvC geen overeenstemming kan worden bereikt, kan de RvC de Ondernemingskamer verzoeken het bezwaar gegrond te verklaren. Een dergelijk verzoek wordt niet eerder ingediend dan nadat vier weken zijn verstreken sinds het overleg met de ondernemingsraad. Als de Ondernemingskamer het bezwaar gegrond verklaart, heeft de ondernemingsraad het recht om een nieuwe aanbeveling te doen (art. 268 en 158, lid 7, Boek 2 BW). Tijdens deze bezwaarprocedure roept de Ondernemingskamer de ondernemingsraad op om te worden gehoord (art. 268 en 158, lid 8, Boek 2 BW).
De ondernemingsraad heeft ook recht van aanbeveling als alle commissarissen ontbreken. Diegene die de algemene vergadering bijeenroept deelt tijdig aan de ondernemingsraad mee dat de benoeming van commissarissen onderwerp van behandeling in de algemene vergadering zal zijn, waarbij ook wordt vermeld of het versterkte recht van aanbeveling van toepassing is (art. 269 en 159, lid 2, Boek 2 BW).
Op grond van art. 268 en 158, lid 11, Boek 2 BW kan bij de statuten van de hierboven geschetste benoemingsregeling worden afgeweken. Daartoe is vereist dat RvC, algemene vergadering en ondernemingsraad overeenstemming bereiken over een alternatieve regeling. Wel houdt de algemene vergadering in ieder geval de bevoegdheid om een voordracht voor benoeming af te wijzen (zie hieronder). Denkbaar is dat algemene vergadering, RvC en ondernemingsraad besluiten om de regeling zoals die gold tot de wetswijziging van 1 oktober 2004 te handhaven.

Wanneer een vennootschap meer dan één ondernemingsraad heeft, hebben alle ondernemingsraden het recht deze bevoegdheden uit te oefenen. Maar wanneer er naast deze ondernemingsraden een centrale ondernemingsraad is ingesteld, oefent alleen deze de genoemde bevoegdheden uit.
Heeft de betrokken vennootschap geen ondernemingsraad, maar is er wel een ondernemingsraad bij een rechtspersoon waarvan zij rechtstreeks of middellijk voor eigen rekening ten minste de helft van de aandelen houdt, dan oefent de door deze rechtspersoon ingestelde ondernemingsraad de bevoegdheden uit. Heeft de betrokken vennootschap meer dan één dochtervennootschap, dan zijn alle ondernemingsraden van die

dochtervennootschappen gelijkelijk bevoegd. Is er echter een centrale ondernemingsraad dan oefent deze laatste de hierboven omschreven bevoegdheden uit.

Naast de bevoegdheden van de ondernemingsraad ten aanzien van de *benoeming* van commissarissen van een grote rechtspersoon, heeft de ondernemingsraad ook een bevoegdheid ten aanzien van het *ontslag* van deze commissarissen. De raad van commissarissen, de algemene vergadering, de algemene ledenvergadering en de *ondernemingsraad* kunnen aan de Ondernemingskamer van het Gerechtshof te Amsterdam verzoeken een commissaris te ontslaan wegens verwaarlozing van zijn taak, wegens andere gewichtige redenen of wegens ingrijpende wijziging van de omstandigheden, op grond waarvan handhaving als commissaris redelijkerwijze niet kan worden verlangd. Zo'n verzoek kan door de algemene vergadering en door de ondernemingsraad worden ingediend door een daartoe aangewezen vertegenwoordiger. De ondernemingsraad mag geen verzoek tot het ontslaan van een commissaris bij de Ondernemingskamer indienen dan nadat hij hierover ten minste eenmaal overleg heeft gepleegd met de rechtspersoon (artikelen 161 en 271 Boek 2 BW). Deze bevoegdheid wordt uitgeoefend door dezelfde ondernemingsraad, ondernemingsraden of centrale ondernemingsraad welke de bevoegdheden ten aanzien van de benoeming van commissarissen uitoefenen.

De algemene vergadering heeft het recht om met meerderheid van stemmen vertegenwoordigend ten minste een derde van het geplaatste kapitaal een voordracht van de RvC af te wijzen. De RvC moet dan een nieuwe voordracht opstellen, waarbij de ondernemingsraad opnieuw personen voor benoeming kan voordragen. In het bijzondere geval dat de algemene vergadering een kandidaat niet benoemt, maar ook niet afwijst, wordt die kandidaat door de RvC benoemd (artikelen 158 en 268, lid 9, Boek 2 BW).
De algemene vergadering heeft voorts het recht zijn vertrouwen in de RvC op te zeggen, met als gevolg het onmiddellijke ontslag van de leden van de RvC. Een dergelijk besluit moet worden genomen met meerderheid van stemmen, vertegenwoordigend ten minste een derde van het geplaatste kapitaal. Een dergelijk besluit wordt niet genomen dan nadat het bestuur van de vennootschap ten minste 30 dagen voor de datum van de algemene vergadering de ondernemingsraad heeft geïnformeerd over het voorstel voor het besluit en de gronden daartoe. Het (eventuele) standpunt van de ondernemingsraad wordt door het bestuur aan de RvC en de algemene vergadering meegedeeld en de ondernemingsraad heeft het recht tijdens de algemene vergadering dit standpunt toe te lichten. Onder omstandigheden kan het heenzenden van de RvC overigens in strijd zijn met de redelijkheid en billijkheid van artikel 8 Boek 2 BW.
Na het ontslag stelt de Ondernemingskamer op verzoek van het bestuur onverwijld een of meer commissarissen aan, die moeten bevorderen dat een nieuwe RvC wordt samengesteld volgens de normale procedure (artikelen 161a en 271a Boek 2 BW).
De ondernemingsraad van een structuurvennootschap heeft voorts recht op toezending van de jaarrekening (die door de algemene vergadering wordt vastgesteld) (art.

101 en 210, lid 1, Boek 2 BW). Zie over de rechten van de OR met betrekking tot de jaarrekening uitgebreider artikel 31a WOR.

Op grond van de Wet bestuur en toezicht (ingangsdatum 1 januari 2013) kunnen naamloze en besloten vennootschappen kiezen voor een monistische bestuursstructuur. Dit houdt in dat de vennootschap één bestuursorgaan heeft met daarin zowel uitvoerende als niet uitvoerende (toezichthoudende) leden (in plaats van een afzonderlijke raad van bestuur en raad van commissarissen). Bij deze structuur geldt wat in het bovenstaande is uiteengezet voor de raad van commissarissen (waaronder dus ook de rechten van de ondernemingsraad) voor de niet uitvoerende bestuurders.

Benoeming van commissarissen bij de coöperatie en onderlinge waarborgmaatschappij
De regeling van de benoeming van commissarissen bij de coöperatie en de onderlinge waarborgmaatschappij (owm) wijkt af van de regeling bij de NV en de BV. Ook het ontslag van commissarissen is anders geregeld dan bij de NV en de BV.
De commissarissen worden, net als bij de NV en de BV, benoemd door de algemene (leden)vergadering (AV). De AV, de ondernemingsraad en het bestuur kunnen personen aanbevelen. De voorgedragen persoon wordt benoemd, tenzij de OR binnen twee maanden na de voordracht bezwaar maakt. De bezwaargronden zijn:
a) dat de procedurele voorschriften (tijdige en voldoende informatie) niet zijn nageleefd;
b) dat de voorgedragen persoon naar verwachting ongeschikt zal zijn voor de vervulling van de taak van commissaris;
c) dat de RvC naar verwachting na de benoeming niet naar behoren zal zijn samengesteld.

De betreffende persoon kan ondanks het bezwaar van de ondernemingsraad worden benoemd als de Ondernemingskamer het bezwaar ongegrond verklaard. Een verzoek daartoe moet worden ingediend door een door de RvC aangewezen vertegenwoordiger. Verweer bij de Ondernemingskamer komt toe aan een vertegenwoordiger van de AV dan wel de ondernemingsraad die het bezwaar heeft gemaakt.
Ook het ontslag van commissarissen is anders geregeld dan bij de NV en de BV. Ontslag is alleen mogelijk door de Ondernemingskamer wegens:
- verwaarlozing van zijn taak;
- andere gewichtige redenen;
- ingrijpende wijziging van de omstandigheden.

Benoeming van commissarissen bij niet-structuurvennootschappen
De hiervoor beschreven regelingen zijn gebaseerd op (dwingende) wetgeving. Afspraken over de benoeming van commissarissen (en toezichthouders bij stichtingen en verenigingen) kunnen ook gebaseerd zijn op de statuten van de rechtspersoon. Zie voor naamloze en besloten vennootschappen in dit verband de artikelen 143 en 253 Boek 2 BW. In sommige not for profit sectoren biedt de cao een rechtsbasis voor be-

trokkenheid van de ondernemingsraad bij de benoeming van toezichthouders. Die betrokkenheid kan verschillende vormen aannemen, zoals een recht op betrokkenheid bij het opstellen van een profielschets voor het toezichthoudend orgaan, een (al dan niet bindende) voordracht van toezichthouders of een overlegrecht met toezichthouders.

De SER heeft in 2017 twee handreikingen uitgebracht over de onderlinge contacten tussen OR en commissarissen en andere toezichthouders. Eén handreiking is vooral gericht op toezichthouders, de tweede op de OR. Zie *https://www.ser.nl/-/media/ser/downloads/overige-publicaties/2017/relatie-or-rvc-handreiking.pdf* (voor de OR) en *https://www.ser.nl/-/media/ser/downloads/overige-publicaties/2017/relatie-rvc-or.pdf* (voor commissarissen).

RECHTSPRAAK

Ondernemingskamer 1 juli 2016, ECLI:NL:GHAMS:2016:2766
Het besluit om enkele dagen voorafgaande aan de invoering van het verzwakt structuurregime voor een periode van vier jaar drie commissarissen te benoemen is kennelijk onredelijk. Het besluit van de ondernemer dat slechts concernfunctionarissen voor benoeming in aanmerking komen is een wezenlijke beperking van de wettelijke rechten van de ondernemingsraad.

Ondernemingskamer 15 november 2018, ECLI:NL:GHAMS:2018:4198
De ondernemingsraad heeft niet aannemelijk kunnen maken dat de ondernemer het besluit genomen heeft dat alle commissarissen in dienst van het concern moeten zijn.

Ondernemingskamer 11 april 2019, ECLI:NL:GHAMS:2019:1474
De ondernemingsraad stelt dat de ondernemer zich niet aan de toezegging om binnen een bepaalde periode de structuurregeling in te voeren, en dat daarom een (ander) adviesplichtig besluit kennelijk onredelijk is. De Ondernemingskamer verwerpt deze stelling: de ondernemer heeft aantoonbaar stappen gezet ter invoering van de structuurregeling. Daarbij is echter vertraging opgetreden.

Rechtbank Amsterdam 29 augustus 2014 (kort geding), ECLI:NL:RBAMS:2014:5462
De ondernemingsraad heeft op grond van de statuten het recht om één commissaris te benoemen.

J. Ontslagbescherming (Burgerlijk Wetboek)

De ontslagbescherming van leden van de ondernemingsraad en andere bij het werk van de ondernemingsraad betrokken werknemers, is geregeld in het Burgerlijk Wetboek, Boek 7 BW, titel 10, afdeling 9. Deze regels zijn per 1 juli 2015 op een aantal punten veranderd, hoewel de essentie intact is gebleven. Zie verder de toelichting bij artikel 21 WOR.

K. Wet arbeid en zorg

Deze wet (WAZ) die per 1 december 2001 in werking is getreden is een samenhangend geheel van regelingen voor (betaald) verlof en werken in deeltijd. De reeds bestaande wettelijke verlofregelingen (ouderschapsverlof, calamiteitenverlof) zijn in deze wet opgenomen.

Daarnaast is de mogelijkheid geopend tot kraamverlof, extra ouderschapsverlof bij meerlingen en betaald adoptieverlof. Voorts is een wettelijk recht op betaald kort zorgverlof (verzorging van zieke gezinsleden) opgenomen. In 2005 is de mogelijkheid van langdurend zorgverlof in de wet opgenomen. Bij het calamiteitenverlof en het, kort- en langdurend zorgverlof mogen bij cao en publiekrechtelijke regeling van arbeidsvoorwaarden of, bij het ontbreken daarvan, in overleg met de ondernemingsraad afwijkende afspraken worden gemaakt. Deze afspraken hebben in beginsel een geldingsduur van vijf jaar (zie artikel 1:5 van de WAZ).

L. Wet flexibel werken

Deze wet is per 1 januari 2016 in werking getreden en geldt ook voor ambtenaren. De werknemer kan de werkgever vragen zijn arbeidsduur te verminderen of te vermeerderen als hij of zij op de datum van de aanpassing ten minste een jaar in dienst is. Het verzoek moet vier maanden van tevoren worden ingediend. De werkgever gaat akkoord tenzij zwaarwegende bedrijfs- of dienstbelangen zich daartegen verzetten en dient uiterlijk een maand voor de beoogde ingang van de aanpassing op het verzoek te reageren, anders wordt de arbeidsduur aangepast overeenkomstig het verzoek van de werknemer. Van de wettelijke regels betreffende een vermeerdering van de arbeidsduur kan worden afgeweken bij cao of publiekrechtelijke regeling van arbeidsvoorwaarden. Als dat niet is gebeurd, kan de werkgever met de ondernemingsraad nadere afspraken maken (zie artikel 2, lid 15 en 17). In 2020 is in verband met Covid-19 een initiatiefwetsvoorstel ingediend met de voor zich sprekende titel 'Werken waar je wil'.

M. Wet op de Europese Ondernemingsraden

Op 22 september 1994 is door de Europese Unie een richtlijn aangenomen die de betrokken lidstaten heeft verplicht om in de nationale wetgeving regels op te nemen over informatie en raadpleging van werknemers in communautaire ondernemingen (dit zijn multinationale ondernemingen met vestigingen binnen de Europese Unie, Noorwegen, Liechtenstein en IJsland). Voor multinationals waarvan de moederonderneming in Nederland is gevestigd, zijn deze regels vastgelegd in de Wet op de Europese ondernemingsraden (1997).

Bovengenoemde richtlijn is in 2009 aangepast. De wijzigingen veranderen de kern van de regeling niet, maar versterken wel de rechten van Europese ondernemingsraden op een aantal onderdelen. De belangrijkste veranderingen zijn:

- aanscherping van de definities van informatie en raadpleging;
- verduidelijking wanneer een Europese ondernemingsraad bevoegd is;
- afstemming van informatie en raadpleging op nationaal en Europees niveau;
- erkenning van de rol van vakbonden;

- introductie van een recht op scholing;
- heronderhandelingsplicht bij ingrijpende wijzigingen in de bedrijfsstructuur.

De nieuwe regels gelden met ingang van 5 juni 2011.

De toepassing van de Europese richtlijn
De richtlijn is van toepassing op alle multinationals (dus ook bijvoorbeeld Amerikaanse en Japanse bedrijven) met in totaal meer dan 1000 werknemers in de betrokken lidstaten en ten minste twee vestigingen in verschillende lidstaten met ieder meer dan 150 werknemers.
De verplichting tot informatie en raadpleging van de werknemers rust op het hoofdbestuur van de multinational als dit is gevestigd in een betrokken lidstaat. Wanneer het hoofdbestuur buiten de Europese Unie gevestigd is, rust de verplichting op een door de multinational aangewezen vertegenwoordiger of op het bestuur van de vestiging met de meeste werknemers in een betrokken lidstaat.

De toepassing van de Wet op de Europese ondernemingsraden
- Onderhandelingen over de instelling van een Europese ondernemingsraad worden geopend door het hoofdbestuur op eigen initiatief of nadat ten minste 100 werknemers(vertegenwoordigers) uit twee vestigingen in twee verschillende lidstaten dit schriftelijk hebben gevraagd (artikel 8).
- Door de werknemers wordt een *'bijzondere onderhandelingsgroep'* samengesteld waarin iedere lidstaat waar de multinational vestigingen heeft, is vertegenwoordigd. De Nederlandse leden worden aangewezen door de centrale ondernemingsraad of door de betrokken ondernemingsraden (artikel 10).
- De onderhandelingsgroep heeft tot taak om met het hoofdbestuur in een schriftelijke overeenkomst de samenstelling, werkwijze, bevoegdheden en faciliteiten van de Europese ondernemingsraad vast te stellen (artikelen 8 en 11).
- Hoofdbestuur en onderhandelingsgroep kunnen schriftelijk overeenkomen om in plaats van een Europese ondernemingsraad een regeling in te voeren waarbij op een andere wijze wordt voorzien in het informeren en raadplegen van de werknemers met betrekking tot grensoverschrijdende aangelegenheden (artikel 8).
- De kosten van de onderhandelingsgroep (reis- en verblijfkosten, tolken, raadplegen van deskundigen) zijn voor rekening van het hoofdbestuur. De Nederlandse leden hebben recht op doorbetaling van loon als de vergaderingen in werktijd plaatsvinden. Zij hebben recht op doorbetaalde vrije uren voor onderling beraad en doorbetaalde vrije dagen voor scholing. Voorts hebben zij wettelijke bescherming tegen benadeling in hun positie in de onderneming (artikel 21 Wet OR) en de ontslagbescherming van de artikelen 670, 670a en 671a van Boek 7 van het Burgerlijk Wetboek (zie verder het commentaar bij artikel 21, onderdeel Ontslagbescherming).

- De onderhandelingsgroep kan met ten minste twee derde van de stemmen besluiten om de onderhandelingen te beëindigen. In dat geval is het hoofdbestuur twee jaar lang van zijn verplichtingen bevrijd.
- Als het hoofdbestuur weigert om binnen zes maanden na het verzoek van de werknemers onderhandelingen te openen of als hoofdbestuur en onderhandelingsgroep binnen drie jaar na het verzoek nog geen overeenkomst hebben gesloten, gaan de minimumvoorschriften gelden die zijn opgenomen in de artikelen 16 tot en met 20 van de wet.

Minimumvoorschriften

De belangrijkste minimumvoorschriften – die dus pas gaan gelden als men niet tot overeenstemming kan (of wil) komen over een eigen regeling – zijn:

- de Europese ondernemingsraad telt ten minste 3 en ten hoogste 30 leden (één werknemer uit elke lidstaat waar de multinational een vestiging heeft plus leden naar evenredigheid van het aantal werknemers in de vestigingen); de Nederlandse leden worden aangewezen door de centrale ondernemingsraad of de betrokken ondernemingsraden voor de duur van 4 jaar;
- de Europese ondernemingsraad heeft recht op informatie en raadpleging over zaken die van belang zijn voor het gehele concern of voor ten minste twee vestigingen in verschillende lidstaten;
- de Europese ondernemingsraad vergadert ten minste eenmaal per jaar met het hoofdbestuur, op basis van een verslag van het hoofdbestuur over de activiteiten en vooruitzichten van de multinational (structuur, financieel-economische positie, werkgelegenheid, investeringen, reorganisaties, fusie, inkrimping of sluiting van vestigingen);
- de Europese ondernemingsraad heeft het recht zo spoedig mogelijk te worden geïnformeerd en geraadpleegd in bijzondere omstandigheden die aanzienlijke gevolgen hebben voor de belangen van de werknemers (verhuizing, sluiting, collectief ontslag);
- de leden van de Europese ondernemingsraad informeren de werknemers(vertegenwoordigers) van de vestigingen over de resultaten van hun overleg met het hoofdbestuur;
- de kosten van de Europese ondernemingsraad (reis- en verblijf, tolken, vergaderingen, deskundigen) komen voor rekening van het hoofdbestuur;
- de Nederlandse leden van de Europese ondernemingsraad hebben gelijke faciliteiten en rechtsbescherming als de Nederlandse leden van de bijzondere onderhandelingsgroep (artikel 4).

De nalevingsprocedure

Iedere belanghebbende kan bij de Ondernemingskamer van het Gerechtshof te Amsterdam de naleving afdwingen van de bepalingen van de Wet op de Europese ondernemingsraden met uitzondering van de bepalingen over de faciliteiten en rechtsbescherming van de Nederlandse vertegenwoordigers (artikel 5). De naleving van laatstgenoemde bepalingen (artikel 4) kan door de betrokken werknemers worden gevorderd bij de kantonrechter.

RECHTSPRAAK

Ondernemingskamer 19 juni 2019, ECLI:NL:GHAMS:2019:2112
De afspraken zoals gemaakt in de EOR-medezeggenschapsovereenkomst zijn niet geschonden. De verzoeken van de EOR worden afgewezen.

Rechtbank Rotterdam 27 november 2018, ECLI:NL:RBROT:2018:9722
Niet is voorgeschreven dat de EOR voorafgaand aan de nationale raadpleging moet worden geconsulteerd. Dit mag ook tegelijkertijd.

N. Medezeggenschap in de Europese (Coöperatieve) vennootschap

Vanaf 8 oktober 2004 kunnen in de EU Europese vennootschappen (meestal aangeduid met SE) worden opgericht. Dat zijn rechtsvormen die veel weg hebben van onze naamloze vennootschap. De oprichting van een SE kan op verschillende manieren plaatsvinden, maar voorwaarde is steeds dat er twee vennootschappen in verschillende lidstaten van de EU bij betrokken zijn. Aan de regeling van de SE is een medezeggenschapsrichtlijn gekoppeld. Doel daarvan is onder meer te verhinderen dat de oprichting van een SE wordt gebruikt om bestaande vormen van medezeggenschap te laten verdwijnen. De medezeggenschapsrichtlijn is bijzonder ingewikkeld en wordt hierna slechts op hoofdpunten behandeld. De richtlijn is in Nederland geïmplementeerd in de Wet rol werknemers bij Europese rechtspersonen.

De medezeggenschapsregeling lijkt in een aantal opzichten sterk op de regeling van de Europese ondernemingsraad *(zie hierboven onder Bijlage 2M).* Beide regelingen gaan uit van onderhandelingen tussen het bestuur en een vertegenwoordiging van de werknemers, de zgn. bijzondere onderhandelingsgroep (BOG). Die kunnen op het gebied van de medezeggenschap in principe alles afspreken wat ze maar willen. De lidstaten van de EU mogen bepalen hoe de BOG wordt samengesteld. Dat wordt net als bij de EOR in Nederland overgelaten aan de (centrale) ondernemingsraad.
Als de BOG en het bestuur van de SE geen overeenstemming kunnen bereiken, moet worden teruggevallen op de vangnetbepalingen in de bijlagen bij de medezeggenschapsrichtlijn.
Het gaat daarbij om drie vormen van medezeggenschap. De eerste twee worden aangeduid met *informatie en raadpleging* en *ondernemingsraad*, en lijken sterk op de regeling voor Europese ondernemingsraden in het geval partijen niet tot overeenstemming kunnen komen. De derde vorm wordt – dit is vanuit een Nederlands gezichtspunt enigszins verwarrend – aangeduid met *medezeggenschap*, en heeft betrekking op de vertegenwoordiging van werknemers in de raad van commissarissen (vergelijk de Nederlandse structuurregeling). Als er in (een van) de vennootschappen die bij de oprich-

ting van een SE zijn betrokken een dergelijke vorm van medezeggenschap bestaat, blijft deze in beginsel bestaan.

Bij wijze van voorbeeld: als een Nederlandse structuurvennootschap deelneemt aan de oprichting van een SE, dan hebben werknemers het recht invloed uit te oefenen op de samenstelling van de raad van commissarissen van de SE.
Ook met betrekking tot de samenstelling van de raad van commissarissen is het in Nederland de (centrale) ondernemingsraad die de werknemers vertegenwoordigt.

Vanaf 18 augustus 2006 kan voorts een Europese coöperatieve vennootschap (SCE) worden opgericht. Deze rechtsvorm lijkt in veel opzichten op onze coöperatie; het verschil is dat de SCE een in aandelen verdeeld kapitaal kent. De medezeggenschap is in grote lijnen eender geregeld als bij de SCE. Voor in Nederland opgerichte SCE's is de medezeggenschap geregeld in hoofdstuk 2 van de Wet rol werknemers bij Europese rechtspersonen.

O. Medezeggenschap in geval van een grensoverschrijdende juridische fusie
Met ingang van 15 juli 2008 kunnen kapitaalvennootschappen (en coöperaties die een met kapitaalvennootschappen vergelijkbare financieringsstructuur kennen) uit verschillende EU-lidstaten grensoverschrijdend juridisch fuseren. Artikel 333k van Boek 2 BW bevat een ingewikkelde regeling van de medezeggenschap. Uitgangspunt is dat de medezeggenschapsregels van het land waar de uit de fusie resulterende vennootschap wordt gevestigd van toepassing zijn. Daarop zijn echter uitzonderingen mogelijk, die aansluiten bij de hiervoor onder *Bijlage 2N* geschetste medezeggenschapsregels voor de SE en de SCE. Bij de toepassing van die regels treedt de (centrale) ondernemingsraad op als vertegenwoordiger van de Nederlandse werknemers.

P. Informatierecht bij openbare biedingen
Eind 2007 is de wettelijke regeling inzake openbare biedingen in werking getreden (de meest recente versie is van 2017). De regels hebben uitsluitend betrekking op beursgenoteerde ondernemingen. In de regeling is voorgeschreven dat de bieder, zodra hij zijn biedingsbericht openbaar maakt, ook zijn ondernemingsraad of zijn werknemers moet informeren. Ook de doelwitvennootschap moet haar ondernemingsraad of werknemers informeren. Beiden moeten het biedingsbericht ter beschikking stellen. Deze bepalingen voegen weinig toe aan de WOR, nu werknemersvertegenwoordigers op grond van de WOR (en de fusiegedragsregels, zie onder *Bijlage 2Q*) al in een vroeger stadium moeten worden geïnformeerd.

Q. SER-Fusiegedragsregels
Indien bij een fusie ten minste één in Nederland gevestigde onderneming met 50 werknemers of meer is betrokken, moeten de bij die onderneming betrokken verenigingen van werknemers (vakbonden) worden ingeschakeld. Zie hebben het recht voorafgaand aan het fusiebesluit te worden ingelicht en moeten worden geraadpleegd door de be-

trokken ondernemers. Er is geen meebeslissingsrecht voor de vakbonden. Als de plicht om de vakbonden te informeren en raadplegen niet (voldoende) wordt nageleefd, kunnen zij een klacht indienen bij de Geschillencommissie Fusiegedragsregels. Die klacht kan in het zwaarste geval resulteren in een openbare berisping. De fusiepartners moeten op grond van artikel 4, lid 7, van de fusiegedragsregels de betrokken ondernemingsraden op de hoogte stellen van het oordeel van de vakbonden over de voorgenomen fusie, zodat die ondernemingsraden daar bij hun meningsvorming en voordat zij hun advies uitbrengen rekening mee kunnen houden. In de praktijk is dit niet zelden een geschilpunt en mede aanleiding voor het indienen van een klacht door de vakorganisaties. Die worden dan pas ingelicht over de fusie als het adviestraject met de ondernemingsraad al lang en breed is afgerond.
De fusiegedragsregels zijn niet van toepassing als (onder meer) de fusie plaatsvindt binnen één concern, als er minder dan 10 werknemers werkzaam zijn bij de overgenomen onderneming, of als de fusie vooral betrekking heeft op ondernemingen in het buitenland (vergelijk de buitenlandclausule in *artikel 25, eerste lid, WOR*).
Per oktober 2015 zijn de Fusiegedragsregels op een aantal punten herzien. De werkingssfeer is uitgebreid tot de not for profit sector en de overheid, voor zover daar bedrijfsmatig wordt gewerkt. De regels zijn op een aantal punten verduidelijkt (met name de regeling van het opleggen van geheimhouding, de omschrijving van het begrip fusie en de termijnen voor het indienen van een eventuele klacht) en de terminologie is meer in lijn gebracht met de WOR. De regels rond de volgorde van inschakeling van de vakbonden en de ondernemingsraad zijn verduidelijkt. Er is voorts een mogelijkheid tot bemiddeling opengesteld. Veel informatie over de gedragsregels is te vinden op de website van de SER *(https://www.ser.nl/nl/taken/fusiegedragsregels.aspx)*. Op die site staan ook alle uitspraken van de Geschillencommissie.

R. Medezeggenschap bij de overgang van ondernemingen
Er zijn situaties denkbaar waarin een onderneming overgaat naar een andere ondernemer (door verkoop of fusie), zonder dat er een ondernemingsraad of personeelsvertegenwoordiging is ingesteld. De werkgever is dan verplicht de eigen werknemers die betrokken zijn bij de overgang tijdig in kennis te stellen van het voorgenomen besluit tot overgang, de voorgenomen datum van de overgang, de reden, de juridische, economische en sociale gevolgen voor de werknemers en de met het oog op die gevolgen overwogen maatregelen (artikel 7:665a BW). Zie over de medezeggenschap na overgang van een onderneming verder het commentaar bij artikel 12.

S. Spreekrecht ondernemingsraad (boek 2 BW)
Met ingang van 1 juli 2010 heeft de ondernemingsraad bij NV's een spreekrecht in de algemene vergadering over belangrijke bestuursbesluiten, besluiten tot benoeming, schorsing en ontslag van bestuurders en commissarissen alsmede ten aanzien van het bezoldigingsbeleid. Verwezen zij naar het commentaar bij de artikelen 25, 30 en 31d, en onderdeel i van deze bijlage (structuurregeling).

T. Klachtrecht aanstellingskeuringen

Een aanstellingskeuring is een medische keuring die plaatsvindt in het kader van een sollicitatieprocedure of in verband met wijziging van de arbeidsverhouding. In de Wet medische keuringen (Wmk) is geregeld dat een aanstellingskeuring slechts mag plaatsvinden als aan een aantal voorwaarden is voldaan. De Commissie Klachtenbehandeling Aanstellingskeuringen (CKA) behandelt vragen en klachten over aanstellingskeuringen. Deze kunnen door een sollicitant, werkgever of keurend arts, en met ingang van 1 oktober 2012, ook door de ondernemingsraad worden ingediend. Zie voor verdere informatie de website van de CKA (www.aanstellingskeuringen.nl).

U. Registratieplicht uitzendbureaus

Met ingang van 1 juli 2012 is een registratieplicht ingevoerd voor intermediairs die arbeidskrachten ter beschikking stellen. Ook is een systeem van certificering voor deze intermediairs ingevoerd. Doel is het bestrijden van malafide uitzendbureaus. Indien uit onderzoek naar de naleving van deze voorschriften blijkt dat de voorschriften zijn overtreden, verstrekt de betreffende inspectie een verslag aan (onder meer)de ondernemingsraad of personeelsvertegenwoordiging en aan de daarvoor in aanmerking komende organisaties van werkgevers en werknemers (artikel 15 WAADI).

V. Faillissementsrecht

De ondernemingsraad heeft geen adviesrecht wanneer de ondernemer zelf zijn faillissement aanvraagt. Zie uitgebreider het commentaar bij *artikel 25, eerste lid onder c*. Wel kan de ondernemingsraad – in de status van belanghebbende – op grond van artikel 10 Faillissementswet (Fw) verzet aantekenen tegen de faillietverklaring. Hoger beroep en cassatie zijn geregeld in de artikelen 12 en 13 Fw. Zie voor surseance de artikelen 215a en 219-221 Fw. Zie ook artikel 241a Fw (verzoek belanghebbenden om een afkoelingsperiode).

Per 1 januari 2021 is het bij bedrijven in ernstige financiële problemen eenvoudiger geworden om aan schuldeisers dwingend een onderhands akkoord op te leggen. De wettelijke regeling voorziet in de aanwijzing van een zogenoemde herstructureringsdeskundige. Een verzoek tot aanwijzing van een dergelijke deskundige kan ook worden ingediend door de ondernemingsraad of personeelsvertegenwoordiging (zie artikel 371, lid 1, Faillissementswet).

W. Bedenktijd bij openbare biedingen

Bij beursgenoteerde ondernemingen is in geval van een openbaar bod de mogelijkheid van een bedenktijd ingevoerd. Zie artikel 2:114b BW. De vennootschap kan een bedenktijd inroepen in de volgende gevallen: indien een of meer houders van aandelen overeenkomstig verzoekt om behandeling van een voorstel tot benoeming, schorsing of ontslag van een of meer bestuurders of commissarissen, of een voorstel tot wijziging van een of meer statutaire bepalingen die betrekking hebben op benoeming, schorsing of ontslag van bestuurders of commissarissen, dan wel indien een openbaar bod is aangekondigd of uitgebracht op aandelen in het kapitaal van de vennootschap zonder

dat over het bod overeenstemming is bereikt met de vennootschap en indien er naar het oordeel van het bestuur wezenlijk sprake is van strijdigheid met het belang van de vennootschap en de met haar verbonden onderneming.
De duur van deze bedenktijd is maximaal 250 dagen. Gedurende de bedenktijd vergaart het bestuur alle informatie die nodig is voor een zorgvuldige beleidsbepaling. Daartoe raadpleegt het bestuur in ieder geval de aandeelhouders die bij het inroepen van de bedenktijd ten minste 3% van het geplaatste kapitaal vertegenwoordigen en de *ondernemingsraad*. Indien de geraadpleegde aandeelhouders of de ondernemingsraad aan het bestuur een standpunt kenbaar hebben gemaakt, plaatst het bestuur dit standpunt onverwijld op de website van de vennootschap, voor zover de geraadpleegde partijen daarmee hebben ingestemd.

Bijlage 3 Wetgeving in ontwikkeling

Hierna volgt een overzicht van de (voorgenomen) wetsvoorstellen die in juli 2022 in voorbereiding of in behandeling waren en die bepalingen bevatten die van belang zijn voor de ondernemingsraad. Het gaat daarbij zowel om wijzigingen in de WOR, als in andere wetten die bepalingen over de ondernemingsraad bevatten.

A. Wijzigingen WOR

Gelijke beloningen mannen vrouwen
Een in 2019 ingediend initiatief wetsvoorstel zou kunnen leiden tot aanpassing van artikel 31b WOR. Zie verder hieronder C.

Klokkenluiders
In juni 2021 is een voorstel ingediend voor wijziging van de Wet Huis voor Klokkenluiders. Zie over deze wet uitgebreider het commentaar op artikel 27, eerste lid onder m. Onderdeel van het wetsvoorstel, dat mede tot doel heeft de positie van klokkenluiders te versterken, is een aanvulling van de tekst van genoemd artikel 27, eerste lid onder m. Dat zou komen te luiden: na 'vermoeden van een misstand' wordt toegevoegd 'en informatie over inbreuken op het Unierecht'.

B. Faillissementsrecht
Het wetsontwerp met Kamerstuk 33695 uit 2019 heeft tot doel om een overgang van onderneming in faillissement te faciliteren en de belangen van de betrokken werknemers daar beter bij te betrekken en duidelijkheid te bieden voor ondernemers die overwegen een failliete onderneming over te nemen. Kern van het voorstel is dat werknemers die ten tijde van de faillietverklaring in dienst zijn bij de gefailleerde werkgever, op het moment van de overgang van de onderneming in principe onder dezelfde arbeidsvoorwaarden in dienst komen bij degene die de onderneming in het faillissement overneemt en voortzet (de verkrijger). De overgang zelf kan geen reden zijn om van dit uitgangspunt af te wijken. Alleen als er bij de overgang arbeidsplaatsen verdwijnen en dit het gevolg is van bedrijfseconomische omstandigheden, is het de verkrijger toegestaan minder werknemers over te nemen. In dat geval wordt op een objectieve en transparante manier bepaald welke werknemers wel en niet meegaan. Het wetsontwerp omvat daarnaast de codificatie van een beschikking van de Hoge Raad van 6 juni 2017 waarin is vastgesteld dat de Wet op de Ondernemingsraden ook in faillissement van toepassing is. De ondernemingsraad of de personeelsvertegenwoordiging krijgt

het recht om een advies uit te brengen over een voorgenomen doorstart. De rechter-commissaris die toestemming moet geven voor de overgang, zal dit advies bij zijn beslissing betrekken. Op deze manier worden de werknemers bij de totstandkoming van de overgang betrokken. Zie Kamerstukken 33695, nr. 18.
De SER heeft eind 2015 een overzicht gemaakt van de medezeggenschapsrechten in insolventiesituaties. Zie *https://www.ser.nl/nl/thema/medezeggenschap/belangrijke-themas/faillissement.*

C. Gelijke beloning mannen en vrouwen
In 2019 is een initiatief wetsvoorstel ingediend om gelijke beloning van mannen en vrouwen te bevorderen. Kern van het voorstel is dat organisaties met 50 of meer werknemers een certificaat moeten overleggen waaruit blijkt dat mannen en vrouwen gelijk loon ontvangen voor arbeid van gelijke waarde. Het voorstel zou leiden tot aanvulling van de informatieplicht in artikel 31b, eerste lid, WOR. Werknemers kunnen in voorkomende gevallen een klacht indienen bij het College voor de Rechten van de Mens. De ondernemer moet melding maken van een dergelijke klacht bij de ondernemingsraad of het daarmee vergelijkbare medezeggenschapsorgaan. Zie Kamerstukken 35157.

D. Initiatief wetsvoorstel eerlijk delen
Eind 2020 is een initiatiefwetsvoorstel 'Eerlijk delen' ingediend. De kern is dat indien in een onderneming in de regel ten minste 100 personen werkzaam zijn en deze in stand gehouden wordt door een naamloze of besloten vennootschap met beperkte aansprakelijkheid, de ondernemer op verzoek van de ondernemingsraad verplicht is een stichting administratiekantoor op te richten dat als doel heeft het uitgeven van certificaten van aandelen aan in de onderneming werkzame personen, en het beheer over deze certificaten uit te oefenen. Het bestuur van die stichting bestaat uit vijf leden van de ondernemingsraad. Zie Kamerstukken 35672.

E. Initiatief wetsvoorstel vertrouwenspersoon
In 2020 is een initiatiefwetsvoorstel ingediend met als doel de aanstelling van een vertrouwenspersoon via een wijziging van de Arbeidsomstandighedenwet. De werknemer die in de arbeidssituatie is geconfronteerd met ongewenste omgangsvormen, waaronder begrepen direct en indirect onderscheid, intimidatie, seksuele intimidatie, agressie, geweld of pesten, kan zich dan wenden tot deze vertrouwenspersoon. Indien in het bedrijf of de inrichting van de werkgever een ondernemingsraad of personeelsvertegenwoordiging is ingesteld, geschieden de keuze voor de vertrouwenspersoon en diens positionering alsmede de verlenging en beëindiging van diens aanstelling met instemming van die ondernemingsraad of personeelsvertegenwoordiging. Jaarlijks wordt verslag uitgebracht aan de ondernemingsraad of de personeelsvertegenwoordiging. Zie Kamerstukken 35592.

F. Klachtrecht werknemers

Vanuit de Tweede Kamer is in 2000 een initiatiefwetsvoorstel ingediend over een klachtrecht voor individuele werknemers. Op grond van dit voorstel zal in ondernemingen met een ondernemingsraad verplicht een klachtenregeling moeten worden getroffen (waarover de ondernemingsraad dan op grond van artikel 27, eerste lid onder j, WOR instemmingsrecht heeft). Zie Kamerstukken 27274.

Bijlage 4 De inrichtingsvoorschriften voor de balans volgens titel 9, Boek 2 van het Burgerlijk Wetboek

De tekst van bijlage 4 over de inrichtingsvoorschriften voor de balans volgens titel 9, Boek 2 van het Burgerlijk Wetboek vindt u op *https://inzicht.sdu.nl/sites/inzicht/files/2020-11/001_Bijlage-4_183153.pdf.*

Bijlage 5 De inrichtingsvoorschriften voor de winst-en-verliesrekening volgens titel 9, Boek 2 van het Burgerlijk Wetboek

De tekst van bijlage 5 over de inrichtingsvoorschriften voor de winst-en-verliesrekening volgens titel 9, Boek 2 van het Burgerlijk Wetboek vindt u op *https://inzicht.sdu.nl/sites/inzicht/files/2020-11/001_Bijlage-5_183154.pdf.*

Bijlage 6 De toelichting bij de balans en de winst-en-verliesrekening volgens titel 9, Boek 2 van het Burgerlijk Wetboek

De tekst van bijlage 6 over de toelichting bij de balans en de winst-en-verliesrekening volgens titel 9, Boek 2 van het Burgerlijk Wetboek vindt u op *https://inzicht.sdu.nl/sites/inzicht/files/2020-11/001_Bijlage-6_183155.pdf.*

Bijlage 7 Besluit verstrekking financiële informatie aan ondernemingsraden 1985

De tekst van bijlage 7 over het Besluit verstrekking financiële informatie aan ondernemingsraden 1985 vindt u op *https://inzicht.sdu.nl/sites/inzicht/files/2020-11/001_Bijlage-7_183156.pdf.*

Bijlage 8 De voorschriften voor de balans, de staat van baten en lasten en de toelichting volgens het Besluit verstrekking financiële informatie aan ondernemingsraden 1985 (artikelen 9 t/m 12)

De tekst van bijlage 8 over de voorschriften voor de balans, de staat van baten en lasten en de toelichting volgens het Besluit verstrekking financiële informatie aan ondernemingsraden 1985 vindt u op *https://inzicht.sdu.nl/sites/inzicht/files/2020-11/001_Bijlage-8_183157.pdf*.
Zie ook overheid.nl (*https://wetten.overheid.nl/BWBR0003773/*).

Bijlage 9 Corporate Governance Codes en andere codes goed bestuur

De Corporate Governance Code
De Nederlandse corporate governance code geldt voor beursgenoteerde vennootschappen. De code is in 2003 door de toenmalige Commissie Tabaksblat vastgesteld. In december 2008 is de code geactualiseerd door de Commissie Frijns. De meest recente versie van de Code (opgesteld door de commissie Van Maanen) is vastgesteld op 8 december 2016 en te downloaden op de site van de Commissie Corporate Governance Code *(zie https://www.mccg.nl/publicaties/codes/2016/12/8/corporate-governance-code-2016).* Deze Code is in werking getreden vanaf het boekjaar beginnend op of na 1 januari 2017.
In 2022 is een consultatieronde gehouden (inmiddels afgesloten) voor een nieuwe herziening van de code.

De code bevat zowel principes als concrete bepalingen die de bij een vennootschap betrokken personen (onder andere bestuurders en commissarissen) en partijen (onder andere institutionele beleggers) tegenover elkaar in acht zouden moeten nemen.
De principes kunnen worden opgevat als de moderne, en inmiddels breed gedragen, algemene opvattingen over goede corporate governance. De vennootschap vermeldt elk jaar in haar jaarverslag op welke wijze zij de principes van de code in het afgelopen boekjaar heeft toegepast.

De code is onderverdeeld in vijf hoofdstukken:
1. Lange termijn waardecreatie
2. Effectief bestuur en toezicht
3. Beloningen
4. Algemene vergadering van
5. One-tier bestuursstructuur

Uit de aanhef blijkt dat bij vennootschappen niet uitsluitend het aandeelhoudersbelang leidend mag zijn: 'De Code berust op het uitgangspunt dat de vennootschap een lange termijn samenwerkingsverband is van diverse bij de vennootschap betrokken stakeholders. Stakeholders zijn groepen en individuen die direct of indirect het bereiken van de doelstellingen van de vennootschap beïnvloeden of er door worden beïnvloed:

werknemers, aandeelhouders en andere kapitaalverschaffers, toeleveranciers, afnemers en andere belanghebbenden.
Het bestuur en de raad van commissarissen hebben een verantwoordelijkheid voor de afweging van deze belangen en zijn doorgaans gericht op de continuïteit van de vennootschap en de met haar verbonden onderneming. Daarbij streeft de vennootschap naar het creëren van waarde op de lange termijn.'

Over werknemersvertegenwoordigers wordt in de preambule in algemene zin het volgende opgemerkt: 'De verhouding tussen de vennootschap en haar werknemers(vertegenwoordigers) is bij wet geregeld. In de Code komt deze verhouding aan bod in bepalingen die betrekking hebben op cultuur en de contacten tussen de raad van commissarissen en het medezeggenschapsorgaan.'
In de volgende bepalingen wordt de OR (daarvoor wordt de term medezeggenschapsorgaan gebruikt) expliciet genoemd:
Onderdeel 2.3.1 van de code bevat een vooral procedurele bepaling: De taakverdeling binnen de raad van commissarissen, alsmede de werkwijze van de raad worden neergelegd in een reglement. De raad van commissarissen neemt in het reglement een passage op over zijn omgang met het bestuur, de algemene vergadering, indien aanwezig, het medezeggenschapsorgaan en, indien ingesteld, het executive committee. Het reglement wordt op de website van de vennootschap geplaatst. De voorzitter van de RvC moet er op toezien dat de contacten met het medezeggenschapsorgaan naar behoren verlopen (2.3.6). In het introductieprogramma voor nieuwe commissarissen moet aandacht worden besteed aan de omgang met het medezeggenschapsorgaan (2.4.5). In het overleg binnen de driehoek (RvB, RvC en OR) wordt ook gesproken over de cultuur binnen de onderneming (2.5.3).

Andere governance codes
Hiervoor werd al opgemerkt dat de code niet alleen relevant is voor beursvennootschappen, maar ook voor andere organisaties in de private sector. Daarnaast is er in toenemende mate aandacht voor goed bestuur en toezicht in de publieke en semipublieke sector. Die aandacht heeft geleid tot een groot aantal gedragscodes in die sectoren. Voorbeelden zijn de codes voor woningcorporaties, voor de gezondheidszorg en voor de culturele sector. In de tekst van de codes zelf komt de ondernemingsraad nog maar weinig aan bod. Toch mag de positie van de ondernemingsraad niet worden onderschat. Zo is de ondernemingsraad aangemerkt als belanghebbende partij die naleving van de code door een instelling waar die code betrekking op heeft, kan laten toetsen bij de verantwoordelijke autoriteit. De parlementaire enquête naar de woningcorporaties laat zien dat ondernemingsraden in een aantal gevallen een actieve rol hebben gespeeld op het terrein van corporate governance.
Zie voor de relatie tussen de ondernemingsraad en het toezichthoudend orgaan verder het commentaar bij *artikel 24* en *Bijlage 21* (structuurregeling).
De SER en het Nationaal Register hebben in 2015 het initiatief genomen tot oprichting van de Alliantie Medezeggenschap en Governance, met als hoofddoel het stimuleren

van goed overleg tussen de drie raden (bestuur, toezichthouders en OR). Zie *http://www.medezeggenschap-en-governance.nl/*. Ook wordt er jaarlijks een prijs (de Driehoek 3D-trofee) uitgereikt voor organisaties die uitblinken door een goed functionerend drieradenoverleg.

ESG/MVO

Internationaal, op EU-niveau, onder investeerders, beleidsmakers enzovoorts is er toenemende aandacht voor het onderwerp ESG. Dat staat voor Environmental, Social en Governance (klimaat/milieu, sociale rechten en de wijze van besturen van organisaties). In Nederland valt het begrip ESG in grote lijnen samen met maatschappelijk verantwoord ondernemen (MVO). Bezien vanuit de ondernemingsraad bestrijkt ESG/MVO een zeer breed terrein, met implicaties voor onder meer het initiatief- en overlegrecht, het advies- en instemmingsrecht, een groot aantal artikel 28-onderwerpen en de financiële informatierechten. Verwezen zij vooral naar het commentaar bij *artikel 28*. In Bijlage D van het voorbeeldreglement ondernemingsraden van de SER wordt uitgebreider op dit onderwerp ingegaan.

Bijlage 10 Essentials of the Dutch Works Council Act

Introduction

This annex aims to give an overview of the essentials of the Dutch Works Council Act (Wet op de ondernemingsraden, WOR). It is not meant to give legal guidance. A full text English translation of the Act can be found on this website: https://www.ser.nl/-/media/ser/downloads/engels/2019/works-councils-act.pdf.
This Annex only covers the WOR, not employee rights on board level representation and other participation arrangements covered by Dutch company law.

Overview

Every undertaking in the Netherlands with at least 50 employees is obliged to set up a works council (OR) with a range of information and consultation rights (each independent plant is classified as an undertaking in Dutch law). In addition, undertakings with between 10 and 50 employees are required to set up a personnel delegation (PVT), a body with some of the powers of the works council, if a majority of employees requests it. If no works council or PVT is in place, the employer is required to organize bi-annual personnel meetings. Setting up a works council is the responsibility of the employer.

The extent of the works council's powers varies according to the issue involved. In broad terms the works council must be informed and consulted about economic issues, but on social issues it must approve a large number of changes.

Works councils were first introduced by law in 1950 and their extent and powers have gradually been extended since then. The bulk of the current legal framework for works councils is set out in the Works Councils Act of 1979, which was extended to smaller companies in 1981 and revised again in 1998. There were also minor revisions in 2004 to take account of the EU's framework directive on information and consultation (2002/14/EC), and the most recent legal changes were introduced in 2013 and 2016 (on training and pensions, respectively) and in 2022 (on the election system).

Works councils do not exist in all the undertakings which should by law have them, although they are normally present. Figures published in 2018 in a study undertaken on behalf of the labour ministry show that 67% of workplaces with more than 50 employees had a works council. The study found that works councils are more common in larger than in smaller workplaces. Differences also exist across sectors.

In workplaces with between 10 and 50 employees, 16% had a works council and 12% had a personnel delegation. Where personnel delegations have been established, this has normally been done voluntarily by the employer. The study found that only 22% had been set up entirely or partially because of a request of the majority of employees.

Works councils are not directly trade union bodies, although many often have a large share of trade union members. It is, however, very common to find that some of the works council members are not in a union and in some cases trade unionists are in a minority, or even not present at all.

Trade unionists have a basic right to organise at work, but, unlike the situation in many other European countries, such as France, Spain or Italy, in the Netherlands they have no statutory right to specific facilities. However, in some areas unions have been able to gain additional rights through collective bargaining.

Numbers and structure

A works council should be set up once there are 50 employees. The number of members increases with the size of the company, up to 25 in very large companies.

The works council consists entirely of employees (up to the 1970s the employer took the chair), who are elected by the entire workforce. The works council elects its own chair and one or more deputies, it draws up its own rules of procedure, but management must have an opportunity to comment on them.

In terms of frequency, the only legal requirements are that the works council must meet with the employer at least twice a year to discuss the overall state of the business in the presence of one or more members of the supervisory board, and that the works council must meet with the employer within at least two weeks of either side expressing a wish to do so. In practice, many works councils meet once a month or two months, and there is also a joint meeting with the employer once every one or two months.

The works council can also set up standing committees to deal with specific issues, such as health and safety, sub-committees covering specific parts of the undertaking, and temporary or ad hoc committees, set up to deal with specific issues.

Tasks and rights

The purpose of the works council is not simply to just represent the employees. The legislation makes it clear that 'consultations with and representation of' the employees are also 'in the interests of the sound functioning of the enterprise in all its objectives'.

The law provides the works council with three main types of rights: information rights, consultation rights and approval rights. In addition, the works council has powers to make proposals to which the employer must respond – the right of initiative. Works councils are not normally involved in collective bargaining, although there are some exceptions.

The information rights mean that management is obliged automatically to give the works council information on a range of financial, economic and legal issues. At the beginning of each term of office for the new works council (every three years – see below), management must provide information on the legal form, the structure and organisation of the business, its links with other businesses and the power relations between them (extended to international links in the changes introduced in 2013) and the make-up of the management. On an ongoing basis, management must provide details of trends in employment and social policy and the company's own report and accounts (both annually); the company's prospects and trends in the company's activity, particularly its investment plans (twice a year); and details of long-term corporate plans (if prepared). The works council also has the right to ask for all the information it reasonably needs to carry out its tasks.

Consultation rights also relate to economic, financial and legal issues, but in practice focus often on those with more direct effect on the workforce.

Management must consult if it plans to: sell all or part of the company; take over other companies; end all or a large part of the company's activity; change the activity or organisation of the company; relocate the company; undertake large scale recruitment or the recruitment of temporary workers; make major investments; seek large loans; introduce new technology and make changes which will affect the environment.

On all these issues, the employer must seek the views of the works council and delay taking action for at least a month if the works council disagrees with the proposal. During this period, the works council can appeal to the Companies Chamber of the Court of Appeal in Amsterdam. The views of the works council must also be sought when a director is appointed, but the works council cannot delay this decision.

The approval rights relate to company/workplace regulations on a range of topics including: pension insurance (unless this has been agreed by the unions in an industry-wide scheme), profit-sharing or savings schemes; hours worked and annual leave, mainly with regard to scheduling); salary and wage scales and job classification schemes; health and safety; recruitment, dismissal and promotion; training; staff assessment; social assistance for employees; consultation at shop floor level; the handling of complaints; the holding of personal data on employees; and systems to check on the presence of employees.

Regulations on these issues cannot be introduced, changed or ended without the approval of the works council, unless they are covered by a collective agreement. If the works council fails to give its approval, the employer can appeal to the district court.

These basic rights can be extended (but not restricted) by collective agreements or an agreement between the works council and management.

In practice, there are differences in how each of these types of rights is used. There seem to be fewest difficulties with the provision of information, at least in medium and larger undertakings. The consultation rights are more problematical with companies sometimes claiming that the changes they propose are not sufficiently important to warrant consultation, or asking for the works council to respond too quickly. The main grounds for the Court to rule in favour of the works council are procedural mistakes (timing of information and consultation, insufficient information, inconsistent decisions, etc.) or when employees' interests have not been sufficiently taken into account. The real importance of these rights is to enable the employer and works council to reach an agreement without a court case. The approval rights are also heavily used, particularly in dealing with working time arrangements, but sometimes a works council will fail to give its approval but then not take action when the company goes ahead with its plans anyway. It requires the works council to initiate legal action to nullify the company's plans.

The right to take the initiative and make proposals to which the company must respond is used relatively infrequently.

Election and term of office

Works council members are usually elected as part of a list of candidates, with the choice made according to the percentage of votes which each list receives. Lists can be proposed either by the unions after consultation with their members in the enterprise, or, in a change to the law introduced in 2013, by any employee or group of employees.

Works council members normally serve for three years, although the works council's own rules of procedure can reduce the term of office to two years or extend it to four years.

Protection against dismissal

Works council members can only be dismissed if the worker himself or herself agrees in writing, or if it has been authorised by a magistrate. This authorisation will only be given if there are serious reasons for immediate dismissal or if the company, or part of it, closes. Any connection between the dismissal and works council membership makes the dismissal unlawful.

Time off and other resources

The exact amount of paid time off for works council duties is left to be agreed between the works council and the employer. But as a minimum, works council members are entitled to 60 hours time off a year, in addition to time off for meetings. In practice, in larger companies, some works council members have substantially more. Works council members have a further right to at least five days training a year, although again agreements can improve on this. Members of sub-committees of the works council also have a right to three days training a year, and those who are both members of the works council and a sub-committee have a right to eight days training a year.

The 2013 amendments to the Works Councils Act left these rights untouched. However, it removed the obligation on employers of more than 50 people to contribute to a levy to fund training. Under the new 2013 arrangements, the SER now only sets guideline amounts for training, and the training is paid directly by each employer.

The employer is obliged to provide facilities necessary to enable the works council to function. These could include an office, photocopying, telephones, etc. In addition, the works council can call on outside experts to take part in meetings to give advise on a particular agenda point and/or to provide consultancy reports. These experts are paid for by the employer, provided the employer has been informed in advance.

Representation at group level

Where several companies belong to a single group, a central works council (COR) must be set up if this is beneficial to the process of information and consultation of employees. It is also possible to set up an intermediate level works council (GOR) where several disparate businesses are grouped together in a single holding company.

Nuttige adressen voor meer informatie

Commissie Bevordering Medezeggenschap (CBM)
www.ser.nl/nl/ser/raad/commissies/CBM

Sociaal-Economische Raad (SER)
www.ser.nl

Stichting Certificering Opleiding Ondernemingsraden (SCOOR-RMZO)
www.ser.nl/nl/thema/scoor-rmzo

Bedrijfscommissie Markt I en II
www.ser.nl/nl/thema/Bedrijfscommissie

Bedrijfscommissie voor de Overheid
www.bedrijfscommissieoverheid.nl/home/

Nederlandse Arbeidsinspectie
www.nlarbeidsinspectie.nl/nederlandse-arbeidsinspectie

Rechtspraak
www.rechtspraak.nl

Juridisch loket (onafhankelijk juridisch advies)
www.juridischloket.nl

Autoriteit Persoonsgegevens
https://autoriteitpersoonsgegevens.nl

Uitvoeringsinstituut werknemersverzekeringen (UWV)
www.uwv.nl

College voor de Rechten van de Mens
www.mensenrechten.nl

Huis voor Klokkenluiders
https://huisvoorklokkenluiders.nl

Alliantie Medezeggenschap en Governance
www.medezeggenschap-en-governance.nl/

Nederlandse Vereniging voor Medezeggenschap (NVMz)
www.nvmedezeggenschap.eu

Vereniging voor Ambtelijk Secretarissen (VASMO)
www.vasmo.nl

Werken aan ons pensioen
Veel pensioeninformatie over het nieuwe stelsel, ook voor de OR. www.werkenaanonspensioen.nl/

SER Arboplatform
www.ser.nl/nl/thema/arbeidsomstandigheden/Arboplatform

Lijst van gebruikte afkortingen

AMvB	algemene maatregel van bestuur
AVG	Algemene Verordening Gegevensbescherming
B en W	Burgemeester en wethouders
BBA	Buitengewoon Besluit Arbeidsverhoudingen
BV	Besloten vennootschap
BW	Burgerlijk Wetboek
cao	Collectieve arbeidsovereenkomst
CBM	Commissie Bevordering Medezeggenschap
COR	Centrale ondernemingsraad
EESV	Europees Economisch Samenwerkingsverband
GOR	groepsondernemingsraad
HNW	Het Nieuwe Werken
HR	Human Resource
IAS	International Accounting Standards
IFRS	International Financial Reporting Standards
KB	Koninklijke Bibliotheek
KNAW	Koninklijke Nederlandse Akademie van Wetenschappen
NOW	Regeling tegemoetkoming loonkosten tijdens de coronacrisis
NV	Naamloze vennootschap
NWO	Nederlandse organisatie voor wetenschappelijk onderzoek
OK	Ondernemingskamer
OR	Ondernemingsraad
PPI	Premiepensioenstelling
PVT	Personeelsvertegenwoordiging
Rv	Wetboek van Rechtsvordering
RvC	Raad van commissarissen
RvT	Raad van Toezicht
SCE	Europese coöperatieve vennootschap
SCOOR-RMZO	Stichting met als doel bewaking van de kwaliteit van OR-opleidingen
SE	Europese vennootschap
SER	Sociaal-Economische Raad
SZW	Ministerie van Sociale Zaken en Werkgelegenheid
UWV	Uitvoeringsinstituut Werknemersverzekeringen
VGW-commissie	Commissie voor Veiligheid, Gezondheid, Welzijn
WAB	Wet Arbeidsmarkt in balans
WBTR	Wet bestuur en toezicht rechtspersonen
WGA	Werkhervattingsregeling Gedeeltelijk Arbeidsgeschikten
WIA	Wet werk en inkomen naar arbeidsvermogen
WKR	Werkkostenregeling
Wnra	Wet normalisatie rechtspositie ambtenaren
WOR	Wet op de ondernemingsraden
WW	Werkloosheidswet
WWZ	Wet werk en zekerheid

Trefwoordenregister

A

Aanspraak op loon, art. 17-3 104
Aanstelling
- publiekrechtelijke, art. 1-1c 27
- publiekrechtelijke, art. 1-2 26
- publiekrechtelijke, art. 6-4 61
- publiekrechtelijke, art. 21 117
- voor bepaalde tijd, art. 1-2 32
- voor onbepaalde tijd, art. 1-2 32

Aanstellingsbeleid
- instemmingsrecht, art. 27-1e 201

Aantal leden OR
- aanwezig voor vergadering, aantal, art. 14 88

Aantal OR-leden, art. 6-1 59
Aanwijzing
- bevoegde bedrijfscommissie, art. 46 315

Accountantsverklaring, art. 31a-2 239
Achterban
- adviesaanvraag, art. 25-4 172
- beraad, art. 17 103
- geheimhouding, art. 18-1 106
- geheimhouding, art. 20 112
- raadpleging, art. 17 103

Actief informatierecht, art. 31-1 229
Actief kiesrecht, art. 6-2, 6-3 60
Advies
- bedrijfscommissie, art. 36-1 297

Adviesaanvraag
- inhoud van, art. 25-3 170

Adviesaanvraag, art. 25-2 169
Adviesaanvraag, art. 25-4 171
Advies, art. 2-1 38
Advies, art. 36 296
Adviesopdracht
- over sociaal beleid, art. 31c 249

Adviesopdracht, art. 25-1, 25-1d 163
Adviesopdracht, art. 25-1n 168
Adviesopdracht, art. 31c 249
Adviesprocedure, art. 25 155
Adviesprocedure, art. 25-4 171
Adviesprocedure, art. 35-5 284
Adviesprocedure, art. 35c-3 290
Adviesrecht
- belangrijk besluit, art. 25 157
- eigenrisicodragerschap, art. 25-1m 168
- faillissement en pre-pack, surseance, doorstart, art. 25-1c 162
- inlenen personeel, art. 25-1g 164
- milieuzorg, art. 25-1l 167
- ontslag bestuurder, art. 30-1 221
- overdracht zeggenschap andere onderneming, art. 25-1a 158
- reorganisatie, art. 25-1e 163

Adviesrecht, art. 25 154, 155
Adviesrecht, art. 26 184
Adviesrecht, art. 30-1 221
Advisering
- automatisering, art. 25-1d 163

Aftreden, art. 12 80
Afzonderlijke ondernemingsraad, art. 4-2 47
Agenda
- tijdstip bekendmaking, art. 14 91

Algemeen verbindend reglement, art. 8-2 68
Algemene gang van zaken
- bespreking, art. 24-1 147
Algemene gang van zaken, art. 24 147
Algemene geschillenregeling, art. 36 296
Algemene Rekenkamer
- uitzondering van WOR, art. 53c 345
Algemene wet gelijke behandeling
- OR in, bijl. 2C 367
AMvB ter uitvoering van de wet, art. 47 334
Arbeids- en rusttijden, bijl. 2B 366
Arbeidsomstandigheden
- instemmingsrecht, art. 27-1d 199
- instemmingsrecht, art. 28 217
Arbeidsomstandighedenwet, OR in, bijl. 2A 363
Arbeidsovereenkomst
- voor bepaalde tijd, art. 1-2 32
- voor onbepaalde tijd, art. 1-2 32
Arbeidsovereenkomst, art. 1-2 32
Arbeidstijden
- taken OR, art. 28 217
Arbeidstijdenwet, OR in, bijl. 2B 366
Arbeidsvoorwaarden
- instemmingsrecht, art. 28 217
- taken OR, art. 28 217
Automatisering
- adviesrecht, art. 25-1d 163

B

Balans
- inrichtingsvoorschriften, bijl. 4 390
- toelichting bij, bijl. 8 394
- toelichting op de, bijl. 6 392
- voorschriften voor, bijl. 8 394
Basisinformatie van ondernemer aan OR, art. 31-2 230
Bedrijfscommissie
- aanwijzing bevoegde, art. 46 315
- benoeming leden, art. 38 308
- geheimhouding, art. 42 313
- jaarverslag, art. 40 311
- kosten, art. 41 312
- overheid, samenstelling, art.46d 328
- specifiek voor concern, art. 46-2 316
- taak en samenstelling, art. 37 306
- werkwijze, art. 39 309
Bedrijfscommissie, art. 1-1f 30
Bedrijfscommissie, art. 37 306
Bedrijfscommissie, art. 38 308
Bedrijfscommissie, art. 39 309
Bedrijfscommissie, art. 40 311
Bedrijfscommissie, art. 41 312
Bedrijfscommissie, art. 42 313
Bedrijfscommissie, art. 46 315
Bedrijfsmaatschappelijk werk
- instemmingsrecht, art. 27-1h 202
Bedrijfsmilieuzorg
- taken OR, art. 28-4 219
Bedrijfsmilieuzorgsysteem, art. 28-4 219
Beëindiging OR-lidmaatschap, art. 12 82
Begroting
- informatie over, art. 31a-7 244
Beloningssysteeem
- instemmingsrecht, art. 27-1c 198
Beloningsverhoudingen
- informatie over, art. 31e 251
Benadeling
- bescherming tegen, art. 21 116, 117
Benadeling, art. 21 116, 117
Benoeming bestuurder
- adviesrecht, art. 30-1 221
Benoeming/ontslag bestuurder
- adviesaanvraag, art. 30-2 223
Benoemingsrecht bestuursleden, art. 29 220
Beroep, art. 5-4 51
Beroepsgrond, art. 26 185
Beroepsrecht, art. 26 183, 184
Beroepstermijn, art. 26 185
Besluit met betrekking tot andere onderneming, art. 25-1b 160

Besluit van algemene strekking, art. 27 195
Besluit verstrekking financiële informatie aan ondernemingsraden 1985, bijl. 7 393
Bestuurder
- ondersteuning, art. 23-6 137
- overleg met, art. 23-4 137
- personeelsvergadering, art. 1-1e 29
- Personeelsvergadering, art. 35 282
- politieke ambtsdragers, art. 46d 326
- vervanging, art. 23-5 132
Bestuurder, art. 1-1e 29
Bestuurder, art. 23 132
Bestuurder, art. 35b 281
Bevorderingsbeleid
- instemmingsrecht, art. 27-1e 201
Budget, art. 22-4 126
Buitenlandclausule
- adviesrecht, art. 25-1b 161

C

Cassatie, art. 26 188
Centrale ondernemingsraad
- instelling door ondernemer, art. 33-2 265
- samenstelling en werkwijze, art. 33-6 272
Centrale ondernemingsraad (COR)
- bevoegdheden, art. 35 274
- einde lidmaatschap, art. 34-5 271
- verkiezing, art. 34-2 269
Centrale ondernemingsraad (COR), art. 33 264
Collectieve arbeidsovereenkomst
- instemmingsrecht, art. 27-3 207
Collectieve regeling, bijl. 2B 366
Commissie bevordering medezeggenschap, art. 46a 318
Commissieleden
- geheimhouding, art. 20 112
Commissies
- instelling, art. 15-1 95
- uitsluiting leden, art. 15-5 98
- vaste, art. 15-2 95
- voorbereidings-, art. 15-4 97
Commissies, art. 15 94
Coöperatie, art. 1 28
Coöperatie, art. 31a 233
Coöperatie, art. 31a-2 235
Coöperatie, bijl. 2I 373
Coöperatie, bijl. 2N 383
COR-leden
- plaatsvervangende, art. 34-1, 34-2 270
Corporate Governance Code, bijl. 9 395
COR-reglement, art. 34-3 270
Covid, art. 27-1k 204
Covid, art. 28-4 217

D

Defensiesector
- uitzondering van WOR, art. 53a 343
Deskundige
- geheimhouding, art. 20 112
- raadplegen, art. 16 99
- uitnodigen OR-vergadering, art. 16-1 99
Deskundige, art. 16 99
Diensttijdeisen, art. 1-3 33
Doorbetaling loon, art. 17 104

E

Eigen risico WIA
- adviesrecht, art. 25-1m 168
Eisen kiesrecht
- afwijkende, art. 6-5 62
Enquêterecht
- OR in, bijl. 2H 370
Europese ondernemingsraad (EOR)
- art. 35 276
Europese richtlijn
- informatie en raadpleging, bijl. 2N 382
Europese vennootschap, bijl. 2N 382

F

Faciliteiten
- overlegvergadering, art. 23-6 141

Faciliteiten, art. 17 102
Financieel-economisch beleid, art. 24-1 148
Financieel-economische informatie, art. 31a 234
Functiewaarderingssysteem
- instemmingsrecht, art. 27-1c 198

Fusie
- adviesrecht, art. 25-1 158

Fusiegedragsregels, bijl. 2Q 383

G

Gehandicapten
- taken OR, art. 28 218

Geheimhouding
- bedrijfscommissie, art. 42 313

Geheimhoudingsplicht, art. 20 111
Gelijke behandeling mannen/vrouwen
- taken OR, bijl. 2D 368

Gelijke behandeling mannen/vrouwen, bijl. 2D 368
Gemeenschappelijke ondernemingsraad (GOR)
- bevoegdheden, art. 35 274
- bij in een groep verbonden ondernemers, art. 3-2 44
- einde lidmaatschap, art. 34-5 271
- in een groep verbonden ondernemers, art. 35 274
- samenstelling en werkwijze, art. 34-6 272
- verkiezing, art. 34 269

Gemeenschappelijke ondernemingsraad (GOR), art. 3 43
Geschillenregeling
- personeelsvergadering, art. 36a 302
- samenloop met artikel 26, art. 36-3 299
- samenloop met procedures Arbeidsomstandighedenwet, art. 36-4 299
- uitspraak en sancties kantonrechter, art. 36-5 299

Geschillenregeling, art. 36 296
GOR-leden
- plaatsvervangende, art. 34-1, 34-2 270

GOR-reglement, art. 34-3 270
Grensoverschrijdende juridische fusie, bijl. 2O 383
Groepsondernemingsraad
- verkiezing, art. 34-1, 34-2 270

Groepsresultaat
- informatie over, art. 31a-3 240
- informatie over eigen bijdrage, art. 31a-4 240
- informatie over eigen bijdrage, art. 31a-5 241

H

Herkiesbaarheid, art. 12 82
Het Nieuwe Werken
- adviesrecht, art. 25-1e 164

Hoge Raad
- uitzondering van WOR, art. 53b 344

Hoger onderwijs
- bijzondere regels, art. 53 341

I

In de onderneming werkzame personen
- bestuurder, art. 1-4 34
- wijziging aantal, art. 6-6 62

In de onderneming werkzame personen, art. 1-4 34
In de onderneming werkzame personen, art. 6-6 62
In een groep verbonden ondernemers, art. 1-1 31

Informatierecht
- aan Nederlandse Arbeidsinspectie, art. 49 337
- beloningen, art. 31d 250, 251
- beloningen, art. 31e 251
Informatierecht, art. 23-2 134
Informatierecht, art. 31 227, 228
Informatierecht, art. 35b-4 284
Ingeleende werknemers, art. 1-3 32
In groep verbonden ondernemers, art. 33-3 266
Initiatiefrecht, art. 23-3 136
Inkrimping onderneming
- adviesrecht, art. 25-1d 162
Inlenen personeel
- adviesrecht, art. 25-1g 164
Inrichtingsvoorschriften, art. 31a-2 236
Instelling ondernemingsraad
- bij cao, art. 5a-1 53
- voor onderdeel, art. 4 47
- vrijwillig, art. 5a-2 53
Instelling ondernemingsraad, art. 2 38
Instemmingsprocedure, art. 27-2 206
Instemmingsrecht
- aanstelling, bevordering, ontslag, art. 27-1e 201
- arbeidstijden, art. 27-1b 197
- arbeidsvoorwaarden, art. 27 194
- Arbowet, art. 27-1d 199
- beoordeling, art. 27-1g 202
- beroep op nietigheid, art. 27-5 209
- bonusregeling, winstdeling, art. 27-1c 198
- functiewaarderings- of beloningssysteem, art. 27-1c 198
- klokkenluidersregeling, art. 27-1m 205
- naleving, art. 27-6 209
- preventiemedewerker, art. 27-1d 199
- privacybescherming, art. 27-1k 204
- werk- en pauzetijden & vakantie, art. 27-1b 197
- ziekteverzuim, re-integratie, art. 27-1d 199
Instemmingsrecht, art. 27 192, 193, 194
Instemmingsrecht, art. 27-3 207
Interne delegatie
- taken OR, art. 28 217
Investering
- adviesrecht, art. 25-1h 165
Investeringsplannen, art. 31a-6 244

J

Jaarrekening, art. 31a-2 235
Jaarstukken
- informatie over, art. 31a-5 241
Jaarverslag
- bedrijfscommissie, art. 40 311
- bedrijfscommissie overheid 328
Jaarverslag, art. 14 92
Jaarverslag, art. 31a-2 237
Joint venture, art. 1-1 31

K

Kandidaatstelling
- procedure, art. 9-1, 9-2 71
Kandidaatstelling, art. 9-1, 9-2 71
Kandidatenlijsten
- vakorganisaties, art. 9-1, 9-2 71
Kandidatenlijsten, art. 9-1, 9-2 71
Kantonrechter
- niet verkrijgen van toestemming, art. 27-4 208
Kantonrechter, art. 27 195
Kiesgroepen
- kandidatenlijsten, art. 9-3 73
- reglementsbepalingen, art. 9-3 73
- stelsel, art. 9-3 72
Kiesstelsel
- lijstenstelsel, art. 10 76
- personenstelsel, art. 10 76
Kiesstelsel, art. 10 76

Klachtenregeling
– instemmingsrecht, art. 27-1j 203
Klokkenluidersregeling, art. 27-1m 205
Kosten
– bedrijfscommissie, art. 41 312
– gerechtelijke procedure, art. 36a 302
– raadplegen deskundige, art. 22-2 124
– van scholing, art. 22-3 126
Kosten, art. 22 123
Krediet aantrekken
– adviesrecht, art. 25-1i 165
Krediet verstrekken
– adviesrecht, art. 25-1j 166

L

Leden OR
– aantal, art. 6 58
– aanwezig voor vergadering, art. 14-2 88
Leden OR, art. 6 58
Lijstenstelsel, art. 10 76
Loondoorbetaling, art. 17 104

M

Medeondernemer, art. 1 31
Medezeggenschap
– bevordering, art. 46a 318
– na overgang van onderneming, art. 12 83
Medezeggenschapsrechten, art. 6-4 61
Meerjarenplan
– informatie over, art. 31a-7 244
Milieuzorg
– adviesrecht, art. 25-1l 167
Minderheden
– taken OR, art. 28 219
Motivering besluit, art. 25-5 173

N

Nadere regels, art. 8-2 68
Naleving
– OR-kosten, art. 22-1 124
Naleving, art. 18-4 108
Nationale ombudsman
– uitzondering van WOR, art. 53c 345
Nieuwe Werken, Het, art. 25-1e 164
Non-discriminatie, art. 28 218

O

Onderdeelcommissie
– faciliteiten en bevoegdheden, art. 23c 145
– overleg, art. 23c 145
Onderdeelcommissie, art. 15-3 96
Onderling beraad, art. 18 105
Onderlinge waarborgmaatschappij, art. 1 28
Onderlinge waarborgmaatschappij, art. 31a 233
Onderlinge waarborgmaatschappij, bijl. 2I 373
Ondernemers
– in een groep verbonden, art. 1-1 31
Ondernemers, art. 1-1 31
Onderneming, art. 1-1 27
Ondernemingskamer
– behandeling beroep, art. 26 187
– overtreding uitspraak, art. 26 188
Ondernemingsovereenkomst, art. 27 195
Ondernemingsovereenkomst, art. 32 258
Ondernemingsraad
– Europese, art. 35 276
– gemeenschappelijke, art. 3-1 43
– instelling, art. 2 38
– kosten, art. 22 123
Ondernemingsraden
– afzonderlijke, art. 3 43
Ontbinding door Kantonrechter
– instellingsplicht, art. 5, 5-1 50
– verzoek, art. 5 50
– voorschriften, art. 5-3 49

Ontslag
- bestuurder, art. 30-1 221
- billijke vergoeding, art. 21 119
- collectief, art. 25-1c 162
Ontslagbeleid
- instemmingsrecht, art. 27-1e 201
Ontslagbescherming
- Burgerlijk Wetboek, bijl. 2J 378
Ontslagbescherming, bijl. 2J 378
Onze Minister, art. 1-1a 26
Opschortingstermijn
- besluit, art. 25-6 174
- besluit, art. 26 185
Opschortingstermijn, art. 25-6 174
Opschortingstermijn, art. 26 185
OR-budget, art. 22-4 126
OR-jaarverslag, art. 14 92
OR-kosten, art. 22-1 123
OR-reglement
- voorlopig, art. 48 333, 335
OR-reglement, art. 8-1 66
OR-reglement, art. 48 333, 335
OR-vergadering
- agenda, art. 14 91
OR-vergadering, art. 14 89
OR-verslagen, art. 14 91
Ouderschapsverlof
- instemmingsrecht, art. 27-1b 198
Overdracht zeggenschap
- adviesrecht, art. 25-1a 158
Overeenstemmingsrecht
- Arbeidstijdenwet, bijl. 2B 367
Overgang van onderneming
- medezeggenschap na, art. 12 83
- medezeggenschap na, bijl. 2R 384
overheid, art. 1-1 28
Overleg
- met onderdeelcommissie, art. 23c 145
Overleg, art. 23 132, 133
Overleg, art. 23c 145
Overlegvergadering
- afspraken, art. 23-5 141
- agenda, art. 23-4 140
- bijeenkomen, art. 23-1 132
- onderwerpen, art. 23-2 132, 134
- procedure, art. 23-1 139
- publiekrechtelijke taken, art. 23-2 134
- regels, art. 23a 139
- regels, art. 23b 143
- schorsing, art. 23b 143
- secretaris, art. 23a-3 140
- uitnodigen deskundigen, art. 23a-6 141
- voorzitter, art. 23a-2 140

P

Passief informatierecht, art. 31-1 230
Passief kiesrecht, art. 6-2, 6-3 60
Pensioenovereenkomst
- informatie over, art. 31f 255
Pensioenverzekering
- instemmingsrecht, art. 27-1a 196
Pensioenwet
- OR in, bijl. 2G 369
Personeelsbeoordeling
- instemmingsrecht, art. 27-1g 202
Personeelsopleiding
- instemmingsrecht, art. 27-1f 201
Personeelsvergadering
- geschillenregeling, art. 36a 302
- minder dan 10 werknemers, art. 35d 294
- overleg, art. 35-2 283
Personeelsvergadering, art. 35b 282
Personeelsvertegenwoordiging (PVT)
- bevoegdheden, art. 35c-3 289
- faciliteiten, art. 35c-3 289
- procedure instemmingsrecht, art. 35c-4 292
- verplichte instelling, art. 35c-2 289
Personeelsvertegenwoordiging (PVT), art. 35c 287
Personenstelsel, art. 10 76

Plaatsvervangende COR- en GOR-leden, art. 34-1, 34-2 270
Politiek primaat
- adviesrecht, art. 25 157
- bestuurder, art. 46d 326
Politiek primaat, art. 23-2 135
Politiek primaat, art. 25 157
Primaat van de politiek, art. 23-2 135
Primaire arbeidsvoorwaarden
- instemmingsrecht, art. 27 194
Privacybescherming
- instemmingsrecht, art. 27-1e 201
Proceskosten, art. 22a 129
Publicatievoorschriften, art. 31a-2 236
Publiekrechtelijke aanstelling, 1-2 27
Publiekrechtelijke aanstelling, art. 6-4 61
Publiekrechtelijke aanstelling, art. 46d 324
Publiekrechtelijke regeling
- instemmingsrecht, art. 27 194
Publiekrechtelijke taken, art. 23-2 134

Q

Quorum, art. 14 89

R

Raadplegen deskundige
- kosten, art. 22-2 124
Raad van commissarissen
- benoeming van, bijl. 2I 373
Raad van State
- uitzondering van WOR, art. 53c 345
Raad voor het Overheidspersoneelsbeleid, art. 8-1 67
Rechten door derden verworven, art. 26 188
Rechterlijk primaat
- adviesrecht, art. 25 157
Rechterlijk primaat, art. 23-2 135
Rechterlijk primaat, art. 25 157
Rechterlijk primaat, art. 46d 327
Reglement
- algemeen verbindend, art. 8-2 68
- inhoud, art. 8-1 67
- vaststelling, art. 8-1 67
Reglement, art. 8 66, 67
re-integratiebeleid
- instemmingsrecht, art. 27-1d 199
Reorganisatie, art. 25-1e 163
Representativiteit OR, art. 9-4 73

S

Samenstelling
- centrale/groepsondernemingsraad, art. 34 267, 268
- OR, art. 6 58, 59
- OR, art. 11 79
Scholing
- OR, financiering, art. 46a 321
Scholing, art. 18 105
Scholingskosten, art. 22-3 126
Scholingsverlof
- instemmingsrecht, art. 27-1b 198
Schorsing OR-lid, art. 13 85
SCOOR, art. 18-2 107
Secretariaat, art. 14 90
Secretaris
- geheimhouding, art. 20 112
SER-fusiegedragsregels, bijl. 2Q 383
Sluiting onderdeel onderneming
- adviesrecht, art. 25-1e 162
Sociaal beleid
- adviesopdracht over, art. 31c 249
- informatie over, art. 31c 249
Sociaal plan
- adviesaanvraag, art. 25-3 170
Sociaal statuut, art. 21 118
Sociale informatie, art. 31b 246
Sociale informatie, art. 31c 249
Spaaregeling
- instemmingsrecht, art. 27-1a 196
Spaarregeling
- instemmingsrecht, art. 27-1a 196

- instemmingsrecht, art. 31d 250
- instemmingsrecht, art. 35e 251
Spreekrecht OR in AVA, bijl. 2S 384
Staat van baten en lasten
- toelichting bij, bijl. 8 394
- voorschriften voor, bijl. 8 394
Stemming, art. 9 70
Stemrecht, art. 14 90
Stichting, art. 1 28
Stimulerende OR-taken, art. 28 216

T

Technologische voorziening
- adviesrecht, art. 25-1k 167
Termijn voor advisering, art. 25-4 172
Tijdsbesteding
- naleving, art. 18-4 108
- scholing, art. 18-2 107
- vaststelling, art. 18-3 108
Tijdsbesteding, art. 18 105
Transitievergoeding, art. 25-3 170
Treffen van voorzieningen, art. 26 186
Tussentijdse vacatures, art. 10 77

U

Uitbreiding OR-bevoegdheden
- naleving, art. 32-1 258
- naleving, art. 32-4 260
Uitgeleende werknemers, art. 1-3 32
Uitsluiting OR-lid, art. 13 85
Uitvoeringsadvies. art. 25-5 173
Uitzendkrachten, art. 1 32
Uitzendkrachten, art. 6-2, art. 6-3 60
Uitzendovereenkomst, art. 1 33

V

Vakantieregeling
- instemmingsrecht, art. 27-1b 197
Vakorganisaties
- adviesaanvraag, art. 5-2 51
Vennootschap
- besloten, art. 1 28
- naamloze, art. 1 28
Vereniging, art. 1 28
Verkiezing
- kiesstelsel, art. 10 76
- organisatie, art. 10 75
- reglement, art. 10 75
- tussentijdse, art. 10 77
Verkiezing, art. 9 70, 71
Verkiezing, art. 10 75
Verkiezing, art. 11 79
Verkiezingsuitslag, art. 11 79
Verlofregeling
- instemmingsrecht, art. 27-1b 198
Verplaatsing onderneming
- adviesrecht, art. 25-1f 164
Verschijnplicht
- bestuursleden, art. 24-2 149
- bestuursleden, art. 24-3 149
- commissarissen, art. 24-2 149
- commissarissen, art. 24-3 149
- commissarissen en bestuursleden bij adviesaanvraag, art. 25-4 172
Verslagen, art. 14 91
Vertegenwoordiging uit ondernemingen zonder OR, art. 34-4 271
Vervanging bestuurder, art. 23-5 137
Verwachtingen over werkzaamheden en resultaten
- informatie over, art. 31a-6 243
Verweerschrift ondernemer, art. 26 186
Voorbereidingscommissie, art. 15-4 97
Voorlopig OR-reglement, art. 48 333, 335
Voorschriften bij ontheffing, art. 5-3 51
Voorzieningen
- verzoek tot treffen van, art. 26 186
Voorzitter, art. 7 64, 65
Vrije dagen
- scholing, art. 18-2 107
Vrije lijst, art. 9 71
Vrijstellingsregeling groepsmaatschappijen, art. 31a-2 237

Vrijwillige instelling OR door ondernemer, art. 5-2 53

W

WBTR 230
Werkgeversorganisaties
- overleg met, art. 46e 331
Werkkostenregeling
- instemmingsrecht, art. 27-1c 198
Werknemers, minimumaantal, art. 2-2 38
Werkoverleg
- instemmingsrecht, art. 27-1i 203
- instemmingsrecht, art. 28 217
- taken OR, art. 27-1i 203
- taken OR, art. 28 217
Werkwijze OR, art. 14 88
Wet arbeid en zorg, bijl. 2K 379
Wet flexibel werken, bijl. 2L 379
Wet gelijke behandeling mannen/vrouwen
- OR in, art. 28 218
Wet gelijke behandeling mannen/vrouwen, bijl. 2D 368
Wet melding collectief ontslag, OR in, bijl. 2F 368
Wet op de Europese ondernemingsraden, bijl. 2M 379
Wetsbegrippen, art. 1-1 27
Wijziging
- organisatie, adviesrecht, art. 25-1e 163
- werkzaamheden, adviesrecht, art. 25-1e 162
Winstbestemming, art. 32a-2 239
Winstdelingsregeling
- instemmingsrecht, art. 27-1a 196
Winst-en-verliesrekening
- inrichtingsvoorschriften, bijl. 5 391
- toelichting op de, bijl. 6 392

Z

Ziekteverzuim
- instemmingsrecht, art. 27-1d 199
Zittingsduur OR
- wijziging, art. 12 81
Zittingsduur OR, art. 12 80, 81
Zittingsperiode, art. 2-2 38
Zorgverlof
- instemmingsrecht, art. 27-1b 198
Zwangerschapsverlof
- instemmingsrecht, art. 27-1b 198